践行者

——青海生态畜牧业合作社建设100例

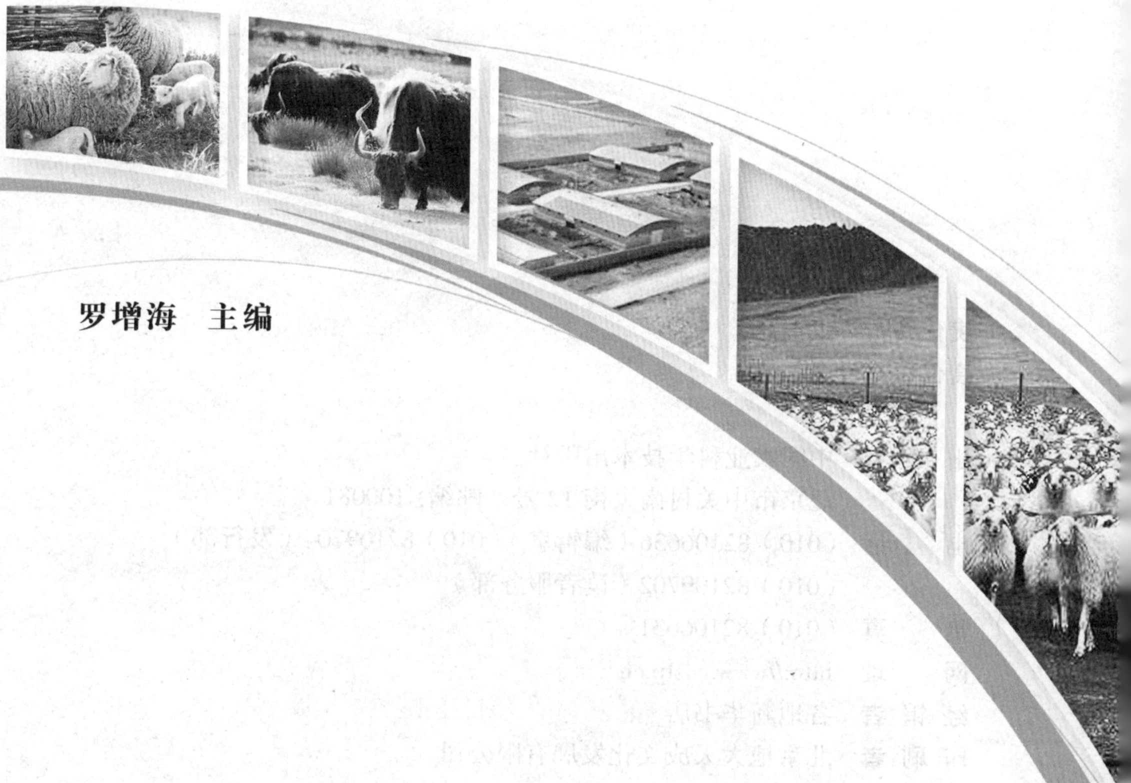

罗增海　主编

中国农业科学技术出版社

图书在版编目（CIP）数据

践行者——青海生态畜牧业合作社建设100例/罗增海主编.—北京：中国农业科学技术出版社，2021.1

ISBN 978-7-5116-5167-9

Ⅰ.①践… Ⅱ.①罗… Ⅲ.①-畜牧经济-经济发展-案例-青海 Ⅳ.①F326.374.4

中国版本图书馆CIP数据核字（2021）第020268号

责任编辑 张国锋
责任校对 李向荣

出 版 者 中国农业科学技术出版社
北京市中关村南大街12号 邮编：100081
电　　话 （010）82106636（编辑室）（010）82109704（发行部）
（010）82109702（读者服务部）
传　　真 （010）82106631
网　　址 http://www.castp.cn
经 销 者 各地新华书店
印 刷 者 北京地大天成文化发展有限公司
开　　本 710mm×1 000mm 1/16
印　　张 23 彩插 8页
字　　数 460千字
版　　次 2021年1月第1版 2021年1月第1次印刷
定　　价 78.00元

编 委 会

编写人员名单

前　言

改革创新是经济社会发展的不竭动力。2008年，直面草原畜牧业发展瓶颈，在党中央高屋建瓴指引下，青海率先启动以合作社为载体的现代生态畜牧业试点建设，探索草地畜牧业可持续发展新路径，广大牧区群众勇立潮头，成为了推动经济转型发展和生态文明建设的践行者。

先行先试，勇毅笃行。任何变革都伴随着阵痛和崎岖，十余年来，在无经验模式可借鉴的情况下，青海省委省政府英明果断，始终推进这一试点建设，牧区各级农牧干部和广大科技人员不忘初心，自觉开展试验试点示范行动，特别是分布于六州广袤草原上的生态畜牧业合作社组织者和农牧民群众笃行不息，在青藏高原这样一个落后的地区奋勇前行，锲而不舍地写下了精彩夺目的奋斗篇章。

十年磨剑，岁月峥嵘。青海生态畜牧业在探索中奋进，从初步试点阶段、探索推进阶段、提高完善阶段再到巩固提升阶段，青海人一茬接着一茬干，奋进的脚步铿锵有力。特别是在2014年以来推进全国草地生态畜牧业试验区建设的伟大征程中，全省集中打造了100个试验区试点社，在全力推进生活、生产、生态“三生”共赢的伟大征程中，百舸争流，百花竞放，以股份合作制改造为抓手的改革实践波澜壮阔，有效提高了牧区牧民组织化程度，科学整合了草地畜牧业的生产要素，合理调整了传统畜牧业产业结构，成功转变了传统畜牧业生产经营方式，描绘了一幅幅牧民增收入、草地添绿色、社会添和谐的壮丽画卷。

承接过往、立足当下、延展未来，我们有必要记录下这些风风雨雨和草原上那些砥砺前行的践行者们，尽管有些困难，但是赖以农牧部门和科技部门的关注关怀，又幸得青海省重点研发与转化计划《生态畜牧业股份改造后续生产技术集成模式研究与示范》(2019—NK—122)课题助力，我们集纳生态畜牧业合作社建设100例，以不同视角、大量数据和生动故事，彰显这些践行者和他们身后这片热土。100例纪实涵盖青海牧区6个藏族自治州，时间跨越十余年，一些事件的记叙和分析也囿于编写时间的紧张，特别是编者的水平而存在疏漏，敬请各位批评指正。纪实轨迹，分享发展，我们集结本书的初心一直未变，这些记录可以作为青海和有草地的省份推进畜牧业绿色发展的参考，也可为全国农牧业深化改革之借鉴。

目 录

Contents

海 西 篇

海南篇

海 北 篇

玉 树 篇

果 洛 篇

黄 南 篇

海西篇

海西蒙古族藏族自治州（以下简称海西），因居青海湖以西，故名海西。海西是青海省区域面积最大的民族自治州，主体为中国四大盆地之一的柴达木盆地。全州现辖格尔木市、德令哈市、茫崖市、都兰县、乌兰县、天峻县和大柴旦行政委员会。

“梅陇模式”创新引领现代畜牧业

——天峻县梅陇生态畜牧合作社发展纪实

夏日，海西蒙古族藏族自治州天峻县梅陇生态畜牧业合作社的秋季草场，被细雨冲刷得沁人心脾。一群群体型健壮、个头整齐、分群饲养的羊群和牛群，在草地上欢快地奔跑着，将草原映衬得生机盎然。

10年，梅陇合作社通过生态畜牧业建设，人均年收入从2009年4 800元跃升到2019年2.4万元，合作社先后荣获“全国农民专业合作社示范社”“全国文明村镇”“全省生态畜牧业建设示范引领第一社”“省级示范社”“州级先进集体”“海西州推进全国草地生态畜牧试验区建设一等奖”等多项荣誉。这些成绩和荣誉背后是当地牧民引以为傲的“梅陇模式”。

何为“梅陇模式”？“以草场承包经营权、牲畜折价入股，劳动力专业分工，生产指标量化，用工按劳取酬，利润按股分红为主的风险共担、利益共享”的股份合作制经营模式。从梅陇在天峻草原上竖起第一面旗帜至今，梅陇做法已成为全省生态畜牧建设的典型样板。

海西蒙古族藏族自治州天峻县新源镇梅陇村距县城20千米，平均海拔3 000米以上。2008年全村共有牧户48户，其中贫困户16户（贫困户占比33%）。全村各类牲畜存栏2万多个羊单位，共有草场面积为13.24万亩（15亩=1公顷），可利用草场面积9.48万亩。年人均收入仅为4 800元，是一个以畜牧业为主的典型贫困村。

“梅陇模式”的诞生要追溯到10年前。梅陇村是一个以畜牧业为主的藏族牧业村，交通便利，区域位置优越。但长期以来，一家一户分散经营，科技推广程度不高，人草畜矛盾突出，生态环境恶化，牧民增收缓慢。

2008年，梅陇村“以保护草原生态环境为前提、以科学合理利用草地资源为基础、以推进草畜平衡为核心、以转变生产经营方式为关键、以实现人与自然和谐为目标”的总要求，在没有可借鉴成功经验的前提下，开始了生态畜牧业建设的试点起步。

时任村党支部书记的军青领导村“两委”班子成员，在草场承包权和牲畜所有权不变的前提下，遵循入社自愿、退股自由、民主管理的原则，按照股份合作制经营模式，引导牧民以草场和牲畜入股，成立了天峻县梅陇生态畜牧专业合作社。合作社将牲畜、草场作价入股整合，开展规模化和集约化经营。

由于当时生态畜牧业合作社未普及，牧民们简单地把合作社等同为“人民公社”，片面认为在走回头路，大多不愿入股。仅有8户低保户及村“两委”班子的5户牧户，共13户牧户41人入股合作社。

军青等村干部挨家挨户宣传合作社的重要性和必要性，多次邀请天峻县、新源镇主要领导现场做工作，终于打消了群众顾虑，调动了牧民入社积极性，最终实现入股牧户72户共214人，入社率达100%；入股草场13.24万亩。其中可利用草场11.03万亩，入股率100%；入股各类牲畜13 605只（头），其中藏羊11 984只、牦牛1 621头，入股率100%。

全村入股后的合作社不断完善组织机构，选出理事会和监事会成员，军青任理事长，理事会下设副业部、销售部、生产部和财务部，其中以生产部为核心，下设放牧组、育肥组、防疫组、饲草组和种公羊管理组，按照“五统一分”，即“统一配种、统一育肥、统一轮牧、统一加工、统一销售和分群养殖”的生产方式运行。

生产和管理遇到问题时，合作社严格按照章程行事，实行重大事项“四议两公开”，即“理事会提议、监事会和理事会商议、党支部审议、成员代表大会决议和财务公开、社务公开”，并不断修订和完善内部运营制度。合作社因整村入社缘故，积极参与乡村治理，不断夯实基础，整修基础设施，实现生活用电、人畜饮水、乡村公路、人居住房、畜圈草棚等设施的“十配套”，尤其是合作社实行的外出看病住院资金垫付制度、医疗保险及养老保险等福利，凝结了牧民情谊，增强了合作社向心力。

成立合作社承载了牧民抱团致富的愿望，但他们更达成了一切以生态效益为前提的默契。牧民们说：“绿水青山就是金山银山，否则就是走10年前杀鸡取卵的老路子。”分群养殖、划区轮牧就是牧民实现生态可持续发展的法子。

根据季节变换，合作社对入股牲畜整合划分，将入股羊群整合为26群（种公羊1群、一级母羊4群、二级母羊13群、三级母羊5群、生活羊1群、后备母羊2群）；整合牛群3群（杂色牦牛1群、黑色牦牛2群）。整合分群管理加快了有机畜牧业生产体系建设。合作社在全县统一取得有机藏羊牦牛活畜认证的基础上，完成了牲畜电子耳标佩戴和录入、牲畜按等级组群等工作，推进了规模化、品牌化进程。

整合分群管理便于提高藏羊生产性能。合作社选育合格藏系种公羊，并从新源镇其他合作社和生格、快尔玛乡等地引进优良种公羊，组建种公羊群，淘汰不合格种公羊，对鉴定合格和选购的种公羊进行集中管理，进一步规范了种公羊管理，缩短了产羔期并使其相对集中，实现了统一配种、同期产羔、同期出栏，增加了优良种公羊在畜群中的比例，提高了藏羊生产性能。

合作社按照草地资源与生态监测技术规程，在夏季牧草生长旺季的最高产量期8月中旬，分别对冬春、夏季、秋季草场进行测产，按照有关行业标准测算区域内的合理载畜量，推行划区轮牧。

2018年，合作社根据草场的气候、地形、植被、水源和载畜量，对冬春季、秋季、夏季草场进行科学调整，其中冬春草场划分25个轮牧小区，每个小区划分3个轮牧单元，放牧天数为205天；秋季草场划分31个轮牧小区，放牧天数为90天，年轮牧两次；夏季草场划分31个轮牧小区，放牧天数为70天，切实提高了草地资源利用水平，保证了草原生态的可持续发展。

既要绿水青山，也要金山银山。如何切实把入股草场、牛羊等资产变资金，离不开“梅陇模式”专业分工发展一二三产业，按劳取酬和按股分红分收益的共赢发展理念。

为做好合作社放牧工作，在牧户自荐基础上，合作社召开成员大会，民主推选出29户在牲畜管理方面有特长、经验丰富的劳力作为合作社放牧员，实行按劳付酬，建立健全放牧员奖惩机制。放牧员负责一产，解放出的其他劳动力在县城内外从事洗车行、酒店、畜产品销售等二三产业工作，打破了过去单纯一产收入的旧格局，形成了多元增收的新格局。

而今，在山清水秀、文明富足的梅陇村，已经丝毫见不到过去那个贫穷落后、举步维艰的梅陇村的影子。合作社拥有梅陇洗车行、博宇品质酒店、梅陇火锅店、梅陇模式展馆，二三产业投资来自合作社一产收益，一二三产业的总利润除提取公积金、支付劳动力按劳薪酬外，其余按股分红。2017年，全村人均收入达 20 865 元。

“我们从以前的土房、帐篷，全部搬进了宽敞明亮的楼房，现在大家心里都感觉很踏实、很幸福。”牧民月科说，2009 年他们家的收入只有 7 千多元，2013 年达到 4 万多元，2017 年就达到 5 万多元。而村里每一户牧民家的日子，都像他们家一样蒸蒸日上。

经过 10 年时间的检验、锤炼，梅陇模式——这个源起于天峻草原牧民群众的草地畜牧业发展模式，始终突出股份改造这一关键，秉承三生共赢理念，形成了一整套完整的内涵、制度和做法，并以星火燎原之势，在全省牧区六州得到广泛的认同、共鸣、借鉴和扩散，也成为了全省生态畜牧业建设的重要经验和青海高原深化牧区改革的重要成果，丰富了青海高原特色现代生态农牧业的内涵。

九个社勇破“藩篱” 联手谋发展

——都兰县查汗西里生态畜牧业合作社联合社发展纪实

“一个村子发展得好不好，关键要看有没有能办事的村党支部”，海西蒙古族藏族自治州都兰县查汗西里生态畜牧业专业合作社联合社创办人王洛这样说。山大、沟深，底子薄、没产业，是昔日都兰县巴隆乡的写照。

组建联合体，抱团发展。查汗西里生态畜牧业专业合作社联合社成立之前，全乡成立的合作社如雨后春笋，涉及种植、养殖、畜产品加工等各方面产业，但是这些合作社业务范围重叠，资源要素分散，产业规模单薄，产品深加工能力薄弱，大家各行其是，很大程度上造成了资源的重复浪费，增加了各自的运营成本，反而降低了合作社及社员的收入。

2015年年初，巴隆乡党支部、村委会换届选举，换届后的新班子上任干的第一件大事就是成立海西都兰县查汗西里生态畜牧业专业合作社联合社。2015年5月，以巴隆乡所属8个牧业合作社为基础，注册成立了海西都兰县查汗西里生态畜牧业专业合作社联合社，并选举王洛为联合社的负责人，还吸纳了香加乡艾里斯台生态畜牧业专业合作社加入联合社，形成跨乡联合的新局面。至此，联合社共联手9家生态畜牧业专业合作社。

生态畜牧业合作社是产业转型的根本出路，股权公证是保障股民权益的途径。联合社组建成立后，对各分社社员入股牲畜、草场等生产资料进行核查登记，在反复研究制定《资源整合方案》和《股份制分配方案》的基础上，形成了《章程》，确定了统一的股份测算标准，展开了社员股份测算公证工作。同时，明确合作社机构及成员的职责、权利和义务，细化合作社社员入社、退社相关程序，入股牲畜按类组群，入股草原划区轮牧。

合作联合，集聚了发展的基础实力。目前，查汗西里联合社入社草场总面积约347万亩，总牲畜40 273头（只），现有饲草料基地面积约4.5

万亩，整合入股面积约4.5万亩，畜棚3.7万米^2，羊圈3.1万米，饲草库1 821米^2，围栏192.6万米。总股金1.6亿多元，按500元折股计算，共有32.1万股。其中：牲畜股金5 850.5万元、11.7万股；草场股金2 415.6万元，4.8万股；耕地股金4 135万元、8.2万股；基础设施股金3 659万元、7.3万股。

联合社基于生产经营特点的共建，进一步盘活了存量，增加了调配的可控性，优化了集体资本的布局与资源配置。在完成资源整合工作的基础上，合作社根据草地类型、面积大小、植被生长等不同情况，因地制宜、遵循自然地理环境条件，科学地划分轮牧草场，组合羊群123群、牛16群。通过打造生态畜牧业专业合作社，逐步实现草畜平衡188万亩，草场禁牧159.71万亩。

截至目前，9个村总人口2 055人，入社人数924人，入社率达到45%。牲畜当年出栏7 000头（只）。根据当前草畜矛盾突出、经营分散、小畜数量过多、大畜发展缓慢、牧民增收困难的实际问题，联合社提出了“减小畜、增大畜，转移劳力、多渠道增收，3年减畜6.3万头（只），减轻43%的草场压力，实现减畜不减收、确保现有收入水平”。

2015年以来，理事会积极组织争取省州县各级项目，先后组织实施了高原牛羊肉生产加工厂建设、草原生物防治螺害、购置能繁母牛、平整饲草料地等一系列项目，整合各类财政支农和草地生态畜牧业建设方面资金1 257万元强化基础建设。在实施项目的过程中，充分利用联合社优势资源，将各类建设任务量化配股到每个社员，高起点、高标准、高水平全力打造规模养殖基地，新建养殖棚12栋、6 600米^2，饲草饲料库6栋、480米^2，新建羔羊养殖棚16栋、3 840米^2，配套围栏圈800米，配备综合式活动羊圈8套，购置料槽370条，购置饲草160吨。并计划建设畜产品交易市场4 500米^2、牛羊屠宰场1 573米^2。

2017年，合作社利用152万元省级财政生态畜牧业建设合作社高效养殖技术的推广示范项目资金，分别在乌拉斯台生态畜牧业专业合作社、托托生态畜牧业专业合作社、伊克高生态畜牧业专业合作社、哈图生态畜牧业专业合作社实施高效养殖技术推广示范。通过技术推广，实现从天然草原放牧为主的粗放型养殖方式向“放牧+合理补饲+棚圈”集中饲养集约型养殖方式的快速转变，草场承载压力不断减轻，各社科学饲养技术水平大幅提高，畜群周转加快，周期缩短，成活率大幅提升，尤其是牦牛犊牛成活率提高到95%。

联合发展，联出丰硕成果。一直以来，9个分社各社羊毛方面的生产产量较小，加之近几年羊毛价格严重下跌，导致独自销售困难，甚至没人收购。合作社联合社成立后，组织统一销售，使以前羊毛每千克仅5～8元的售价，提高到每千克11元，每千克增加6元，体现了联合在销售渠道、市场议价和稳定产销对接等方面的显著优势，提高了产品价格和市场竞争力，保障和提高了牧民收益。

同时，联合社按照技术统一培训、管理统一标准、物资统一供应、产品统一销售的"四统一"模式，提供社会化服务，解决了农畜产品"没人买""卖不了钱"的问题。经过4年多的建设发展，联合社发展形势喜人，群众积极、各分社联结紧密、各有特色、亮点凸显、牧户收益显著增加，产业化发展局面良好。

目前，部分社利用生态畜牧业发展积累的资金投资，发展起了枸杞种植、羊毛绒制品和民族服饰加工、观光旅游业等产业，走出了一条"村社一体、企社联合、帮困带贫、抱团发展"的路子，建立起了"党支部＋农民专业合作社＋牧户（农户）"工作模式，推动了一二三产业融合发展的进程，为产业化发展探索积累了经验。联合社和所属的哈图、托托2个分社分获2017年"海西州草地生态畜牧业试验区建设工作先进集体""海西州全国草地生态畜牧业试验区建设先进合作社"荣誉称号，全社共获奖励资金120万元。

5年虽短，但查汗西里生态畜牧业专业合作社联合社已在前期积极探索的基础上，找准了在联合融合中提升综合力量、个体分社中发挥特色优势的发展关键。搭乘全省草地生态畜牧业建设的快车，在下一个5年，联合社必将更加快速发展，更进一步发挥好生态畜牧业建设"领头羊"的引领带动作用，在高原现代畜牧业发展、乡村振兴战略推进、美丽乡村建设中绽放光彩。

哈西娃聚合资源“垦”出致富路

——都兰县哈西娃生态畜牧业合作社发展纪实

一栋栋深红的别墅，配套的文化广场、音乐喷泉、美化的庭院……一座极具现代感的村落矗立在109国道旁边，这就是海西蒙古族藏族自治州都兰县宗加镇的哈西娃村。“我这个小别墅盖起来40多万元，里面的装修、家具已经全部装好了，我们一分钱没掏就搬进来了。日子过得越来越好，大家伙儿心里非常高兴，真心感谢党和政府的领导，感谢村‘两委’带领我们发家致富。”哈西娃村民乔格图说。

自2009年启动全国草地生态畜牧业试点县建设以来，都兰县认真贯彻落实中央和省州推进全国草地生态畜牧业建设要求，紧扣“生态畜牧业可持续发展”目标，坚持保护生态与发展生产相结合、分类指导与突出特色相结合、创新引领和示范推广相结合的原则，鼓励牧民保护草原生态、组建专业合作社，整合牲畜草场资源，引导多元化经营，探索出“联合力量、聚合资源、整合股份、融合发展”的生态畜牧业发展之路。2009年底起，哈西娃村组建生态畜牧业专业合作社。2016年又成立了青海哈西娃生态科技有限责任公司，瞄准枸杞深加工产业，通过一二三产业融合发展，从一个逐水草而牧的草原村落发展成为全省致富的样板村。

很难想象，在10多年前，哈西娃村还是矗立在风沙肆虐的戈壁滩上，歪七扭八错落分布着一些破旧的土垒房，这里常年沙尘蔽日，下起雨来路面泥泞不堪，这就是10年前的哈西娃村村貌。

哈西娃村共有41户人家，123位村民，以前是个纯牧业村。长期以来，受自然条件制约，草原沙化、盐碱化严重、产草量小、载畜能力低，村集体没有稳定的收入来源。2007年全村人均收入不足2 000元、村集体负债2万余元。是都兰县宗加镇12个村子里最穷的一个牧业村。

2008年，省委、省政府立足青海省实际，着眼长远，作出生态畜牧业建设重大战略决策。乘着政策的东风，2009年底，哈西娃村党支部召集全村党员召开大会，找穷根，想出路。

恰逢都兰县大力发展枸杞种植业，不少外地人到当地租地种枸杞，获得了不菲的收益。合作社理事长提出："外地人能来这里种枸杞挣钱，我们为什么不可以？"

在乌龙沟的帐篷里，大家各抒己见，讨论的焦点是入社条件和比例。讨论持续了3天3夜，大家渴了就吃点河道的冰块，饿了抓点随身带的干粮，最终达成一致意见，决定成立哈西娃村生态畜牧业专业合作社，全村41户牧户、草场和牲畜100%参社入股。

思想决定出路，脱贫路上最难转变的就是长期固化的思想。2010年初，哈西娃村生态畜牧业专业合作社成立伊始，坚持"以草定畜，共同减畜，每户均按252个羊单位入1股"，严格按照测算的村草场合理载畜量配比入股。大多数牧民对此不能理解，甚至有抵触情绪，牧民们认为养的牲畜越多，赚的钱也就越多。村两委班子成员率先减畜加入合作社，挨家挨户走访，向牧民讲明利弊关系，最终，全村牲畜由原来的近5万头（只）减少到1万多头（只）。牲畜减少的同时，草原产草量逐步提升，草场生态逐渐恢复。

成立合作社仅仅是哈西娃村迈向致富路上的第一步。除去每年合作社入股分红，村党支部考虑到现有部分牧民因为减畜劳动力闲置，村支部决定发展枸杞种植产业，由纯牧业向农牧集合转型，拓宽牧民的收入渠道，进一步增加牧民的收入。

这一决定可让村子里"炸了锅"，牧民们觉得放下祖祖辈辈相传的牧鞭，抡起锄头种枸杞，简直就是不务正业、天方夜谭。村两委班子热火朝天，但牧民们却隔岸冷眼观望，并不买账，村两委班子多次做思想工作也没人愿意尝试。

这可让村两委班子犯了难，只好先发动全村党员带头试种了50亩枸杞。为了让牧民看到种枸杞的经济效益，村子里决定将这50亩枸杞地以每亩4 000元的价格流转承包出去。这个消息在村子里不胫而走，牧民们纷纷主动找到村委会，村委会又从诺木洪农场承包了613亩耕地，给全村41户牧民无偿分配10亩试种枸杞。

在都兰县农林部门的技术指导下，全村近八成牧民学会了枸杞种植技术，当年村集体收入达到31万元，人均收入一下子增加到7 000多元。这让村子里牧民真正尝到了种植枸杞的“甜头”。

2010年，合作社承包1 100亩土地种植枸杞，建立哈西娃党员枸杞示范基地。2012年，合作社完成3 000亩撂荒地的复垦工作，为治理风沙种植长约7.8千米的防风林带4条，打灌溉机井9口。当年在复垦土地上种植枸杞650亩，村集体收入120万元，合作社人均分红8 000元，年人均收入达到1.5万元。

到2013年，合作社在复垦土地种植枸杞2 000亩。如今的哈西娃村种植枸杞共1.26万亩，并建设集烘干、色选、包装为一体的枸杞加工基地。枸杞产业已成为哈西娃村集体经济发展的主要引擎支柱。

10年巨变，哈西娃村党支部坚持“取之于民，用之于民”的理念，村集体经济收入不断投入到村容村貌改善、基础设施建设、游牧民定居工程建设上，免费为全村牧民缴纳医疗和养老保险金，给予60岁以上老人每月100元的生活补助。2014年底投资995万元的照明用电项目也建设完成。由村集体经济出资3 000万打造的“高原第一村”别墅群已入住使用。别墅上下两层共168米^2，各类家具家电一应俱全，水、电、暖全部进家入户。世代住在蒙古包里的村民们现在住上了别墅，开上了汽车，这是谁都没有想到的。巨变的背后，是哈西娃村党支部带领村民敢打敢拼、开拓进取、致富发展的决心和毅力。

“绿水青山就是金山银山”。如今的哈西娃，不仅经济飞速发展，生态也显著改善。水草丰茂，时常能看到野牦牛、黄羊等野生动物在草原上奔袭，漫山遍野的野生蘑菇、药材，草原上一片生机盎然。村委会利用当地生态旅游资源优势，组织牧民办起了牧家乐。游客们慕名而来，一睹高原第一村的风貌，乌龙沟冷水泉、贝壳梁、枸杞林……一道道风景线让游客们赞不绝口，流连忘返。

通过10年的艰苦摸索和不懈奋斗，哈西娃村村集体经济不断壮大，经济发展驶入快车道。党支部、村委会已成立枸杞合作社2个、牦牛合作社1个、生态科技公司1家、旅游公司1家。注册“诺木洪”黑果枸杞、“宗加”蘑菇等商标，着力打造发展枸杞、牦牛产业等优势资源品牌，加速融合发展加工、旅游二三产业。通过党建引领，走出了一条集“牧业、种植业、加工业、旅游业”等为一体的多元化发展之路。

从合作社成立之初，村集体经济负债2万元，人均收入1 843元，到如今，村集体经济350万元，人均收入4万多元。哈西娃村党支部用实际行动赢得了群众的威信，带领全村大步走在发展致富的前列。

这几年，哈西娃村立足有山、有水、有景的自然资源，在生态经济上大做文章。办家鸭野养场、野生蘑菇加工厂，发展野血牦牛杂交繁殖的新型产业……

现在，村里依托“诺木洪”黑枸杞品牌，加工销售黑枸杞，2019年人均分红达10 660元；借力亿万年贝壳梁等旅游资源，扶持有条件的牧民以合资入股的形式办起了特色“牧家乐”，年均实现纯收入67.5万元。

“哈西娃村的成功，一是由纯牧业村向农牧结合村转型；二是由分散居住向集中居住转型……”原省农牧厅总畜牧师王会林认为，短短几年全村减少了几万头（只）牲畜，提高了牛羊出栏率，恢复了草场生态，一产业收入只占整个收入的8%。一二三产业的高度融合，让哈西娃人有底气放下羊鞭，入股分红领工资。

把“优先优势”转化为“先发优势”

——都兰县骏秀生态畜牧业合作社发展纪实

海西蒙古族藏族自治州都兰县热水乡是一个以藏族人口为主的纯牧业乡，藏族人口占总人口的96%，文化水平普遍偏低，导致“贫困家庭代际传递”现象突出。但是热水乡扎么日村，地处都兰县东南处，黑山公路穿中而过，交通便利，草原广阔，有独特的优先发展优势。“该如何带动当地群众脱贫致富”成了退休干部李科心里每天都在思考的问题。

李科是土生土长的热水人，2009年退休后回到村子里，他看到村子里的草场退化严重，了解到村民还在沿袭着传统的家庭放牧养殖方式，年人均收入不足2万元。曾担任都兰纪律监察委员会副书记、检察局局长的他非常清楚，过度放牧造成的生态破坏已经严重制约着当地的经济发展，长此以往，牧民的生产生活将处于恶性循环。

全省都在推行生态畜牧业建设，老书记退休不褪色。经过前期调研和后期的深思熟虑后，李科想在扎么日村创办一个生态畜牧业合作社的想法涌现出来。说干就干，李科将这一想法告诉了村“两委”班子成员，并得到了大部分成员的赞成。通过大家的一起动员、协调努力，都兰县骏秀生态畜牧业专业合作社于2012年注册成立。李科先后担任起了合作社监事长、名誉理事长。

虽然合作社成立起来了，但是万里长征才迈出了第一步，当时没有几个村民愿意入股进社。

扶贫要先扶智，治穷必先治愚，如何转变贫困群众思想观念尤为重要。为了摸清草场和牲畜底数，尽快拿出合作社的一整套制度和方案，说服牧民加入合作社，李科完全把自己“浸”到了草原上。

一个人带动一个合作社，一个合作社带动一个村。李科常说：“土地草场是牧民的生命线，不了解它们就等于不了解牧民”。作为名誉理事长，他带领合作社成员，每天早出晚归，晴天一身土，雨天一身泥，足迹遍及全村各个角落，他们四处了解情况，每到一处就向群众讲解国家对合作社的各项优惠政策。通过他们的不懈努力，越来越多的牧民群众慢慢地改变了以往的保守思想，陆续加入了合作社。

骏秀生态畜牧业专业合作社成立以来，始终坚持“以草定畜”的基本原则，逐步优化畜群畜种结构，恢复草原生态功能。禁牧草场面积从以前的5万亩增加到7万亩，通过科学组群牛羊，30多群羊减少到15群羊，入社的畜群交给村子里十几个放牧能手中。通过草场、畜群整合优化，大大提高了生产效率，解放了大量劳动力，当地牧民每年在合作社分红的同时，还能从事其他工作，增加家庭收入。

在党的惠民政策扶持下，合作社还积极推动一二三产业融合发展。2012年合作社成立初期，李科通过组织村民自筹，修建了第一座畜棚，自建1 000多米水渠，开垦300余亩荒地种植饲草；2013年，利用省、州项目启动资金40万元购买犏母牛50头，购买母羊150只，当年合作社年人均收入2 042元；2014年，合作社通过提升能力资金46万元，新建牛羊棚圈及注射苗栏，购置捆草机等，当年合作社年人均收入2 750元。

2015年，通过大学生村官扶持资金20万元建设羊棚，购置农用车等。通过扶贫贷款50万元收购母羊616只。当年合作社收入17.25万元，合作社成员人均分红653元，年人均收入2 156元；合作社还专门拿出4万元，给都兰县热水乡40户低保户每户分红1 000元。

2016年，骏秀生态畜牧业专业合作社按照“民办、民管、民受益”的原则，以牲畜、草场等固定资产资源入股，组建成的农民合作经济组织，完成了合作社股份制改造工作。全村入社牧户的草场和牛羊整合率均达到100%。当年合作社收入27.6万元，合作社成员人均分红618元，年人均收入2 090元。

2017年，合作社投资43万元资金建成保鲜冷藏库。库体容积900米^3，配备制冷机组、蒸发器、电控箱及包含安装费等冷藏设备。合作社当年获得政府产业发展奖励资金30万元，利用部分奖励资金收购活羊500只，屠宰冷冻储藏后再反季节销售，合作社因此增加净利润6.3万元，人均年增加收入 431 元。当年合作社收入 62.8 万元，合作社成员人均分红 3 045 元。

一组组数据，见证了都兰县骏秀生态畜牧业专业合作社从无到有、从小到大的发展历程，同时也转变了牧民群众的思想，使昔日贫困的扎么日村彻底改变了面貌。富裕起来的牧民群众深知文化的重要，自己学习和送孩子入学的积极性高涨。

截至 2019 年，全村共有 51 户 166 人入股进社，整合后可利用草场面积 19 万亩，现有牲畜 3 809 头（只），合作社总股金达 435 万元，合作社发展已初具规模。

如今的热水乡，村民早已摆脱了以往收入来源主要靠放牧、打工的单一方式。为拓宽牧民收入渠道，合作社专门在都兰县城开办了骏秀牛羊肉销售门市部。还组织闲置劳动力开办民族服饰加工厂和饲草料生产加工厂，解决就业 54 人。形成了老人养老、孩子上学、年轻劳动力逐步向二三产业转移的生产生活新格局。畜牧业生产方式有了质的转变，解决了人、草、畜之间的矛盾，实现了“草原增绿、牧民增收”的双增目标。全村通过合作社这个平台，实现了产业增收增效。

办一个合作社，带动一个产业，富一方牧民，成立合作社是推进新牧区建设的必然要求，是牧民增加收入的最好途径，加入合作社组织已经成为牧民的必然选择。改变传统小家小户式的畜牧生产经营方式，骏秀生态畜牧业合作社的运营，极大地调动了牧民的积极性，牧民收入不断增多，村集体经济不断壮大，热水乡所具有的优先区位资源优势加快转变为先发优势经济，实现了牧户生活改善、畜牧业持续发展、生态环境保护的“三赢”局面。

股份制改造　扬帆“玉舟”远航

——天峻县玉舟生态畜牧业合作社联合社发展纪实

2017年12月2日，海西蒙古族藏族自治州天峻县体育活动中心内气氛异常热烈，1 304万元红绿相间的人民币堆满了桌子，合作社600多名牧民齐聚一堂，喜迎天峻县玉舟生态畜牧专业合作社联合社的分红大会。

这是自2014年由天峻县新源镇、快尔玛乡等三镇三乡的梅陇、茶木康、德阳、西德慕兰等14家生产经营较为规范的生态畜牧业合作社注册成立联合社以来的第三次分红。一年下来，梅陇村的放牧员公确多杰工资领了2.8万元、合作社奖励了4万余元，分红拿到了近5万元。“联合社成立以后，收入比前几年增加了。今年一方面是羊价上涨，另一方面是统一加工销售提高了羊的出售价格。”玉舟生态畜牧专业合作社联合社理事长彭措扎西说，联合社以“梅陇模式”为样板，制定完善了多项内部管理制度和各项规章制度，特别是提高了股份制改造进程和合作社规范化程度，打出了自己的“玉舟”品牌，使合作社抱团融入大市场，既壮大了集体经济，又扩展了牧民增收渠道，分红数额逐年增加。

长期以来，由于草地生态环境恶化、畜牧业生产力下降、人草畜矛盾突出等原因，牧民收入增长缓慢。同时，一家一户分散经营模式，一方面难以适应市场经济，另一方面抵御自然灾害能力低、科技推广应用程度不高，导致草地畜牧业无法持续健康发展。

为保护草地生态，系统化、规模化发展草地畜牧业，使人草畜和谐发展，在省、州、县政府支持下，海西蒙古族藏族自治州天峻县决定成立生态畜牧联合社，以整合合作社资源，实施股份制改造项目，转变生产经营方式，科学系统地发展生态畜牧业。

2014年10月，天峻县玉舟生态畜牧业联合社正式成立，由当年的梅陇、扎德勒、达尔那等14家经营规范的生态畜牧业合作社组成。先期，联合社选择了14家相对较规范的成员社，开动员会，推进股份合作制改造。通过草场及牲畜入股的方式，让牧民们能够实现利益共享、风险共担，降低单个牧民面临的市场风险，提高牧民收入，帮助贫困户实现脱贫致富。

联合社自成立以来，积极推广“股份合作制经营模式”，推行牛羊按类专群饲养、草场按群划区轮牧、劳动力按技能重新分工，以及统一轮牧、统一配种、统一育肥、统一销售、统一加工、统一防疫和分群养殖的“六统一分”管理模式，提升了成员社规范化运行水平。2015年，联合社成功地对5家成员社进行了股份制改造；到2018年，成功地对10家成员社进行了股份制改造。

目前，构建了以联合社为纽带的民族皮革加工厂、风干牛肉厂、藏式餐厅、酒店等产业发展联盟。截至目前，联合社成员社11家完成股份制改造，社员536户，入股牲畜5.3万头（只），入股草场70.7万亩。2019年联合社实现分红1 242.62万元，户均分红23 183元。

为破解天峻县合作社产业发展规模不强、生产经营能力薄弱、资源优势转化为经济优势过程漫长、品牌建设和畜产品附加值不强等诸多问题，联合社成立后加强了管理层力量，原生态畜牧业合作社理事长彭措扎西，经过选举，走马上任联合社理事长。

为切实加强成员社生态畜牧业建设的组织领导，在彭措扎西的带领下，联合社设立了理事会、监事会组织机构，制定了联合社章程和理事会工作制度、监事会工作制度、议事规则制度、财务管理制度等多项内部管理制度，并指导成员社修订完善了各项规章制度。针对联合社懂经营、善管理的人员缺少问题，择优遴选6名大学生充实到办公室工作，实行包社管理。

为加大宣传培训力度，彭措扎西带领班子成员经常走村入户，甚至跨区、跨村入户宣传，反复讲“走合作社联合之路”的好处，印制了千余份“梅陇模式”藏文宣传资料，供成员社学习及借鉴，同时通过以会代训的方式，安排大学生到成员社进行宣传动员，让入股社员清楚地认识草原生态保护的重要性及合作经营的必要性，增强了牧民群众对推进全国草地生态畜牧业试验区建设重要性的认识。

为指导成员社股份合作制改造，提高规范化程度，根据省、州、县全国草地生态畜牧业试验区建设工作有关文件精神，联合社及时组织成员社召开股份合作制改造工作动员会，增强了牧民入股合作社的积极性和主动性。

截至目前，14个成员社中已完成股份改造合作社11家，社员536户，入股牲畜5.3万头（只），入股草场70.7万亩。全部建档立卡，根据成员社牲畜入股数量，及时重新组群，实行统一经营，对入股草场进行划区轮牧，积极争取草原网围栏149.5万米，舍饲棚圈116栋，进一步提高了成员社基础设施条件。

为扩大畜产品加工销售，提高畜产品附加值，打造有机产业链，联合社组织理事会、监事会成员赴玉树州曲麻莱县雪莲肉食品加工有限公司、海南可可西里肉食品加工公司考察学习技术管理和风干牛肉生产线流程，学习借鉴先进经验，注册了“玉舟”牌商标，推进了品牌化建设。

2015年与甘龙公司签订了牛羊销售合同，统一销售羊9 994只、牛848头，按每千克牛羊肉补贴4.148元的方式，补贴资金72.27万元；2016年与莫河驼场签订牛羊肉加工协议，委托加工玉舟牌牛羊肉，统一屠宰羊加工1 237只、牦牛136头，羊肉按每千克46元、牛肉每千克56元、野血牦牛肉每千克100元，统一对外销售，进一步提高了畜产品收入。2019年统一出售牲畜19 439头（只），实现收入1 703.44万元。

为促进产业融合，拓宽增收渠道，联合社积极兴办民族皮革加工厂、风干牛肉厂、藏式餐厅、酒店等二三产业，加快一二三产业融合发展，促进富余劳力转移，增加经济收入。玉舟联合社投资1 600万元收购天峻县香格里拉商务酒店，生格草希生态畜牧业合作社联合社建设生格大酒店，木里镇生态畜牧业合作社在县城建皮革加工厂和饭馆，进一步壮大了合作组织集体资产，培育了新的经济增长点。

彭措扎西介绍，下一步，联合社重点抓好四个方面的工作：一是抓好项目申报工作。围绕联合社二三产业发展实际，重点推进投资一二三产业融合发展建设项目，为成员社富余劳动力提供工作岗位及机会。二是全力提升合作社建设质量。在股份制生态畜牧业合作社建设成果的基础上，以生产要素整合、优化畜群结构、完善规章制度、规范运行管理为重点，持续加大股份制合作社改造力度，着力提高合作社入社率和生产要素入股率。三是加大大学生领办合作社工作。切实做好大学生领办的管理工作，积极吸纳畜牧类专业的大学生参与联合社和成员社建设，扩大领办工作范围。四是加强培训。与州、县有关部门及时沟通，反馈信息，围绕成员社专业管理生产技能与知识不足的实际，开展针对性培训，提升合作社生产管理水平。

玉舟，草原上的奋进之舟，老百姓的幸福之舟，在改革的广阔海洋扬帆远航。

高效养殖给科学图插上“翅膀”

——都兰县香加乡科学图生态畜牧业合作社发展纪实

“山加，分红金额28 420元；关布道尔吉，分红金额14 210元；同加，分红金额49 735元；金明，分红金额21 315元……”2018年7月9日，海西蒙古族藏族自治州都兰县香加乡科学图生态畜牧业合作社的分红仪式，让都兰草原再次欢腾起来。

“去年底我们合作社就分红了，那是第一次分红，当时大家都高兴坏了，今年分得更多，我们家分了28 000多元，最多的分了7万多元……”拿着分红的钱，华青加高兴得合不拢嘴。

“这是今年我们合作社26户牧户高效养殖的利润分红，一共48万多元。今年收益好得很，贫困户每户也有2万元的分红。你看我们牧民们高兴得要跳起来了。”合作社理事长那木卡也是眉开眼笑。

距都兰县城50千米的香加乡科学图生态畜牧业合作社成立于2016年，如今已发展成为全县最大规模的牛羊养殖专业合作社之一，总资产达4 000万元以上，入股牲畜20 000头（只），入股草场4 940公顷。

那木卡介绍，合作社成立后，积极鼓励牧户转变传统的养殖方式，推进规模经营。藏羊高效养殖配套技术越来越成熟，为牧民增收致富提供了保障。村上的牧民，特别是贫困户收入得到很大提高，鼓舞了群众致富奔小康的干劲。

“我们合作社发展的速度比较快一点，主要是因为高效养殖带来的效益特别突出，脱贫户都成为股东了。我们坚持把生态保护放在第一位，以草定畜，16亩草场定1只羊，多余的就出栏。”那木卡说。

作为致富领头人的那木卡颇具商业头脑，说起高效养殖，头头是道。“以前的羊羔要养到10个月才出栏，1只羊最多卖400多元，还不算人工工资和草料。现在高效养殖的羊羔 4 ～ 5 个月就能出栏，如果体重不超过 35 千克，1 只羊羔就能赚到 700 元，如果再往大养，不太划算，因为羊羔体重超过 35 千克，就算成年羊了，价格就要低一些。所以，我们的羊羔 4 ～ 5 个月就出栏，早早就被格尔木的饭馆预订了。”

那木卡说，“传统放牧是早上天亮就把羊群赶出去，晚上天黑才赶回圈里，在草原上放牧时间特别长。而现在，早上十点钟把羊群赶到天然草场，下午三四点钟就赶回圈里，在草原上放牧 3 ～ 5 个小时就可以了。天然草场的放牧时间缩短了，加上羔羊早早出栏，草场的压力减轻了，草长得特别好。天然草场的草刚好留到冬天给母羊吃，母羊冬天不会塌膘，料也不用买太多。”

“今年我们给母羊做了同期发情，3 月底配的种，现在母羊已经怀孕，到 9 月 15 日左右母羊就开始生产第二胎了，基本上做到了 3 年两胎。原来牧民们都习惯每年秋季集中屠宰，羊肉集中上市，羊肉的价格就掉下来了。高效养殖的羔羊出栏早，能够均衡出栏，也就保证羊肉价格一年四季不会有太大的起伏。”合作社监事才仁补充说。

2014 年，都兰县开始发展高效养殖技术，从最初的 5 个试点，发展到 5 个乡镇的 32 个，高效养殖的母羊从最初的 300 多只，发展到 2017 年底的 10 000 多只，成效颇为显著。

“2016 年，我们对科学图村生态畜牧业合作社在格尔木出售的 40 多只 4 月龄羔羊，进行跟踪称重，最大的能达到 18. 5 千克，最小的 14. 5 千克，平均每千克按 61. 5 元计价，1 只羊羔卖到 1 143 元。最后我们初步计算，除去饲料、人工成本，1 只羔羊比传统养殖能增收 200 ～ 350 元。2016 年 6 月龄的羔羊体重平均达到 33. 8 千克，2017 年的至少达到了 36. 8 千克以上。所以，高效养殖这项技术，从我们连续 4 年实施的结果看，效益是非常可观的。”都兰县畜牧兽医工作站畜牧师王传洋介绍。

科学图村生态畜牧业合作社干出了样子、干出了实实在在的成效，惠及本村牧民，也引来其他村牧民的羡慕和向往。“我们虽然是柯柯哈达村的，但科学图村合作社搞得好，收入很高，我们就想加入到他们的合作社。”柯柯哈达村的才仁道力吉代表本村 6 户牧民，专程前来咨询加入科学图合作社的相关事宜。

"科学图生态畜牧业合作社的组织化程度很高，示范效果也极其明显，如果这项技术在合作社稳定发展，羊群就会一年比一年整齐。"业界专家指出，融入科技创新，生态畜牧业的内涵会更加充实饱满。

"自全国草地生态畜牧业试验区建设以来，都兰县始终把科技创新摆在首位，各试点社加强高效养殖、畜种改良、饲草种植等技术推广应用。2014—2017年，15个试点社开展藏羊高效养殖技术推广，羔羊繁活、羔羊增重、母羊损亡实现'两增一降'，每只羔羊增值180元以上。2017年，全县牧民人均可支配收入达11 350元，较2010年增长122.5%。科技创新支撑畜牧业发展成效显著，牧民从科技创新中尝到了增收致富的'甜头'。"都兰县副县长张炳玉说。

高效养殖带来的甜蜜不断。时间转眼来到2019年冬至，这一天，香加乡科学图生态畜牧合作社里一派喜庆祥和。有人和面、有人擀皮、有人包饺子、有说有笑，每个人都在别出心裁地设计着形态各异的饺子，表达自己内心的喜悦，窗外寒气袭人，屋内的景象里却温暖四溢、其乐融融。

这个特别的冬至节由合作社的理事长那木卡组织。为此全社员准备了很久，因为不光是要过节，更重要的是吃完饺子后，合作社管理层要召开本年度第三次社员大会，有重要的事情要宣布。社员们一边包着饺子，一边期待着……大家沉浸在欢乐、祥和、温暖的节日氛围中。

隔壁办公室理事长那木卡正带着会计兼助理认真核对大会资料，这是本年度第三次社员大会，也是年度总结大会，理事会成员要总结合作社全年工作，同时全体社员要共同讨论下一年度合作社发展计划。这是大会前的最后一次核对，事关每个社员利益和明年发展大局，那木卡表示不能有丝毫马虎。

实践证明，羔羊6月龄出栏，相当于天然草场承载数量减少了50%，加快了羊群周转，有效地减轻了草场压力，科技手段有效破解了生产发展与生态保护之间的固有矛盾，为全省牧区贯彻落实生态保护第一理念提供了可靠的现实路径。

从2017年开始，科学图合作社大力推行藏羊高效养殖技术。经过短短两年光景，生态草原逐步恢复，合作社经济效益提升显著，社员们收入不断提高，这种新的发展路子备受社员们欢迎，大大鼓舞了社员致富奔小康的干劲。

合作社总资产从2015年的800万元，一跃增加到2019年的4 000万元以上，在全县名列前茅。合作社先后荣获“海西州生态畜牧业合作社示范点”“海西州级优秀合作社”“党员带富中心户”“省级规模养殖基地”等荣誉，那木卡也在2018年被评为全州优秀合作社理事长。

科学图让人眼前闪亮的还有，在发展饲草加工产业的同时，合作社还在不断延伸发展的触角。他们在香日德开设销售点一处，主要经营农畜产品、百货等。新建冷库，购置冷藏设备、冷藏车等，用于冷鲜肉反季节销售。购置乳汁品奶制品车间设备全套，加工销售畜产品、特产等。同时合作社还与格尔木卫拉特生态农畜产品销售有限责任公司签约订单，加入青藏电商开展线上销售，在中国农业网站合作推介产品。

草原深处的香加乡，借科学羽翼，不断图强发展。

试验区建设“复活”阿拉尔

——格尔木市阿拉尔生态畜牧业合作社发展纪实

2018年辞旧迎新之时，海西蒙古族藏族自治州格尔木市郭勒木德镇阿拉尔生态畜牧业合作社的21户社员，领到了各自的2017年分红，大家兴高采烈，十分欢喜。这是合作成立以来第一次给牧民分红，分红根据牧民们牛羊牲畜和草原入股股数分配，分红高的牧民有12万元，少的也有1万多元，大家尝到了合作社经营模式的甜头。

更让大家看到希望和充满干劲的是，合作社理事长祁生发现场承诺说：“从今年开始，合作社将对牛羊肉进行深加工，反季节销售。并准备把其他没入社的社员吸纳进来，大家下一次的分红会再提高，咱们牧户的日子会越来越好。”

经风历雨见彩虹，喜悦和收获的背后曾经几多艰难。阿拉尔生态畜牧业合作社于2010年12月注册登记，当年阿拉尔村全村46户全部加入了合作社，但由于长期一家一户的经营生产方式根深蒂固，牧户对合作化经营概念模糊，思想顾虑多，担心自我资产流失，一直处于观望状态，致使合作社入社社员生产要素整合工作停滞不前。2010—2014年，合作社发展较为缓慢，成效不明显。

面对发展中的问题，高度重视全国草地生态畜牧业试验区建设试点工作的格尔木市，将该试验区建设纳入全市“十三五”经济社会发展总体规划，探索试点创新的新模式、新方法和新途径，成立格尔木市全国草地生态畜牧业试验区建设工作领导小组，出台《格尔木市推进全国草地生态畜牧业试验区建设实施方案》等政策文件。评估了全市20个生态畜牧业合作社，对试点工作进行排序，在统计合作社生产要素、核查合作社入股要素等前期工作的基础上，选择郭勒木德镇阿拉尔等2个生态畜牧业合作社作为试点，以点带面，全力打造生态畜牧业升级版，为试点工作全面推开创造条件、积累经验。

在市农牧局和镇政府的宣传引导下，阿拉尔村大部分群众的思想发生了质的变化，纷纷要求开展生态畜牧业建设，合作社按照试验区建设要求，大力开展股份合作制改造和规范化建设，自此，“瘫痪”的合作社真正开始了发展建设。2016 年 9 月 27 日再次召开社员大会，重新选举合作社领导班子，社员一致推选祁生发为合作社理事长、乌云巴图为副理事长、阿力腾次其格为理事会成员、乌兰巴特尔为监事长、哈斗为监事会成员。

合作社制定细化合作社章程，开展制度建设，将牲畜、草场重新作价入股，入社入股 21 户，共入股绵羊 6 918 只、牛 90 头、马 82 匹、骆驼 9 峰；入股草场 62 万亩，总股份 8 435. 37 股，入股率 38. 9%。合作社对入社人员统筹分工，入股牲畜和草场统一管理、统一经营，红利按股分成。郭勒木德镇政府安排村书记索南木对合作社的建设和发展进行指导、扶持等工作。

“新生”后的合作社，实行牲畜重新组群饲养管理、草场划区轮牧建设，共重新组建基础母羊 13 群、种公羊 1 群，后备母羊 1 群，基础母牛 1 群，马 1 群；草场实行划区轮牧，夏季草场利用时间为每年 6 月下旬至 9 月中旬，冬春和秋季草场为每年 9 月中旬至来年 6 月中旬。

2010—2017 年，阿拉尔生态畜牧业合作社共争取省、州项目资金 368. 92 万元，主要用于购买生产母羊、饲草料、购置办公用品、基础设施建设、合作社股份制改造、生产加工储藏体系建设等。

为实现草原畜牧业可持续发展，牧民收入增加，生态环境得到改善，阿拉尔生态畜牧业专业合作社作为草地生态畜牧业试点社，2017 年组织牧民们进行股份制改造，全力推开草地畜牧业发展探索。广袤的草原上，阿拉尔生态畜牧业专业合作社的牧民们，对羊群展开组群、打疫苗、打耳号，这是合作社实行股份制改造以来做的第一件事，也是合作社努力冲出发展瓶颈的新开端。

祁生发说：“合作社入股的 6 000 多只羊，原来是分散放牧，现在是统一管理，利益共享，风险共担。”此外，合作社还根据入股草原面积和入股牲畜情况，结合草原理论载畜量，动员牧民淘汰处理了部分生产性能不高的牲畜和非生产畜，将牧民入股的牲畜优化重组，调整畜群结构，由合作社统一管理、统一经营、统一生产、统一销售。

阿拉尔草原牧民官旗格说，加入这个合作社的主要目的，就是集体管理大家共同富起来。64岁的官旗格在草原上放了一辈子的牧，如今他年事已高，对于放牧，体力和精力已经跟不上。在他看来，加入合作社，实行股份制改造，是一件利己的好事，除了将自己的200只羊和100多亩草场加入合作社，还动员女婿也加入合作社。

祁生发说："实行股份制改造的合作社，草地经营方式转化可以带来生态保护方式的转变，让草畜实现平衡、草原回归绿色、牧民增加收入变为现实。"

蝶变，由全国草地生态畜牧业试验区建设开始，阿拉尔生态畜牧业合作社的发展成效真正体现了出来——股份合作制经营方式有效地转变了传统的生产方式；开展产前、产中、产后统一服务，降低了一家一户的生产成本，拉近了生产环节与市场的对接距离；生产要素合理配置，优化畜群结构，加快畜群周转，有效地保护了草原生态环境；合理分工，调动了广大社员的生产积极性；高效实用的畜牧业生产技术应用，增加了社员收入。今日阿拉尔生态畜牧业合作社，活力四射。

“格尔木蒙古羊”闯荡大市场

——格尔木市那棱格勒生态畜牧业合作社发展纪实

2019年12月，“海西州生态畜牧业合作社产品体验营销中心”在西宁市民族商贸城开业。这是海西蒙古族藏族自治州开展生态畜牧业建设工作的又一创新之举，踏出了生态畜牧业合作社产品“进城”的第一步。

而让格尔木市那棱格勒生态畜牧业合作社高兴的是，自家和其他4家生态畜牧业合作社一起首批入驻这一营销中心，合作社生产经营有了更高、更宽的销售市场端口，将极大带动合作社未来发展。

海西州生态畜牧业合作社产品体验营销中心的成立，是海西州为提升生态畜牧业产品品牌附加值、拓展销售渠道和销售市场、探索合作社产品展示和销售为一体的营销模式、增强合作社经济基础、助推合作社产业链条延伸的有益尝试，不仅是海西生态产品的体验营销中心，更是全省生态畜牧业合作社对外宣传的重要窗口。体验营销中心先期筛选了股份改造到位、生产组织有方、规范化运行较好的天峻县梅陇、扎德勒、查木康、都兰县查汗西里和格尔木市那棱格勒5家生态畜牧业合作社入驻。

那棱格勒生态畜牧业合作社能够首批入围州级电商平台，并非偶然，这是实力的体现。合作社理事长朝格吉力说：“我们将充分利用好电商网络这个平台，积极探索合作社产品销售和展示为一体的销售模式，增强合作社经济基础，助推合作社产业链条延伸，从而激发合作社不断发展的内生动力，让合作社的产品实现线上线下齐开花，将高原生态畜牧产品推向更为广阔的市场。”

格尔木市那棱格勒生态畜牧业合作社成立于2010年12月，目前合作社现有社员47户，142人，入社率达到87%，经社员自愿协商将牲畜和草场作价入股，入股绵羊8 360只，牛669头，马276匹，入股草场77.83

万亩，总股数14 850.94股。2019年合作社建有标准化暖棚、羊圈，配置了拖拉机、打草机等牧业机械和完整的羊肉深加工、包装、冷藏设备等，固定资产207.8万元，年收入243.4万元。

在发展过程中，合作社以股份制经营发展模式，组建了以朝格吉力为理事长，呼斯力图、巴陶特巴和阿力藤花为监事长的股份合作制合作社班子机构及成员，制定合作社章程，将入社成员经营的草场和牲畜作价入股，由合作社统一管理、统一经营、统一销售，人员按技能统筹分工，利润按股分红。

一方面开展畜群重组。合作社将入社牲畜重新组群33群，其中组建生产母羊（含后备母羊）23群，种公羊1群，商品羊2群，母牛群4群，母马3群。按照核定载畜量为17 770羊单位的标准，实际载畜量控制在12 029羊单位之内；另一方面推行划区轮牧。合作社将山区夏季草场，划分成21块，每年6月25日至9月10日进行马和牛群放牧，滩地草场为冬春和秋季草场，主要用于羊群放牧草场。

在夯实发展基础方面，2012—2018年，合作社共争取省、州财政资金、援青资金312.92万元，合作社自筹35万元，用于合作社基础设施建设、能繁母畜的引进、生产加工包装体系、合作社股制改造和规范化建设、合作社培训等项目。建成畜用暖棚5栋4 000米^2、网围栏10 000米、贮草棚4座、活动羊圈2套、牛羊注苗栏1座，药浴机1台。建成年生产加工2 000头牛羊肉的基地1座，储藏冷库2座，市区设立牛羊肉专卖店1处。购置运输车辆2台，拖拉机、割草机农用机械3套，牛羊肉分割机2台，真空包装机2台，牛奶保温桶2套，肉品深加工、包装、冷藏设备4台套。

值得一提的是，合作社下大力气开展品牌建设，近几年，以打造“蒙古羊肉”特色品牌为抓手，实现牧民持续增产增收为目标，大力发展格尔木特色蒙古羊产业，在成功申报“格尔木蒙古羊”国家地理标志产品认证、农业农村部无公害农产品认证和“那棱格勒”商标获得青海省著名商标的基础上，依托政府推介平台，积极参展北京三里屯“格尔木特色农产品及旅游推介会”和西宁“青洽会”及杭州等地特色农产品推介会，增强合作社产品市场知名度，拓展销售市场，实现了经济效益和品牌效应双丰收。

2019年，格尔木市那棱格勒生态畜牧业合作社实现销售收入243万元。合作社先后被中国物流编码中心吸收为“中国商品条码系统成员”、被青海省农业农村厅评选为“无公害农产品产地”“格尔木市农产品质量追溯体系——那棱格勒合作社养殖试点基地”，合作社所生产加工的“蒙古羊肉”产品获得格尔木市市场监督管理局“格尔木农产品质量安全追溯”查询系统条形码。

格尔木市那棱格勒生态畜牧业合作社的有效运营，改变了一家一户的生产经营方式，增强了牧民的市场和合作意识，通过合作社提供社员产前、产中、产后的统一服务，降低了生产成本，解决了畜产品“优质不优价”的销售问题，增强了产品的市场竞争能力；为牧民脱贫致富创造了良好的条件，缩小了贫富差距；通过畜种结构优化重组、草地划区轮牧、劳动力按技能分工，调动了社员的生产积极性，草原生态环境得到了保护。

2015—2017 年，合作社为全村群众缴纳医疗保险金 47 340 元；2018 年慰问合作社老党员、老社员、贫困户 18 人，共发放慰问金 3 万元。2017 年海西州人民政府授予合作社“优秀合作社”荣誉称号。依托“那棱格勒商标”“格尔木蒙古羊”农产品地理标志和无公害农产品认证成果，增强了市场知名度，拓展了销售渠道和销售市场，提升合作社的影响力，使合作社特色产品优势转化为经济优势。

蓄势待发，如何更好地发展“格尔木蒙古羊”？合作社领头人朝格吉力这几年对此不断思考。合作社成立几年，47 户牧民因为跟着朝格吉力养殖“格尔木蒙古羊”受益。但随着市场认可度的不断提高，供不应求已经成为朝格吉力最大的担忧。“我想把我们乡的 9 个牧委会里的所有牧民兄弟都联合起来，大家一起来做这件事。这样我们‘格尔木蒙古羊’的品牌，才能从产品质量和数量上得到双重保证。”

如果你来到乌图美仁草原，可别小看犹如白色珍珠般散落在草原上的羊群，它们可是获得国家无公害产地、无公害产品的认证的“格尔木蒙古羊”。对特色农畜产品蒙古羊的品牌保护和开发，提升了那棱格勒生态畜牧业合作社特色农产品的市场竞争力。

今后，合作社将积极争取多方资金支持，充分发挥“格尔木蒙古羊”地理标志的作用，大力发展畜产品精深加工，开发名、特、优产品，提升品牌效应，推动合作社产、供、销一体产业发展。

“联”出效益 “合”出优势

——茫崖市嘎斯浩特生态畜牧业合作社联合社发展纪实

每每提及海西这片土地，瀚海戈壁总是人们脑海中映现的第一个名词。时过境迁，原来的茫茫戈壁滩上一座座工业厂房拔地而起，并携乘“柴达木巨轮”致力远行。而当我们惊叹于柴达木盆地遍野的“富矿”时，这些年来，生态畜牧业的发展，更铺就了海西向绿色生态发展的另一条“曲径”。其中，茫崖市嘎斯浩特生态畜牧业合作社，就是这条绿色“曲径”上的奋斗者。

茫崖市位于柴达木盆地西北部，其名源于蒙古语“额头”，山重峰叠的阿尔金山雄峙其北，白雪皑皑的阿喀祁漫塔格山高耸其西南，这里充满神奇。但由于茫崖地区的草原属盐碱化草地，加之前些年油田勘探开发占用草地，草场植被退化严重，植被恢复缓慢，传统畜牧业增效难。

从实际出发，茫崖将发展高效生态畜牧业作为关键抓手，努力在转变牧民传统思想的基础上，充分发挥本地区草地特性和无污染的优势条件，充分吸收传统畜牧业精华，加大资金和技术投入力度，依托牧业专业合作社，大力推广无公害、绿色有机畜产品，打造茫崖生态畜牧业品牌，依靠品牌优势占领市场，努力形成养殖—加工—销售为一体的规模化、专业化、集约化生态畜牧业发展模式，延伸牧业产业链，提高附加值。

基于现实发展的大背景，通过整合，2017 年茫崖市嘎斯浩特草地生态畜牧业专业合作社联合社成立。联合社下辖 5 个成员社，分别是莫合尔布鲁克村、代尔森村和岗茨村 3 个生态畜牧业合作社，以及尕斯诺尔和尕斯 2 个牧业专业合作社。社员 103 户，人口 307 人，入社率 67.6%。

然而虽然“社”组起来了，但发展迟缓，产业规模不强，有效带动生产经营能力薄弱，资源优势转化为经济优势滞缓，品牌建设和畜产品附加值不强。针对发展问题，在茫崖行委和花土沟镇政府的邀请下，退休老干部马长青同志怀着对党、对家乡人民的赤子之心，来到自己深爱的家乡——阿拉尔草原开始领办嘎斯浩特草地生态畜牧业专业合作社联合社。

“能够为家乡建设发挥余热，为牧民群众圆梦小康做点贡献，能带领合作社推进生态畜牧业发展，使生态畜牧业成为茫崖这片土地上的绿色新兴产业，这是我的荣光。”工作中，马长青一方面细心研读生态畜牧业建设方针政策和文件精神，一方面深入村社宣传党的政策、了解牧区现状，积极向牧民群众虚心请教，将自己的满腔热情完全投入到忘我的工作之中。

联合社及时组建了班子机构，选举产生联合社理事会、监事会领导班子及成员，并通过召开成员大会讨论形式制定联合社章程及各项制度，对 3 个成员社社员牲畜草场入股登记造册，形成利益连接机制。艰苦的努力，务实的工作，很快找准了理论与实践的结合点。合作社又结合实际，制定出台了《合作社发展规划》《合作社章程》《各项管理制度》《各类实施方案》，得到了牧民群众的广泛认可。

在马长青的带领下，联合社成立两年多来，一直致力于成员社生产资料、信息服务、畜产品销售、后续产业发展、品牌建设，提高畜产品竞争力，推进畜牧业增效和社员增收，初步构建了生产、屠宰、分割包装、储存、销售一条龙的产业链条，取得到了良好的成效。

一是完善畜牧业基础设施。积极争取省、州、市各类项目资金，整合成员社建设资金，开展畜棚圈、饲草料储备库、牛羊肉速冻库、冷冻库、操作车间及冷藏柜、分割包装设备，地坪硬化等建设，并完成监控设备的安装。冷冻区建成后，可储存 120 吨冷鲜牛羊肉。联合社目前拥有综合办公楼 317 米^2。

二是大力推进品牌建设。2017 年联合社成功完成嘎斯蒙古羊、羊肉、柴达木黄牛、牛肉 4 个无公害农产品认证，完成合作社产品品牌设计、制作包装等工作，目前合作社系列包装产品已投放市场，实现了资源优势向产品优势、品牌优势和经济优势转变。

三是发展牧家乐。随着旅游业的不断发展，吃牧家饭、住牧家乐成了城镇居民休闲度假旅游的新时尚，联合社创办了规模较大、档次较高的茫崖尕斯诺尔民族风情园，为茫崖地区广大消费者和外来游客提供民族特色的餐饮、娱乐服务。

四是协助开展草畜平衡。在清点牲畜、准确掌握牲畜基数的前提下，制订可行的减畜方案，走建设养畜和质量效益型畜牧业发展的路子。协助成员社制定和完善草畜平衡制度，对离开草场的牧民群众，在确保牧民与草场的利益关系不变、承包权不变、收入不减的前提下实行“三集中”，即草场向合作社集中，牲畜向合作社集中，人口向城镇集中，有效解决超载过牧问题，实现以草定畜、草畜平衡建设目标，从而确保草畜平衡制度长效化、动态化管理。

五是做好畜产品销售。注重发挥联合社的桥梁纽带和辐射带动作用，不断提高合作社的组织化程度和畜产品市场化程度，构建“联合社+成员社+社员”的生产经营模式，实现了畜产品统一销售。

六是吸纳人才。择优遴选3名大学生领办者充实到联合社合署办公，解决了联合社办公人才紧缺的现状。

通过强化组织化、规模化、集约化生产经营，建立发展共享、风险共担的股份合作制利益联结机制，树立统一品牌商标，开展畜产品统一销售，两年多时间，联合社统一销售牛羊肉近30吨，完成产值105万元，经济效益和品牌效应显现，有效破解了成员社产业发展规模不强、生产经营能力薄弱、品牌建设和畜产品附加值不强等诸多难题。

下一步，理事长马长青提出了他的设想：继续发挥联合社的组织优势作用，不断提升茫崖地区蒙古羊和柴达木黄牛品质，朝着规模化、集约化、基地化方向迈进。加大宣传扩大“嘎斯蒙古羊肉”“柴达木黄牛肉”品牌效应，借助区位优势，让草原生态绿色食品发挥出应有的价值，真正实现优质优价。

茫崖市政府所在地花土沟镇向南为天边的尕斯湖，蒙古语“尕斯诺尔”，意为“白玉圈子”“镶着银边的湖”。美丽的“银边湖”犹如漂亮的眼睛，注目着一方土地的新发展。

五年分红连增的背后……

——天峻县达尔那生态畜牧合作社发展纪实

元旦刚过，新年的气息扑面。海西蒙古族藏族自治州天峻县织合玛乡达尔那生态畜牧专业合作社，在天峻县香格里拉酒店生态园内举行了 2018 年分红大会，喜悦的气氛充满生态园。

合作社理事长尕给加说：“达尔那合作社成立初期，没有牧业大户入股，牛羊、草场等基础条件差。近 5 年来通过党和政府政策资金帮扶及全体社员的共同努力，合作社还清银行贷款，账上也有了数万元的余额。今后我们合作社将认真谋划好下一步发展，继续推进合作社规模化生产、集约化经营，努力提高社员收入。”

长期以来，畜牧业收入是当地牧民群众的主要经济来源。但由于超载放牧、资源开采等因素，导致草场沙化、草畜平衡矛盾等问题日益突出，致使牧民增收难、贫困户脱贫难，推行生态畜牧业建设是化解难题、推进发展的必然之路。

2011 年，达尔那村多次召开群众会议后，组建成立了天峻县达尔那生态畜牧业合作社，选举产生了以尕给加为理事长的合作社班子成员和组织机构。当时只有部分牧户申请加入合作社，村内养殖多畜户积极性不高未加入，到秋季社员牲畜合群时，合作社最终入社户数为 43 户，172 人；入股各类牲畜 3 145 只（头），其中：羊 1 391 只，牦牛 1 754 头；入股草场 8.76 万亩。

2012 年，合作社为了发展壮大畜牧业产业，向县信用社申请贷款 150 万元，并将当年省、州安排给合作社的启动建设资金 40 万元进行整合，开始引进优质牲畜和基础设施建设。但是，由于合作社成立时间不长，社员之间合作互助意识淡薄，再加之合作社领导班子经验不足，对社内牲畜管理不够规范等原因，在生产运行中，合作社牦牛突发疾病死亡及丢失多达176头，经济损失高达73.9万元。

重挫危机面前，尕给加理事长认识到合作社自身经营管理中还存在许多漏洞，必须加强制度建设，提升生产管理水平，要向制度要效益，向科学管理要效益。为此，在他的带领下，合作社开始了为期4年的内部规范化建设征程。

4年期间，结合试验区试点社建设要求，达尔那生态畜牧专业合作社积极推进股份合作制改造，积极吸纳新社员，对社员入股牲畜按类组群、草场按季节划区轮牧行重新整合，并积极申请加入玉舟生态畜牧业联合社，成为首批成员社之一。具体做法如下。

科学核定草地生产力。根据县草原监理部门测算结果，合作社掌握了四季草场的牲畜承载力，为开展牲畜组群、合理分配草场奠定了理论基础。其中冬春草场可承载牲畜14 543个羊单位；秋季草场可承载牲畜25 612个羊单位；夏季草场为全村共用草场，利用期短，草原承载能力强。

开展牲畜按类重新组群工作。按350个羊单位为1群的标准，对合作社各类牲畜7 565只（头）进行合理组群，共组群29群，其中藏羊群12群，牦牛群17群。

开展草场划区轮牧建设。为减轻草场压力，合作社对冬秋夏季草场轮牧时间进行了详细划分，并在新源镇租赁草场3 000亩，安排340只藏羊作为合作社高效养殖点；在舟群乡租赁草场23 000亩，组建4个轮牧小区，安排4群，658头牦牛；在木里镇合作社租赁草场30 000亩，划分4个轮牧小区，安排720头牦牛。同时择优遴选放牧员，通过民主推选出28户社员为放牧员，其中2户负责高效养殖技术管理。

核算社员股份股数。按照合作社生产要素折价入股方案及3 500元/股的标准，重新核算了社员草场和牲畜折价入股股数，经汇总统计，合作社总股数2 662股。

开展制度建设。为确保合作社各项工作落到实处，取得成效，合作社根据生产实际，讨论制定和完善了合作社章程、各项规章制度、各类方案、放牧合同及发展规划等。

开展科学养畜。合作社积极开展牦牛藏羊高效养殖技术推广项目，建立了 3 个高效养殖点，共养母羊 1 050 只，母羊繁殖率达到了两年三胎的建设目标，成活率为 85%，羔羊 6 月龄活重可达到 23.5 ～ 24 千克。母羔作为生产发展，公羔统一出栏。当年出售公羔 600 只，平均 650 元 / 只，实现年总收入 39 万元，净收益达 21 万元。

积极吸纳新社员参股入社。随着合作社的发展，每年社员分红金额逐渐提高，陆续吸引来了织合玛乡 1 社、4 社及 5 社的 19 户牧民群众加入到合作社的行列。

通过不懈努力，合作社发展运行规范了，社员队伍扩大了，经济效益也不断提升。截至目前，合作社入社户数 64 户，207 人，入社率达 90%；入股可利用草场 11.21 亩，入股率达 84.08%；入股各类牲畜 7 565 只（头），入股率达 90%。

2015—2019 年，每年合作社人均收入呈不断增长态势，2015 年合作社总分红为 113 万元，社员人均收入达到 10 180 元；2016 年合作社总分红为 116.6 万元，社员人均收入达到 10 410 元；2017 年合作社总分红为 196.97 万元，社员人均收入 17 586 元；2018 年合作社总分红为 239.07 万元，社员人均收入 19 922 元；2019 年合作社总分红为 312.76 万元，社员人均收入 20 850 元。2019 年较 2015 年增长 12 253 元，5 年间，年均递增 19.63%。

“我家以前是贫困户，自从入股合作社后，我家草场上的基础设施建设得到完善，达尔那合作社还给我家分了 100 只扶贫母羊，通过自己和合作社共同努力，我现在也当上放牧小组的负责人，在合作社拿到工资，增加了我的收入。”谈起加入合作社给个人家庭带来的变化，放牧小组的色桑加感慨良多。

合作社第三产业负责人图丹多杰说：“我原本不是达尔那村的村民，但是我看到达尔那合作社办得好，我就加入了达尔那合作社，还当上了合作社第三产业发展的负责人，如今合作社效益特别好，我自己也将继续努力做好自己的工作。”

“我是一名大学生，专业是牧医，我家自参加合作社以来收入稳定。”年轻的合作社社员热珠昂毛也热情表示，希望通过自己所学知识为合作社和家乡尽一份自己的力量。

走过坎坷迎来发展的春天，2017年达尔那生态畜牧专业合作社获得了海西州“推进全国草地生态畜牧业试验区试点建设优秀合作社”称号。

面向未来，尕给加理事长又有了新谋划：“合作社虽然取得了一些成效，但与梅陇合作社和发展好的合作社相比，还有一定的差距，我们要学习他们好的做法，继续提升合作社规范化运行管理水平，加快畜牧业产业发展，在科学养畜上做文章，在提升牲畜品质和生产性能上下功夫，使构建紧密的利益分配连接上更完善，在适度发展二三产业上有突破，将合作社产业做大做强。”

挺起村集体经济的“腰杆”

——天峻县柔丹生态畜牧业合作社发展纪实

2020年伊始，天峻县柔丹生态畜牧业专业合作社牧民分红30多万元的好消息不胫而走，引来众多羡慕的围观。

这一次，合作社共有30户牧民领到了分红，10家无畜户每户拿到补助5 000元，还有5名优秀放牧员和优秀传统技艺传承人拿到了奖金。此次分红金额共计302 154.24元。分红大会在天峻县香巴拉生态园举行，牧民们喜领红利，脸上洋溢着灿烂的笑容。

江河镇柔丹村位于海西蒙古族藏族自治州天峻县东南部，距县城42千米，全村共有牧户68户，230人，全村草场面积5.02万亩，牲畜存栏8 200个羊单位。柔丹生态畜牧业合作社成立于2011年11月，当年入社牧户29户。发展到目前，合作社入社牧户44户，156人，入社率64%；入股草场3.47万亩（冬春草场入股，夏季和秋季草场为禁牧草场），入股牲畜3 013头只（牛1群、羊9群）。

柔丹生态畜牧专业合作社成立后，曾一度陷入停滞不前的发展状态。2016年底开始，合作社的建设发展出现转折。结合村实际，合作社优化畜牧结构，发展多种经营，经营牛肉、牛奶、酸奶、蕨麻、曲拉特色产品，种植饲草饲料，发展民俗黑帐篷牧家乐等特色产业，逐渐走上了发展的“快车道”。

2017年，合作社在县畜牧部门的精心指导和镇党委、政府的安排部署下，2月正式申请加入玉舟生态畜牧业联合社。在当时未列入省级试点单元的情况下，柔丹生态畜牧业专业合作社严格按照股份合作制改造和规范化建设规定动作要求，主动作为，自我建设。积极推进牛羊按类专群饲养、草场按群划区轮牧、劳动力按技能重新分工等建设，并实行“统一轮牧、统一配种、统一育肥、统一销售、统一加工、统一防疫和分群养殖”的“六统一分”生产管理方式开始生产经营，围绕生产，及时对合作社内部管理运行制度进行了规范和完善；在抓好畜牧业生产的同时，积极开展饲草料种植、蕨麻种植、藏香猪养殖、黑牦牛帐篷编织、手工艺品制作等建设，合作社发展取得了明显成效。其主要做法如下。

——加强宣传，引导入社。合作社多次召开社员代表大会研究部署，以培训学习为突破口，宣传入社的好处及意义，解除群众种种顾虑，引导群众入社。

——强化内部管理制度，构建良好的运行机制。抓好合作社的建设和管理，规范和完善了合作社的章程、财务制度、议事规则、发展规化、放牧合同，明确合作社与社员之间的责权利。

——开展生产要素整合入股，实行集约化经营。按照推进全国草地生态畜牧业试验区建设要求，对入股牲畜、草场等进行重新整合及划分，截至目前，入社户数44户156人，入股草场3.47万亩，入股牲畜牛447头、羊2 566只。入股采用草场和牲畜入股的两种方式，每股为2 000元。优化管理方式，推进了规模化生产、集约化经营。

——推进种养结合，建立人工饲草基地。合作社择优选取放牧经验较好的10户牧户作为合作社放牧员。同时，发展藏香猪养殖场2户，藏文化传统艺术手工业编制6户，马场13户，剩余13户在县城内外从事洗车行、出租车、餐厅服务员等经营。

自2017年2月海西州全面脱贫清零后，柔丹村坚持以一产保底，融合二三产业全面发展的理念，大力发展畜牧业，通过合作社分红的形式，不断增强村集体经济造血功能，充实了脱贫群众手里的“钱袋子”。

2018年，合作社种植燕麦草500亩，与各生态畜牧业合作社、各牧业社和牧户签订购销合同，销售青干牧草7万千克。投资3.6万元发展藏香猪产业，现有藏香猪30头。其中母猪20头、公猪10头，年每头藏香猪生产猪崽8头，年可生产160头猪崽，经济效益可观。

同年，投资2.8万元在冬季草场种植蕨麻5亩进行生产销售；投资7万元，在县城香格里拉商务酒店五楼承包铺面，加工销售民族传统手工业，包含手工编织牛羊毛背包、坐垫、饰品等生活用品及旅游纪念品，初步构建起一二三产业发展格局。

村里曾经的贫困户三木吉因为常年生病，无法从事重体力劳动，将自家草场入股，每年靠着分红和各类补助实现了脱贫，可是看着曾经和自己一样的贫困户如今不仅脱贫了，还都致富了，三木吉看在眼里，急在心里。

“合作社里缝织工作经过简单的培训就能上岗，离家也近，收入还好。”致富愿望迫切的三木吉迫切又走进了村里合作社做缝织，靠着自己一双勤劳的手，三木吉家里每月能多出 1 000 多元的收入，看着领到手里崭新的钞票，三木吉脸上笑开了花。

合作社理事长加科太说：“村里搞生态畜牧业合作社，根本目的就是要通过发展畜牧业，带动二三产业，给村民创造更多的创收渠道、就业渠道，让村集体经济强大起来，让村民们过上富裕的日子。”

现如今，在合作社的引领下，柔丹村的畜牧业不仅得以转型升级，而且让原来单一靠草场、靠天吃饭的牧民多了其他来钱的岗位，合作社收入在增长，社员收益分红在增多。其中，2018 年合作社收入 48.58 万元，按股分红 28.33 万元，发放放牧员工资 20.25 万元。

2019 年，合作社种植 10 亩蕨麻，获利 40 000 元。同时种植 300 亩燕麦草，由此获利 120 000 元。年底合作社经营性收入 94.59 万元，其中按股分红 30.22 万元、放牧员工资 20.16 万元、放牧员奖金 26.38 万元、劳动人员工资 11.53 万元、社员医疗及养老 5.8 万元、低保户和贫困户帮扶 5 000 元。

加科太表示，今后合作社将按照生态畜牧业建设道路，继续推进合作社各项工作，积极吸纳本村牧民入社，加大饲草料地种植规模，按照初步总结出的“种养结合”成功经验，进一步提升经济效益。

宽敞的房子里，身着蓝色工装的三木吉脸上泛着柔和的光，伏在缝纫机工台专注工作的她，编织的是幸福生活。在辽阔的土地，实施两年三胎项目，养殖藏香猪，种蕨麻种燕麦，编牛羊毛背包、坐垫、饰品……集体经济挺起了“腰杆”，像三木吉一样“换了一种活法、换来不一样人生”的柔丹村人越来越多。

生产方式跳出“家庭作坊”

——天峻县赛尔创生态畜牧业合作社发展纪实

金秋收获季节，海拔3 700余米的海西蒙古族藏族自治州天峻县江河镇八社洋溢着喜悦气氛，村民们聚集一起等待合作社现场派发2017年的“大红包”。

村活动室，村干部们忙着清点合作社红利，核对每家每户的入股和分红情况，旁边的小桌上堆成小山的现金。“以前我们这里没电、喝不上放心水、有病难医、出门难行……如今，有电、有水、有房，年底了还有红包派发。”天峻县江河镇赛尔创生态畜牧业合作社社员周太很激动。

天峻县位于青海东北部祁连山南麓，海西州境东北部，青海湖西北侧，是全州主要的牧业县之一，畜牧业是全县的主导产业。从2008年开始试点生态畜牧业合作社建设以来，天峻县不断创新思路，结合畜牧市场经济发展的要求，倡导广大牧民成立生态畜牧业合作社，生产方式逐步由“小散少”个体养殖向“大聚多”集约化发展，有效地实现了草畜平衡，牧业生产率逐年提高，不断拓宽牧民收入渠道。

江河镇赛尔创村距天峻县县城34千米，全村有牧户67户，288人，全村存栏牲畜15 569头只，牛1 089头，羊14 480只，全村可利用草场面积11万亩。2011年，由村民代表大会决定组建生态畜牧业合作社，最初的组建形式是联户制。

2016年，根据全国草地生态畜牧业试验区建设要求，通过村民代表大会，赛尔创生态畜牧业合作社遵照“入社自愿、民主管理”的原则，将联户制转变为股份合作制。在村两委班子的宣传动员下，合作社开展了“以草场承包经营权和牲畜折价入股，草畜平衡、草场划区轮牧、牲畜分类组群，劳动力专业分工，生产指标量化，用工按劳取酬，利润按股分红”为主要内容的股份合作制改造和规范化建设，并建立和实行“五统一分”的生产管理方式，初步实现了合作社规模化生产和集约化经营。合作社入社牧户 28 户，116 人，入股可利用草场 5.46 万亩，入股各类牲畜 2 600 只（头）。

在推进股份合作制改造和规范化建设中，合作社整合牲畜群 9 群，其中羊群 7 群（一级母羊 1 群、二级母羊 2 群、后备母羊 1 群、对牙羊群 1 群、种公羊 1 群），牛群 1 群。草场实行划区轮牧和季节性轮牧，根据社员的能力明确分工，优选放牧经验丰富的 9 户牧户作为合作社放牧员，并对合作社放牧员实行奖惩制度。每户放牧员在放牧饲养时，牛羊死亡率不得高于 7%，如年底牛羊死亡率超出 7%，则按市场年均价进行罚款。

在产业发展促增收方面，赛尔创生态畜牧业专业合作社在 2016 年将符合条件享受资产收益的贫困户 12 户 30 人的资金 19.2 万元，整合使用到县精准扶贫产业基地，每年产生 8% 的效益。通过产业资金壮大村集体经济，共落实产业发展项目资金 330.5 万元，目前项目已全部实施完成。

同时，合作社建立了扶贫帮困机制。每年年底召开社员大会，选定 6 户贫困户，给贫困户 10 只母畜进行配股，增加贫困户股份和收入，帮助合作社 11 户贫困户全部实现了脱贫。在合作社自身管理方面，实行重大事情“四议两公开”制度，不断提高合作社科学决策、民主自治管理能力。

困则思变，求变则进。生态畜牧业建设、精准扶贫实施前，村里多数牧民群众以放牧为生，家庭作坊式的生产经营难以凭借放牧增收致富。踏上以合作化、市场化、规模化经营为特点的生态畜牧产业发展路，通过转型创新，合作社带动大家走上了现代牧业发展之路，这也是一条告别贫穷的致富路。

2017 年赛尔创合作社总收入 76.45 万元，其中现金分红 25.98 万元，放牧员工资 10.22 万元，放牧员奖金 7.9 万元。

2018 年合作社总收入 51.97 万元，其中现金分红 22.45 万元，放牧员工资 17.67 万元，放牧员奖金 5.02 万元，医疗养老 1.72 万元。

2019 年合作社总收入 54.03 万元，其中现金分红 27.97 万元，放牧员工资 18.22 万元，放牧员奖金 0.72 万元，养老金 0.76 万元，医疗保险金 1.504 8 万元。

赛尔创合作社还在 2017 年获得海西州“推进全国草地生态畜牧业试验区试点建设优秀合作社”称号，得到了州领导及县镇政府的肯定。

“来自合作社的 19 户牧民家庭分到现金 224 550.8 元，户均 11 818 余元。按照参股比例，其中最多的一户牧民家庭分红 40 791.8 元。建立合作社，发展生态畜牧业，是牧民生产生活良性循环转变的具体实践。”时间虽然过去两年了，但赛尔创村生态畜牧业专业合作社理事长小红说起 2018 年那次分红仍有所思。

年年有分红，年年有变化。如今，经过连年的发展，赛尔创生态畜牧业合作社先后办起了特色手工艺产品加工、牲畜暖棚等产业，社员生活方式也发生了改变，老年人进城养老，年轻人从事畜牧业生产，富余劳动力进城务工或从事其他非牧产业，合作社发展越来越强，社员的增收渠道越来越宽，而且草原上的文化娱乐活动也丰富起来，老百姓的居住环境也发生了变化，大家的精神面貌焕然一新。

赛尔创生态畜牧业专业合作社首届剪羊毛大赛举办，在蓝天白云映照下的绿色草原上，男女老少竞相参加，氛围热烈。

“几年前，我们村上住的都是土坯房，土路走了大半辈子，牲畜动不动就被野兽叼走。”如今的赛尔创村，不仅水泥路随处可见，村民还住上了砖瓦平房，牲畜也有了自己的幸福窝，从贫困村蜕变成家园美、村庄美、生活美的高原美丽乡村。

“合作社的发展不光是生产规模扩大了，带动民众增收致富的效应也明显提高。”天峻县江河镇人民政府镇长罗赛称，当地大力支持合作社的发展，其目的就是要通过合作社带动更多的牧民群众脱贫奔小康。

从规范合作社运行、转型发展，到持续发展饲草料产业、落实草原生态奖补、实施游牧民定居工程，再到强化提高牧民组织化程度、提升科技水平、改善基础条件、打造特色品牌、拓宽增收渠道……天峻县 10 余年来的探索实践，使生态畜牧业专业合作社逐步进入规范化轨道，农牧民人均收入显著提高，合作社和村集体生产经营能力明显提升，真正达到了经济效益、社会效益、生态效益的有机统一。赛尔创生态畜牧业专业合作社的发展，正是其中的缩影之一。

从“一盘散沙”到抱团发展

——天峻县扎德勒生态畜牧合作社发展纪实

主席台上放着一摞摞现金和锦旗，台下是盛装出席的牧民群众，“2018年，合作社共收入 3 748 550.6 元，全社 93 户入股牧户通过按股分红、放牧奖励、放牧工资等方式得到分红。接下来为大家分红：海来，股份 + 奖金 + 工资一共是 166 636 元；项托，股份分红 58 000 元……”当董事长周太才让宣布一个个名单时，台下传来阵阵喝彩声，领到钱的牧民更是高兴得合不拢嘴。

这是 2018 年 12 月 21 日海西蒙古族藏族自治州天峻县新源镇扎德勒生态畜牧专业合作社为牧民分红的场景。这一天对于扎德勒生态畜牧专业合作社的牧民来说是难忘的一天，也是高兴的一天，因为付出了一年的艰辛终于盼到了丰收。

扎德勒村位于天峻县新源镇东南部，距镇政府所在地约 60 千米，是典型的牧业村，全村面积 1.42 万公顷，共有 366 人。新源镇镇长王生斌说：“以前扎德勒村的牧民就像一盘散沙，各自为政，一年辛苦下来也挣不了多少钱。就是在这样的背景下，2010 年村里成立了扎德勒生态畜牧专业合作社。”

但是在运营初期，由于缺少发展资金，合作社基础建设滞后，再加之对生态畜牧业合作社建设认识不足，没有真正建立股份合作制经营方式，经营管理不善，年底社员们分不到红，各种困难接踵而至，合作社停滞不前，基本处于瘫痪状态。

在畜牧业一产股份合作推不下去的情况下，合作社另辟蹊径，积极发展第三产业建设，目的是想通过发展第三产业带动第一产业建设。2012 年，合作社贷款 395 万元在天峻县天木路购置了面积 2 600 米^2 的三层宾馆，共投资 400 万，其中动员社员现金入股 46.6 万元，年净收益 11 万元，当年实现了社员首次分红。但在随后的几年时间里，合作社还是没有多大起色。

2015 年，全省上下开始推进全国草地生态畜牧业试验区建设，合作社看到了希望，建设积极性高涨起来。2016 年底，合作社选举产生了新的一届领导班子，年轻的周太才让理事长走马上任了，在他的带领下，合作社在学习借鉴梅陇合作社成功经验，在总结自身失败经验的基础上，重新整合各类资源，开始了推进股份合作制经营建设。

一是对生产要素折价入股，二是重新组群牲畜，三是实行草场划区轮牧，四是遴选放牧员，五是开展高效养殖，六是加强制度建设，多措并举，从而进一步调动了牧民群众发展生态畜牧业的积极性，增强了合作社的向心力。2017 年合作社入社牧户 93 户，276 人，入社率 89%。合作社董事长周太才让说："和梅陇模式一样，我们确立了股份合作制经营的发展模式，打破了以往以家庭为主的小而散的生产方式。牲畜、草场入股后实行规模经营、集中管理，通过优化畜种、畜群结构，合理配置利用草地资源，这样不仅保护了草原的生态环境，还解放了劳动力，牧民可以外出打工。"

规范运行见成效。2017 年合作社总收入 230.8 万元，其中，一产收入 190.8 万元；三产收入 40 万元。股份分红 87.81 万元，人均收入 10 125 元。2018 年合作社总收入 415.09 万元，其中，一产收入 392.99 万元；三产收入 22.01 万元。股份分红 100.35 万元。2019 年合作社总收入 577.73 万元，股份分红提高 152.55 万元。

合作社有钱了，想着的是乡亲们。从 2017 年开始合作社统一为 273 名社员缴纳医疗保险金 48 594 元，2018 年为 274 名社员缴纳医疗保险金 72 884 元，2019 年卫生院缴纳医疗保险金 7.09 万元，大大减轻了社员负担。

周太才让说："为了巩固脱贫成果，2018 年合作社扶贫全村 28 户无畜户，补贴资金每户 4 000 ~ 4 500 元，并对股份少的 9 户牧户发放 3 500 元补贴。"

梅多吉是扎德勒村的贫困户，45 岁的她一人抚养着两个孩子，并且她的身体状况一直都不好，一家人靠梅多吉打散工来维持。合作社了解情况后，将梅多吉家仅有的草场入股合作社，在村里的帮助下又为全村 15 户贫困户每家入股了 20 只母羊。分红当天，梅多吉领到了 6600 元钱，因为临近春节，合作社又送了 3 只羊给梅多吉家。

梅多吉用不流利的汉语说："感谢共产党，我现在当护林员每个月有 2 000 元的收入，我没有读过书，没想到还可以上班。现在更高兴的是，到年底了还能领到分红，一家人的日子越来越有盼头了。"

扎德勒生态畜牧业专业合作社自成立以来，以股份制经营为突破口，本着开展划区轮牧、推进草畜平衡的原则，按照细化生产分工、优化生产要素的做法，始终坚持用工按劳取酬、利润按股份红为主的分配模式，通过近几年的发展，目前合作社已初具规模。

在谈到 2019 年的发展时，周太才让说："首先，因为我们合作社草场较少，而牲畜较多，所以明年我们将通过推进高效养殖技术，提高牲畜出栏数；其次，计划拿出 200 万元用于购买西宁市内铺面房，并出租盈利，以增加收入；最后，合作社计划投资 90 万元，用于修建大型汽车修理厂，并招聘双语汽车修理工，在解决部分相关专业大学生就业的同时，也为不懂汉语的老百姓提供便利，并且将汽修厂盈利 25% 的利润资助建档立卡贫困户……"

从一盘散沙到拧成一股绳抱团致富，从在草原上发展养殖到筹谋进程发展三产，从打散工的贫困户到连年拿到厚重的分红……扎德勒生态畜牧专业合作社带领群众奔小康的发展轨迹上，刻印着一串串奋斗的足印。

生态畜牧业推进“三产联动”

——天峻县佐陇生态畜牧业合作社发展纪实

“通过一年的努力，今年我们合作社共分红了65.67万元。”2017年12月2日，来自海西蒙古族藏族自治州天峻县木里镇佐陇生态畜牧业合作社的理事长奎知达杰，一边用麻袋装钱，一边高兴地说。

当日，由天峻县14个生态畜牧业合作社跨乡镇联合起来组建的县级玉舟生态畜牧业合作社联合社进行了一年一度的分红大会，分红总金额达1 304.4万元，来自该县的1 400余名牧民收到了20 000～70 000元不等的现金分红，牧民们用麻袋将钱背回家。

作为中国首个“草地生态畜牧业试验区”的青海省是中国五大牧区之一，素有“三江之源”“中华水塔”之称，是中国重要的生态功能区和中华民族生存发展的重要生态屏障。青海省天然草地面积达5.47亿亩，占青海国土面积的一半以上，其中可利用草场面积4.74亿亩。

为实现中国草地生态保护和畜牧业经济协调发展，青海省从2008年起探索出适宜青海藏区的一系列试点方法，全面推进青海省全国草地生态畜牧业建设。

佐陇村位于木里镇西南方，离镇7千米，距天峻县城150千米。接临天峻县龙门乡，平均海拔4 100米，全村98户，人口343人。全村草场面积为74 841.2亩，可利用草场面积为23 651亩，草畜平衡面积30 801.2亩。

2010年，佐陇生态畜牧业合作社组建成立，入社牧户83户。合作社充分发挥“村企共建”建设平台，通过煤炭企业帮扶合作社，建成收费停车场地9 600米^2，停车场每天平均有500车辆出入停车，日收入在8 000～10 000元。当年合作社首次分红100万元，2011—2014年，合作社每年固定分红在200万～300万元，特别是2013年合作社分红总额达到491万元，是 2010—2015 年中分红总额最多的一年。

2014 年，合作社进行了选举换届，由于新一届班子成员管理经验不足，再加之周边企业停产等原因，导致合作社经济下滑，使得入股社员纷纷退社。截至 2016 年 6 月，合作社集体经济消耗殆尽。

危机时刻，2016 年 8 月，合作社重新改选领导班子。同年 10 月 25 日，在理事长奎知达杰的带领下，全面开展合作社股份合作制改造工作，将入社牲畜重新组群，非生产畜及时淘汰出售，草场实行划区轮牧，并重新讨论制定了新的合作社章程、各项管理制度和同时按照社员生产技能合理分工，择优选取放牧经验较好的 7 户放牧员，实行按劳付酬，剩余 18 户牧户由合作社统一组织进城发展二三产业。

2016—2017 年，短短 1 年时间里，合作社先后租赁了黑海合作社商品楼，在县城开设冰川峰民族风情休闲餐饮会所（占地面积 7 143.60 米^2）餐饮会所内设大小包间 34 间，服务员 15 名，可容纳 300 人同时就餐，会所在餐饮管理和丰富民族菜品上下功夫，同时开展民族文艺表演，走出了一条具有民族文化特色的餐饮营销之路，该会所被评为青海省乡村旅游服务质量“四星级”。以上两项建设，年收入达到 30 万元左右。

此外，合作社还建成一座 300 米^2 的风干肉加工厂，内设生产和包装车间、冷藏储备库、高温消毒室和更衣室，并配备了相应的设备。流水线采用先进工艺和传统工艺相结合的原则，保障了产品品质和独特风味。

尤其值得称赞的是，佐陇合作社积极寻求产业发展的科技支撑，不断升级生产经营，打造集体经济新增长极。2017 年合作社与青海师范大学签订肉食品及牦牛骨营养品技术研发合同，目前研发产品已进入市场，2019 年取得有机产品认证证书。同时为了进一步增加社员收入，开发和弘扬民族传统文化，合作社创建了具有民族特色的皮革鞣制加工厂，加工厂采用传统工艺和现代机械相结合的方式，依托合作社畜牧业产业，生产特色民族服装、服饰和民族生活用品等。

通过开展二三产业建设，合作社有效安置了富余劳动力，结束了单一畜牧业增收方式，一二三产业占比分别为 60%、10%、30%，形成了多元增收的格局。

2017 年合作社总收入 73.5 万元。其中：股份分红 29.96 万元，户均分红11 982元；放牧员工资21.93万元；员工工资7.23万元；奖金14.36万元。2018年分红75万元。合作社曾先后获得省委、省政府颁发的创建民族团结进步先进集体奖、全州生态畜牧业建设先进集体二等奖、全州优秀合作社、天峻县畜牧生态畜牧业考核第一名等多项荣誉。

有了合作社实力靠山，牧民群众的生活保障网织密了。生态畜牧业合作社的达日杰今年43岁，几年前一家人开车出游时遭遇车祸，丈夫和孩子不幸遇难，孤身一人成为了当地镇上的贫困户，“由于家里没有草山和牛羊，只能靠打工维持生活，一年也只有5 000元的生活费，后通过当地政府帮助投入2万元现金入股合作社，进行放牧，如今一年也有4万元的分红，生活也变好了，‘贫困帽’也摘了。”达日杰高兴地说。

有了合作社发展，牧区老百姓的文化生活多姿多彩了。佐陇合作社工会积极联合当地企业工会，组织开展打篮球、跳锅庄文体活动，有效地促进了企地交流，增进了企地情谊。合作社工会通过与庆华公司工会及时对接，每年夏季牧民牛羊转场时，青海庆华矿业集团公司主动协助，安排专人在天木路主要路段护送，既确保了转场牲畜的安全通过，又增进了藏族牧民与驻地企业干部职工的感情。

无疑，股份制合作社是创新经营方式最有效的手段，在实现生态保护的同时，也实现了生态畜牧业的良性发展，实现了群众增收。“今后，合作社将按照‘稳羊扩牛’的发展路径，稳定发展畜牧业产业，在此基础上，继续发展二三产业，提升经济效益，发展好和壮大好合作社。”理事长奎知达杰坚定地说。

分红用麻袋装钱，麻袋里装着的是生态畜牧业发展的成效。社员们期待着下一次再带着麻袋来分红。

蓄集乡牧民收获“金羊毛”

——德令哈市贡艾力沟生态畜牧业合作社发展纪实

近年来，德令哈市以改革创新为驱动，以探索草地生态畜牧业发展机制为核心，以生态畜牧业合作社为载体和突破口，以生产要素整合、发展政策匹配为手段，将工作着力点和资金投入重点放在转变畜牧业生产方式和经营模式上，全力推进传统草地畜牧业转型升级，努力实现以牧业增效、牧民增收为目标的建设思路，着力构建多方联动的工作新举措、新机制，有力推进草地生态畜牧业建设工作。

蓄集乡是德令哈市主要的畜产品产地，这里的畜产品不仅品质优良，而且价格低廉。但是，由于地处偏远，群众市场意识不强，长期以来牧民们只能单打独斗，自已找市场，畜产品的营销不畅严重束缚了当地畜牧业的发展。

德令哈市蓄集乡贡艾里沟生态畜牧业合作社成立于 2011 年，合作社在组建初期，入社牧户达到了 79 户 275 人，基本上全村牧户都加入了合作社。但在发展运行中，由于合作社制度建设没有及时跟上，再加之班子成员发展思路不清、经营举措不多、利益联结机制不够健全等诸多因素，造成多数社员退出了合作社。

在合作社发展困难时期，以海星理事长为带头人的新一批合作社班子成员留了下来，挑起了合作社发展的重任。经过股份合作制改造和规范化建设，目前，合作社实际进行草场牲畜整合入社的牧户有 19 户 30 余人，草场整合面积 19.5 万亩，占全村草场的 34.5%；整合牲畜 1 225 头，占全村牲畜的 4.2%。海星说：“生态畜牧业建设这条路子很正确，虽然我们人数不多，但我们坚信人心齐，泰山移，就一定能发展好合作社经济。”

在他的带领下，合作社开始了艰苦的创业。首先强化了基础设施建设。通过争取和实施整村推进养殖项目 62 万元，建成畜棚 2 座，网围栏 10 000

米，围墙一处200米，房屋4间（80米^2），检疫池3处，公示牌1座，购置半细毛羊300只，种公羊6只等主要建设内容的养殖场建设。2016年，通过实施大学生领办合作社发展产业创业基金10万元及试点合作社发展能力提升项目20万元，在德令哈市满德胡活畜交易市场院内建成300米^{3}冷库一座。

其次，合作社坚持抓好良种推广及品种选育。面对品种退化带来的经济效益持续下降和外部市场对羊毛品质的双重压力，在合作社的带领下，从三角城种羊场引进良种细毛羊，并引导全村近95%的牧户自筹资金51万元，开展良种推广及品种选育工作，合作社参股牲畜实现了全覆盖。

通过优良畜种的引进和改良有效提升了肉制品和羊毛制品质量，从而为合作社进一步增收奠定了长效基础。同时积极开展牲畜鉴定工作，合作社存栏等级良种适龄母畜达到300头只，占牲畜总数20%。

在不断规范和抓好内部建设、生产运行的同时，合作社班子成员加大力度开展了畜产品统一销售工作。2012年合作社在乡政府的大力支持下，争取信用社贷款20万元，购进10余台剪毛机，开展统一剪毛、统一收购外销，收购羊毛80吨，羊绒5.8吨，全部销往湖南、宁夏、林武等地，当年实现利润57万元，全部按股进行了分红，增加了社员收入。

2013年至今，合作社每年收购全市三镇一乡牧区羊毛60～80吨，年带动户数300多户，进行统一销售。合作社通过跨省订单式外销的方式，每千克羊毛按1～1.5元增加收益计算，户均增收600～1 000元。在提高机械剪毛技术方面，与青海省三角城种羊场达成了培训协议，2014年3月在合作社在接羔育羔生产期间，该场场长一行5人前来合作社进行帮扶指导，并赠送育羔饲料超过2 000千克，解决了合作社饲草料短缺的实际困难。

与此同时，一方面，贡艾里沟生态畜牧业合作社75户村民通过扶贫整村推进项目，推动良种半细毛羊养殖产业发展，引进肉毛兼用细毛羊进行养殖，实现经营收入；另一方面对机械剪毛厂进行扩建，剪毛生产线运作良好。2014年实现分红资金3.3万元。

2016年，合作社又投资23万元，对械剪毛厂进行扩建，现已投入使用。蓄集乡贡艾里沟生态畜牧业合作社对全市半细羊毛进行统购、统销，剪毛生产线运作良好。合作社成立以来累计收购羊毛160吨、羊绒11.5吨，累计剪毛 230 吨，为 150 多户社员带来 114 万元的收益。

在贡艾里沟生态畜牧业合作社的统一组织运营带动下，蓄集乡全乡的牧民们看到自己的羊毛俏销省内外市场，禁不住夸赞起为自己带来新希望的合作社。蓄集乡的产品名气逐渐大了起来，吸引了河北、山东、临夏等地客商前来采购。牧民们一年的心血终于有了收获，大家亲切地将合作社称为“致富社”。

看到合作社有希望，原来观望的许多牧民纷纷入社，牧民们希望不断改建场地，增添剪毛机，把规模做上去，把合作社变成“金羊毛”的加工厂。

通过几年坚持不懈的努力，贡艾力沟生态畜牧业合作社取得了一定的成效，特别是畜产品统一销售方面走在了全州生态畜牧业合作社的前列。但是，合作社还存在规模小、人才匮乏、管理机制完善、营销方式的改进等现实问题。

2018 年在祁连参加全省草地生态畜牧业合作社理事长培训时，理事长们被漫山遍野的牧草和膘肥体壮的牦牛震撼打动。贡艾里沟合作社理事长海星更是感慨：“草能长到比人高，牦牛开心地自己玩耍，让我们非常羡慕，因为我们那边草地出现退化，我们合作社大概有 15 多万亩黑土滩，我们也想治理成这样。”

谈到今后发展，海星表示贡艾力沟生态畜牧业合作社的设想是：充分利用蓄集乡南北山、贡艾里沟、野马滩等原始风景区，积极把握旅游业发展机遇，打造“德都蒙古游牧体验区”建设，发展合作社农旅结合产业，增加社员收入。不断强化合作社制度建设，建立完善内部运营管理机制，加强合作社基础设施建设，发展高效养殖、羔羊经济，加快幼畜快速出栏。力争在畜产品统一收购、开展产品初级加工方面取得突破，提升畜产品统销效益。

从单兵作战养牛羊，到统一合作集约化养殖；从简单出售牛羊肉，到剪羊毛延伸销售；从省内市场，到省外市场；从发展生态畜牧业，到计划延伸到旅游产业，贡艾力沟生态畜牧业合作社的发展路径值得点赞。

破旧格局迎来新发展

——天峻县日佳棱布生态畜牧业合作社发展纪实

“合作社的草场位置海拔比较高，从地理位置来说，牦牛养殖很占优势区位。近些年来，政府也给我们合作社扶持了将近160多头牦牛，但是，因为我们合作社底子薄，原本的贫困户特别多，经济收入十分单薄。”

俊敏是天峻县日佳棱布生态畜牧业合作社的理事长，谈起合作社的发展历程，他说:“在2018年，我们合作社在牦牛养殖建设上投入了300多万元。2019年，合作社纯收入就有148万多元，有47户牧民群众分红了300万元，这次的分红让合作社社员们鼓起了腰包，大家也增添了信心。”

海西蒙古族藏族自治州天峻县新源镇十二社，也就是日佳棱布合作社所在村社，距县城25千米，全村90户共310人，全村可利用草场面积约17.6万亩。

2010年，在村两委班子的宣传动员下，天峻县日佳棱布生态畜牧业合作社通过社员代表大会同意组建成立，组建初期合作社以联户制形式运行，后期因畜产品价格的下跌和社员的反对，致使合作社停滞不前。

2018年，合作社积极响应省、州、县关于加快畜牧业建设步伐和乡村振兴战略等一系列涉农文件精神，通过观摩学习“梅陇模式”，社员代表一致认为，开展生态畜牧业建设是牧区增效、牧民增收的硬道理。在合作社理事长俊敏的带领下，多次召开社员代表大会，讨论和商议合作社建设，并积极开展合作社股份合作制改造和规范化建设。

功夫不负有心人，合作社彻底扭转了以往联户制的经营方式，走上了股份合作制发展道路。截至目前，合作社入社牧户44户，140人，劳动力78人，贫困户（建档立卡贫困户）9户全部加入合作社，入股可利用草场7.73亩，入股各类牲畜3 843只（头），其中藏羊2 767只、牦牛1 076头。

“对于我这样家庭成员比较多，但同时草场面积又比较小的家庭来说，我觉得加入合作社是一个非常不错的选择。这样，家里的部分成员可以去合作社放牧，剩下一部分成员可以选择打工，或者也可以选择做生意。总归，你有什么能力，哪个是强项，就选择做什么。在这方面，合作社也是全力支持。这是一个走向成功的绝好机会和道路。而我们家的实际情况，其实也就证明了我们合作社的道路是正确可行的。”社员嘉措以自身的经验分析参加合作社的有益之处。

在推进草地生态畜牧业建设中，日佳棱布生态畜牧业合作社严格按照已制定的草场和牲畜折价入股标准 2 400 元/股，积极推进社员生产要素入股工作，草场入股按照草场承包使用权折标准亩计算，草场总股为 133.632 股，总折股金为 46.77 万元，核算基础畜牧业畜棚 30 座、网围栏 20 万米、注射栏共 4 处，共折股为 2 876 股；入股牲畜按照牲畜年龄折价计算，并对入股的牲畜实行牛羊按类专群饲养，草场按群划区轮牧，劳动力按技能分工，择优遴选了放牧员，建立了“统一轮牧、统一配种、统一育肥、统一销售、统一防疫，分群养殖”的“五统一分”管理模式，推进了合作社规模化生产、集约化经营的发展进程。

根据实际情况，合作社对冬春和夏秋草场进行重新调整，实行划区轮牧，对入股牲畜进行整合，将入股的羊群重新组群为 6 群、其中生产母羊 5 群、种公羊 1 群；整合牛群 4 群。并依据合作社制定的放牧员奖惩制度，每户放牧员在饲养时，牛羊死亡率不得高于 7%，如年底牛羊死亡率超出 7%，按市场年均价进行罚款，低于 7% 每只（头）按照市场年均价进行奖励；产羔成活率不得低于 70%，如年底产羔成活率超出 70%，按照市场年均价进行奖励，低于 70%，按市场年均价进行罚款；每户饲养牲畜发生自然灾害，要及时通知该责任区域内管理员进行实地查看，并进行拍照存档，若隐瞒或未通知责任区域内管理员，合作社不予承担。

经过几年的努力，日佳棱布生态畜牧业合作社初步建立起劳动、草场、基础设施、管理等生产要素参与分配的新格局，打破了过去单纯按劳分配的旧格局，分配方式发生了转变；合作社整合适龄母畜入股，积极发展幼畜经济，年经济效益十分明显。2018 年合作社实现收入 109 万元。2019 年合作社实现收入 201.2 万元，净收益 166.41 万元，其中按股分红 59.15 万元，放牧员工资 67.67 万元，放牧员奖励 27.81 万元，缴纳社员医疗和养老金 3.83 万元，社员自食羊折价 7.95 万元。

合作社的不断发展，给村民生产生活带来美好变化。拉参尖措是合作社的社员，他是一名大学毕业生，同时也是当地一所幼儿园的老师。他的爱人则经营着一家文化用品店。“自从加入合作社以来，不仅给我家的生活上带来了很多便利，还使我家的收入也翻了几番。”一提到合作社给他家生活带来的喜人变化，便不由高兴地讲述。

谈到未来发展，理事长俊敏心中有一份对年轻人的期待：“现在时代变了，我们当地的很多资源有点衔接不上大市场。比如网上买东西、点餐，或者直播娱乐等，其实很多互联网的事物，作为老一辈的我们，是不那么熟悉的。更不必讲一些专业的商业知识、政策法规。但相对来说，很多年轻人已经走出了自己的家乡，上过大学，眼界开阔，思想开放，懂市场行情，也有很好的经商头脑，希望年轻人能够回到家乡参与合作社的发展。”

日佳棱布生态畜牧业也计划今后进一步规范生产运行管理，不断吸纳新成员入社，围绕发展畜牧业产业，积极做强牦牛产业，促进牧业增效，社员增收。

期待摘下诺木洪“新果实”

——都兰县诺木洪生态畜牧业合作社发展纪实

听到诺木洪，大家脑海中可能出现“诺木洪枸杞”“诺木洪文化”“柴达木粮仓”“诺木洪农场”，特别是在国内枸杞市场，诺木洪早已出名。诺木洪生态畜牧业专业合作社，就在柴达木盆地东南部、都兰县西部的诺木洪村。

多年来，在省内外枸杞专家们的不懈努力下，通过科技推动枸杞产业提质增效，诺木洪枸杞栽培生产实现了丰产化、标准化、规范化，在龟裂的盐碱地上，枸杞生长成了抢手货，青海自己的枸杞品种开始走向市场，诺木洪枸杞也走出青海，走向国内外。

2008 年，青海省委省政府作出了全面推进草地生态畜牧业建设的重大决策，动员和鼓励牧民群众组建生态畜牧业合作社，探索“生产、生活、生态”共赢之路。诺木洪人积极响应，认为发展草地生态畜牧业，正是他们一直都在苦苦寻找的一条可以破解人、草、畜越来越突出的矛盾，实现生态效益与经济效益双赢的路子，可为这片沉寂的土地带来新的活力和生机。

2011 年 12 月，都兰县诺木洪生态畜牧业专业合作社成立。合作社初建立时，诺木洪村全村 25 户牧民以草原、牲畜折股入社，合作社共有社员 25 户 96 人，各类牲畜 2 474 头（只），母畜 2 394 头（只），2011 年年人均收入不足 1 000 元。2014—2017 年合作社花费 28 万元左右建立滩区大棚，花费 18 万元左右用于平地，进一步完善了合作社基础设施建设，为合作社的发展提供了良好的发展平台。

“2017 年底，因为大家的信任，我被选成了理事长，那时我就下定决心，要把这个责任担当起来。2017 年，全村 58 户里，入社的有 24 户，这些家庭把草场和牲畜入到合作社。当然，刚开始的时候，社员心里是有顾虑的。那时候，社员们希望我们的合作社能够像哈西娃合作社那样发展。”理事长索达维新以前是在钾肥公司上班，当选新一任理事长后，就辞职投身到合作社的发展建设之中。

秉承“生态可持续发展”理念，诺木洪人把枸杞合作社先进的管理模式，应用到诺木洪生态畜牧业合作社，带动生态畜牧合作社的发展，为生态畜牧业合作社今后发展夯实了基础。

合作社积极学习先进经验，多次组织社员前往黄南藏族自治州泽库县拉格日合作社、天峻县梅陇合作社学习请教，加快畜牧业生产方式转变。此外，合作社积极响应政府“做优、做大、做强”的号召，发展饲草料生产加工产业。2018年合作社种植人工饲草80亩，为合作社牲畜的安全平稳过冬作了充分的准备。

合作社尝试建立股份、大户、联户、代牧等模式，通过全体社员的共同努力，加速了草场、牲畜、劳力等生产要素优化配置，促进畜群和畜种结构调整，推动了传统草地畜牧业向规模化养殖、集约化经营的转型。

与此同时，合作社积极为村民走出去务工创造条件。“2018年8月初，我们合作社把60多亩地种上了饲草料，并且将所有牲畜进行整群组合，安排8户当放牧员。不过这样一来，其他牧民群众就闲了。应该如何安排他们呢？这里有个问题，就是他们心里想出去打工，但没有技术。想做生意，也没有思路，不知道怎么开始。所以，经过我和村主任窦小龙以及村书记青格力商量，对有打工想法的村民进行一些指导和支持。这样一来，村里的人陆续就出去打工了。”索达维新说。

都兰县诺木洪生态畜牧业专业合作社立足资源、挖掘资源、整合资源，把资源优势转化成产业经济发展优势，正在带领牧民群众走向增收致富的生态经济产业新发展之路。

“2018年，合作社分红了74 720元。”理事长索达维新一边翻看着桌上的资料，一边介绍说，“2019年开始，我们尝试做过高效养殖，但是因为没有这方面的经验，所以失败了。之后，我们学习了一下别的合作社的分红模式，吸取了非常宝贵的经验。以前合作社很多用项目买来的牛羊会直接分给了牧户。但是从今年开始，我们转变策略，合作社开始施行放牧员工资和绩效奖励等制度。按照现在的计划，如果实现的好，在2020年底，合作社的分红至少能有80万元左右，这样一来，每个牧户都能有分红。”

展望未来的发展，合作社一班人充满激情。索达维新说:“我做了3年理事长之后，就发现羊肉市场前景非常好。如果合作社的羊肉能取得收益，老百姓就会坚定跟着我们走的！”他笑着又继续讲道，“我在网上了解到，有个智能牧场的经营方式很不错。我想如果能够借鉴智能牧场经验，打开合作社羊肉产品销售市场，应该是非常好的。”

“我们准备6月在县城开个羊肉销售店，网上同步销售。现在鸡爪、鸡腿那些都卖得特别好，合作社天然放牧的羊肉肯定也会卖得很好。”村书记青格力也笑着说道。

“而且，我们还计划增加‘把羊肉送到家’一条龙服务，”副理事长说着笑了起来，“我们还准备做出特色来，搞个‘私人定制’。首先，在网上每个客户买到的羊是限量的，每年只能买到两只或3只羊。每个客户的羊会有专属的耳标。其次，免费给客户放牧4个月。最后将羊肉按照标准化物流流程给客户送货上门。”

“我们就是要做品牌化，我觉得这是一种新的商业模式，随后慢慢合作社扩大之后，整合资源，还可以在其他地方继续开连锁店。”索达维新理事长谈及“定制化”羊肉的发展，自信十足。

在瀚海戈壁，诺木洪人追求新发展，期待收获新的管理模式和经验，期待在生态畜牧业领域收获与枸杞一样红彤彤的“新果实”。

布哈河岸焕发改革生机

——天峻县茶木康生态畜牧业合作社发展纪实

“2019年，我们合作社在西宁市青藏民族商贸城里租了铺面房，开始在城市里销售合作社的有机畜牧产品，虽然才刚刚开始，但消费者们的评价都特别好，这也给了我们很大的鼓励。”

谈起过去一年，海西蒙古族藏族自治州天峻县茶木康生态畜牧业合作社理事长红本有一份欣慰。他说：“从去年初开始我们合作社就开始谋划打进西宁市场发展，并希望能借省会城市的优势，把合作社的有机羊肉销售到省外。其实，我们天峻羊肉的口碑特别好，其他地方可能不大了解天峻，但很多人都听说过天峻的羊肉，所以这一块还是有很大市场潜力的。”

茶木康村位于天峻县城东部、布哈河东岸，距县城20千米。全村牧户65户，190人，劳动力136人，全村可利用草场7.3万亩，存栏各类牲畜8 723头（只）。现有畜牧业设施畜棚35座；网围栏36万米；贮草棚2座；注射栏11处；饲草料地100亩。

2009年，茶木康村根据省、州、县关于开展生态畜牧业建设的有关文件精神，由村党支部书记红本及村班子成员7户发起，开始着手组建茶木康生态畜牧业合作社。但由于宣传不到位及养畜大户不愿意参与，致使合作社当年没有成立起来。到2010年10月合作社才正式组建成立，并选举产生了社班子机构及成员。

运行初期，合作社采取的运行方式为联户制经营，但在运行中发现联户制经营存在一些弊端，社内矛盾层出不穷。2015年，按照全省推进全国草地生态畜牧业试验区建设要求，合作社班子成员及时召开社员大会，商议确定了走股份合作制经营发展道路。

通过大力开展股份合作制改造，合作社重新对入股牲畜、草场进行了重组，推行牛羊按类专群饲养、草场按群划区轮牧、劳动力按技能重新分工和统一轮牧、统一配种、统一育肥、统一销售、统一加工、统一防疫和分群养殖的“六统一分”管理方式。目前牧户入社39户，122人，入社率55%；入股可利用草场4.54万亩，入股率62%；入股各类牲畜5 645只（头），入股率65%。近年来，合作社在推进生态畜牧业建设中不断进取。

一是开展生产要素折股量化，核算股权。按照2 400元/股为标准，将社员入股草场和牲畜进行折价入股，入股牲畜按照牲畜年龄折价计算。

二是细化生产分工，优化生产要素配置。合作社根据实际，对入股牲畜、草场进行整合和划分，牛羊按类、年龄重新组群、登记造册，整合畜群18群。并在入社社员中遴选放牧经验较好15户牧户作为放牧员，实行“五统一分”管理。为改善合作社牲畜品质，2015年购买优质种公羊100只、优质种公牛6头。

三是加快人工饲草料种植示范基地建设。将原天棚乡撤乡建镇120亩闲置地改建为饲草料种植基地，种植燕麦作物，年收获青干草2万千克。

四是开展扶贫帮扶，加快贫困户脱贫步伐。投资30万元，实施整村推进扶贫项目，购买后备优良生产母羊600只，按每户200只的标准分配到3户贫困户进行扶贫，所产的母羔羊入股合作社，增加贫困户牲畜股股份，第二年对600只生产母羊重新分配到其他3户贫困户，以此类推，实现了整村脱贫目标。

五是开辟多元增收渠道，促进牧民增收。合作社在县城繁华地段商业步行街购买商铺1间，承包给第三方经营，并安排剩余劳动力参与到宾馆做服务行业，实现了传统畜牧业单一收入方式向多元收入方式的迈进。

六是社员生活方式发生了改变。未开展生态畜牧业建设以前，社员都在牧区放牧生活，通过合作社开展规模化、集约化经营，解放了生产力，使一部分牧区富余劳动力和老人从草原上转移出来，老人进城养老，年轻力壮的劳动力从事其他非牧产业和进城务工。

多措并举，茶木康生态畜牧业合作社不断起色，惠及村民，也赢得了大家的理解和肯定。

2019年，合作社按股分红69.85万元，人均收入1.1万元。合作社已有28户社员定居县城雪合勒小区和战骏小区。理事长红本感言：“首先，由于自家的牲畜统一入股到合作社之后，很多人自己就不需要去放牧了，可以选择去别的地方打工挣钱，这就增加了他们的收入；其次，村里的剩余劳动力也有了好的安排，村民们选择工作的范围变大了，增收也就有了更多的机会；最后，牲畜组群的资源整合，使得合作社效率更高、收益更大了。”

社员雍白说：“合作社挺好的，虽然目前还多多少少有些困难，但我相信这些都会随着合作社的发展慢慢改变的。近几年政府的扶持力度也特别大，惠民政策也多，合作社未来发展肯定会很好。”

展望下一步发展，红本充满期望：“现在合作社管理层年龄有些偏大，希望能有更多的年轻人，尤其是优秀的大学生加入进来。如果能把在外面打拼的、有能力、有闯劲的人才吸引回来，那么合作社的发展一定会特别好。”

合作社班子成员表示，将进一步开展规范化建设，构建更为有效的利益联结机制，提升畜牧业产业经济效益，增强合作社的吸引力，积极吸纳本村牧户加入合作社，在稳固一产的基础上，适度发展二三产业，在生产运行中，有效解决出现的问题和困难，不断发展和壮大合作社。

布哈河静静流淌，滋润了两岸土地，东岸边上的茶木康村也不断焕发出生态畜牧业改革生机。

“股改”改出一条致富路

——天峻县西德慕兰生态畜牧业合作社发展纪实

还是原来的草原，还是曾经的牧民，只是转变了发展方式，通过生态畜牧业合作社这种经济组织形式，使海西蒙古族藏族自治州天峻县新源镇曲陇村西德慕兰生态畜牧业合作社，改变了以往一家一户分散经营的模式，带领牧户走上了增收致富的路子。

新源镇曲陇村位于天峻县城东部，距县城25千米。目前，全村有牧户78户、240人，劳动力112人，全村可利用草场17.5万亩，存栏各类牲畜9 350只（头）。现有畜牧业设施畜棚30座，网围栏25万米，贮草棚共1座，注射栏共2处。

2010年，在县乡政府和县畜牧局的宣传引导下，曲陇村大部分牧民群众开始认识到，开展生态畜牧业建设是转变一家一户分散的畜牧业生产经营方式的有效途径，是解决人、畜、环境之间日益突出矛盾和提高牧民收入的必由之路。

当年，通过宣传动员，新源镇曲陇村组建成立了西德慕兰生态畜牧业合作社，经社员大会选举产生了以永胜为理事长的合作社班子成员。经过大家努力，合作社讨论研究制定了章程、各项制度、入股方案、生产合同等规章制度，并开始运行。

“相比合作社成立之前，一方面是草原变化很大，通过合理利用草场，超载的牲畜退了出来，草原一年比一年绿，草产量一年比一年高。另一方面，牧民群众的收入得到持续增加，生产生活发生了很大变化。现在，村里的剩余劳动力，基本都在县城打工或自己创业，都在做一些力所能及的事情增加收入。再不像以前那样混日子了。”现今的合作社理事长环角才让笑着说。

2015年，全省推进全国草地生态畜牧业试验区建设的序幕在牧区拉开，西德慕兰生态畜牧业合作社被省农牧厅列入首批省级试点合作社建设名录。2016 年合作社通过改选，选举产生了以环角才让为理事长的班子成员，在几个敢想敢干的能人带动下，合作社加入玉舟联合社。

牲畜按类和年龄进行重新整合组群，入股草场实行划区轮牧，择优遴选合作社放牧员，生产经营采取“统一轮牧、统一配种、统一育肥、统一防疫、统一销售、分群养殖”的“五统一分”管理方式。

在联合社的指导帮扶下，按照梅陇股份制合作模式和试验区建设要求，结合自身实际，合作社重新讨论制定合作社章程、各项制度和生产合同。使合作社焕发生机，初步形成了规模化生产、集约化经营。

目前，西德慕兰生态畜牧合作社入社牧户 36 户，106 人，入社率 46.2%；入股可利用草场 8.32 万亩，入股率 47.5%；入股各类牲畜 5 190 只（头），其中藏羊 4 633 只、牦牛 557 头，入股率 55.56%。

在谈到合作社具体运营时，环角才让说，经过股份制改造的合作社，首先是强化制度建设，其次进行了生产要素重组，紧接着就实施了劳动力按技能分工、开展了划区轮牧推进草畜平衡、建立了“股份分红、工资报酬和绩效奖励”。

当时，为解决合作社内部运作管理不规范等问题，合作社重点在制订章程、运行机制、管理制度和利益分配方面下功夫，进一步完善了合作社的章程、财务制度、议事规则、发展规化，做到了用制度约束人和事。同时，按照股份制改造要求，合作社对入股牲畜和草场进行重新整合及划分。

环角才让说：“那时，草场和牲畜折价入股标准为 2 400 元 / 股。草场入股按照草场承包使用权证的折标准亩计算，夏季草场 5 元 / 亩、秋季草场 8 元 / 亩、冬季草场 10 元 / 亩。入股草场 83 200 亩，总折股为 252.24 股，总折股金为 605 800 元。另外，入股牲畜按照牲畜年龄折价计算，其中对牙及对牙以上羊 800 元 / 只、周岁羊 600 元 / 只、羔羊 400 元 / 只。入股牲畜 5 190 头只，总折股为 1 877.12 股，总折金 4 340 600 元。将入股的羊群整合为 8 群分群管理。”

股份制改造的完成，为合作社长期发展奠定了组织基础。随之，合作社根据社员生产技能，进行明确分工，择优选择了 9 户放牧经验较好的牧户作为合作社放牧员。并支持和鼓励剩余的 27 户牧户发展第三产业。

如今，合作社剩余劳动力都在县城内外实现了就业，其中有从事洗车行的、开出租车的、开藏餐馆的、开打字复印店的，还有在宾馆、餐厅做服务员和畜产品销售的。

“我个人把所有的牲畜入股到合作社后，时间就多出来了，于是自己和家人一合计，在县城就开了一家打印店，一年也能收入25万元左右。再加上合作社的年底分红，我等于一下子有了双份收入。在我们合作社，像我这样的开店的人还有很多。”环角才让以自身为例，谈起合作社带给个人的变化。

合作社社员吉太措说：“我开了一家商店，还有社员诺白也是，也开了一家商店。据我所知，村里还有好多人，他们也都在做些买卖。因为有合作社，现在自己家的牛羊不用操心了，我们可以安心地做生意了。”

为确保畜牧业生产提质增效，根据草场的气候、地形、植被、水源和载畜量，合作社将冬春季、秋季、夏季草场进行了科学调整，对放牧制度进行优化，对草场放牧时间进行了详细规定。如冬春草场组建33个轮牧小区，每个小区划分为6个轮牧单元，每单元为630亩，放牧天数为196天（11月15日至次年6月1日）；秋季草场划分为18个轮牧小区，放牧天数为90天，年轮牧两次，第一次轮牧时间为（6月1日至7月2日），第二次轮牧时间为（9月16日至11月15日）；夏季草场划分为36个轮牧小区，每个小区822亩，放牧天数为70天（7月2日至9月15日），进一步提高了草地资源科学利用水平。

利润如何公平分配是社员们最关心的问题，也是合作社实现持续发展首要因素。打破过去单纯按劳分配的旧格局，建立劳动、草场、管理等生产要素参与分配的三重利益联结分配机制，让社员的积极性高涨。

2019年西德慕兰生态畜牧业合作社总收入144.42万元，其中：按股分红50.88万元（每股分红239元）、放牧员工资25.67万元、放牧奖金40.78万元、发放生活羊折价15.3万元、其他工资4.4万元，无畜户补助3.6万元（每户3 000元）、缴纳养老保险金1.12万元、缴纳医疗保险金2.663 8万元。

“成立合作社变化最大的应该是放牧员和贫困户的收入和生活，可以说发生了翻天覆地的改变。合作社没有成立之前，有些牧户家里没有牲畜。合作社成立后，经过几年的发展，每个社员家平均都有200多只羊，这些羊再入股到合作社变成社员资产，参与每年的分红。”

环角才让说：“如果我们依然像以前一样继续走老路，不去改变传统的放牧方式，今后合作社发展的路子就会越来越窄。所以，从去年开始，我们尝试着做些特色产品，经过实地考察在大家的群策群力下，决定利用本地的资源优势，加工黄蘑菇，这是一个非常好的开端。”

提质畜牧业　转型扩三产

——天峻县德阳生态畜牧业合作社发展纪实

“没有合作社，就没有我今天的生活。现在我在县城买了房子，还买了车，跑起了出租。”曾是贫困户的天峻县新源镇天棚村列强多杰，自2017年加入德阳生态畜牧业合作社，为实现早日脱贫，合作社安排他到放牧员岗位。

“由于我入股的牲畜少，没有多少分红。但2017年我领到了29 638元的工资，合作社还给我奖励74 000多元现金，几年时间我从一个贫困户变成了‘有钱人’。自从有了小孩后，为了方便生活，我用这几年的积蓄在县城买了一套商品房，还买了一辆出租车，现在每年也能赚上3万多元。”

列强多杰所在的海西蒙古族藏族自治州天棚村，距县城新源镇只有23千米。全村总牧户82户，244人，劳动力168人，建档立卡贫困8户23人，低保9户（28人），党员36名，可利用草场面积9.6万亩，存栏各类牲畜1.026万头只。

2010年11月10日，全村组建成立德阳生态畜牧业合作社，组建初期合作社入社只有牧户48户，142人。2015年，借全省推进全国草地生态畜牧业试验区建设的东风，合作社在县畜牧局和玉舟联合社的指导下，严格落实股份合作制改造和规范化建设任务，对社员入股草场及牲畜进行重新核实，开展整合入股、核算股权、填写和颁发社员股权证，并结合实际，积极开展合作社内部运行管理制度建设，并大力实施合作社项目建设，有效夯实了合作社产业发展基石，合作社发展步入了快车道。2015年合作社被天峻县畜牧局授予“有机牧场”称号，2017年被海西州评为“州级先进合作社”。

目前，合作社入社牧户72户186人，入社劳动力70人，建档立卡脱贫8户25人，低保户3人，党员27名，入社率81.8%；入股牲畜5 531头只，其中：羊4 600只、牛931头，入股率75.8%；入股可利用草场8.1

万亩，入股率77%。合作社总股数3297.9股，其中项目股数528.46股。

像列强多杰这样没有牲畜草场的贫困户借合作社这个平台积累了发展资金，再加上党的惠民政策，一边担任草原管护员，一边在县城打工，实现了稳定脱贫。

作为一种新型的经济组织模式，德阳生态畜牧业合作社的发展也非一帆风顺。

“刚开始没有什么经验，合作社也没有太大的发展，所以牧民们看不到前景，也有退社的现象。”德阳村村长东知才让回忆说，当时，合作社专门召开支部大会、党员大会、村民大会加大宣传力度，还组织村干部入户专访、座谈，提高牧民群众思想认识。为彻底消除牧民疑虑，合作社按照牧民自愿入社的原则，及时开展了牧户、人口、牲畜、草场、基础设施等基础资料的统计、档案整理、申报审批工作。

2015年开始合作社进行股份制改造，整群组合，还专门请了很多退休干部和专家来给牧民讲解政策，进行培训。慢慢地，牧民们了解了政策后，在思想上和团结各方面都有很大的进步，入社的人数持续增加。

“随着入社的人数越来越多，合作社面临着草场越来越小的问题。如何增加收入，合作社开始引导社员们开辟第三产业，来转移劳动力。像我一样，现在全家人搬到了县城，家里的牛羊入股到合作社不用操心，媳妇在县城开了一家商店，多少也有些收入，生活各方面还比牧区方便了许多。”东知才让说。

“2014年退休之后，我就加入合作社，家没有牛羊，把我媳妇仅有的草场也入了股。一年下来，仅入股的草场分红了1 700元，当时看上去很少，但我觉得合作社就是牧民致富、草场保护的一种途径，也是未来最有希望的发展形式，所以带头坚持下来，也劝过其他牧户不要退社。”

合作社监事长丹公加说，就和我预计的一样，合作社一年一个台阶，2019年我家的分红数达到了14 450元。相比当年的收入就是天壤之别了。去年开始，合作社为没有牲畜股的这些家庭补助安排了60只羊羔，现在我们这些原来没有牲畜股的社员也有了牲畜股，所以明年的分红收入还会更多。”

在梅陇模式的引领下，德阳生态畜牧业合作社通过开展合作社股份合作制改造和规范化建设，合作社入股率达到75.8%；并对入股的牲畜实行“统一轮牧、统一配种、统一育肥、统一防疫、统一加工、统一销售、分群养殖”的“六统一分”管理方式，推进了规模化生产、集约化经营。

同时，细化生产分工，优化生产要素。根据社员的能力明确分工、优选放牧经验丰富的21户牧户作为合作社放牧员，实行按劳付酬，剩余49户劳动力从事出租车、服务业及合作社第三产业藏族文化射箭体验馆等第三产业。

为加快贫困户脱贫步伐，合作社选育扶贫母羊800只，对合作社8户贫困户进行帮扶，年帮扶2户，每户400只母羊，每年所产羔羊的20%归合作社所有，30%归贫困户所有，50%以贫困户名义入股合作社，防止贫困户因经营管理不善导致返贫，目前8户贫困户全部实现脱贫目标。

建立“用工按劳取酬、利润按股分红”为主的分配模式，这是合作社通过建立劳动、草场、资本、技术、管理等生产要素构建起的一种分配新格局，从而打破过去单纯按劳分配的旧格局，使分配方式发生了转变，极大地调动了社员的积极性。

2019年底，合作社经营性收入达到389.4万元，其中社员按股分红114.972万元、放牧员工资65.49万元、放牧奖金53.87万元、生活补助款35.73万元、草原补助6.13万元、三产商服用地款100.23万元、藏系羊保险2.64万元、饲草饲料4.74万元、建设资金5.6万元。

“合作社经过6年发展，最大的成效是改变了一家一户分散经营的方式，减轻了草场压力。特别是合作社股份制改造完成之后，将剩余劳动力安排到服务行业，让牧民脱离草场，增加了收入。其次，没有牲畜的家庭通过合作社相应的补助，都有了草场牲畜的股份。”

谈及合作社的变化，合作社理事长索科说：“2015年合作社刚开始股份制改造时，一股分红240元，那年总分红超过49万元。合作社规定每年每股分红增长20元，去年合作社发展相当好，大家协商增长了40元。2019年一股分红达到340元，共分红114.97万元，这里还不包括放牧员工资。比如，我们合作社的社员诺日东知2019年分红了65 570元，他自己打工赚了5万多元，这样一来，他的总收入达到了11万元以上，这对于一个牧民家庭来说就是非常多的收入。”

说起合作社未来的发展方向，索科显得胸有成竹：“到现在为止，第一产业发展得非常好。但我们现在到了创新变革的时候，在准备进行牲畜品种优良化的同时，合作社计划将1万亩耕地种上青草，并进行青贮，加快舍饲养殖的步伐。另外，我们结合产品加工和传统文化，准备做文旅融合的旅游基地，壮大第三产业。这样还会解决一大批年轻人和贫困户的就业。”

迎风而上　向阳前行

——都兰县乌拉斯台生态畜牧业合作社发展纪实

美丽富饶的巴隆，五彩缤纷的乌拉斯台草原，满目青翠，牛羊怡然。然而却曾因超载过牧导致草原退化，人草畜矛盾日益突出。如何走出这个怪圈？一代代牧民呕心沥血，不懈坚持，终于闯出一条以转变生态牧业发展方式为主线，以创新草地生态畜牧业发展机制为重点，以实现草原保护、牧业增效和牧民增收为目标且地域特色鲜明的生态畜牧业转业型升级发展的新路。

海西蒙古族藏族自治州都兰县巴隆乡乌拉斯台村的乌拉斯台生态畜牧业专业合作社，成立于2012年7月，合作社主要经营牛羊养殖、育肥，马铃薯销售，青稞、牧草和枸杞种植销售。目前，入社户22户90人，入社率36%，入社牲畜2 442头只，入社率为24.42%，入社草场3.18万公顷。

合作社刚成立时，缺少资金，设施落后，了解和支持发展合作社的群众并不多。牧民群众思想还很保守，没有合作发展的意识，也不愿参与其中。牧民群众不清楚合作社的运行模式，对合作社未来的发展趋势感到迷茫，没有信心。就在大家拿不定主意而感到无助时，退休老干部王洛同志放弃安逸的生活条件，心系家乡发展和群众致富，毅然回到乡里。他亲自向当地牧民介绍合作社的好处，及今后畜牧业生产发展的趋势，强调保护生态环境和草畜平衡是发展的重中之重。

王洛向牧民群众讲到，“一面是生态保护的责任重担，一面是发展生态的急迫需求。如何改变困境，彻底转变发展方式，从单一的养殖向生态生产活良性循环转变？草原超载过牧是对草原最大的伤害。要实现可持续发展，就必须真正实现草原有多大承载量就养多少牲畜，要实现“草畜平衡”。

通过不懈的努力，同时在当地政府和农牧部门的大力扶持下，王洛带领乌拉斯台生态畜牧业专业合作社的发展逐步走上了正途，加入合作的人越来越多。

2015年10月，合作社完成了新一轮“股份制改造”，完善了各项规章制度，开展牲畜组群分群工作，为合作社规范运行奠定了坚实的基础。

2016年，按照都兰县生态畜牧业发展规划，将都兰县巴隆乡的8个生态畜牧业专业合作社联合后成立了“查汗西里生态畜牧业专业合作社联合社”。作为成员社之一，按照联合社经营模式，实现了规模化经营、专业化生产和产业化发展，各成员社在联合社的管理下，统一规划、统一管理、统一销售、统一落实各项项目、统一培训学习。

2017年，乌拉斯台生态畜牧业专业合作社重点选育1 200只能繁母羊开展高效养殖示范推广项目，以标准化养殖，科学化管理，市场化经营方式积累经验，探索发展模式。高效养殖得到了突出效率，高效养殖组群4群，能繁母羊1 200只，羊羔成活1 100只，可分配盈余55万元。实现畜牧业生产方式、组织方式、分配方式和发展方式“四个转变”综合生产能力明显提高。

“我们的景区虽然规模不大，但是我们的目标是把景区做成精致的自驾游旅游目的地。”现任合作社理事长巴音达来说，2017年9月，乌拉斯台生态畜牧业专业合作社，顺利开展二三产业，同时入股“查汗西里生态文化旅游有限责任公司”。公司注册资金为100万元，有环游都兰县南部昆仑、柴达木穿越路线，有高原盆地特有的自然观景、雪峰冰川、大漠戈壁、湖泊湿地，旅游资源十分丰富，今后旅游业发展将成为合作社经济收入的重要组成部分。

理事长巴音达来是一名大学毕业生，他对合作社未来的发展有自己独到的见解。他表示：“我现在想利用合作社现有的资源，把合作社的有机风干牦牛肉卖到市场。现在厂房建设已经完成，营销手段是当前最关键的问题。”

“当时我们是在聊天，聊着聊着，他就突然想到了用直播带货这个点子。”巴音达来的妻子说。

“但是，我自己对新型网络营销模式并不是很了解。所以，我就一直在学习和巩固自己的网络知识，”说到这里，巴音达来转而对我们讲起了他之前参加展销会后内心的触动，“其实前两年，我们合作社的风干牦牛肉是在各种展销会上销售过的，那种销售一空、供不应求的场面给了我很大的触动。让我意识到风干牦牛肉这一块的市场特别大，前景也非常好。”

虽然发展的路上有很多困难，但巴音达来说：“现在，我们所有的社员都有很大的信心，要把我们合作社做好、做强。”

在不断的探索中，乌拉斯台生态畜牧业专业合作社正在逐步走向规范，生产要素高度整合，畜群结构优化合理，草地资源科学利用，草畜动态平衡，劳力按技能分工和经营管理规范，全面完成了股份制改造，合作社股份权清晰，自我管理能力逐步增强。

沙漠上培育“事业苗”

——都兰县布洛格生态畜牧业合作社发展纪实

“2018年开始，我们合作社有了一点收入；而2019年，合作社给社员们分红了近55万。这之后，社员们参加合作社就更积极、更主动了！”

海西蒙古族藏族自治州都兰县布洛格生态畜牧业合作社理事长哈西拜力格欣慰地说：“虽然我们这些人没怎么上过学，没有什么专业的商业知识，引导合作社走向致富的道路有一定困难，但是我们都是非常用心地在做这一件事情，而且，现在越来越多的年轻人也成长起来了，所以大家对合作社的未来发展有信心，也相信我们合作社肯定会越办越好。”

都兰县布洛格村是一个以蒙古族为主的纯牧业村，生态畜牧业专业合作社现有69户，228人，劳动力136人。入社各类牲畜8 428头（只），占全村牲畜总头数的92.3%。草场总面积为55.25万亩，占全村草场总数的94.2%。布洛格生态畜牧业专业合作社位于都兰县巴隆乡柯克陶力盖布洛格定居点，2008年4月29日正式注册成立，注册资本128 400元，主要从事绒山羊、半细毛绵羊养殖、繁育及销售和畜产品加工销售的生产经营。

“我在合作社的时候，也没有想过要领工资什么的，就是想为牧民群众办一点实事，想着能够带领大家伙一起走向富裕的道路，大家日子过好了，我心里也就舒坦了。”布洛格合作社前理事长罗布胜道尔吉表示。

2008年初，在省州县各级农牧部门的号召下，村党支部、村委会在全村群众中进行反复宣传，使群众对成立专业合作社的目的、意义、管理、分红等有了深刻认识，改变了观望消极态度，增强了入社的积极性，从而为合作社的成立奠定了坚实基础。专业合作社成立后，由于各方面条件不成熟，加之群众对入社的人员、牲畜、草场想法不一，无法形成统一的共识，直至2011年底，专业合作社初期工作仍然停留在继续宣传动员、统一思想的层面。

2012 年初，经过村党支部、村委会的支持和理事会的艰苦努力，动员全村整体入社。但由于缺乏有效的管理制度和管理经验，在实际运行中人员调整、草原分配、经费短缺等矛盾突出，运行不到一年全体社员先后自行退社，专业合作社又回到原地。

2013 年至 2016 年底，随着国家对生态畜牧专业合作社支持力度的加大，理事会在上级农牧部门的支持下，组织有头脑、有经营能力的部分群众外出参观学习，不断掌握专业合作社经营技能，不断更新养殖知识，转变思想观念，统一群众思想，为重新组织有脱贫致富愿望的群众入社奠定了坚实的基础。

2017 年，在村党支部的领导下，根据生态畜牧专业合作社章程，对合作社进行了换届，调整了合作社法人。新一届理事会在原来的基础上，动员态度比较坚定的 69 户 228 人（其中无畜户 17 户 52 人）、8 428 头（只）牲畜、55. 25 万亩草场入社。新一届的理事会坚持“草畜平衡”原则，社员可以自主选择畜种，按每人 60 头（只）牲畜统一分红。

2018 年，为提高社员收入，合作社重点选育 500 只适龄母畜，开展高效养殖项目，用实实在在的红利激发社员干事创业的积极性。组织女社员开展纯手工羊毛棉衣棉裤、被子，驼绒被褥、棉衣棉裤、马甲等具有民族特色的畜产品加工业务。

“合作社在尝试利用生产的羊毛和驼绒资源，做被子、褥子，还有一些比较小的纪念品之类的产品。这些事已经做了两年左右了，虽然现阶段设备方面还是有些欠缺，但是刚刚起步做，效益还不错，这给了我们很大信心。”哈西拜力格说，“我们这个地方的沙漠非常多，我们也在摸索在沙漠上种植肉苁蓉，目前经过大家的辛勤劳动，肉苁蓉从沙漠里长了出来，更让我们高兴的是，肉苁蓉在市场上卖得价格也比较高，这就证明路子没有走偏。”

一直以来，布洛格生态畜牧业专业合作社坚持规范化管理、科学组织生产，产业融合发展，理事会、监事会、社员代表大会组织机构健全，各项制度完善，合作社股份权清晰、畜群结构优化，全面推行“六统一分”生产制度，实现草畜动态平衡，劳力按技能分工，养殖业和加工业联动，产加销有机融合，合作社发展日见成效。

——2019 年合作社收入 51. 96 万元，分红 50. 07 万元，并为 7 位老人和5位残疾人帮扶分红每人两只母羊羔，折合人民币20 400元。

——“经过高效养殖和整群组和运行之后，现在，我们所处的草原已经达到了草畜平衡。”前理事长罗布胜道尔吉颇自豪地讲着这一喜人的变化。

高原沙漠上，布洛格生态畜牧业合作社在点点滴滴积累发展的实力。今后，他们将继续坚定向“管理民主化、经营规模化、生产标准化、营销品牌化、利益紧密化”的方向积极迈进。

借力“蓄能” 自我发展

——都兰县扎么日生态畜牧业合作社发展纪实

“我们合作社是都兰县最早成立的合作社之一，从2008年成立之初到现在为止，每年社员都有分红。2009年第一次分红，每股上分红180元。随着发展每年都在增长，到了2019年分红的时候，每股分红700元，这相比第一次分红可是翻了好几倍。合作社在发展最好的时候，每股分红1 500元。合作社2019年总共分红了63万元，这里包括放牧员工资。”

都兰县扎么日生态畜牧业专业合作社理事长斗拉太介绍并认为，生态合作社是未来放牧的大方向，国家在政策方面就会有很多优惠，畜牧局也大力支持，扎么日也将努力抓住机遇，实现更大发展。

海西蒙古族藏族自治州都兰县热水乡扎么日生态畜牧业专业合作社前身是扎么日温泉牛羊养殖专业合作社，于2011年8月变更注册成立。目前合作社有42户156人，入社率为60%，其中劳动力70人。入社牲畜3 625只，牲畜入社率为60%，其中：藏羊3 625只。合作社社员以实物方式出资额为120万元。已建有养殖区、种植饲草料基地、办公室及各类用房。

近年来在省、州、县级部门的坚强领导下，合作社在加强组织领导、整合草原、调整牲畜结构、提高入社率等方面做了大量的工作，为全乡畜牧业发展、脱贫攻坚工作和社会经济发展起到了积极作用。合作社明确责任，做到领导到位、管理到位、技术和服务到位，以创新机制为驱动，坚持生态保护和持续发展为第一理念，积极开展草原生态保护、草地生态畜牧业集约化经营、草畜联动、多元化服务和产业化发展，深入推进生态畜牧业专业合作社建设。

合作社成立以来共实施了107万元的项目，其中生态畜牧业专业合作社启动资金40万元，生态畜牧业专业合作社能力提升项目资金46万元，

2016年股份制改造资金11万元，领导班子配股资金10万元。

2016年，利用海西州本级农牧业发展项目资金分配中都兰县扎么日生态畜牧业合作配股资金10万元，合作社购买167只藏细羊母羊作为固定资产，出栏羊羔卖出后用于对合作社社员（管理人员）开发工资。为保证股份制改造的安全，该项目由都兰县热水乡扎玛日村负责建设，签订国家资金安全保证合同，进行司法公证，并以每年出栏率盈利作为保证。项目运行接受县农牧扶贫开发局、乡政府和合作社成员的监管，合作社对财务收支情况做到公开、透明。项目建成后，可显著增强合作社综合发展能力，提高合作社生态畜牧业发展水平，畜产品加工车间、市场内牛羊肉出售商铺和藏餐店预计年净收入增加35万元，同时可以为合作社成员至少增加9人就业岗位。

2017年，合作社通过实施能力提升试验区建设项目，努力提高合作社生态畜牧业试验区试点单元的整体素质和资源配置，同时解决合作社现代生态畜牧业发展资金紧缺和产业链延伸问题，提高合作社入社社员的股金份额，鼓励村民参与合作社建设，加快合作社股份制改造。

为加强领导、指导和督促，全力推动生态畜牧业专业合作社规范运行，乡、村、合作社层层召开动员会，确保群众的知情权、参与权，做到政策公开、规则公平、结果公正、群众公认。热水乡人民政府成立了由乡分管领导任组长，其他相关人员为成员的热水乡工作协调小组。具体负责日常工作，监督生态畜牧业专业合作社开展股份制改造贯彻执行，对工作开展情况进行督促、检查和指导。扎么日村也成立工作协调小组，组建专门工作班子监督开展配股等工作。

经过多年探索实践，合作社畜牧规模养殖不断提升，成立以来共分红资金为383万元，让牧民群众分享到了发展的红利。

自从加入合作社后，每年都能有分红的68岁牧民才高老人激动地说："我是在2008年加入合作社的。大家共同致富，在好的道路上一起发展，而且每年大家都有分红，我是觉得非常好。"

"我是2019年开始在合作社工作的，主要负责资料这部分。我到合作社也有1年多了，我觉得合作社的发展方向特别好。"尕桑才旦是一名青海大学的优秀毕业生。他在大学里学的是旅游专业，毕业后毅然加入合作社的发展建设之中。"合作社对于很多年轻人来说，是一个好的平台，同样我觉得年轻化也是合作社的发展趋势。”

75 岁的牧民切巴颇感慨说：“合作社成立之后，我家里的收入明显增加，人们更加团结。合作社老人们都是摸着石头过河，很辛苦，这几年合作社也发展得很好，如果再有年轻人尤其是大学生能够加入进来，合作社发展肯定会更好。”

因为合作社离都兰县城特别近，合作社成立之后，社员不用担心家里的牛羊，更多的人就可以外出打工增收。村民南拉夸尔说，“现在我把所有的牲畜和草场入股到合作社之后，就能外出打工赚钱，而合作社每年还能有分红，拿到 3 万元左右的收入不成问题。”

近年来，扎么日生态畜牧业专业合作社也在努力探索一二三产业的融合发展。理事长斗拉太说：“2015 年，在合作社开始进行股份制改造时，相关单位给了合作社一些项目，合作社经过商讨，用那些项目款在县城里买了两间铺面房，一间做了冷库，一间做了餐厅。冷库里卖的肉都是我们合作社自己的草膘肉，我们合作社的肉口碑特别好。餐厅也是由合作社的人来经营。仅仅这两个地方，就能够解决至少 10 人的就业难题。而且，这两个店每年都能有 15 万元左右的收入。”

虽然在探索发展中取得了一定成绩，但扎么日生态畜牧业专业合作社的发展也面临一些问题。当前制约合作社发展速度的主要因素一是缺乏资金投入，二是政策支持覆盖面不广，三是缺乏能力较强的致富带头人，财会、营销专业人才等。他们期待获得多方面更多的支持，也计划进一步努力促进合作社的规范化建设，使合作社按照既定轨道健康发展。

“绿色羊肉”跑出市场

——都兰县艾里斯台生态畜牧业合作社发展纪实

对于海西蒙古族藏族自治州都兰县香加乡艾力斯台村的牧民们来说，2011年8月22日是个值得纪念的日子，就在这一天，都兰县艾里斯台生态畜牧业专业合作社乘着青海省生态畜牧业发展的东风，在省、州县农牧部门及相关单位和乡人民政府的大力扶持指导下正式成立了，村民牧户合作经营脱贫致富的事业由此拉开序幕。

艾里斯台村草场海拔2 900米，全村可利用草场总面积34.68万亩，禁牧草场面积14.74万亩，共有牧户114户364人。该村矿产资源十分丰富，野生动物有岩羊、黄羊、盘羊、雪鸡等。

合作社成立以来，坚持生态畜牧业发展理念，加快转变发展意识，加快整合草场牲畜资源。在坚持保护草原生态环境的前提下，逐步转变靠天养畜的粗放生产方式。并通过项目支持、自发筹集等不断加强合作社发展生态畜牧业基础建设。目前，合作社建有圈舍、草料仓库、粪污处理设施、无害化处理池、饲草料加工及储备库等，硬化了场区道路，铺设了自来水管线，拉通了动力电，并且购置了电脑、打印机等办公相关设施设备和粉碎机、搅拌机、电子称、饲草收割机具等机具。

10年来，合作社的发展也并非一帆风顺，中间也一度经历了合并重组和联社发展波折。2015年，合作社因缺乏专业管理人员，周转资金短缺，生产经营活动一度停滞，社员生产积极性受到打击，合作社发展陷入困境。眼看合作社停滞不前，村委会和合作社理事会多次召开会议，征询大家意见，想办法摆脱困境。

2016年初，合作社决定与本村牧民才仁达尔创办的都兰圣旺牛羊养殖专业合作社进行合并重组，重新整合和优化配置两个合作社的牲畜、草场、养殖能手、管理人才。同年4月正式合并，召开选举大会，推选才仁达尔担任新理事长，将合作社原养殖场迁往都兰县香加乡艾力斯台村哈达图入口处的圣旺牛羊养殖专业合作社处。合并后仍称艾里斯台生态畜牧业专业合作社，原圣旺牛羊养殖专业合作社养殖场成为合作社下设养殖场和生态畜牧业建设发展实体。

但是，虽然合并重组后合作社摆脱了困境，得到了壮大，但因自身力量薄弱、运营管理经验缺乏、产业渠道狭窄等因素制约，发展进度仍然滞后。

为提高发展能力和渠道，寻求共同发展和优势资源共享，2016年合作社主动向海西查汗西里生态畜牧业专业合作社提出加入意愿，经多次协商，在联合社调研考察后，于2016年底正式加入海西查汗西里生态畜牧业专业合作社，成为联合社9个成员社中的一员，在联合社的指导带动下进一步规范完善了章程、组织机构、制度，获取了宝贵的组织化运营和产业化发展经验，学习引进了好的生产管理经验，拓宽了产品销售渠道。同时，合作社注重树立合作社品牌，吸引周边牧民发展合作与联合，不断壮大。

合作社是生态畜牧业发展的核心载体，2016年，青海省提出建设生态畜牧业就要大力推进生态畜牧业合作社股份制改造的理念，理事会和社员们对泽库的“拉格日”等兄弟县合作社股份制改造的成功经验羡慕不已。2016—2017年在省、州县农牧部门的指导下，在借鉴成功经验的基础上，合作社抓紧进行股份制改造，对入社的草场牲畜和圈舍储草棚等基础设施设备进行折股量化，反复商讨核算制订出全员认可的股份分配方案，于2017年底完成股份制改造。

发展总是在曲折中前进。虽然完成了股份制改造，加入了联合社，组织化程度得到了大幅提升，但是理事会发现要想实现持续良性发展、提高生产效率、增加入社牧户收益，就必须改变合作社整体生产效率低下、产销不对接的局面。2017年，合作社在省州县各级农牧部门指导下，大力推行藏羊高效养殖技术，调整畜群结构，合理分群饲养，采取放牧+舍饲的生产方式，加强母羊冷季补饲，并统一购买饲料、统一分配。适时统一出栏，羔羊繁活率提高，出栏时间缩短，生产效率与过去相比大幅提升。同时，为降低生产成本，增加牧民分红，合作社专门在村察汗陶海处建立了500亩人工牧草基地开展种植，以满足合作社的饲草料需求。

2017年，查汗西里联合社在都兰县建设街开设牛羊肉专卖店，负责收购和提供羊肉，形成稳定的产销对接和高价收购机制，艾力斯台生态畜牧业专业合作社发挥畜产品集中销售优势，充分利用这个平台，仅2017年销售羊肉37.65吨，实现收入188.25万元，利润28.24万元，分红11.8万元。

对此，合作社负责人才仁达尔充满更大的期待："合作社现在正是创新改革的时候，我们要把合作社领导班子年轻化，让合作社做得更有活力，要把村里的年轻人培养出来。然后，由他们来对接外面的市场。相比我们来说，年轻人眼界更加开阔，思维也更加活跃。如果有他们的加入，那么我们合作社的无公害有机产品肯定会卖得更好，合作社的发展也会更上一层楼。"

才仁达尔还透露了已经开始营业的夏日冰瀑旅游景点的发展情况。他介绍，有着"夏日冰瀑"美誉的"考肖图自然风景区"位于本村东北部，香加乡艾力斯台东于热水村相连，南与敖包图村相连，西与香日德相连，北与热水乡相连，距县城40千米。艾力斯台村分布于109国道和茶格商速沿线，地理位置优越、人员流动多。合作社计划利用区位、资源优势，打造车辆停靠、加水、餐饮区，打造具有蒙古族传统风格牧家乐，实施投入小、见效快、有风格、有特色、有市场的小规模特色乳制品销售和精品实惠、服务质量高的牧家乐，进一步壮大合作社经济。

经过近10年的发展，在青海省深入建设发展生态畜牧业的良好政策推动下，经历了合并重组、加入联合社、股份制改造，通过推行高效养殖、实行专卖店经营、发展旅游业等第三产业，都兰县艾里斯台生态畜牧业专业合作社正在逐步驶入发展的快车道。

截至2017年底，艾里斯台生态畜牧业合作社入社72户237人，社员入社率100%。入社牲畜、草场、基础设施等共折27 461.458股，总股金1 373.072 9万元。2017年9月，合作社分红47 400元。2018年3月，合作社给都兰县香加乡25户低保户，共计40人进行了分红。2019年11月组织社员进行分红。2020年3月，合作社出售380只适龄羊羔，共计45.6万元，计划于年中举行分红仪式。

"我们的冷库已经建好了，我们出产的羊肉质量非常好，如果有自己的牌子，能跟大集团、大市场对接，就可以大规模生产绿色羊肉，收益就会更好。"

曾经不易收获几多，未来可期阳光灿烂。

戈壁“红柳”坚韧成长

——都兰县宝尔苏哈生态畜牧业合作社发展纪实

“刚开始，合作成立的时候，全村总共54户里，有18户入社。以前，这个草场里可以容纳约400只羊，但是，实际上放牧的羊却有高达800多只。数量上听起来好像很不错，可这样一来，羊的质量就下降了。羊的膘不好，体重也小，因而也卖不出好价钱。尤其是在2014年，羊的价格一下子就掉下来了。当时，我们所有人就特别着急，想着应该怎么办？”

苏克巴特尔是都兰县宝尔苏哈生态畜牧业合作社现任理事长，他回忆并介绍说：“万幸的是，我们村里有一个退休了的老领导，他放弃了自己原本很舒服的生活，过来帮助我们合作社。经过实地考察，多次讨论后，在老领导的建议下，合作社开始推行草畜平衡管理。这样，羊膘一下子就上去了，生态恢复也特别好。这几年，政府也一直在给我们项目支持，我们的基础建设也都建设得挺好。”

都兰县宗家村是位于海西州都兰县宗家镇的一个相对偏远的农牧结合村落。村民多为蒙族藏族，世代在这片草场上放牧牛羊而居。自20世纪80年代绵羊改良工程实施后，村中绝大多数牧民以饲养青海高原毛肉兼用半细毛羊为生。长期以来，当地草原生态环境破坏严重，靠天养牧的粗放饲养方式和市场影响，养羊并没给广大村民带来丰厚收益。

如何改变宗家村落后贫穷的状况，一直是时任村书记才仁柯的一个心病。2011年，通过听取县农牧部门的宣传，才仁柯了解到青海从2008年就启动实施了发展生态畜牧业的战略，而扶持的载体是合作社，这一消息让老书记颇为振奋，在咨询了具体政策和扶持条件后，老书记决定动员村民创办生态畜牧业合作社。

2011年4月由村党委书记才仁柯同志筹划组织成立合作社的计划。通过群众大会给大家演讲及介绍合作社的方方面面，让大家有了更好的了解，调动了群众的积极性。当年11月再次通过群众大会，正式成立了都兰县宝尔苏哈生态畜牧业专业合作社，才仁柯为合作社理事长。

2012年，利用国家启动资金20万元，由农牧局配备合作社固定资产30 750元（办公设施设备），169 250元购买绵羊，但由于本社没有固定的草场放牧，只好分配给几户牧民。2014年5月，理事长才仁柯因病无法继续管理，退出理事长职务。

2014年6月合作社重新选举理事长才让多吉，在新理事长的带领下重新启动了各项工作。当年的项目资金及能力提升资金40万元，大学生领办20万元，共计60万元，都用于建立畜棚、草棚、消毒室、水泥地坪、自来水等，合作社慢慢走向正轨。

2015年，在国家推进草地生态畜牧业建设的政策东风下，合作社实行股份制改造，大家积极入股。2016年西西村18户自愿入股，合作社实现了草畜平衡。合作社班子成员补助资金项目10万元，股份制改造项目资金10万元，共计20万元，全部按实施方案完成。2016—2017年，合作社开始高效养殖半细毛羊950只，高效养殖不仅增加了牧民收入，也给他们的生活方式带来了很大的变化，释放6户劳动力外出务工。

宝尔苏哈生态畜牧业合作社自成立以来，一直以促进农牧民持续稳定增收为目标，不断探索和创新生产经营模式，促进养殖业增效牧民增收，主要做法如下。

合作社负责统一收购和统一销售羊肉及羊毛羊绒，高价出售羊羔肉，增加入社牧户的收入，增强合作社抵御风险的能力。

试行高效养殖，建立饲草基地。近年来，合作社下设养殖专业合作社1个，即都兰县西西村半细毛种公羊场，合作社充分利用自身资源和地理位置，重点培育合作社文化，提高羊肉、羊毛及羊绒的质量，以市场需求为导向，通过实施合作社品牌，组织和引导广大牧民发展合作与联合，提升合作社发展水平。

多措并举解决社员实际问题。合作社奔着“一切为了牧民，一切以牧户的利益为主”的原则，切实解决合作社劳动力务工就业问题，并统一收购和销售羊肉、羊毛、羊绒等，从而彻底解决牧户的“销售难”的问题。

为了更好地应对激烈的市场竞争，促进社员增收，合作社积极发展第三产业。2019年新上任的理事长苏克巴特尔说：“近年来，海西州结合枸杞产业发展实际，加强品牌建设、科技创新、引才引智和政策保障，这方面的力度大，优惠政策很多，对我们合作社的发展十分有利。我们结合政策，加大对枸杞资源的利用，合作社现有枸杞地 1 300 亩，我们每年每亩以 200 元的价格，把这些地往外出租，收益是十分可观的。”

社员乌兰才其格提到合作社对大家生活的影响时说：“合作社成立之后，不仅完善了基础设施，也买了很多牛只。与此同时，入股合作社的 18 户家庭的收入也提高了很多。我希望全村能够继续全力以赴，团结一致，大家一起用心做合作社，往更好的方向走。”诚然，一切虽然艰难不易，但合作社也在不断前行，取得效益。

2015 年 11 月，合作社通过出售本社育肥的羊羔，对取得的利润进行了分红，17 户牧户每户得到 3 000 元现金分红。

2017 年 3 月，合作社通过出售本社育肥高效养殖的羊羔，对取得的利润进行了分红。入社牧户 18 户每户得到 500 元现金分红。共计人民币 9 000 元。都兰县农牧局领导、干事及西西村村三委班子成员受邀出席了本次分红现场。

2018 年底合作社人均收入 16 080 元，2019 年底人均收入 23 000 多元，人均增加了 6 000 多元。“合作社在没成立以前，我们村民的平均收入是 2 000 元。”理事长苏克巴特尔说，2019 年 11 月，合作社 650 亩红枸杞吨收入 130 000 元。其中：100 000 元社员分红，每人 1 492.54 元。

几年来，宝尔苏哈生态畜牧业合作社还积极帮助贫困户、残疾群众。先后给西西村村民青达来捐款 20 000 元，给本村村民大吉日格力捐款医疗费 13 000 元等。

“最近，我们在讨论合作社的未来，首先计划在村里开个大型超市。一是便利大家生活，二是能多一个解决就业的渠道。”虽然宝尔苏哈生态畜牧业合作社发展过程中还存在资金短缺、管理水平不高等问题，但他们向前进取的脚步一直没有停下来。

宝尔苏哈由蒙语“红柳”音译过来，百度查询“红柳”喜光、耐旱、耐寒。成功的路哪有那么一帆风顺，总有前赴后继者在付出和努力，宝尔苏哈生态畜牧业合作社三任理事长和走过的历程，一如在传承“红柳”坚韧的品格坚定生长。

名镇上瞄准市场寻发展

——乌兰县乌兰哈达生态畜牧业合作社发展纪实

“作为理事长，我的考虑是，我们合作社如果仅仅依靠传统畜牧业是不会有太大发展的，所以，必须考虑二三产业融合发展！”

谈到合作社发展，海西蒙古族藏族自治州乌兰县乌兰哈达生态畜牧业合作社现任理事长青格力这样说：“乌兰哈达村在乌兰县茶卡镇，发展畜牧业和二三产业占据独有优势。我们合作社已经投资建厂，并且，还从内蒙古引进奶制品加工技术，邀请技术人员给社员做培训。以前的放牧员，现在都当上了厂房里的技术员。而茶卡镇的奶制品厂里，合作社也安排了11户人家就业，现在他们已经全部脱贫。”

2010年11月，乌兰哈达生态畜牧业合作社正式成立，选举产生了理事会成员7人、监事会成员3人，建立健全了生产管理、财务管理等13项制度和管理流程图。当年入社牧户26户，117人；整合草场面积8.7万亩；整合各类牲畜7 600多头（只）。

青格力说：“刚开始，村里的老百姓完全不能接受合作社的发展模式。我们就做了很多思想工作，还用一些别的合作社发展成功的例子来讲解说明。等老百姓听明白、弄清楚后，那些刚开始不愿意入股的村民，现在也都自愿加入了合作社，为合作社的发展添砖加瓦。”

2014年，合作社按照青海省农牧厅、省委组织部、省人力资源和社会保障厅《关于选拔扶持“大学生村官”领办生态畜牧业合作组织的通知》文件精神，聘用乌乐杰同志为大学生领办和理事长助理。针对合作社牧户参社入股率低的实际，大学生领办通过走访牧户、与牧民谈心、召开座谈会等形式，积极宣传生态畜牧业建设政策，打消群众顾虑，及时吸纳合作社成员，并将入社社员的牲畜、草场等生产要素进行整合，为合作社开展规模化、集约化经营奠定了坚实的基础。年底全村 41 户，183 人全部加入合作社，入社牧户的牲畜草场全部整合，社员参社整合率达到 100%，较 2010 年组建当年牧户入社率提高了 35%。

这一年，合作社还争取项目资金 125.31 万元，其中省级资金 106 万元，州级资金 10 万元，合作社自筹 9.31 万元，先后实施了“大学生村官”领办、能力提升和能繁母畜饲养补贴等建设项目，合作社引进半细毛母羊 300 只、母犏牛 80 头、在县城商业广场购置了商铺 1 间，网围栏建设 2 000 余米、牛犊饲草饲料 2 吨，年净收益 23.5 万元，收益年底按股份进行分红。

2015—2019 年，合作社按照推进全国草地生态畜牧业试验区建设要求，全面开展了股份合作制改造和规范化建设，通过建设厘清了发展思路，夯实了畜牧业发展基石，扭转了以往社员入社不入股、浮于表象的状况。

合作社经过股份制改造后，重新组建了班子成员，聘用常谭春为大学生领办，并通过社员大会选举为理事长助理。采取以股份制经营发展模式，牲畜及草场作价入股，牲畜重新组群、草场划区轮牧，由合作社统一管理、统一经营，人员按技能统筹分工，利润按股分红。牧户入社 16 户，划分为 4 个组，入股牲畜 5 805 头（只），入股牲畜 52 934.00 股，入股可利用草场面积 7.2 万亩，入股草场 36 009.37 股。

在建设中，合作社利用股份制改造项目资金 40 万元，在已建有办公区和养殖区的基础上，打井通电，建成青贮窖面积 310 米^2，隔离圈 60 米^2、堆粪场 120 米^2，消毒室和消毒池等附属设施。同时，合作社积极发展二三产业。

通过对内蒙古镶黄旗兄弟情加工奶食品专业合作社进行实地考察，2018 年引进技术，自己生产加工酸奶、曲拉、糖、酒、雪糕、饮料等奶制品产品，对外进行销售。通过 4 个月的生产加工，实现销售收入 23.2 万元，人工工资 9.6 万元，合作社盈余 6.2 万元，解决合作社富余劳动力 8 人，年加工牛奶 6 吨。2019 年合作社实现收入 209.27 万元。

“除了奶制品加工厂以外，我们合作社还准备在茶卡盐湖附近，借用茶卡盐湖旅游景区这个资源，向国土资源申请土地，建设酒店。这两年，茶卡盐湖是全国最好的旅游景点之一。在未来，它的客流量肯定会更大，吸引更多的人过来旅游。这样一来，就会带动周边的经济，比如说我们要建的酒店，就可以借着这个优势，发展起来，并且会很好。总的来说，这就是合作社发展的谋划。”理事长青格力介绍了合作社计划。

青格力说这几年牧民生活变化很大，“最高兴的事情就是我们全村的电通了，给全村百姓生活带来了非常大的便利。晚上，大人们可以干点白天剩下的活，小孩子也能写作业了。”

今后，乌兰哈达生态畜牧业合作社将进一步规范完善合作社管理，做到合作社各项资料和项目资料齐全、规范完整、专人管理。推进发展二三产业，拓宽牧民收入渠道。大力发展奶制品加工，待商标注册成功后，用自己的商标去打造属于合作社自己的奶制品产品。并打算在茶卡旅游旺季时进入茶卡盐湖景区的商铺进行销售，提高知名度，增加收入。同时，要注重合作社带头人的培养，实行“能人”治社与民主管理相协调的运行机制，带动合作社发展。

茶卡盐湖风光旖旎，依傍而立美丽环绕，乌兰哈达村的美好渐行渐近。

社企联姻打造“茶卡羊”品牌

——乌兰县巴里河滩生态畜牧业合作社发展纪实

自古就享有宫廷“贡羊”美誉的乌兰县茶卡羊，由于生长在茶卡盐湖周边的天然盐碱地牧场，牧草矿物质丰富、含盐量高，因而其肉营养又美味。巴里河滩村就坐落在海西蒙古族藏族自治州乌兰县茶卡镇，近年来，巴里河滩生态畜牧业合作社带领村民依托资源优势，努力打造“茶卡羊”品牌，不断将优势资源转化为经济优势，促进了区域生态畜牧业发展，也福泽了牧民群众。

2010 年 11 月巴里河滩生态畜牧业专业合作社正式成立，当年被确定为全州生态畜牧业建设示范村。2010—2013 年，合作社不断加强组织建设和制度建设，班子成员稳定，建立健全了生产管理、财务管理等 13 项制度和管理流程。到 2013 年底，入社户数达到了 48 户，人口 199 人，入股牲畜达到 14 683 头（只），草场入股面积达到 22.5 万亩，可利用草场 13.35 万亩。合作社将入社牲畜按品种进行了合理分群，入社草场开展了划区轮牧建设，并以“统一放牧、统一配种、统一育肥、统一销售、分群养殖”的“四统一分”管理方式统一生产经营。

2014 年，合作社在乌兰县政府和茶卡镇政府的引导下，与吉仁公司建立了利益共享、资源共享、风险共担的股份制合作关系，按照自愿合作的原则，将合作社 27 户牧民 12 万亩草场和 7 000 头（只）牲畜入股到吉仁公司，由企业统一管理、统一经营、实行保底分红。其余 21 户社员 10.5 万亩草场和 1.34 万头（只）牲畜，仍由合作社统一经营，与吉仁公司建立订单合作销售协议。

充分利用茶卡镇的地理区位和“茶卡羊”的品牌优势，及依托吉仁公司在北京的“青海之窗”的销售优势，合作社围绕一产带动二三产业发展，形成一二三产业紧密融合的发展格局，探索创建了“企业引领、股份合作、保底分红、产销联动、接二连三”的“社企联姻”生态畜牧业建设新模式，合作社核减超载牲畜0.48万头（只），企业聘用91名合作社富余劳动力为产业工人，实现了生态环境有效保护、草原畜牧业规模经营、生产和经营同步发展、拓宽增收渠道、分流转移富余劳动力、牧区人草畜和谐发展的多赢目标。

与此同时，为积极响应青海省农牧厅、省委组织部、省人力资源和社会保障厅《关于选拔扶持“大学生村官”领办生态畜牧业合作组织的通知》文件精神，合作社聘用董加为大学生领办，并召开合作社成员大会选举其为合作社理事长助理。当年合作社积极争取项目资金173.84万元，其中省级资金163万元，合作社自筹10.84万元，先后实施了“大学生村官”领办、“能力提升示范社”等建设项目。全村牧户、草场、牲畜100%参股入社（包括吉仁公司21户），较2010年组建初期，合作社入社率提高了38%。

2015—2019年，合作社在推进全国草地生态畜牧业试验区建设中，通过开展新一轮股份合作制改造和规范化建设，合作社章程、制度、入股方案和牲畜重新组群方案及放牧合同得到了细化，初步构建了机构职责健全明确、畜群结构优化合理、草地资源科学利用、经营财务管理规范、重大议事民主商定的发展经营格局。先后实施了全国草地生态畜牧业试验区试点合作社大学生创业基金项目、全国草地生态畜牧业试验区试点合作社发展能力提升项目，所有收益年底按股份进行分红。2017年合作社荣获“海西州推进全国草地生态畜牧业试验区试点建设”优秀合作社三等奖，获得奖金20万元，用于产业发展。

目前合作社入社社员22户（不含吉仁公司21户），88人，整合草场10.13万亩。入股草场20 258.70股，入股牲畜8 240头只。建有办公区和养殖区，养殖场占地面积15亩，办公室面积120米^2，畜棚11栋，面积1 500米^2，堆粪场120米^2，隔离圈60米^2，草棚1栋共120米^2。建有消毒室和消毒池，防疫设施设备齐全。

这些年，巴里河滩生态畜牧业合作社的主要经营成效表现在如下方面。

一是统一销售，提高经济效益。合作社利用新建的场地集中对体质差、不能繁育的母羊及羔羊进行统一管理、统一饲养、统一销售。以半牧半舍饲的方式进行饲养，增加了合作社的经济效益。合作社与吉仁公司签订订单销售协议，建立了“公司+合作社+社员”的吉仁模式，经济效益显著提升。

二是合理利用资源，采取公司出资、合作社出场地，牧民参与生产经营管理的方式，与乌兰县天格陶勒文化旅游开发有限公司共同开发旅游纪念品，搭上茶卡盐湖景区旅游的顺风车，盘和资产，解决了合作社富余劳动力的就业，增加了合作社的经济收入。

三是牧民组织化程度明显提高。通过建设，全体牧民都融入生态畜牧业合作社中，积极参与各项事务，以集体利益为主，进一步提高了牧民组织化程度。草原生态环境明显改善。积极推行以草定畜、草畜平衡措施，使载畜量趋于合理，缓解了草场放牧压力，有效保护了草原生态环境。

四是合作社将50万元入股到吉仁公司扶贫产业园区项目建设中，拥有一套铺面房产权，对外出租，租金按股分红，增加了合作社社员经济收入。同时，合作社成立之后，实行养殖统一管理，让部分村民能够腾出时间去从事其他工作增加收入。

村民哈斯尔德尼等人出去做旅游业方面的生意，到了冬天在合作社当放牧员又能赚到钱，做得都非常好。社员新花把自家的草场都入到合作社之后，在镇上当起了森林保护员。还有很多社员开公司、开店铺，旅游季节开家庭宾馆的也很多，一个家庭宾馆在旅游旺季收入能达到4万元左右。

村老支书嘎金美德说："现在有了合作社，大家联合团结起来力量大，合作社帮助牧民群众解放了思想，让大家愿意接受新的模式，尝试新的改变，这是非常值得高兴的一件事。"

下一步，合作社将进一步优化畜群结构，提升畜种品质；合理配置利用草地资源，建立无畜户和少畜户帮扶机制，努力构建资源集约化、资产股份化、生产专业化、经营协作化、营销市场化的生产经营方式。不断释放牧区劳动力转移，积极发展二三产业，拓宽增收渠道，提高经济收入。

理事长东阿的具体谋划也已"浮出水面"，他说："我们这边没有牦牛养殖场，这是我们合作社的一个缺口，乌兰全县都没有，所以我们准备引进牦牛，学习牦牛养殖技术来增加合作社的收入。我们还要打造牛羊肉产品包装，当地还出产一种咖啡色的小茴香，这个做成调料销路应该非常好，先慢慢一步一步来。"

一步一步来！从养殖茶卡羊到发展旅游，到计划建设牦牛养殖场、提高产品包装、挖掘小茴香生产，巴里河滩生态畜牧业合作社小步快跑奔小康。

墨守陈规还是改革创新？

——都兰县托托生态畜牧业合作社发展纪实

海西蒙古族藏族自治州都兰县巴隆乡托托村，是蒙古族纯牧业村。托托，是蒙古语，也是当地一座山的名字，翻译过来就是“旗子”的意思。

托托村共有牧户64户、210人、劳动力118人；存栏各类牲畜15 778头（只），人均75头（只）；草场总面积3.9万公顷，其中可利用面积为2.03万公顷。巴隆乡托托村由于地处偏远，总体发展水平较低，牧业收入是全村牧民生活的主要经济支柱。

自2008年开展生态畜牧业建设试点以来，全村牧民翘首以待，期盼能够改变现状，走上致富的道路。2010年，在都兰县、巴隆乡各级政府和农牧部门的帮助扶持下，托托村开始筹建生态畜牧业合作社。

起初，牧民群众中存在不同的声音，质疑、犹豫的人较多。但随着全省生态畜牧业建设轰轰烈烈在牧区实施，以及天峻县“梅陇模式”的呈现，牧民群众的心态和认识也在一步步发生着改变。

在一次次会议和学习中，群众逐渐改变了观念，墨守陈规只能原地踏步，不能实现经济发展。只有改革创新，转变生产方式才是发展出路。看到牧民群众的观念在转变，作为生态畜牧业合作社发起人的傲登不辞辛苦，挨家挨户上门进行政策宣传，打消顾虑，并带头加入合作社。

墨守陈规还是改革创新？托托生态畜牧业专业合作社用行动作出响亮的回应。在傲登等人的努力下，都兰县托托生态畜牧业专业合作社终于于2011年9月27日成立，傲登被推选为合作社理事长。自合作社成立以来，一班人接着一班人干，工作不断突破。

建立健全规章制度，规范合作社管理。建立健全了理事会、监事会、社员代表大会组织机构和相应的规章制度，职责明确，生产要素高度整合，畜群结构优化合理，草地资源科学利用，草畜动态平衡，劳力按技能分工和经营管理规范；全面完成了股份制改造，合作社股份权清晰、依法公正，自我管理能力强，全面推行“六统一分”生产制度，基本实现“管理民主化、经营规模化、生产标准化、营销品牌化、利益紧密化”的标准。主要生产经营指标达到：牧户入社比例占全村总户数的65%，生产要素优化重组率达到65%，能繁母畜比例达到62%。

建立了以牧业生产为主、二三产业融合发展的发展模式。合作社以牧业发展为基础，推广藏羊高效养殖技术，极大地提高了养殖生产效益，母羊繁殖率和羔羊成活率大幅度提高，并且实现了羊羔当年出栏和母羊两年三胎。不断探索积累标准化养殖、科学化管理、市场化经营的发展模式和经验。注重二三产业融合发展，开展畜产品深加工和销售服务，提升合作社综合发展能力。将养殖产业联动集聚、生产要素合理配置和畜产品产销有机融合，生产经营结构得到优化，综合效益明显提升，销售及服务产业收入已占到合作社总收入的35%以上。

收入稳定增长，以生态畜牧业合作社为平台发展生产的积极性逐步增强。近年来，托托生态畜牧业专业合作社通过推广藏羊高效养殖技术，生产收入稳步提升。2014年组建高效养殖群2群，能繁母羊560只，繁活羔羊500只，实现经济收入20万元，户均增收4 000元以上；2015年组建高效养殖群3群，能繁母羊860只，繁活羔羊800只，实现经济收入32万元，户均增收6 400元以上；2017年组建高效养殖群8群，能繁母羊达到了2 800只，繁活羔羊2 600只，实现经济收入104万元，户均增收达到20 800元以上，经济收入得到稳步提升。

同时，合作社实现了畜牧业生产方式、组织方式、分配方式和发展方式的“四个转变”，综合生产能力明显提高，收入渠道有效拓宽，实现了牧业增效、牧民增收。自合作社成立以来，连续盈利，无亏损情况发生。收入的稳定大大鼓舞了合作社社员的干劲，同时也坚定了大伙儿坚持走生态畜牧业合作社的发展道路。

合作社里骆驼放牧人青达来说：“我是2016年加入合作社的，我当时想如果把自己的牛羊入股到合作社，我可以出去打工挣钱。我现在放牧54个骆驼，我和合作社按约定的比例分配收益。”

“村里搞高效养殖真的非常好，没有做高效养殖之前产羔量60%左右，高效养殖搞了之后产羔量达到95%，村民都特别高兴，大家都觉得不可思议。”现任合作社理事长门克才仁介绍说，下一步，合作社还计划将自产的骆驼奶和驼毛卖出去，开展青贮草种植，继续做好高效养殖，让更多的资源能够充分利用起来，这样老百姓的收入会更好。

我们相信，通过合作社成员的共同努力，托托生态畜牧业专业合作社的未来会更好。

从靠天养牧到高效种养殖

——都兰县哈图生态畜牧业合作社发展纪实

高原冬季，草场上的草一片枯黄，海西蒙古族藏族自治州都兰县哈图生态畜牧业的院内，4 栋建设精良的羊棚并排而立，放牧员达布西力图正在棚内专注地给羊群喂冷季补充饲喂的草料，满圈的羊群正悠闲地吃着草料。

看着眼前的景象，达布西力图不由得感叹“现在可真好啊！”而 10 年前，这片草场上可不是现在这番景象，每年的冬天和初春，草原一片荒凉。村民们靠天养牧，没有资金扶持，没有棚圈过冬，没有补饲技术。在漫长的 5 个月枯草期，整村羊群都要挨饿受冻。一个冬天下来羊群掉膘严重，母羊流产，眼睁睁看着羸弱的羔羊一个个死亡，那种无力感达布西力图至今记忆犹新。

2010 年 12 月，在各级农牧部门和当地政府的支持下，都兰县哈图生态畜牧业专业合作社正式成立。然而，合作社成立之初，困难重重。首先是资金困难。牧民入股的方式大多是牛羊或是草场，现金入股的并不多，合作社的基础设施建设资金缺口可不小。

面对困难，合作社通过努力，动员牧民自筹资金 90 万元，争取州级生态畜牧业建设扶持资金 20 万元，修建 4 栋畜棚，2 间饲草饲料库，打了 3 眼井，建起了占地 20 亩的牛羊繁育基地，自此搭起了合作社大力发展生态畜牧业的四梁八柱。

合作社遇到的第二道难题是技术困难。世代天然放牧的牧民们对于圈养确实有点不习惯，尤其是对于科学养殖技术还很陌生。怎样化解困难？合作社积极选派社员参加省州县生态畜牧业合作社各类培训学习，不断提高饲养技术人员和经营管理人员的水平。同时，在当地农牧部门的手把手指导下，重新划定草场功能，选派养殖能手对畜群分群管理，全面推行藏羊高效养殖技术，使生产方式逐步由靠天养牧转变为“放牧+舍饲”。

发展的头绪千万，关键要抓重点。哈图生态畜牧业专业合作社加强股份制经营，按照“入社自愿，退社自由，股份合作，风险共担，利益共享”的原则，吸纳入社27户113人；入股草场总面积54.1万亩；入股牛羊5 482头（只），全面完成股份制改造。同时，实行统一轮牧、统一育肥、统一配种、统一加工、统一销售、分群养殖的“六统一分”管理模式，实现了“从农牧民单一的种植、养殖、生态看护向生态生产生活良性循环的转变”。

股份合作制经营模式让哈图的牧民收入一天比一天可观，实现了“禁牧不禁养，减畜不减产”。

社员尕才仁谈及加入合作社给个人家庭带来的变化时说：“我把自己的牛羊和草场入股到合作社之后，在巴龙乡上开了个家庭宾馆，旁边开了个超市，这样下来不用担心自家的牛羊和草场了，而且也有一点分红。宾馆和超市的收入每年达到18万左右，2017年我买了一辆车，2018年给儿子也买了一辆车。”

合作社种植管理员万银说：“合作社发展有希望，合作社种植枸杞，卖掉枸杞然后大家就会有收入。就我来说，因为是种植户管理员，还额外有管理费发放，这不就是天大的好事吗？”

社员们心往一起聚、劲往一处使，想方设法壮大合作社。打破了资金、技术、经营模式的重重困难，逐渐摸索出“合作社+牧户+市场”的运作方式。建设整合5 000亩人工饲草种植基地，收购牦牛和藏羊进行集中繁育和育肥，逐步扩大养殖规模，构建起草畜联动的机制。同时，优化产业结构，着力壮大提升羔羊育肥、饲草料加工产业。打造“阿拉克湖”畜产品商标，提高产品市场竞争力，统一采购牲畜饲草料，统一出售羊毛。

合作社领办、大学毕业生巴尕纳说：“我利用微信互推、网页宣传等方式，积极宣传推介合作社的特色产品。现在很多大学生已经转变了观念，很想在村里发展，下一步我们合作社计划在村里建厂子。如果合作社有颇具规模的厂子，就可以吸引很多大学生，回到自己的村里来发展。”

经过10年艰苦创业，合作社建设取得了突破性的进展，牧民的收益快速增长。2017年，先后荣获海西州推进全国草地生态畜牧业试验区试点优秀合作社第三名，获得奖励发展资金40万元；获得都兰县2017年全国草地生态畜牧业试验区试点社股份合作制改造项目奖励扶持资金 40 万元。2019 年，合作社实现总体收入 17 万元，净利润 8 万元，人均获得分红 450 元。

“下一步，我们的想法是再推进枸杞种植。在养殖和销售环节加强合作社统一运营，掌握市场主动权。合作社集中起来卖羊毛，比之前牧民群众个人卖的价格，完全不一样，个人羊毛是 14 元 / 千克，如果集中来卖，羊毛就能到 26 元 / 千克左右，这样牧民群众就能多拿到一些钱。”合作社理事长孟克傲其尔如此而言。

走过 10 年，岁月如歌。10 年只是哈图生态畜牧业合作社、哈图村发展的一个开始，今后他们还要带领村民社员们实现牲畜流转，科学合理安排繁育养殖，提高出栏率，吸引更多有意愿的牧民入社。同时大力发展畜产品加工销售等二三产业，实现合作社的提档升级，继续深化生态畜牧业建设发展，不断改善当地牧区草地生态环境，逐步带动牧民脱贫致富奔小康。

依托合作社多种经营奔小康

——都兰县乌达木塔拉生态畜牧业合作社发展纪实

“没入社前，作为年轻人，我天天跟在牛羊后面放牧，一年收入受牛羊价格影响，不仅少还不稳定，”提起合作社对个人生活带来的变化，乌达木塔拉生态畜牧业专业合作社社员次仁，对大家笑着说：“自从加入合作社，我把自己的牛羊全部交给他们统一管理，这样自己有时间去干点别的工作，等于有了双份收入。”

次仁所说的合作社就是海西蒙古族藏族自治州都兰县宗加镇艾斯力金村的乌达木塔拉生态畜牧业专业合作社。但2012年成立的合作社早些年并没有现在这样辉煌。“当时因为缺少资金、场地和新的养殖技术，所以合作社入社户数也就只有6～7户，生产还是靠原始放牧，效益不高，”合作社理事长乌兰巴特尔说，“加上当时牛羊肉价格很低，合作社时常亏损。”

提起艾斯力金村，人们总会与条件艰苦、生活困难挂上钩。作为一个纯牧业村，全村只有43户112名村民，多年来仅依托139万亩总草场中的41万亩可利用草场及年度草原生态补助生活。一年下来，全村只销售数千只牛羊和数千斤羊绒，经营单一、后发无力。2015年初，一场暴雪灾害导致2 500余头（只）牲畜受灾、300余头只死亡、3座蓄棚严重受损，直接经济损失30余万元。村民们住着老式土混房屋，用的是太阳能发电，吃的是拉或抬的河水，再加上50千米的通村道路全土路和砂石路，村民生活成本居高不下。

2015年10月中旬，省农牧厅对口精准扶贫工作队入村后，调查发现艾斯力金村贫困的根源在“自然条件恶劣、基础设施缺乏、生产能力低下、产业经营不足”客观事实的表面下，受“低文化、旧观念、乏能力、缺信心”主观意识制约所致。于是，扶贫工作队第一步就是改造乌达木塔拉生态畜牧业专业合作社，让其运营起来，并发挥带动能力。

为拓宽视野，增强发展信心，时任第一书记的张保太有目的地邀请村支书、村主任及党员们参加省农牧厅开展的精准扶贫专业培训，组织他们到临近的哈西娃村观摩、学习其基层党组织及生态畜牧业建设成绩；赴天峻县观摩、学习加陇、梅陇生态畜牧业合作社和天峻青海湖源牧业公司发展经验；到黄南州泽库县接受省农牧厅组织的生态畜牧业合作社组建及运行管理相关知识培训；去乌兰县观摩易地搬迁项目建设情况等。

张保太说，艾斯力金村生态脆弱、灾害频发、草质较差、畜棚及畜草料储备设施不足，致使牧业难成规模、产销难以衔接，造成村畜牧业发展成本大、风险高的严峻现实。但作为纯牧业村，落实好党和政府各项涉牧优惠政策是发展指南，巩固好以牧为本的基础是发展根基。只有统一思想、提高认识、提振信心，真正树立“我要脱贫致富”的思想，增强“自我造血”的动力，才能迎来艾斯力金村的美好明天。

村民们经过多次讨论、沟通，逐渐在“基础设施、易地搬迁、产业发展”三大课题上达成了“畜牧业+”的脱贫致富发展共识。于是，自觉参与技能培训、合作经营知识和管理培训等多项专业学习的村民越来越多，村里以振兴合作社为内容的多项规划和举措相继出台。

“村里总人口少，劳动力不足，需要常年雇佣外村劳力放牧，加之儿童在县城就读幼儿园、小学及初高中，需要有人陪读照顾，使本就不足的劳动力更加无法从事畜牧业生产。为此，我们引导牧民加入合作组织，发展生态畜牧业合作社。”

张保太说：“通过一次次入户宣传、一遍遍入社动员，艰难完成了20户牧户入社及股份制改造工作。同时从县上争取了一所老校舍作为合作社的发展场地，新建了780米^{2}畜棚2栋，1 200米^{2}储草棚1栋，采购了饲草饲料，购买了柴达木可繁母牛137头，采购了拖拉机、割草机、打捆机……改善了合作社设施，使合作社面貌焕然一新，逐渐摸索出了一条合作社发展壮大之路。”

目前，合作社管理规范，理事会、监事会、社员代表大会组织机构健全，各项制度完善，职责明确，生产要素高度整合，畜群结构优化合理，草地资源科学利用，草畜动态平衡，劳力按技能分工和经营管理规范。

为改善生产生活条件，扶贫工作队协调落实并当年完成了109国道至村牧委会7.48千米的水泥硬化路项目299万元，解决了牧民出行难题。为解决吃水难，协调水利部门，累计投入100多万元，新打土机井3眼，深水井1眼，并配套人饮工程，解决了12户牧民人畜饮水困难。牧民转场牧道有6千米路特别难走，大牲畜无法通行，更别说车辆。为此，张保太协调联点帮扶企业——都兰金辉矿业，对难以通行路段实施定点爆破，使牧民转场时间缩短一天半。

为让沿街商铺成为村民收入的下一个稳定增长点，让租金收入及服务业收入成为牧民增收的新渠道。整村搬迁后，艾斯力金村在新村规划中专门设计规划了商铺，来壮大村集体经济，增加牧民收入。

乌兰巴特尔说："经过扶贫工作队两年的努力，全村以生态畜牧业合作社为抓手，初步形成了以畜牧业为主导，二三产业融合发展的新格局。2016年合作社畜产品统销，实现分红10余万元；2017年底，合作社靠房屋出租和犊牛出售，累计分红40多万元，户均两万多元。"

2016年，艾斯力金村人均可支配收入达到32 288.12元，贫困户人均可支配收入27 450.10元，同比上年人均收入增长1 425%，贫困发生率为零。2017年7月，国家扶贫办第三方检查，10月都兰县公示脱贫，全村随之脱贫。

"去年（我）在村里一个搬迁点做加水的工作，1个月也能赚3 000多元。合作社真好，在保证合作社分红盈利的情况下，我还能再打一份工赚钱。"合作社社员孟克一提到加入合作社的好处，脸上不禁洋溢着灿烂的笑容。

现在，合作社已建成畜棚2栋、储草棚1栋，购置了大马力拖拉机1辆、收割机和打捆机各1台；建成办公用房1座，先后引进柴达木黄牛的藏系羊及种公羊，并开展了藏系羊高效养殖示范推广。同时，合作社投资建设传统手工艺品制作培训中心。牧民收入渠道有效拓宽，达到了牧业增效、牧民增收的目的。

以乌达木塔拉生态畜牧业合作社为依托，艾斯力金村生产经营方式在不断发生着变化，在党和政府的大力扶持下，在牧民群众的不断努力下，合作社必将成为牧民群众脱贫致富奔小康路上的有力支撑和发展平台。

综合施策　广辟增收渠道

——天峻生格草希生态畜牧业合作社发展纪实

“我们合作社开展实施了高效养殖项目以提高藏羊本品种选育繁殖率，同时以利益共享、风险公担为原则，大力发展二三产业，”天峻生格草希生态畜牧业合作社理事长三胜保说，合作社这样做就是想为村民创造更多的创收渠道、就业渠道，让乡村富起来，让村民们都过上富裕的日子。

天峻县生格乡共有4个牧委会，全乡总户数312户，1 168人，入社牧户294户1 145人，占户数和人数的94%和98%。全乡总面积325.04万亩，可利用草场面积为164.85万亩，占总面积的50.6%。截至目前，全乡各类牲畜总数62 360头只，母畜比例达68%，出栏率达46%，商品率达29.6%。入股牲畜54 877万头（只），入股草场153.7万亩，入股率68.7%。人均纯收入12 500元（包括政策性补助）。

生格乡4个牧业社于2010年10月，先后成立了生态畜牧业专业合作社，率先发展生态畜牧业，积极争取到4个合作社启动资金160万元。4个合作社的入社率均达到90%以上。2015年11月由4个合作社于注册成立天峻生格草希生态畜牧业专业合作社联合社，注册资金1 084万元。该合作社的主要发展历程及经验做法主要有以下几种。

一是组建生态畜牧业专业合作组织，发展股份制经营。4个合作社入社牧户294户1 145人。按照任务与责任，成立了放牧组、牛羊育肥组、劳务输出组等生产部门，制定和完善了各项规章制度。积极引进股份制经营模式，4个合作社入股可利用草场的153.7万亩；入股牲畜54 877头（只、匹），入股畜棚20栋，同时2015年生格乡在原有的4个合作社的基础上组建了天峻生格草希生态畜牧业专业合作社联合社。

二是优化配置生产要素，加快畜群结构调整。在群众充分协调讨论的前提下，打破了以往以家庭为主的生产方式，按照合作社内部的任务与责任，对入股牲畜、草场进行整合和重新划分、重新组群。为提高藏羊本品种选育繁殖率，近年来在州牧科所和县兽医站的大力支持和帮助下，开展实施了高效养殖项目。

三是推行以草定畜，实现了发展方式的转变。按照草地资源与生态监测技术规程，聘请县草原监理站工作人员对冬春、夏秋草场进行了测产，确定了冬春草场的减畜目标，全乡禁牧草场面积为112.18万亩，草畜平衡面积为219.06万亩，按照省、州、县草原生态补偿奖励机制实施意见、方案要求，生格乡2016年减畜0.9万个羊单位，生格乡禁牧、草畜平衡、生产资料、牧草良种4项补助共596.3万元。通过草原生态奖补政策实现减畜，草畜平衡发展，确保减畜不减收、禁牧不禁养，实现畜牧业可持续发展。

四是开展多种经营，广辟增收渠道。为拓宽牧民增收渠道，积极采取牛羊育肥、种草、扶贫开发等措施加快富余劳动力转移，形成了多元增收的格局。4个合作社370个劳动力中，从事放牧的170人，在州县经营出租车和农用车30人、在乡政府驻地开超市10人、牛羊育肥25人、参加护林员的49人、参加生态管护员的33人、通过其他方式转移剩余劳动力70人，富余劳动力转移达94.5%。

五是发展二三产业，增加牧民收入。在天峻县关角路县城修建总面积为9 976米^2，建筑面积为6 043.26米^2（上下六层）的生格大酒店。总投资2 920万元，其中省、州、县级支持资金1 834万元，牧民自筹入股资金1 086万元。目前该工程建设及装修部分全部完工正式营业，包括宾馆（4 000米^2）、餐饮部（2 000米^2）、黑帐房宴会厅（900米^2）、合作社办公区（1 000米^2）、冷冻室（400米^2）等。

天峻生格草希生态畜牧业合作社成立以来，促进了畜牧业转型发展，带动了群众增收。“我起初由于不大了解合作社，所以并不是很想加入合作社。但当我看到理事们打从心底关心着我们，真诚地对待着我们，我就决定加入了草希联合社，还开了商店。”在生格大酒店开商店的万措吉说，现如今合作社的效益好，自已的日子也红火。

“自从我加入了合作社以后，我的收入增加了，也脱贫了。草希联社还经常会在逢年过节的时候来慰问我们，给我们这些生活上比较困难的人送些米面油，大家伙的日子明显比以前好太多了。”村里曾经的贫困户先巴加过去的日子很艰苦，但是自从他加入了合作社之后，生活就发生了大变化。

理事长三胜保提到合作社成立的根本目的时，这样说道：“全乡搞生态畜牧业合作社，根本目的就是要通过优化配置生产要素，加快畜群结构调整。在和牧民群众共同商量的前提下，打破以往以家庭为主的单一生产方式，按照合作社内部的任务与责任，对入股牲畜、草场进行整合和重新划分、重新组群，通过合作运营，达到生产生活双赢。”

从靠天吃饭到生活富裕

——都兰县科日生态畜牧业合作社发展纪实

“我们科尔村由原来2013年年人均收入不足3 000元，到2018年已达到43 500元。基本消除贫困，贫困牧民年人均纯收入已达到3 500元。”都兰县科日生态畜牧业合作社理事长艾青夫说，通过合作社运营，巴隆乡科尔牧业村逐步实现了畜牧业生产方式、组织方式、分配方式和发展方式‘四个转变’，村综合生产能力明显提高，收入渠道不断拓宽，牧业发展飞速增长，牧民收入持续增加。

都兰县巴隆乡科尔牧业村地处都兰县中南部，地理位置偏远，交通闭塞。气候寒冷干燥，多风沙，水资源缺乏。耕地属于沙壤土壤。全村草场和人口分散，共有103户316人，2011年底，科尔村人均纯收入2 000元，是全县深度贫困村之一。

2011年，都兰县抓住政策机遇，全县大力推行草地生态畜牧业发展，不断优化产业布局，科尔村紧紧依托当地资源，发动牧民群众，于2012年7月5日正式成立了都兰县科日生态畜牧业专业合作社。

合作社成立以来，紧紧围绕全省生态畜牧业建设计划，突出高原特色生态畜牧业区域性首位产业地位，着力壮大提升六大特色优势产业——牦牛繁育产业、犏牛繁育产业、藏羊繁育产业、犏雌牛（奶牛）养殖产业、牦牛藏羊育肥产业、高原特色种养产业。推进草业饲料基地建设项目、良种繁系建设项目、农牧民合作组织建设项目、农牧民职业技能培训项目，统筹推进土地确权颁证流转、专业合作社建设管理等配套改革，千方百计促进农牧业持续健康发展，农牧民快速增收，深入实施州委“168”现代农牧业发展行动计划，即紧紧围绕一个中心——全力打造国家级高原特色生态草原畜牧业可持续发展示范区。科日生态畜牧业合作社的具体做法如下。

一是优化产业布局，建设国家级草原畜牧业可持续发展，大力实施现代农牧业发展行动计划，就是为了提高牧业发展质量和效益，优化农牧业产业，加快畜牧业垒产方式转变，做大做强区域性发展首位产业——草原畜牧业，建设国家级草原畜牧业可持续发展示范区。

二是抓好育肥产业带建设。育肥产业带建设要大力调整畜种畜群结构，加大杂畜淘汰力度，特别是要淘汰示范区内的山羊，积极发展牦牛、犏牛、藏羊的专业化育肥。通过大力实施退耕还草，科学合理地开展农作物秸秆的转化利用，扩大饲草料来源，发展养殖小区和育肥专业合作社，加强养殖小区暖棚、贮草棚等基础设施建设，增强育肥示范区的组织化程度，努力提高育肥品种、育肥规模和育肥质量，增加农牧民收入。到 2018 年，发展牛羊育配合作社 49 家以上、合作联社 10 家以上。

三是抓好犏雌牛（奶牛）养殖产业带建设。根据产业布局，在适合养殖犏雌牛（奶牛）区域，调整畜种畜群结构，专业化养殖犏雌牛（奶牛）。积极组建犏雌牛（奶牛）专业合作社，转变经营方式，加大基础设施建设，提高饲养管理水平。

目前，科日生态畜牧业合作社已形成“公司 + 合作社 + 牧户”的运作方式，注册资本 220 万元，入社牲畜 3 960 头（只），入社草场 24.9 万亩，合作社发展综合效益不断显现。

“我是土生土长的科日村人，一直是靠放牧来维持生活，但是以前的牛羊（销售）价格也不好，放牧方式也不科学，牛羊的质量也不好，”合作社社员杨格布提到加入合作社后给家庭带来的变化时激动地说，“自从合作社成立之后，我的收入也稳定了很多，我们家也搬到了科日村居民定居点，我觉得加入合作社特别好。”

“我们的合作社成立到现在，全村大概有 65% 的牧户都入社了，这是非常值得高兴的事情，”理事长萨如乐提及近几年合作社的巨大变化时，脸上洋溢着灿烂的笑容，“我们村在 2013 年的时候，年人均收入不足 3 000 元，但是经过合作社不断发展，政策的不断帮扶，我们大家的不懈努力，到 2018 年，合作社收入已经达到了 43 500 元。可以说是已经基本消除了贫困。”

现如今，科日生态畜牧业合作社已经凭借优化产业布局，有的放矢，抓好育肥产业及犏雌牛（奶牛）养殖产业，旅游、肉苁蓉、奶制品产业等多管齐下，逐步形成了“公司 + 合作社 + 牧户”的新型运作方式，让原本靠天吃饭、传统放牧的合作社社员收益增加，过上了富裕的生活。

海南篇

海南藏族自治州（以下简称海南）位于青海省东部，因地处我国最大的咸水湖“青海湖”之南而得名，素有“海藏通衢”之称。海南是青藏高原的东门户，全州现辖共和县、贵德县、兴海县、贵南县、同德县。

“丰收梦”照亮上游村

——兴海县高原丰收生态畜牧业合作社发展纪实

“农牧业生产方式的转变，既改善了草场生态环境，也提升了土地产出效益。上次的合作社分红还是在2018年的上半年，单养殖方面分红就有132万元，合作社40户牧户，每家都分得了不少的小羔羊和牛犊，去除各种开支，合作社的种植方面及农畜产品也还有不少分红。”2019年青海两会期间，省人大代表、海南藏族自治州兴海县高原丰收生态畜牧业专业合作社理事长吉太本欣喜而言。

吉太本深有心得说：“近几年的实践让牧民群众清楚地看到，生态环境的改善带来的不仅是人民的幸福感、获得感的提升，还有实实在在的‘真金白银’。”依托生态优势和绿水青山的资源禀赋，青海省许多地方还走出朝阳产业扶贫的路子，老百姓走上了致富路，吃上了“生态饭”。在基层牧区，也有很多像高原丰收生态畜牧业专业合作社这样应运而生的组织，紧密结合实际，带领牧民群众持续强化生态环境联建联防联治，提档升级绿色发展方式，在绿色生态发展路上越走越宽阔。

梦创于心，业成于行。时针拨回2015年，正当全省上下大力发展草地生态畜牧业，推进生态畜牧业合作社股份制改造及规范化运行之际，兴海县农牧局组织人员到海南州河卡镇上游村宣讲相关政策。村里的老干部和老党员听后认为：“这是带领牧民脱贫致富的好机会”，便组织村里有干劲的几个年轻人动员村民成立生态畜牧业专业合作社。

说来容易，做起来难。在说服村民加入合作社时就遇到了很大的困难，很多人，尤其是经历过“大跃进”和人民公社化运动的老人害怕会像曾经一样，自家所有的财产会被“充公”，担心成立合作社会侵害自家的财产。

为了打消村民的顾虑，让村民尽快实现脱贫致富，县里干部经常进村入户宣讲成立合作社的性质、政策等，耐心细致地向村民解释，渐渐地打消了牧民的顾虑，愿意参加合作社的人员也越来越多。

2015年8月，高原丰收生态畜牧业专业合作社正式成立，由上游村40户牧户、181人组成，并且也像其他合作社一样成立了种植组和养殖组。这是可喜的一步，但也是艰难的开始。一群祖祖辈辈都是牧民的人组成合作社，由于文化水平和思想的局限，以及牧民群众长期的游牧习惯，在不少方面跟不上合作社发展需要。

为使发展的路能够走得更远、更宽阔，合作社培训引导牧民学习各种先进种植技术，向县农牧技术部门讨教，向周边有经验的老种植户求教。一份耕耘，一份收获，2018年，合作社种植燕麦5 300亩、油菜2 500亩和青稞2 500亩，合作社种植组里如今个顶个是种植好手。

说起养殖，一直是牧民引以为傲的看家本领。起初，大家都争先恐后地自愿成为养殖组的成员，但从2015年合作社成立到2016年，整整一年的时间，大家才发现，养殖并非易事，传统的养殖方式已经不能满足新兴市场需求。市场上需要出栏更快、对环境更友好的藏羊产品，合作社也需要效益更高、成本更低的养殖方式，而牧民曾经自信的养殖“看家本领”已经落伍时代发展了。

在牧民们翘首期盼新技术之时，2016年，青海大学的专家、学者来到了合作社，给牧民群众带来了藏羊高效养殖技术。这是能给牧民养殖带来质变的技术，专家、学者告诉大家只要遵守技术流程、阶段性喂养不同饲料量、饲料品种，藏羊就能实现两年三胎。专家们将高效养殖技术传授给兽医部门，兽医部门又指派一名人员作为合作社高效养殖的技术员，在各个生产环节给予技术指导。抱着亦信亦疑的心态，牧民亦步亦趋地跟着技术员学习，但在最初阶段，饲养员有时为了省时省力，不以为然地将母羊的饲料喂给羔羊，将羔羊的饲料喂给种公羊，“乱喂”之下导致“高效”养殖并未带给大家高效益。

合作社在曲折中探索。2017年，高效养殖普遍宣传开来，像风一样传遍草原，大家围在一起，都要谈论几句高效养殖，这样才觉得自己是时尚的、不落伍的。此时，有些高效养殖搞得好的合作社已经尝到了甜头，并取得了丰厚的收益。高原丰收合作社的社员们此时才后悔不已，开始主动联系技术员给大家进一步指导生产，主动向县农牧局申请项目，加大基础设施建设、购置生产设备、养殖饲料，从随意“乱喂”转为认真运用新技术养殖。

2017年底，合作社第一批高效养殖的500只羔羊以每只700元的价格售出。2018年5月，入股的2 100只生产母羊又产羔1 890只，其中1 540只羔羊以每只700元价格出售，315头入股牦牛以每头2 000元价格售出，分红118.5万元，牧民群众分享到了高效养殖的红利。

与此同时，在推进种植业和养殖业发展中，合作社还立足自身，大力发展二三产业。加工青稞，用人工石磨将炒熟的青稞进行磨制，后期包装成携带、食用便捷的糌粑餐盒，统一出售；将菜籽油经过熟榨后，包装成礼盒装和桶装进行出售。收购羊毛委托第三方企业加工成羊毛被出售。2018年合作社又租赁了两间商铺，用于产品直销。

大业创兴，百事俱艰。实行草地生态畜牧业，股份制改造是前提，合作社在成立初期，每个人都或多或少地心存戒心，所以在要求大家入股时，大家都不愿意将自家的草场、耕地、牛羊全部入股，所有的人都是入股一部分，自家留一部分。“每个人都想着拿合作社一点东西去补贴自己家，长此以往，合作社就会停滞不前、甚至倒退。”为动员村民入股全部资产，县农牧部门和社员促膝长谈。村民们推选出以前村里的老书记吉太本担任合作社理事长，在这位群众最信任的“领头雁”带领下，合作社进行股份制改造，核算每家每户的财产，对草场、耕地、牛羊定股作价。

2017年底，全社40户，入股草场40 780.6亩、耕地2 072.7亩、生产母牛135头、生产母羊2 029只，入股率达到100%。不仅如此，为了巩固社员利益，社员入股的资产经过了司法公证，打消了社员顾虑，也增加了社员的积极性。

吉太本时常对村民说，如果想把合作社搞好，就需要把它当家一样的操心，甚至要比自己家还要操心。现实中，吉太本更是这样做的，年近花甲的他，在处理合作社事情的时候精神奕奕，对合作社的工作也是如数家珍，很多事情都是亲力亲为。他总是说，合作社能不能办起来，最主要靠的是社员们的信心，每个社员都有让合作社发展起来的信心和决心，大家只要团结一心地为合作社努力，就能不断迎难而上、化解困境。

后来，由于精力有限，吉太本将理事长的重责交付给了年轻的牧民拉多。

拉多就像年轻时候的吉太本，充满干劲，浑身的力气好像永远也使不完。拉多深明知识对于新一代的重要性，所以有培训、异地观摩时他总是自告奋勇、毛遂自荐，希望能将更多、更新的知识全部装到自己大脑里，带领全社牧民发家致富。

到 2018 年，高原丰收生态畜牧业专业合作社按照生产发展要素，分别建立形成种植、养殖、加工销售、农机机械和劳务输出 5 个小组，各个小组都有组长分管，组长由理事长管理，各个小组各司其职、勤勉尽责。

一起走过风风雨雨的 4 年多时光，高原丰收生态畜牧业合作社的社员们团结一心、砥砺前行，年复一年让“丰收梦”照亮上游村。

祁加村给幸福做“加法”

——共和县祁加生态畜牧业合作社发展纪实

发展农牧民专业合作社，不仅在市场经济条件下可以提升农牧业发展水平，促进先进生产技术推广，也是推进社会主义新农村建设，实现“生产发展、生活富裕、村容整洁、乡风文明、管理民主”目标的有效载体。

隆冬时节的青藏高原，高山被积雪覆盖，牧场周围一片静谧，然而祁加生态畜牧业合作社内人头攒动，牧民们身着多彩的民族传统服装，迎接2017年度合作社分红的激动时刻。

“一社分红73万元，二社分红44万元，三社分红52万元……”祁加生态畜牧业合作社理事长松吉加说，2017年他们合作社的分红金额达到345万元。

祁加生态畜牧业合作社位于海南藏族自治州共和县切吉乡，所在的祁加村是一个完全牧业村，2015年被认定为省级贫困村，全村共有513户人家，其中建档立卡贫困户占1/5。切吉乡党委书记华旦俄日说：“在祁加村搞生态畜牧业合作社，是引导贫困村脱贫致富的有效尝试。”

从2013年开始初步实施生态畜牧业合作机制，到现在建立规模化生产、科学化管理的生态畜牧业合作社，该社现已成为集饲草料种植、牛羊养殖贩运、畜产品初加工、市场营销为一体的省级草地生态畜牧业示范社。

“今年我们组30户人家总共分红47万元。”牧民斗周加说，加入合作社，采取草畜折价入股、集中养殖放牧的方式后，他有了足够的时间外出务工、照顾家庭。他介绍，自己今年靠外出务工的收入就有3万元，而在加入合作社之前，他家全年的收入还不足1万元。“这让我对生活有了更多盼头。”

像斗周加一样加入合作社的当地牧民共有250户，现已完成对耕地、草场、牲畜等生产股份制整合、牛羊分群放牧、资源优化配置等工作。同时以草定畜、种草养畜为突破口，实行藏羊高效养殖技术推广应用，转变生产经营方式，实现了高效、增收的致富目标。

“我觉得通过加入合作社，我们村的凝聚力和积极性比以前更强了。”牧民朝加说。在合作社内，通过合理分工，社员们放牧、养殖、种植各司其职，解放了剩余劳动力。松吉加介绍说，通过合理分工，村里的生产效率比以前有了大幅提高。

据了解，青海作为全国首个草地生态畜牧业试验区，从2014年至今，生态畜牧业合作社实现了牧区和半农半牧区全覆盖，全省100个试点合作社中，绝大多数基本完成股份制改造。目前，生态畜牧业合作社已成为牧区脱贫致富的重要途径和有效手段。祁加村合作社通过组建生态畜牧业合作社、股份改造、资源整合，带动了全村经济，提高了全村农牧民的收入水平。

回望来路几经不易。2016年，当时制约祁加村畜牧业经济发展的主要瓶颈是零星分散的牛羊养殖和销售势单力薄，无法适应千变万化的市场需求，难以规避市场风险。同时，个体养殖没有系统的技术指导，牲畜疾病抵抗力差、出栏率低。

对此，祁加村“两委”班子结合实际，考虑把个体养殖转变为规模化养殖合作社。初步想法已有，但面临更大的问题是，祁加村是省级贫困村，全村贫困户和兜底户不在少数，怎样做才能让全村的村民都能在合作社中得利？在县农牧局、切吉乡党委、政府的指导下，祁加村生态畜牧业合作社针对农牧民群众思想观念较为滞后的实际，首先将全村104户建档立卡户纳入合作社，然后通过村干部动员、亲戚动员和老党员、老村干部做工作等方式，让其他牧户看到专业养殖合作社的市场前景、收入前景。

同时，村“两委”不失时机，及时邀请州县农牧局及相关单位对村民参股条件做了详细统计和分析，制订了切实可行的实施方案，放宽入股渠道，由牧户主动向村“两委”提出申请，自愿以草场、耕地、牲畜、资金等形式参股，每股以1 000元为基数。草场以2009年底牧民草场基数为准参股，每人为534亩，其中冬春230亩，夏秋304亩，冬春草场每亩15元、夏秋草场每亩8元折价入股；耕地以2016年底的基数为准参股，每人2.66亩，每亩100元折价入股；每户人口以2017年1月10日前基数为准，以牲畜折价入股的方式，每人入股1头奶牦牛、19只母绵羊，每头奶牦牛4 000

元，每只母绵羊500元折价入股。

考虑到大部分建档立卡户无资金和牲畜的实际，村“两委”班子又经协商，动员村里部分党员富裕户参照“结对认亲帮扶”的形式，为部分缺资金、无牲畜的建档立贫困户卡垫资入股，待贫困户产业扶持资金到位后偿还垫资资金。

为规范发展，合作社在健全责任制度方面下功夫。首先，对合作社理事会、监事会成员进行分工，责任到人，做到事事有人管，人人有事干。其次，对社员大会推选的牛羊放牧组、牧草种植组、畜产品加工制作组、二三产业组负责人及成员，详细制订明确工作计划、奖惩措施、责任目标，落实责任制。同时做到信息公开、财务透明，让每一位社员都能够第一时间了解合作社发展进程和方向。

为夯实农牧业基础，提高生产能力，推进“合作社+基地+牧民”为主的生产经营模式，合作社通过项目扶持筹措资金500万元，建成占地30亩的牛羊繁育养殖基地1处，建成高标准畜用暖棚30座3 600米^2，硬化场区415米^2，修建围墙934米，配套采购饲料槽200个等，使养殖基地初具规模。同时，以“以草定畜、种草养畜”为突破口，拉设划区轮牧围栏10万米，建植饲草基地1 000亩，购置牧草播种、收割、加工机械设备13台套，年均加工燕麦青干草达到350吨，实现了合作社舍饲养殖草饲料自给自足，开创了生态保护优先与草畜联动同步发展的新局面。

合作创业兴业，一花引得满园红。自2015年共和县全面开展全国草地生态畜牧业试验区以来，祁加生态畜牧业合作社不断向省级草地生态畜牧业示范社标准靠近。合作社以保护草原生态环境为前提、以科学合理利用草地资源为基础、以推进草畜平衡为核心、以转变生产经营方式为关键，齐抓共管推进草地生态畜牧业专业合作社股份制改造工作，全村248户904人共参股奶牦牛904头，母绵羊17 176只，实行分群放牧，划区轮牧，草畜平衡。全社总股数达到15308.59股，以1 000元为一个股，总股金达到1 530.86万元。

2017年，合作社实现总收入460万元，分红总额345万元，社员分红345万元，户均分红1.38万元，人均分红3 770元，比未参加合作社群众多增加收入820元。合作社不仅提高了农牧民的经济收入，还带动了全村的经济发展。

牧民朝加说:“现在生活条件越来越好了，我最关心的是孩子的教育问题，希望通过教育拓宽孩子的视野、学有所成，用知识武装自己，在致富道路上越走越好。”美好希望不断落地开花，新希望不断产生，祁加村的“幸福加法”越算越细。

塔秀乡发挥“能人效应”

——贵南县雪域诺央畜牧业合作社发展纪实

“能人效应”是很多先进村的成功经验所在，释放能人效应，可以实现“能人”带众人，众人变“能人”。在海南藏族自治州贵南县塔秀乡，观念新、见识广、能力强的乡间“土能人”青本加，就成了一方土地上创业兴业的致富带头人。

2014年3月，牧民出身的青本加与4户亲朋好友组建雪域诺央家庭牧场，在政府的扶持下，家庭牧场新建畜棚、饲草料加工车间等配套设施，转变了过去一家一户传统放牧方式，逐步向联户经营半舍饲养殖模式发展。

2016年初，随着青本加家庭牧场发展越来越好，想参与的牧户越来越多。为进一步扩大养殖规模，海南州贵南县积极响应省委、省政府加快青海省全国草地生态畜牧业试验区建设工作的号召，以星级量化管理为抓手，以股份制改造为途径，培育引导部分家庭牧场转型升级为股份合作制合作社。雪域诺央家庭牧场就是这其中一家，青本加的“小牧场”通过转型升级，扩升为贵南县塔秀乡雪域诺央畜牧业合作社。

合作社成立之初，青本加积极动员塔秀村牧户入股合作社，可每当他去牧户家动员时，牧民首先是质疑:“我把牲畜入到合作社，你能保障我每年的收益吗？”还有部分牧户虽然愿意入社，但不愿将全部生产资源入股。面对种种质疑，青本加不厌其烦向牧户解读合作社的发展规划及相关政策，他深知如果资源整合不彻底，合作社发展就会受制约，必须坚持生产资源全入股的原则。

最终功夫不负有心人，青本加在塔秀村动员了50户牧户将自家全部的牲畜、草场及耕地等生产资源整合入股到合作社。此时，最初只有5户牧民“小团体”，一下子成了有50户192人的大集体。50户共计入股草场25 064

亩、耕地 2 139 亩、牲畜 4 820 头只。并实现了资源入股“三个百分百”，即牲畜入股百分百、耕地入股百分百、草场入股百分百。

合作社按照民办、民管、民受益的原则，由风险共担、利益共享发展理念出发，召开社员大会，成立理事会、监事会、养殖组、种植组、劳务输出组和二三产业发展组，健全内部运行机构，明确岗位职责分工，按劳动技能重新分配劳动力，同时通过社员大会选举产生评估小组对牧民入股的牲畜、草场及耕地资源进行评估折价。

2016 年 4 月中旬，合作社在召开理事、监事会议时出现理事成员无故缺席，这使合作社理事长意识到明确岗位职责分工还远远不够，不能只让《章程》制度停留在纸上、挂在墙上，必须让制度落在实处，才能使合作社规范运行。

为此，合作社召开成员大会修改完善《章程》，在县农牧部门的协助下，重新对各项内部管理制度和运行机制进行了修订和完善。针对合作社理事会、监事会及合作社整合劳动力制订出台绩效管理办法，实行计分奖惩制，年底根据合作社年终盈余情况，对理事会、监事会及整合劳动力中的成绩优异者进行奖励，对于成绩不合格并在工作中造成不良影响的，视情节轻重进行处罚。

雪域诺央畜牧业合作社在完善完备软件的同时，也强化硬件建设。2016 年 5 月，合作社通过项目扶持和社员自筹资金共计 165.56 万元，建成占地面积 50 亩，拥有畜棚 2 400 米^2，仓库 1 200 米^2，配备消毒室、兽医室、青贮池等配套设施齐全的规模化养殖基地 1 处。

合作社还根据自身条件，选择有比较优势和市场潜力的牦牛作为养殖主攻方向，大力发展专业化生产。对牲畜按类别及生产性能进行重新组群，通过引进优良种畜及淘汰杂花色个体等措施，逐步形成特色鲜明、规模适度、优势突出、效益良好的畜种结构。通过整合重组，使合作社良种化率达 90%，母畜比例达 75% 以上，仔畜繁活率达 96%。

生产资源得到了整合，畜群结构得到了优化，合作社开始在养殖上做文章。首先合作社转变生产方式，将传统的散养、混养生产方式转变为现代的规模化、标准化、集约化生产方式，努力使畜牧业增长方式由传统数量型向数量、质量和效益并重的方向转变，并依托牦牛高效养殖技术，通过母牛重新组群，缩短饲养周期，加快出栏率。通过高效养殖技术的推广，合作社犊牛出栏周期为 2.5 年，相比天然放牧饲养周期缩短了 2 年。2017 年合作社通过高效养殖，年养殖收入达到 80.5 万元。

2017 年冬天的一个晚上，合作社中有户社员的孩子病重，急需钱，可家中的牲畜全部入股合作社，没钱支付医药费，情况非常紧急，青本加立即赶往医院拿出自己的积蓄替孩子垫付了医药费，解了燃眉之急。

事后青本加彻夜未眠，他想再有这种突发情况该怎办？第二天，青本加组织理事会、监事会商讨解决办法，最终大家决定，将社员入股牲畜的 10% 作为合作社与社员共有，合作社负责饲养，如遇到突发情况社员可以自由支配这 10% 的牲畜；如未发生突发情况，年底社员仍可享受这 10% 牲畜股份所得收益分红。

2016 年种植的燕麦获得了丰收，合作社将一部分用于牲畜养殖，剩余部分以草捆的形式出售，可当时草捆卖不了好价钱，只能在合作社囤积，时间长了容易变质腐烂。青本加面对着堆积如山的草捆，一个大胆的想法出现了——拓展饲草加工产业，但遭到了社员们的质疑。

2018 年 1 月，大家备年货准备过年时，青本加却在省农机公司忙碌着，他从工作人员处详细了解饲草加工的流程及设备的使用情况，回到合作社后，趁着过年又一家一户的动员，把饲草加工的好处及在青海省农机公司了解的情况向社员进行说明，最终说服了大家。

过完年，合作社购置了 1 台饲草颗粒机，1 台面包草加工机用于饲草料加工。2017 年合作社种植燕麦 1 800 亩，年产燕麦草 1 080 吨进行青贮、加工为草颗粒饲料、青干草捆及青贮面包草，预留 200 吨用于舍饲养殖，剩余部分进行销售，年收益达 40.5 万元。

2017 年是丰收的一年，合作社上下一心，社员共同努力，实现总收入达 160.6 万元。其中，种植收入 40.5 万元，养殖收入 80.5 万元，畜产品收入 21.6 万元，农机具租赁收入 18 万元。合作社为牧工发放工资 45.76 万元（其中为贫困户发放工资 2.1 万元）。预留公积金 14.84 万元，实现分红 100 万元，户均分红 2 万元。贫困户 3 户，户均分红 12 837.11 元。此外，合作社富余劳动力外出就业年增收 42 万元。

理事长青本加说：“合作社从成立之初到现在，发生了很多事，也遇到了很多困难。从最初社员口中你青本加的合作社，到现在社员口中我们大家的合作社；从最初每当开会总是质疑声，到现在遇到事情大家首先是想解决办法；从最初人们总问合作社能给我带来什么，到现在我们能为合作社做什么；从最初不愿入股合作社，到现在红着眼挤破头想加入合作社。这些看似细微的转变，实质上是农牧民思想层面的重大转变。”

夏日的暖风又一次吹绿地处青藏高原东北部的贵南县。这个时节草原丰美，牛羊肥壮，坐落在美丽草原上的塔秀乡，充分发挥雪域诺央畜牧业专业合作社的作用，充分发挥“能人效应”，推动乡村振兴。

生态畜牧促进生态恢复

——兴海县白龙梅朵生态畜牧业合作社发展纪实

黄土披绿装，牧民增收忙——这是先行先试生态畜牧业建设“青海探索”的写照。经过多年探索，以股份制改造为核心，推广生态畜牧业合作社，引导当地牧民转变生产方式，优化草场环境，无论从牧民增收还是生态保护来看，青海探索生态畜牧业发展新路初见成效。

“原来羊是一年一胎，现在通过合作社集中舍饲、高效养殖，可以达到两年三胎。”海南藏族自治州兴海县白龙梅朵合作社理事长七十八说。白龙梅朵合作社建立后，牧民以草场、牲畜折价入股，集中养殖，并与高校合作，引入先进养殖技术，养殖生产发生了重大变化。

海南州是一个以牧为主、农牧结合的地区，传统草地畜牧业基础设施薄弱，家庭式、小规模、高成本、低产出的生产经营方式曾占主导地位，畜牧业资源优势难以转变为经济优势。

借青海省全力打造全国草地生态畜牧业试验区的东风，海南州相继出台了一系列改革创新的政策措施，转变发展方式，整合生产资源，开展股份改造，创新发展模式，打造建设样板，推广高效养殖，加大科技支撑。近年来，更是抓住青海牦牛产业发展的有利时机，着力推动提质增效的现代生态畜牧业，走出了一条生态效益与经济效益双赢的道路。

这些年来，调整和优化畜群结构，优化品种助力生态畜牧业发展，也已成为海南州各县的共识。其中，作为全国草地生态畜牧业试验区示范县之一的兴海县，更是不断调整畜牧业产业结构，运用科学技术，发挥各专业合作社引导作用，努力实现从传统畜牧业向现代生态畜牧业和智慧畜牧业转型升级，聚力示范作用。

兴海县白龙梅朵生态畜牧业股份制专业合作社位于距离河卡镇 10 余千

米的白龙村以北，于2011年5月成立。当时，为加快实施生态立省战略，转变经营方式，保护生态环境，提高合作社组织化程度，推进生态畜牧业建设，根据省农牧厅《关于青海省2010年生态畜牧业建设工作方案》文件精神，成列、七十八、旦正加、宽先加、拉华加等67户，发起成立了梅朵生态畜牧业专业合作社。

2015年，根据青海省人民政府办公厅《关于推进全国草地生态畜牧业实验区建设的意见》《青海省全国草地生态畜牧业实验区建设试点工作方案》精神，兴海县为扎实推进草地生态畜牧业试验区建设，经过对全县生态畜牧业专业合作社综合评估，将白龙梅朵生态畜牧业专业合作社列入全县省级5个试点社之一。

2016年，针对草地生态系统及畜牧业生产中存在的关键问题，梅朵生态畜牧业专业合作社加大基础设施建设，壮大合作社运营规模，基础设施和生态建设投入力度加大。

2017年，根据《青海省全国草地生态畜牧业试验区总体规划的通知》，梅朵生态畜牧业专业合作社进行资源重组优化，大力推进股份制改造。合作社召开成员大会，完善了合作社章程及相关制度，确定合作社入社49户、186人，入股草场31 269.535亩，耕地289亩，羊1 401只，牛995头，牲畜、草场、耕地等生产资料入股率实现100%。同时，按照省农牧厅《关于加强全国草地生态畜牧业试验区规范化建设的通知》要求，对入股的生产资料进行定股作价，并进行了司法公证。

海南州地处高寒地带，气候条件极其严酷，牧草生长期短，冬春季牲畜营养缺乏，严重制约畜牧业发展。而发展数量型畜牧业，导致牲畜数量无序增加，草畜矛盾十分尖锐，草原生态压力明显增强，很大程度上影响了畜牧业可持续发展。

“既要把生态保护好，又要确保减畜不减收带来的巨大压力，我们必须深刻认识高效养殖技术助推现代生态畜牧业建设的重要意义。”海南州农牧局局长相关负责人认为，发展牦牛藏羊产业最关键的环节就是舍饲半舍饲养殖和推广优质高效养殖技术，转变传统畜牧业发展方式，提高草地生态保护建设水平，以优质高效养殖技术为突破口，探索实现草畜平衡的技术路径，最终达到畜牧业可持续发展的目的。

在确定合作社运行模式和完成股份制改造的基础上，为规范运行，提高经营效益，提升发展质量，白龙梅朵合作社结合实际，开展良种选育和牦牛藏羊高效养殖、划区轮牧。将牦牛藏羊养殖分为7个养殖小组，组建7群藏系羊和5群牦牛，逐步淘汰杂花色牦牛、藏羊，优化畜群结构，提高良种率和生产母畜比例。推行放牧加补饲的藏羊牦牛高效养殖技术，实现了藏羊两年三胎、牦牛一年一胎、羔羊6月龄和犊牛18月龄出栏，既加快了畜群周转，缩短了草场放牧时间，减轻了天然草场压力，又确保了牛羊肉品质，提高了牛羊肉产量，丰富了消费者餐桌。

特别值得一提的是，传统畜牧业粗放型的生产方式，曾导致当地草场严重超载、生态不断恶化。现如今，在兴海县走访可以发现，生态畜牧业合作社通过先草后畜、以草定畜的入股方式，从制度上防范了超载过牧。同时，通过牦牛藏羊高效养殖技术推广，从手段上保障了群众减畜不减收，实现了草地资源的科学平衡利用。

七十八说："原来我们这里的草场，一到冬天就光秃秃的，现在都长了草，这是生态畜牧业带来的另一大好处。"通过舍饲和轮牧养殖的方式，草场能有足够时间进行自我生态恢复。

"兴海县通过近3年的高效养殖项目实施，不仅大大缩短了牲畜在天然草场放牧时间和减少天然草场载畜量，缓解了草畜矛盾，保护了草地生态环境，同时也加快了全县藏羊改良步伐，调动试点社发展的积极性，推动养殖生产规模化、产业化，为促进经济发展、社员增收提供了产业支撑。"兴海县农牧局相关负责人介绍。

不仅如此，畜牧业的转型升级，也为一二三产业融合发展创造了条件。按照"强一产、优二产、活三产"的发展思路，白龙梅朵生态畜牧业股份制专业合作社立足本社优势，组建了4个牦牛良种核心群和5个藏羊良种核心群，建设优质饲草料生产基地500亩，建设鲜奶集中供应站1处。合作社将生产的牦牛奶统一销售到周边学校等区域，形成分户采集、集中供应、统一销售的自产自销现代供应链模式。

夏日的兴海草原，天空疏朗，云朵洁白。清冽的空气中，成群漫步的牛羊，显得闲适和悠然。生态畜牧业建设，合作化生产经营，延长了产业链，白龙梅朵合作社生产的藏式点心、酥油、曲拉、酸奶等，还登上"青藏码头"

等线上销售平台展开销售，日销售额达到 4 800 元，生成了农牧业新经济增长点。

“这些在过去是我们难以想象的事情。合作社的成立实现了牛羊集中放养轮流放牧，解放了大家的劳动力，我们可以外出务工赚钱，可以从事第三产业，增加了收入。而且，合作社养殖更加科学、规范，牲畜成活率高，质量也高。”合作社社员扎西加说。

新机制带出攻坚“加速度”

——贵德县拉德生态畜牧业合作社发展纪实

2019年10月25日，常牧镇拉德村举行生态畜牧业专业合作社分红仪式，贵德县农牧和科技局主要负责人、扶贫驻村工作队第一书记、合作社成员及贫困户代表共90余人参加。此次产业扶贫项目分红资金共计112.8万元，受益群众71户340人，人均分红2 647元。

海南藏族自治州贵德县常牧镇拉德生态畜牧业专业合作社成立于2010年10月。自精准扶贫实施以来，州农牧局、县农牧局作为拉德村的扶贫联点单位，积极响应国家产业扶贫政策号召，主动发挥部门职能优势，将产业扶贫作为脱贫工作的重要举措，积极推进藏羊高效养殖，转变经营方式，整合扶贫资金875万元，建成高标准生态畜牧业专业合作社养殖场5个。积极调动贫困群众参与入股，现有社员有71户340人，入社贫困户24户104人。入股母羊3 023只，年出栏羔羊2 700只。2017—2019年，合作社累计分红282.1万元，惠及71户340人，人均分红8 297元。

这些年，拉德村的变化可不小。村民们从分散的传统养殖牛羊，到成立专业合作社进行标准化养殖；从逐水草而居的游牧方式，到以草定畜，开展科学养殖；一部分贫困户从当初拒绝、观望、犹豫，到信心满满加入合作社；大家伙儿的收入从2015年的人均900元，到2018年入股分红后人均收入4 500元；几年来，村民们的思想变了，口袋富了，草场美了……

如此之变，得益于拉德村以“生态畜牧业专业合作社+贫困户”模式，充分发挥产业助脱贫的作用，广泛调动本村贫困户入股合作社的积极性，破解了长期以来深度贫困牧区草地畜牧业发展体制机制上的制约，从传统的散养型向产业化养殖转变，既保护了草原生态环境，又实现了群众稳定增收，带动全村跑出了脱贫攻坚“加速度”。

拉德村是一个纯牧业村，全村 314 户共 1 477 人零星地分散在 2.47 万公顷的草场上。同时，拉德村也是全镇 9 个深度贫困村之一，全村有建档立卡贫困户 89 户共 385 人，村民就指望着放养牛羊获得大部分家庭收入。

2015 年 10 月，有着从事农牧业工作 30 年经验的伊发春被海南州农牧局派往拉德村开展精准扶贫工作。到了村里，伊发春发现，村民们就守着“一亩三分地”放牧，草场没有喘息的机会，破坏了生态还浑然不觉。

由于没经验、缺技术、分散养殖使得牛羊出栏率低，病死的多，牛羊质量也无法保障，销路就更成问题。因此，第一书记伊发春和村两委班子商量后决定搞现代畜牧业，对拉德生态畜牧业专业合作社实行股份制改造，让牛羊换个养法，让村民们换个“活法”，通过发展产业推进脱贫攻坚。

工作开始后，村两委班子成员带头拿出自家牛羊到合作社入股“先行先试”，紧接着，村民逐渐参与进来。合作社采取统一轮牧、统一配种、统一育肥、统一加工、统一销售、分群养殖的“五统一分”管理模式。2016 年州县农牧部门又推行藏羊高效养殖技术，合作社代替了原先单个农户单打独斗的局面，通过集中高效饲养、经营，牛羊出栏率提高，又因打上了“生态”绿色标签，村民的收入大大提高，调动了他们开展产业脱贫的积极性。

合作社按照冬春草场、夏秋草场进行划区轮牧，这就使得草场得以“休养生息”，草地植被得到了恢复；村民们的草地入股，减少了相互之间的草场矛盾纠纷，和谐了邻里，又因牛羊入股，解放了双手，村民能外出务工，增加一份收入，儿女可以进城上学，父母可以进城养老……

二社的村民错吉加患有先天性心脏病，家庭因病缺劳力致贫。在伊发春和驻村工作队的“牵线搭桥”下，贵德县妇幼保健中心为错吉加进行了手术治疗，她的身体得到了恢复。伊发春鼓励错吉加加入合作社，为他们仔细讲解自家的牲畜、草场等生产资料可化成股金入股，年终分红，合作社集中开展高效养殖，草场得到保护的同时自己可以外出务工，开辟新的增收渠道。错吉加由刚开始不想入股、也不太相信能拿到分红，到后来消除了顾虑同意加入合作社，思想实现了转变。

入股 6.53 公顷耕地、49.06 公顷草场、25 只母羊的错吉加，2017 年在合作社分红 16 492 元，错吉加和丈夫在外打工收入 10 000 元，她说：“感谢党的好政策，治好了我的病，感谢合作社帮助我们家增加了收入。”

“目前总共有71户加入了合作社，其中包括24户贫困户，2015年人均收入只有900元，现在入股分红后年人均收入达到了4 500元，足足翻了5倍啊！未来我们想动员越来越多的村民加入合作社，让贫困户早日实现脱贫，村民们都能走上富裕之路。”2018年岁末伊发春充满憧憬期望。

伊发春说：“现在我们打算更换养殖品种，将欧拉羊更新换代为藏细羊。欧拉羊是野羊与藏羊的一种杂交品种，虽然它个头大能卖钱，但具有很强的野性，体型大食草量也大，对牧草草根有刨挖的特性，对草原造成破坏。而藏细羊浑身是宝，可以对毛、皮、肉进行深加工延长产业链，能够提高产值，保护草原。”

有目共睹，近年来，拉德生态畜牧业专业合作社始终坚持走“政府指导、市场运作、因地制宜、多元化发展”的路子，因势利导，开拓创新，积极推进牧民生态畜牧业专业合作组织发展，使之逐步成为提高牧民组织化程度，推进畜牧业规模化、集约化、产业化经营的主要形式和引导牧民走向市场的重要桥梁。

拉德生态畜牧业专业合作社的发展，实现了资源共享、信息互动，降低了生产成本，提高畜产品价格，增强了集体经济的市场竞争能力，实现了拉德村全村的小生产与千变万化的大市场之间的有效衔接。

合作社在草场承包经营权和牲畜所有权不变的前提下，以草场和牲畜作价入股的形式入社，推进了畜牧业规模化、集约化经营。合作社确立的联户经营发展模式，打破了以往以家庭为主的小而散的生产方式，牲畜、草场入股后，生产要素进行有效组合，草场和牲畜实行规模经营、集中管理，达到了规模效益。合作社积极推行以草定畜、草畜平衡措施，完成了减畜任务，使载畜量趋于合理，划区轮牧和舍饲半舍饲养殖缓解了冬春草场的放牧压力，有效保护了草场资源，使草地生态环境得到了明显改善。

先行先试，善作善成。如今，拉德村成为贵德县高效畜牧业示范基地、全省生态畜牧业建设示范社，合作社活力不断增强。通过合作社这一新型发展机制，2019年拉德村村民实现了稳脱贫。

循环经济破解人草畜矛盾

——贵南县过马营镇藏羊之府生态畜牧业合作社发展纪实

寒冬将至，天气冷冽。但海南藏族自治州贵南县藏羊之府生态畜牧业专业合作社却温暖如春。辞旧迎新之际，贵南县藏羊之府生态畜牧业专业合作社 2018 年度分红大会召开，入社社员喜领合作社收益分红资金 66.55 万元，激动之情溢于言表。

贵南县过马营镇藏羊之府生态畜牧业合作社前身为贵南县尕洛托家庭牧场。该家庭牧场成立于 2014 年，2016 年在贵南县委、县政府和县农牧部门的扶持下，以星级量化评定为抓手，通过股份制改造、生产要素整合转型升级为股份合作制合作社。

说起从家庭牧场到合作社的演变，还有一段段难忘的故事。尕洛托是过马营镇麻什干村村民，初中毕业的他放过牛、打过工，在外十几年的摸爬滚打中他开拓了眼界、学到了本领、收获了财富。回到家乡的他，2014 年将所有的积蓄拿出来创办了家庭牧场，尝试走经营集约化、产权明晰化的发展路子。

做任何事情都不会一帆风顺。让一群世代放牧的牧民转变过去传统放牧的方式开始联户经营半舍饲养殖，既没有经验，也没有技术，尕洛托家庭牧场也同样经历了起步艰难的发展过程。“没有技术我们可以学，没有经验我们可以积累。”尕洛托说。就凭借着这股不认输的劲头家庭牧场慢慢地上了轨道。2015 年，通过一年的探索学习，尕洛托家庭牧场越办越好，还被贵南县农牧局评为五星级家庭牧场。

2016 年，尕洛托家庭牧场转型升级藏羊之府生态畜牧业专业合作社初期，很多村民担心自己的私有财产公有化，或被公家占有。为发动村民积极参加合作社，县级领导进村入户宣讲政策，解释股份合作制合作社和以往合作社及家庭牧场的区别、优势及发展前景。村民慢慢开始了解合作社，最终有22户村民抱着半信半疑的态度加入合作社，共计入股草场20 326.3亩、牲畜3 460头只，实现草场、牲畜入股百分之百。

生产资源得到了整合，畜群结构得到了优化，合作社开始在养殖上做文章。合作社首先转变生产方式，将传统的散养、混养方式转变为现代的规模化、标准化、集约化方式，努力使畜牧业增长方式由传统数量型向数量、质量和效益并重的方向转变，并依托藏羊高效养殖技术，通过对600只母羊重新组群，集中配种，母畜妊娠前、后期，仔畜哺乳期、断奶期实行半舍饲+全舍饲饲养，缩短饲养周期，加快出栏率，实现增收的目的。

贵南县有着丰富的草场资源和干燥的气候环境，适合藏羊生长，从而孕育出了高品质的黑藏羊资源。近年来，随着生态畜牧业不断发展，科技创新引领作用日渐壮大，当地以提高黑藏羊生产性能为主攻方向，以改良品质为重点，人工控制藏羊养殖。按照公母羊、成幼年生理特点和生长发育的不同要求，实行分群饲养管理、羔羊早期断奶和半舍饲养、春季防疫等技术。严格制定黑藏羊养殖管理制度，精准成年黑藏羊和羔羊的精料补饲量、补饲时间。精细化的半养殖方式，为提高羔羊成活率提供了科学依据，缩短母羊繁殖周期，为畜牧业可持续发展提供坚实的科技支撑。

黑藏羊高效繁育技术大大促进了当地畜牧业升级。藏羊之府生态畜牧业合作社，以生态环保、调整结构、促进增收为发展理念，将入股草场按等级、季节、畜群重新划分，实行分群分级轮牧，通过合理载畜达到草畜平衡，实现草场资源优化配置。整合耕地资源种植饲料草，通过循环发展模式，实现增草、增饲、草畜联动良性循环，解决人草畜矛盾。

据了解，藏羊之府生态畜牧业合作社为使黑藏羊高效养殖综合技术得到提质增效，坚持定时清洁羊舍卫生，尤其在夏季，保障每个月给藏羊羊舍做3次消毒杀菌工作。还建立了藏羊养殖管理档案，记录每一只黑藏羊的来源，从源头上控制优化品种。

2018年，合作社以提高藏羊生产性能为主攻方向，以改良品质为重点，充分合理利用现有藏羊资源，开展藏羊本品种选育，加快良种化进程。引进能繁母羊300只，种公羊15只，组建高原型良种能繁母羊1群300只，组建良种种公羊1群15只，良种率达到100%。并积极应用两年三胎、羔羊6

月龄出栏的高效养殖生产技术，成功组建高原型良种能繁母羊群，繁活率高，实现商品利用率。2019年实现了黑藏母羊两年三胎的重大突破。

同时，合作社为加快农牧业结构调整，进一步调整种植结构，大力发展种草养畜，种养结合循环农牧业，利用流转耕地等方式，加大饲草料基地建设力度，打造出1处5 000亩饲草种植基地。

科技引领，生态为先。合作社通过精细化发展黑藏羊养殖业，转变了当地牧民传统放牧的思维，畜牧业得到转型升级，减轻了草场压力，实现了减畜不减收、禁牧不禁养，促进了农牧业经济可持续发展。

令人关注的还有，多年来，藏羊之府生态畜牧业在积极推行集约化、现代化农牧业发展的同时，充分发挥财政资金的杠杆作用，将贫困户到户扶持资金购置的牲畜，以入股的形式与合作社建立联系，通过合作社运营，走特色产业扶贫路子，不仅解决了贫困户的增收问题，也为合作社发展增添了动力。合作社利用经营收益，通过分红和提供就业发放工资的形式反哺贫困户，让贫困户享受到发展红利，使牧民走上一条生产发展、生活富裕、生态良好的致富之路。

2017年，贵南县藏羊之府生态畜牧业专业合作社总收入达82.35万元，实现分红46.009 5万元，合作社22户8 583.89股，平均每股分红约53.6元，户均分红2.09万元。2018年，合作社总收入达230.68万元，实现分红66.55万元，同比增长44.6%。合作社22户8 586.94股，平均每股分红约77.5元，户均分红3.03万元。

其中，2017年合作社为4户贫困户分红54 013.256元，户均分红13 503.314元。解决贫困户就业4人，发放工资4万元。2018年，合作社为贫困户分红51 233万元，户均分红17 077元。

贫困户更藏加是合作社的放牧工，在加入合作社之前，一家3口全靠他放牧为生，地少、牛羊少，又缺技术，眼看自己脱贫无望，2017年，更藏加主动申请加入合作社，把自己的牲畜和草场连同产业扶持资金购置的牲畜全部入股到合作社，算下来不多不少正好227.85股，2018年初他拿到分红12 213元。除了分红，更藏加还能从合作社领到5 000元的工资。领到钱，脱了贫，高高兴兴走上新生活的更藏加深深的为合作社点“赞”。

从无到有，从小到大，尕洛托和众多社员共同度过每个艰难时期，通过创新特色养殖助力脱贫攻坚，谱写了一段段令人鼓舞的故事。

2020年，青海黑藏羊繁活率和商品率迈入新的发展阶段。贵南县过马营镇藏羊之府生态畜牧业合作社也继续创新前行，他们计划利用电子耳标识别技术，对养殖场所有黑藏羊品种及来源、外貌体征、生产性能等建立完善的技术档案，从而达到畜产品从养殖到餐桌全程无缝可追溯监管，让科技创新引领农牧产业持续健康发展。

科学养殖走出“生态 +”路

——贵南县嘉仓生态畜牧业合作社发展纪实

放牛羊，种青稞，是青海省贵南县的传统。然而，牛羊过量、草场退化，让群众在贫困线上摇摆。牧民开始进行“除草变种草”，在耕地上种植适应当地环境的牧草燕麦，作为牲畜的饲料。牧民们还抱团成立合作社，提高议价能力，吸引企业进驻，通过发展生态畜牧业，最终走出一条“生态 +”脱贫致富阳光路。

话从贵南县城东南的嘉仓山说起。嘉仓山下有个村，叫加尚村。村里都是藏族，放牧为生，人随牛羊走，换季扎帐篷。加尚村的生活静若止水，日子波澜不惊。但不安于穷现状，牧民仁庆塔决定出门闯闯。经过几年跌绊，栽过几次跟头后，他在玉树做粮油生意挣了钱。赚了钱的他，从玉树回到家乡贵南，搞起了生态畜牧业。

回到家乡，仁庆塔发现畜草矛盾突出，牧民存栏牲畜逐年上升，收入却逐年下降。牛羊在温饱线上挣扎，群众在贫困线上摇摆。如果不改变传统的原始畜牧业生产方式，就永远摆脱不了贫困，更摆脱不了草原生态进一步恶化的趋势。于是仁庆塔开始了他传统畜牧业转型的探索之路。见到同村许多青年走上外出打工之路，他不为所动，他坚定地认为，在畜牧业生产中，只要勤劳加巧干，也同样能够发家致富。

2011 年，仁庆塔联合几个亲朋好友成立了贵南县嘉仓家庭牧场，在生态保护、经营集约化、产权明晰化的道路上迈出了第一步。家庭牧场成立初期，修建了高标准畜棚，解决了牲畜冬季的增温需要，并在政府部门的帮扶下，家庭牧场越办越好，入伙牧户越来越多，但小牧场在乡土社会的信任值也达到一定的极限。“口头约定式的合作，到了一定规模就相当脆弱”。随着小牧场发育成熟，2013 年 3 月，他动员本村 9 户贫困牧民，成立了以牦牛、藏羊养殖，饲草料种植为主导产业，牛羊养殖、繁育、销售为一体的嘉仓生态畜牧业合作社，并且担任了合作社理事长。

2016年，仁庆塔组织50位经营主体负责人，在贵南县农牧局和科技局的带领下赴泽库、兴海、共和观摩学习草地生态畜牧业试验区试点合作社建设后，豁然明白：要发展现代生态畜牧业，首先得壮大合作社，提高合作社的议价能力和抵御风险的能力。回到家，仁庆塔与社员商议，决定增加入社牧户，壮大合作社。可社员担心入社牧户太多，不容易管理，太少没有意义，经过商量最终决定以股份合作制为突破口，遵照入社自由、退社自由、民主管理的原则，引导50户牧民以货币及实物的方式入股合作社。

前后半年的时间里，仁庆塔积极动员村民入股合作社，并邀请省、州、县专家，前来宣讲解读股份制改造相关政策。最终合作社社员增加至50户205人，入股草场27 719亩、耕地1 654亩，牲畜4 395头只。牧户将牲畜和草场作为资本入股合作社，实物入股怎么折价，是个技术活。合作社召开社员大会，首先对各类牲畜、草场等整合资源进行定价，再在社员中选出信得过且有眼力的人，成立评估小组，对整合资源进行评估折价，签订入股协议，进行司法公证，最后颁发股权证。

转型升级股份制合作社，饲养技术也必须更新换代。发展现代生态畜牧业，“科学养殖”是关键，合作社将入股牲畜按类组群，不仅对牛羊进行了分群，而且对仔畜、母畜、种畜也进行了分群，甚至按照体重分群，避免丛林法则，做到精准补饲，让所有牲畜均衡营养，同步增重。草场则按畜群重新划分，将入股冬春、夏秋草场以畜群为基本单位重新划分，并在县畜牧兽医工作站专家的帮助下组织社员学习牦牛、藏羊高效养殖技术应用。

最初，有很多人乃至社员不相信合作社推行的“科学养殖”，也有人嘲笑合作社的方法违背了传统的放牧方式，但仁庆塔们还是一股劲地搞“科学养殖”。经过一年多的努力，合作通过实行半舍饲和全舍饲饲养，缩短饲养周期，加快出栏率，实现了增收，使合作社年均收入不足8 000元的贫困家庭，年均收入达到3万元以上，用真实的发展消除了所有的质疑。

“科学养殖”饲草料是关键，可草场退化严重，导致草料紧缺，当务之急是修复草场，首先就得禁牧、轮牧和减畜，而牛羊是牧民立命根本。禁牧不禁养，怎么办？合作社便充分利用起整合的耕地资源优势种植燕麦，将种植的牧草用于母畜和幼畜的冬季枯草期补饲。冬春之际，别人家的牛羊日渐消瘦，可合作社的牛羊却膘肥体键，出栏变现。第一年就尝到了甜头后，合作社的牛羊比别人的壮，出栏的价格比别人的高。第二年合作社便开始逐步扩大了种植面积。

永远不满足现状的仁庆塔通过观摩学习，发现外地的养殖户在冬季用青贮饲料饲喂家畜，又萌生了新的想法。当时全县没有一座青贮窖，他主动联系州、县畜牧技术人员为合作社成员教授牧草青贮技术，青贮牧草的成功，让他对科学养畜有了更大的信心。他开始做青贮牧草牦牛舍饲养殖试验，在县畜牧兽医站技术人员的指导下，利用燕麦青贮饲料技术并配合牛羊精料进行牦牛舍饲养殖，舍饲养殖的牦牛6月龄犊牛平均日增重0.22千克，3岁牛日增重0.51千克，大大缩短了饲喂周期，犊牛饲养18～24个月即可出栏，比普通饲养36个月以上出栏缩短了1年以上时间，节约了饲草成本，加快了牲畜周转。同时，他还应用牦牛高效养殖技术，使牦牛繁殖性能得到了提高，合作社的牦牛两年一胎变为一年一胎。

“科学养殖”是仁庆塔总喜欢反复念叨的一句口头禅，不管到哪里他都要说几句“科学养殖”方面的经验。起初他自己也不相信什么科学，但他在有关部门和专家的指导下渐渐认识到放牧生活也离不开科学，科学利用草场，科学规划养殖规模，科学饲养，科学会让未来有可预见的收获，彻底推翻一切看天的生产经营方式。

从牧草种植到青贮牧草，再到高效养殖和一年一胎，一个甜头比一个甜头大，嘉仓生态畜牧业专业合作社始终以“科学养殖”为核心，积极配合省级科研院所探索智慧生态畜牧业发展新模式，并在合作社建立了高寒草地生态畜牧业关键技术集成与示范、中国西北高原科学生物研究所示范基地、北京地理所划区轮牧示范基地、省牧科院黑牦牛高效养殖示范基地等5个试验示范基地。

合作社在养殖业领域干出了成效，生产效率的极大提高，让合作社有了底气和实力。2017年初，合作社又针对富裕劳动力“外出劳务没门路”问题，积极发挥主导作用，强化富余劳动力技能培训，拓宽富余劳动力转移输出渠道，由合作社统一为富余劳动力联系就业岗位，并统一组织富余劳动力进城务工就业；同时，投资20万元在贵南县开办洗车行和藏汉双语打字复印店，拓展农牧民增收渠道。

加尚村的万牟太，家里只有5头牛，家庭年收入微薄到可以忽略不计。入股后，合作社把他和媳妇介绍到县医院，做起了清洁工，平均每人每月2 200元工资，年底还能拿到合作社的分红。东周才让家也是贫困户，高考落榜后，他一直闲在家。如今，成了县里唯一的藏汉双语打印店——嘉仓打印复印店的负责人。“是合作社投入13万元开的。”店由他和村里的另外3个“知识青年”打点，由于做的是独家，生意火爆，成本早收回，现已盈利。

“想要真扶贫，先得可持续。”合作社的扶贫模式，既推进了牦牛、藏羊养殖，还让50%多的劳力从土地里解放出来，转移到二三产业，做大产业发展蛋糕，实现了经济良性循环。今年，县里又请来了“老扎西”。老扎西是青海著名高端牦牛肉品牌“5369”旗下的一家有机农业科技有限公司，在县里建了扶贫产业园区。于是，嘉仓生态畜牧业专业合作社扶贫模式再升级：打通了上下游，延长了产业链，提升了畜产品附加值。

走进老扎西，青贮窖、牛舍等生产区划分明，拌料机、粉碎机等设备一应俱全。来自嘉仓生态畜牧业合作社的贫困户桑杰正在为牦牛添加饲草料。“一个月2 800元，还包吃包住。”桑杰说，分红的那天下午，他去了趟银行，将钱存进储蓄卡。一查，已经存了好几万元了。

2017年，合作社实现总收入153.568万元，支出113.076万元，共计盈利40.492万元。其中包括羊出栏567只盈利11.34万元，牦牛出栏150头盈利15万元，种植业盈利6.152万元。开办洗车行年盈利2万元，开办藏汉双语打字复印店年盈利6万元。富余劳动力外出就业年收入35.36万元。实现分红40.492万元，户均分红8 098.4元，其中贫困户分红95 919.95万元，户均分红5 642.35元。

嘉仓生态畜牧业专业合作社通过短短几年的发展，实现了从传统畜牧业向现代草地生态畜牧业的华丽转身和大步跨越，拓宽了以合作社为载体，带动贫困户脱贫，通过发展合作社，走特色产业扶贫的路子，为全县生态畜牧业合作社建设树立了样板，给草地生态畜牧业转型升级提供了经验，给全县牧区脱贫致富提供了借鉴，也给贵南县全国草地生态畜牧业试验区建设注入了强劲动力。

“今年纯利润40多万元，按照股份全部分发。”站在2017年岁末回看走过的路，嘉仓生态畜牧业合作社能获得这个果，都是草场生态转好种下的因。

五一村“合”出了高效益

——兴海县强盛生态畜牧业合作社发展纪实

2018年1月8日，才过正午，海南藏族自治州兴海县河卡镇五一村的党员活动室里就挤满了群众。

“快坐好，分红大会马上要开始了。”忙着张罗的人叫夸幸才让。26岁的他是村上强盛生态畜牧业专业合作社的会计。这天，他从合作社领到的分红有1.9万元。

和村上其他300多户一样，加入合作社之前，草场、牛羊和耕地是夸幸才让一家六口最大的收入来源。“羊有200只，草山200公顷，父母身体不好，我去放牧，一年能挣2万多元吧。”夸幸才让一边忙着整理分红名单，一边跟前来采访的记者简单地说起自己以前的生活。

怎么才能脱贫致富？2010年，正值全省牧区生态畜牧业专业合作社加快组建时期，借此千载难逢的良机，村民尕藏多杰在全村大会上提出组建合作社的构想。他认为，合作社的建立对五一村而言机遇难逢，借助合作社实现多种经营是赚钱最好的法宝。

2011年，五一村召开了一次村民大会。主题很明确：合作社，到底办不办？“一开始大家对合作社都不太了解，有人反对，也自然有人支持。”57岁的拉白是合作社的副理事长。在多次外出学习、观摩之后，2011年5月，这个有158户村民参与的合作社正式成立。尕藏多杰当选五一村生态畜牧业合作社理事长，拉贝等5名能人被推举为社班子成员，整合5 631亩草场、1 500亩耕地，展开了分组种养殖。

对于世代以放牧为生的村民来说，这次尝试无疑是新鲜的。但在正式运转之后，合作社的作用并没有发挥到最大值。“平均分配，大家拿的都一样。”拉白如是说。

在当时，由于村民缺乏对生态畜牧业合作社的全面认知，合作社虽然初具雏形，但规模小、势力弱、资源整合率低、内部运行不规范、章程制度不完善、发展不平衡，合作社远没有如同后来那样规范化、高质量发展运行，未能实现“统一管理、利益共享、风险共担”的股份制合作社，一度成了“空壳”。

之后几年，省州相关部门对草地生态畜牧业建设越来越重视，财政投入力度越来越大。2015—2016年，财政资金投入强盛合作社共189.8万元，建设4间办公室、3间餐厅、3 000米^{2}谷场地坪、750米^{2}粮食储备库、500米^{2}储草棚、800米^{2}畜棚及171米^{2}的两层楼房，一楼设5间农机库，二楼设3间展示厅，并购置农用机械拖拉机1台、收割机1台、15米输送机1台、1小时50吨清选机1台、120吨地磅1处，夯实了合作社的基础，壮大了合作社的生产经营规模。

2017年，兴海县确定5家合作社作为全国草地生态畜牧业试验区试点社进行股份制改造，强盛生态畜牧业专业合作社成为其中之一。

尕藏多杰等一班人劝说村民将生产资料全部整合入股，带领村民到上游村高原丰收生态畜牧业合作社和泽库县拉格日合作社观摩学习。合作社多次召开动员大会，宣讲《青海省全国草地生态畜牧业试验区总体规划的通知》等政策文件，讨论发展前景、发展思路，社员们对“股份制”合作社的认识不断深入，纷纷在入股协议书上签字，投入到合作社的股份制改造。

“合作社按照草地生态畜牧业试验区建设要求，以股份合作制改造为前提，实现草场，耕地、牲畜等生产资料全面入股，并对整合入股的资产、资源、资金量化成股份，统一股价，每股按2 000元计算。”拉白虽然汉语说得并不流利，可对于股份制改造这一套，他掌握得一清二楚。

就这样，合作社建立完善的章程、制度，对合作社资源进行整合和优化重组，保障了社员对合作社事务的知情权、决策权、参与权和监督权，实现了全面的股份制改造，跟上了青海省全国草地生态畜牧业试验区建设的步伐。

经过多年的努力，强盛合作社入社牧户47户、161人，劳动力86人，草场入股52 677亩，耕地入股700亩，羊入股3 981只，入股资金达50万元，生产资料入股率达到100%。合作社对入股的生产资料进行定股作价，折股金计算，股份进行了司法公证，使社员的股权产生法律效力，资产、资源、资金都得到了法律保障。

为规范运行模式，按照生产发展需要，合作社划分了养殖和种植两个小组，积极拓宽“种养结合”路子。养殖组将入股的2 753只生产母羊分4个养殖小组，推行划区轮牧、舍饲养殖加放牧的饲养模式。种植组将入股和流转的2 000亩耕地，用于种植燕麦1 800亩、青稞200亩。

“养殖组分为4个小组，按照夏季划区轮牧、冬季半舍饲饲养的模式进行高效养殖，实现了两年三胎技术推广。去年收入55.34万元。种植组种植燕麦120公顷，青稞13公顷，2017年收入30多万元。”夸幸才让介绍，经过计算，除去工资和流转资金，合作社能够分红72万余元。

村民娘格加是这场“变革”的参与者之一。提起加入合作社时的情形，娘格加笑着说，股份制改造后，他不仅将全部的耕地入了股，还在合作社打工，收入比自己以前种地时，增加了不少。

“这么一算，脱贫没问题！”也合尖措是合作社种植组的成员。作为村上的贫困户，家里50只羊是他全部的积蓄。加入合作社，他的50只羊全部入股，自己在种植组开起了拖拉机，妻子娘毛也合成了合作社里的厨师。2017年，仅分红一项，两口子就拿到14720元。

数据显示，2017年，强盛生态畜牧业专业合作社全年总收入95.813万元，其中：养殖收入55.338万元、种植收入31.675万元、出售羊毛收入3.4万元、农机机械收入5.4万元。年底分红72.013万元。

2018年，强盛合作社的发展更上一层楼。合作社充分利用入股700亩耕地和1 500亩流转耕地，以及农牧交错区域地理优势，投资100余万元，建设饲草料加工厂，建成后日生产草饲料量达8吨左右或者精饲料24吨左右，打通了有机牧草就地种植、就地利用和多渠道销售产业链。

这一年，强盛合作社的分红金额较上年同比增长330%，五一村“合”出了高效益！合作社通过实施高效养殖技术，养殖收入236.335万元，种植收入118.089 6万元，农机机械收入1.5万元，共计收入达355.924 6万元，分红309.892 6万元。

理事长尕藏多杰说：“一家一户单打独斗生产经营模式已不适应现代畜牧业发展，无法从根本上改变传统畜牧业生产经营方式。我们今后将在完善合作社股份制改造的前提下，增加合作社的社员数量，提高合作社的入社率，加大饲草种植面积。同时，加强生态保护，做到可持续发展，让全体社员充分认识草地资源的重要生态地位，改变传统的畜牧养殖经营方式，切实加强草地保护，继续提升生态畜牧业合作社发展能力和规范化建设水平，建立草地生态系统保护与畜牧业发展之间的动态平衡。”

“今后还想再多养些羊。争取分红再上一个新台阶！”看着村民们的笑容，拉白更开心了。

在绿水青山中“淘”发展

——青海湖景区铁卜加生态畜牧业合作社发展纪实

初冬的一天，海南藏族自治州共和县石乃亥镇铁卜加村村委会大院内热闹非凡，很多牧民聚在一起，一遍遍地数着钞票，脸上洋溢着幸福的笑容。原来，这里在举行石乃亥镇青海湖景区铁卜加生态畜牧业专业合作社和铁卜加扎西伦宝生态农牧业专业合作社社员分红仪式。

“东主6万元，才让加5万元……”只见一摞摞钞票整齐地码放在桌子上，拿到分红后的社员们喜上眉梢，嘴里不停地说着“瓜真切……”在海南州共和县农牧局、石乃亥镇领导的见证下，不到两个小时，铁卜加村105户两个合作社的社员领走了2018年度270万元分红款。

入股社员东主领完钱后激动地说：“因为身体一直不好，无法外出务工，家里收入微薄。后来入股了合作社，还能到合作社干一些力所能及的工作，这样一来，既能在家门口赚到钱，还能照顾好身体。”

石乃亥镇铁卜加位于青海湖景区，每年夏季成千上万的游客纷至沓来，给当地旅游零售业带来了无限商机。形势如此之好，铁卜加村两委班子成员自然不放过。对于有着独特优势的铁卜加村来说，向游客销售藏区土特产是一笔客观的收入。可是，户户式的零散销售不规范、形成不了规模，就算再好的产品，游客也不容易接受。

铁卜加村委会主任、合作社负责人那科说，铁卜加村离县城较远，加之交通不便，村民们的思想观念陈旧，经济结构单一，放牧成为过去村民们的唯一经济来源。如何改变这一现状，村干部们进行了一番思考。思前想后，那科和几位村干部一致认为，统一化管理的合作社模式，是村民们致富的主要途径。“要有自己的品牌、有自己的‘专卖店’。”于是，村两委决定通过成立合作社的形式，统一生产、统一采购、统一销售土特产。这样一来，游客就能放心地购买产品了。

2010年，青海湖景区铁卜加生态畜牧业专业合作社成立，40岁出头的村委会主任那科成了合作社的负责人。那科说，作为村干部，要为群众办实事、办好事，那么如何干呢？当时他满脑子想着如何壮大村级集体经济。合作社成立后，那科经常到其他地方“取经”，积极探索、大胆创新，通过出栏牛羊，销售黄蘑菇、人参果、虫草、酥油、曲拉、牛肉干等农畜产品，增加合作社收入。有了合作社这一“品牌”，游客也就放心购买产品。一年下来，合作社创收20万元。

3年后，铁卜加扎西伦宝生态农牧业专业合作社成立。“旅客不必大老远跑到县城购买土特产，而且合作社的产品生产很规范，不存在假货，价格也很公道，久而久之产品口碑也就好了。”铁卜加生态畜牧业专业合作社负责人那科说。

石乃亥乡铁卜加村，地处海南、海西、海北三州交界、青海湖西岸，如何依靠这一区位优势，在更宽泛的层面将绿水青山转变为金山银山。

合作社下的第一步棋，首先是优化资源配置，形成竞争机制。2016年，通过绩效交叉考评、生产要素整合等方式，石乃亥乡铁卜加村被遴选为“全国草地生态畜牧业试验区省级试点村示范社”。鉴于该村有两个生态畜牧业合作社，为建立健全激励竞争机制，两个合作社分成两个合作入股小组，即：青海湖景区铁卜加扎西伦宝生态畜牧业合作社为第一组，青海湖景区铁卜加生态畜牧业合作社为第二组。两个小组都将生产经营小组划分为5个组，即草场放牧组、种植组、舍饲养殖组、二三产业组、劳务输出组。共同采取草地生态保护、生产资料优化配置、生产要素折股量化、实用技术培训、生产经营融合多样化发展措施，有效推进传统草地畜牧业向现代草地生态畜牧业的转型升级。

在股份制改造、设施建设方面，合作社细化各项制度建设，完善了组织化标准化生产实施意见、加快草产业草畜联动工作实施意见、合作社股份制运营管理制度等38项制度。通过各类项目实施，引进能繁母羊1 000只，种公羊50只，能繁母牛100头；修建畜棚80座9 600米^2，青贮窖7个168米^3，日光节能温室2座960米^2，建植饲草基地3 000亩等。

在发展高效养殖方面，合作社根据生产需要，按照统一分类组建标准化牛羊生产群、统一管理利用草场资源、统一种植饲草地、统一采购供应生产资料、统一开展畜产品销售、统一开展畜种改良、统一组织开展畜疫防治、统一开展二三产业创办、统一组织富余劳动力转产就业和务工、实现多元化增收的“九统一”工作标准，结合高效养殖技术方面的项目，坚持引进良种畜，提高合作社存栏牲畜的良种比例，为传统粗放畜牧业向现代效益畜牧业转型发展奠定基础。

在实行草畜联动方面，两个股份制小组初步构建了“合作社 + 基地 + 牧户”的生产经营框架，购置饲草料耕种收机械 8 台套，建植优质饲草料基地 2 400 亩，有效减少天然草场放牧压力。同时实行以草定畜、牛羊分群放牧、划区轮牧，初步形成以人工种草与资源优化相结合、种草养畜与减畜增收相结合，夏秋放牧与冬春舍饲的养殖 - 种植 - 加工 - 销售为一体的资源循环发展新模式。

在保护草原生态环境方面，合作社还与放牧员签订草原生态保护责任书，由合作社监事会及村级草原管护员，不定期督查放牧员是否按期实行轮牧，定期检查清点牲畜数量是否符合合作社核定的头数。

在整合草地、牲畜等畜牧业资源的基础上，合作社千方百计转移富余劳动力，发展二三产业，增加社员收入。一是在组织开展酥油、曲拉、酸奶、风干肉等畜产品加工，“淘金”青海湖旅游商品大市场。二是积极与畜产品加工企业合作，开展“企业 + 合作社”经营模式，对合作社出栏的牛羊，委托合作企业精细切割、加工包装，提高产品附加值，实现“双赢”。三是充分利用区位优势，开办牧家乐，提供藏餐、住宿、骑马照相、射箭等服务。四是在周边城镇开办生态畜牧业合作社直销店，销售合作社加工的农畜产品，提高合作社品牌。

一路走来，合作社收入越来越可观。2017 年，两家合作社收益 451 万元；2018 年两家合作社收益达到 540 万元，比 2017 年增加 89 万元。

在带领入股社员创收的同时，那科也不忘村里的贫困户。两家合作社积极帮扶村内建档立卡贫困户，2018 年为 40 户贫困户提供帮扶资金 3.6 万余元，多次为贫困户送去米、面、油等生活物资。

那科笑着说，靠山吃山、靠水吃水，铁卜加临近青海湖，有了这一旅游金名片，有了高效生态畜牧业支撑，有了一二三产业联动发展，村民就不愁致不了富。对于村里的牧民来说，一方面可以入股拿分红，另一方面有更多的时间外出务工，用一份时间赚两份钱，大伙儿的日子过得越来越有滋有味。

“四个百分百”凝心聚力

——同德县达隆生态畜牧业合作社发展纪实

“分红大会上我领到了15 000多元现金，这还不算我在合作社里干活挣下的工钱！”在海南藏族自治州同德县唐谷镇达隆生态畜牧业专业合作社2018年度分红大会现场，贫困户才让拿着一沓钞票边数边高兴地说。当日，该合作社每家每户均领到了1.54万元的“新年大红包”。

2018年，同德县唐谷镇达隆生态畜牧业合作社坚持“生态、生活、生产”共赢的发展理念，走“农牧结合、高效养殖”的路子，通过加大优质牧草种植，采用藏羊高效养殖技术，初步实现了“农牧业增效、农牧民增收”的目标。逐步从单一的种植、养殖、生态看护向生态、生产、生活良性循环的方向发展。通过生产资料整合、种养结合、高效养殖技术应用、产供销统一等方式逐步打破分散经营的传统生产方式，加快了该村畜牧业转型发展。

这一年同德县唐谷镇达隆生态畜牧业专业合作社收入达124.14万元，其中种植方面收入45万元，养殖方面收入79.54万元，除去总支出，净收79.14万元。经合作社社员大会讨论，决定预留生产发展资金332 496元后，分红收入为462 880元。户均分红1.54万元，人均分红0.37万元，与上年比较分别增加8%、9%，其次账户预留生产发展资金为上年的6.6倍。

分红会召开当天，唐谷镇乡政府里挤满了前来分红的村民。其中，有合作社入股的股民，有合作社打工的放牧员、会计，也有还没有入社的其他村民，很快现场气氛被眼前的“现金长城”感染，大家纷纷议论起来，“看来加入合作社还真能挣到钱！”“马上就能领到钱了，真高兴！”人群中一位还未入社的村民激动地给家人打电话：“明年我们也加入合作社。”

唐谷镇达隆生态畜牧业专业合作社实施按股分红，为同德县生态畜牧业合作社发展探索了经验模式，走出了一条符合同德县生态畜牧业可持续发展之路。

只有30户、126个村民的达隆村似乎是同德县最小的村子。虽然人少，但有136公顷耕地、1 011.8公顷草场，凭着这点“家底”，达隆村有着农牧业互补发展的好基础。七八年前，同德县掀起成立村级合作社的热潮。从那时起，这个村子的发展就和合作社紧紧联系在一起。

“说是合作社，可这具体怎么经营、成立后如何运转，我们心里也并不清楚。”时任达隆村党支部书记的旦本加直言不讳。这样的情况并不出人意料，此时，对于这个偏僻而又闭塞的牧区村子来说，合作社还是个新名词。

就这样，2011年，达隆村历史上第一家合作社应运而生。在政府的扶持下，合作社建起了畜棚等基础设施，还收购了一批羊羔。但“第一个吃螃蟹”的人并不好当，毫无经验的达隆人并没有从中摸索到什么门道，不到两年，合作社就因经营不善而难以为继。

“当时有一个西宁市的老板提出愿意承包我们的合作社，眼看合作社撑不下去了，我们便承包给他。可一年后，他也运转不下去了。”旦正加回忆道。此时，经历两次失败的合作社失去了原本在村民心中闪闪发亮的光环，显得有些颓败。望着一座座畜棚，时任村委会主任的旦正加心有不甘。可即便如此，合作社还是渐渐退出了达隆村发展的历史舞台。

2015年，旦正加和其他村干部一起参加了前去海西蒙古族藏族自治州天峻县、黄南藏族自治州泽库县等地的学习观摩活动。看着人家的合作社发展的风生水起，回到村里后，几个村两委班子成员心里百感交集。

“气候条件、地理环境都差不多，为啥人家就能发展起来？”“我们村里地也不少，草场面积也挺大，怎么合作社就运转不下去呢？”几个问题抛出来，旦正加心里那股关于合作社的“小火苗”又“噌”的燃烧起来。大家知道，改变的时候到了。

“观摩结束没多久，我们就向县里交了申请，希望重新发展合作社。后来，我们又先后去兴海、贵德等县的合作社学习取经。”村委会主任多杰说。

在旦正加的带领下，2016年，重新开张的达隆村生态畜牧业专业合作社的股份制改造开始了。1只羊800元、1头牛4 500元、1亩草场35元、1亩地110元……虽然入股条件标得清清楚楚，可面对连连失利的合作社，村民们更多的是质疑。

一次次动员、一次次开会，关系到自己切身利益的大事，大家都有些犹豫。为了带动群众的积极性，旦正加和多杰率先将家里的草场、耕地、牛羊统统入了股。紧接着，老书记旦本加第3个加入了合作社。

村民万马才科的父亲魏树录是村上的老党员。看着村干部们一个个将自家的老本儿投到了合作社里，老魏有些坐不住了。“村干部一心为了大家的发展，能把你带到沟里？”老魏坚持己见，动员儿子把家里的13公顷草场、7头牛、30只羊和1.67公顷耕地一股脑儿入了股。

5户、6户、7户……村上的15名党员干部先行“试水”。有了后盾的旦正加一天到晚往县上跑，到处打报告，终于为合作社争取到了35万元的扶持资金。

“原来村民主要是靠天然草场放牧，对草场的破坏比较大，而且养殖周期也长。后来，通过外出学习和专家上门指导，我们按照高效养殖的模式进行科学发展，养殖周期缩短为6个月，其中前2个月依靠母羊母乳喂养，后4个月靠青稞等青饲料喂养，很大程度上减轻草场的压力，有利于被破坏草场的恢复。而且，羊肉、羊毛、羊皮等产量不断增加，也有条件逐步形成生产－加工－销售为一体的特色产业链。”多杰介绍说。

2016年底，从来没有盈利过的达隆村合作社赚到了第一桶金：10万元。看到产生了效益，村民们也动了心。但村干部们考虑的更“远一步”，既然重新发展起来，就要规范经营，合理运转。“我们将合作社分为两个小组。养殖组负责养殖牛羊，养牛、养羊两个小组分别有4名和6名成员，其中1人担任组长；种植组有8个成员，1名组长。为了保证产量，小组长和村委会签订责任书，各组成员再和组长签订责任书。倘若产量不达标，立即按照合作社的规章制度进行处罚。”

渐渐地，达隆村的传统农牧业实现了向集约化管理、现代化装备、专业化生产、产业化经营的现代农牧业的转变。眼看合作社发展的态势越来越好，2017年9月，村民切军太拿出自家的4.33公顷耕地和18.67公顷草场加入了合作社。至此，达隆村全村30户村民和他们所有的草场、耕地、牛羊全部加入了合作社。

到了年底，合作社总收入72万元，其中农业收入50万元，牧业收入22万元，实现纯利润54万元，按照合作社的规定，将利润的75%向社员按股分红，其中分红资金达到40万元。2018年合作社收入达124.14万元，其中种植收入45万元，养殖收入79.54万元，户均分红1.54万元，人均分红0.37万元，与上年比较分别增加8%、9%。

村民索南本原本是村上的贫困户，因为自身有些残疾，两个孩子还都在上学，一家4口的生活重担全压在妻子措木加肩上。2016年，村干部用他家的产业扶贫资金为他买回来了4头牛，一年后，多了4头小牛犊。2017年，索南本将8头牛、1公顷耕地和13公顷草场全部入股到了合作社，年底拿到了8千元的分红。措木加作为养殖小组的成员，负责养羊，一年下来，在家门口挣到了3万元。“这么多年了，从来没想过一年能有这样的收入。”索南本激动地说。

从2011年底应运而生，到2016年转型为股份制专业合作社，并在当年被列入州级全国草地生态畜牧业试验区试点社，2017年被列入省级全国草地生态畜牧业试验区试点社，快速发展的背后，是达隆人的不断探索和创新。

“对于我们镇来说，达隆村有两个特色。一是合作社实现了村民、牛羊、耕地、草场‘四个百分百’入股，二是达隆村是唯一一个没有低保户的村子。”唐谷镇党委副书记许正平说，通过“达隆模式”，村民找到了脱贫致富新门路，村子也有了更加团结、更加和谐的新面貌。这个过程中，达隆村党支部充分发挥党建引领作用，引导党员发挥先锋模范带头作用，农牧民党员站在经济发展第一线“唱主角”“挑大梁”，党组织带领群众增收致富的能力进一步提高，基层党组织的凝聚力、创造力和战斗力进一步增强。

全民入股、全部土地入股、全部牲畜入股，众人拾柴，达隆合作社的发展“火焰”越来越高。

青海湖畔能人带动树旗帜

——共和县拉乙亥麻村生态畜牧业合作社发展纪实

在青海湖畔辽阔的草原上，有一个远近闻名的富裕村——这个村就是海南藏族自治州共和县倒淌河镇拉乙亥麻村。之所以富裕，是因为村里有一个坚强的村党支部领导班子。

拉乙亥麻村地处青海湖畔的“尕海滩”，全村共有364户1 692人，其中建档立卡贫困户71户211人，可利用草场25.2万亩。全村面临人口多、草场面积小、草畜矛盾突出村，过去由于过度放牧，畜牧业发展举步维艰。

当时的拉乙亥麻村还是一个典型的落后村，由于管理缺失等诸多缘由，村子里偷盗牲畜、酗酒闹事、打架斗殴现象屡屡发生，村际纠纷日益增多。村子需要一个带头人。

华格加是20世纪90年代尕海滩草原上为数不多的大学生之一。他早先下海经商，生意做得有声有色，是村民眼里年轻有为的“企业家”。急于摆脱贫困的乡亲们“三顾茅庐”请他出任村党支部书记，带领乡亲们走上脱贫致富之路。

面对乡亲们满是殷切的脸庞，华格加不忍回绝，党员强烈的责任感和担当，让他毅然决然地接受了乡亲们的这份信任。2010年，他被村民们选为村党支部书记。

“要把拉乙亥麻村建成村风文明、村容整洁、管理民主、村民自治、民富村美的高原新农村。”上任后的华格加，首先制定了《拉乙亥麻村村规民约96条》，有效遏制村内歪风邪气，不断提升村级组织能力。

针对全村群众长期依靠传统牧业方式增加收入、依靠国家救助维持生计的现状，村党支部提出了要进一步解放思路、更新观念，走集约化发展道路。“发展生态畜牧业，不再靠多养畜赚钱，而靠精养畜赚钱。”华格加的这种想法得到村“两委”班子的一致认可。

为了让更多的村民接受村里的发展谋划，村“两委”组织老农代表、有经营头脑的年轻人先后赴外地考察学习现代生态农牧业，不断转变观念，研究制定了村级发展规划及生态畜牧业合作社发展规划。一条兴村强村之路渐渐明晰起来。

“传统的放牧，束缚住了一家子人的手脚。牛羊入到合作社，就能腾出劳力，去外面打工、创收。”华格加挨家挨户耐心细致地宣传、引导群众，统一了村民的思想认识，消除了顾虑，正式组建了生态畜牧业专业合作社，入社牧户达100%。

华格加说：“生态畜牧业合作社是转变发展方式、做活畜牧业生产的重要抓手，我们将全村的牲畜、草场、耕地、劳动力等生产资料进行了整合，实现了统一管理、统一技术、统一服务、统一销售、统一经营。组建畜牧业经营小组、种植业经营小组、养殖业经营小组、劳务输出小组、二三产业经营小组，实现了专业分工。”

对这些年村里的发展与变化，村民才项彭措体会深刻。他说，现在村里的牛羊总量缩减了，实现了草畜平衡，只由90名放牧能手“代管”，母畜比例提高，羔羊成活率也大大提升，养殖效益翻了几番。自己家代管600头（只）牛羊，一年下来，不仅有1.5万元的代管费，而且羔羊经济纯收入达2.1万元。更重要的是，村里的草场生态越来越好。

生态畜牧业的发展，解放了村里大量的劳动力。这些人的出路在哪里？华格加早已想好了出路。一部分分流到合作社的特色畜产品加工产业，一部分则通过劳务输出分流到服务业。

对此，村里积极邀请县农牧、科技等部门的专业骨干，组织剩余劳动力进行砌墙、抹灰、泥瓦等技能培训，引导剩余劳动力外出务工。目前，全村每年剩余劳动力转移达到500余人（次），人均创收两万元以上，带动就业110余人。

当村民们尝到畜牧业集约化经营的甜头后，华格加又把目光移向全村333公顷耕地上，按面积入股，由合作社组织11名种植能手组成的种植业小组实行规模经营，统一购买农资、统一播种收割、统一田间管理、统一组织销售、统一核算分红。传统的农业理念开始悄悄改变，不仅土地利用面积增大，耕作水平也开始从粗放型向真正的精耕细作发展。

与此同时，村里以“资源共享、互惠共赢”为目标，按照企业投资建设、合作社资源入股的方式，开办了3家砂石料厂、碎石厂，引进资金320万元，采取企业经营管理、按股分红的方式进行利润分配，组织本村7辆运输车运送砂料，安排9名劳动力就业，全年生产碎石30万米^3，实现收入2 400万元，集体分红150万元。

在拉乙亥麻村生态畜牧业专业合作社的一个高标准畜棚里，十几头毛驴正在享用一顿美味的加餐，可以听到它们齐刷刷咀嚼的声音。村委会主任娘格加说：“2018年7月，经过华书记的协调，我们从宁夏购买了241头毛驴，驴肉鲜美、口感较好、药用价值高，对身体有保健作用。而且驴产品市场潜力大，前景良好，是脱贫致富的好项目。综合考虑，倒淌河镇交通优势明显，并且有青稞、草等饲料源，村‘两委’打算把发展特色养殖业作为带动群众经济发展的抓手，一边扩大养殖规模，一边实现向特色养殖的转型。这一项实现销售收益182万元，净利润达56.55万元。”

除此之外，华格加在旅游中瞅到商机，继续做大做强乡村旅游。华格加介绍，借助109青藏高速公路以及109国道的交通优势，以及青海湖旅游的旅游资源，在合作社以东建设一个占地为13.33公顷的具有牧家乐性质的自驾游营地，游客可以做饭、烤肉、放牧骑马，体验一把藏族群众的生活；计划在当地的柳梢沟山顶再搞一个景点，左望是黄河水，右望是青海湖，便是“一山观两水”；建立一个集住宿、餐饮、娱乐为一体的游客接待中心和一个文成公主进藏的展览厅……

华格加说：“如果这些项目能够落地，村子的发展将会再上一个新台阶。”

2010年，拉乙亥麻村人均收入只有2 100元，是个远近闻名的“问题村”，头上戴着一顶州定贫困村的帽子。今天，拉乙亥麻村是个声名远播的“先进村”，人均收入早已突破万元。不仅摘掉了“问题村”“贫困村”的帽子，由乱到治，由穷至富，成了远近闻名的发展典范。

“村看村，户看户，群众看党员，党员看支部。”循着拉乙亥麻的发展足迹，感受从“问题村”到“先进村”的巨变，才能体会华格加带领群众谋变的艰辛不易；来到贫困户家中，看到牧民群众的由衷感激和团结一心，方知村“两委”班子在群众心中的地位。

让有致富经验的党员带头，组织剩余劳动力外出务工，跑运输、建筑工地作业、牛羊贩运、开家庭宾馆、开汽车修理厂、工艺品买卖……在村“两委”班子的带领下，拉乙亥麻村的牧民在发展致富的路子上阔步前行。

多渠道创业增收　激活二三产

——兴海县吉祥生态畜牧业专业合作社发展历程

“2018年，我们合作社共盈利了24.9122万元，先后解决了22个人的就业问题，为员工支付工资共计1.5万元。到了年底分红的时候，合作社收益总计144122元，34户股东每户平均分到了3980元。”聊到分红的时候，合作社理事长切太加指着记事本上的数字，仔细翻看着里边的内容，然后说起了合作社近两年的分红情况。“到2019年，合作社共营利了24万元，解决了34个人的就业问题，年底合作社可以分红152400元，由34名股东按股份进行了分红。”

为加快生态立省战略，转变经营方式，保护生态环境，提高组织化程度，积极推进生态畜牧业建设。2012年11月29日，海南藏族自治州兴海县中铁乡吉浪村联合16户牧民借生态畜牧业合作社建设契机自愿组建合作社。

开始合作社共入社16户67人，总投资255万元新建640米^{2}的加工厂房、50米^{2}的6间商铺、60米^{2}的仓库1间、60米^{2}藏香加工房1间、30米^{2}的宿舍和办公室各2间、160米^{2}产品库房1间。

2015年，经社员大会推举，90后牧家子弟切太加当选为合作社理事长，成为兴海县吉祥生态畜牧业专业合作社法人代表。年轻有为的切太加不仅脑子活，看得长远，还拥有改变草原发展方式的坚定信念，在合作社工作的几年间，得到了广大社员群众的信任。

当时，吉祥生态畜牧业专业合作社注册资金93.5万元，业务范围涉及统一组织采购，供应成员所需的生产资料；统一组织采购、销售社员生产的产品；统一开展成员所需的运输、加工、包装等服务；统一引进新技术、新品种，开展技术培训、技术交流和咨询服务等。

为使合作社增加收入，切太加积极带领社员利用合作社资源优势自行创业，通过对市场考察引进先进技术、设备，通过艰苦创业、发展合作社经济、带领当地群众在致富的道路上迈出了坚实的一步。为加快股份制改造，切太加组织合作社社员及吉浪村村民到泽库、天峻等地观摩学习。

通过股份制改造，合作社进行了一系列的制度建设，并严格按照省州相关文件要求，将牲畜按类重新组群、草场按需划分单元、劳动力按技能重新分工，对草场、耕地、牲畜等整合入股，并对整合入股的资产、资源、资金量化成股份，把草场、牛羊的组织化程度作为合作社质量提升的主要方向。

2018年，合作社成员壮大到34户145人（其中建档立卡户8户、42人），入股现金达到103万元，全社入股牦牛1 340头，其中入股生产母牛539头（每头股价2 000元，折股金1 078.000元）；合作社入社草场面积为2.110 6万亩，草场全部入股（每亩股价20元，折股金422.12万元）。合作社总股126 506个。

为壮大合作社经济实力，多方面增加收入，切太加利用合作社所在地的旅游资源，努力组织社员发展二三产业。"我们前后投资55万元，新建商铺6间、仓库1间、藏香加工房1间、宿舍和办公室各2间、产品库房1间。将俄萨藏香、桑料、薰香、藏服、神箭、黄蘑菇、曲拉、人参果等产品进行加工制作，并销售至周边农牧户，当年收入达10万元。"说起二三产业的投资，切太加拿着随身携带的记事本，一一列举如下。

"2016年，合作社投资20万，在兴海县安多民俗文化村开了一家藏餐吧。在这之前，合作社的俄萨藏香加工厂的设备也已经全部到位，开始生产藏香。"

"为让产业间相互渗透、前后联动、一二三产并举，产供销相结合。在原有的基础上，合作社又投资30万元，增加曲拉、酥油、人参果、黄蘑菇、糌粑、藏服等生产加工和两个直销店，通过自产自销的方式，提高了合作社经济效益，增加了牧民的收入，鼓动了牧民的干劲。"

"2018年，合作社投资的特色藏香产业开发出了藏香、香料、熏香等产品，销路一直看好，一年下来，仅藏香产业实现分红14.03万元，社员最高拿到了13 070元，最低也拿到了6 694元。"

"2018年，合作社还种植100亩燕麦饲草料，为合作社的牛羊解决了舍饲饲草料短缺问题，实现了牧草就地种植、就地利用。"

“去年，我们合作社为了扩大产品的加工及销售，总共投资了20万元，在青海湖二郎剑旅游景区开了一家产品销售店，进一步扩大了合作社产品的销售，年利润达到120万元左右。”

总结过去展望未来，切太加分析，合作社要做的第一件事就是继续加大藏香产业创收。兴海县藏族群众占77.5%，藏香消费量大，继续加大藏香产业生产量有着广阔的发展前景。现在合作社先后投资62万元，购置生产设备4套，建设生产用房7间200米^2，还派出人员到四川省学习藏香技术，产品已经国家工商总局注册“俄萨”牌商标，从事藏香生产人员达到12人。

第二件事是办好直销店，销售藏地特色农产品。切太加说，兴海县拥有特殊的地理位置，特色藏地土特产资源丰富。目前吉祥生态畜牧业合作社在兴海建设了6个直销店，组织人员采购人参果、黄蘑菇等特色藏地土特产，组织人员进行产品包装的设计及深加工，然后将这些产品在直销店进行销售。

第三件事是推进畜牧业发展，生产各类奶制品。目前，吉祥生态畜牧业专业合作社的一产的资源和基础设施，为合作社发展畜牧业提供了支持。现在合作社有挤奶工、放牧员10人，专门从事酸奶、酥油、曲拉、牛奶等奶制品的制作，并送往直销店进行销售。

以“稳一产、优二产、活三产”为基本思路，吉祥生态畜牧业专业合作社逐步实现了从生产、加工、包装、销售为一体的一条龙经营，合作社踏上良性循环发展路。

“济贫帮困”促增收的典范

——共和县央酥生态畜牧业合作社发展纪实

“2018年开始，我们合作社完成股份制改造，当年分红68.3万人。2019年，合作社收入达到182多万人，除去所有支出，社员分红大约76万人。”说起合作社的发展，理事长班玛才让一边翻看资料，一边讲述着股份制对合作社产生的影响。

说起共和县切吉乡塔秀村成立的央酥生态畜牧业专业合作社，不得不提当时担任共和县塔秀村村医的班玛才让，这位村医不仅为乡亲们解除病痛，还特别热心扶助贫困群众。

“看到乡亲们在传统的畜牧业生产方式中，不仅收入减少，而且坠入草场退化的恶性循环中，让人心痛。正好那年从新闻上了解到全省推行生态畜牧业专业合作社，我觉得这是一条出路，就有了组建合作社的想法。”

随即，班玛才让与塔秀村“两委”负责人碰头，成立合作社的想法不谋而合。2010年，借全省牧区推行生态畜牧业专业合作社的春风，村委会组织召开村民大会，提出组建以贫困人口和富余劳动力为主要成员的塔秀村央酥牦牛养殖专业合作社。

“当时，由于牧民对合作社不够了解，组建合作社遭到了大部分村民的反对，愿意参加合作社的只有6户。”在班玛才让的不懈努力、积极宣传和多次动员下，陆续有18户牧民加入合作社，合作社从开始的6户变成了24户的大家庭。

2011年3月，合作社召开第一次社员大会，选举班玛才让为央酥牦牛养殖专业合作社理事长，宽有加等7人被推选为合作社理事会监事会成员，这也标志着央酥牦牛养殖专业合作社正式成立。

2011年底，合作社迎来了第一次分红的日子，看到参加合作社的社员拿到了实实在在的钱，村里的老百姓才意识到了合作社惠民、富民的好处，申请参加合作社的牧户越来越多。

班玛才让说："我们合作社刚开始成立的时候，只有6户加入，当年合作社分红了30多万人。在这之后，大家觉得合作社的效益还不错，就开始积极加入合作社，社员一下子增加了20户。在2017年年度分红大会上，合作社总共分红了66.6万元，社员每户平均分红在1.5万元以上，这是非常能够鼓舞人心的。"

2017年，合作社积极响应国家精准扶贫战略，将申请加入合作社的20户建档立卡贫困户纳入合作社，塔秀村央酥牦牛专业合作社成员达到44户，并初具规模。

2018年经省农牧厅批准，合作社被列入全国草地生态畜牧业合作社股份制试点社。合作社以保护草原生态环境为前提、以科学合理利用草地资源为基础、以推进草畜平衡为核心、以转变生产经营方式为关键、以实现人与自然和谐为目标，筹措186.46万元扩建合作社标准化养殖基地的同时，积极引导群众整合牲畜和草场资源，全力推进股份合作社改造工作。

2018年2月合作社更名为"央酥生态畜牧业专业合作社"，注册资本达98万元人民币。先后完成了章程及组织机构、牧户协调、股份制改造等工作，初步形成了规模化生产、专业化分工、集约化经营、产业化发展的格局。

"我把自己的牲畜入股到合作社，等到了年底有分红，我自己在合作社放牧还有工资，还有放牧奖金。从今年开始，理事长说给我们放牧员涨工资，这话让我心里乐开了花。"自从加入合作社，放牧员玛久的生活发生着巨大的变化。

目前，合作社下设3个生产小组，即天然放牧组、舍饲养殖组、二三产业发展组。合作社732头牦牛被分为6群，每群平均122头，由社员民主推选出在牲畜管理等方面有特长的放牧能手6名、挤奶工7名、产品加工及销售2名、管理及饲养员4名从事合作社牦牛养殖、产品加工。

同时，合作社在县政府所在地恰卜恰镇设立切吉乡央酥生态畜牧业合作社畜产品直销店，安排社员专门销售加工包装的牛肉干、酸奶、酥油、炒面、达拉、冬虫夏草、红蘑菇、人参果、玉石等土特产，初步形成了一二三产业融合发展的模式。

合作社在发展壮大的同时，也没有忘记回馈社会。2017 年底，合作社从公益基金中拿出 10 000 元，开展爱心帮扶救助活动，购买面粉 20 袋，大米 20 袋、青油 20 桶，对村里的孤寡老人、五保户、残障人员等 20 户进行慰问，每户发放现金 300 元，使孤寡老人、五保户、残障人员感受到到了合作社的关心、集体的温暖，使塔秀村形成了团结、互助、和谐的发展氛围。

“从 2018 年开始，我们让 20 户低保户和残疾人员都加入合作社，并且给他们发放生活补助，使他们的生活有所保障。”班玛才让说，发展合作社的初衷就是让一些无劳动能力、收入较低的老弱病残的牧民群众依靠合作社实现致富增收，改变生活状况，为此合作社还专门制定了一些帮扶政策。

“这几年，我们合作社制做的风干牛肉和乳制品都参加过一些畜牧产品的比赛，也都获得过不错的奖项。去年，我们还获得了全县的一等奖。如果能够把传统产品的价值继续传承和发扬，继续融合现代商业理念，今后合作社的增产增效就不是问题了。”班玛才让说。

“关于现代商业知识方面，大学生就具备这个优势。但是刚毕业的大学生虽然有知识，却缺乏实践经验，尤其是缺乏畜牧业方面的实践，这是一个短板。我个人认为，老人和年轻人可以合作，各尽所长，这样才能让合作社稳步发展。”副理事长说出了自己的看法。

班玛才让计划，下一步合作社采取“种养 +”模式，利用 1 ～ 2 年时间，使饲草料种植面积达到 2 000 亩，实现合作社舍饲养殖草饲料自给自足，降低舍饲养殖成本，种植中药材 420 亩，探索种植多样化。购进牦牛种公牛 40 头，母牛 700 头，将现有牦牛改良为环湖牦牛，建立共和境内种公牛繁殖基地，优化畜群结构，提高母畜比例，以加快畜群结构调整，促进良种推广，形成环湖地区牦牛良种品牌。

同时，合作社将积极探索扩大一二三产业融合发展路子，逐步配备畜产品加工需要的运奶车、乳品加工机器、冷藏室、奶牛浓度机、土特畜产品包装等配套设备，壮大畜产品加工业，逐渐淘汰落后的手工生产方式，促进畜产品加工向标准化规范化方向发展。

“我们的合作社收入每年都在持续增长，社员们得到的实惠越来越多。现在，合作社将发展野血牦牛品种作为重点，并于去年购进了 1 000 头母牛，合作社将传统养殖与先进的科学繁育相结合，实现牦牛提纯复壮，加大优良品种数量，进一步提升生产性能。就在前几天，我们还给每一头牦牛都做了档案，便于准确掌握每头牦牛的状况。”对此，班玛才让对今后合作社发展牦牛品种干劲十足。

迈出收获的一步步

——兴海县雪域生态畜牧业合作社发展纪实

“我们合作社是在2011年成立的。当时，据统计，兴海县牦牛的数量总共在30万（头）左右，这是一个非常好的资源。所以，我们就想加工奶制品是个不错的选择。”合作社创始人俄项东主兴致勃勃地对我们讲起了合作社发展奶制品加工产业的初衷，“刚开始，我们加工了牛奶、酸奶、酥油和曲拉等产品。那些年收入也比较好，（合作社）每年纯收入都在30万以上，这是绝对没有问题的。”

万事开头难，做任何事情都不会一帆风顺的，雪域生态合作社也同样经历了一段非常艰难的发展过程。合作社成立之际，很多村民对它的前景不太看好，甚至担心自己的私有财产公有化，或被公家占有，认为大概与人民公社时期的合作社没什么两样。因此，在全村人当中几乎没有一个持赞成态度的。

为了发动群众的积极性，县上领导多次派工作人员到基层做他们的思想工作，并且不厌其烦地解释生态畜牧业专业合作社和以往合作社的根本区别、优势及发展前景，但效果甚微。最后在他的多次努力下，只有10户、共35名亲戚投入少量的牲畜，抱着试试看的态度入股，于2011年4月27日正式注册成立兴海县雪域生态畜牧业专业合作社，法人更卓措。

2011年6月，合作社在兴海县旧车站院内租了3间房子，注册了名为“杂日”的兴海牦牛酸奶商标，利用20万元合作社启动资金，购置了1辆长安牌农用车和冷藏箱，以及1套加工酸奶用的简单设备，开始在院内进行小规模的家庭式酸奶加工作坊，并将正宗的纯天然牦牛酸奶投入当地市场，这在整个兴海县属首家，历史性地开启牦牛乳和牦牛酸奶、酥油、曲拉等乳制品流入市场的好头。年底合作社纯收入10.4万元，人均分红2977元。

2012年4月，合作社入驻兴海县高原生态农牧业科技示范园区，并通过土地流转，与其他两家合作社一同征得1 097亩土地，其中雪域生态合作社拥有100亩。当年5月起，在自己所有的土地上修建16间砖木结构的房子，2013年起，在现有规模的基础上，通过政府的项目资金和自筹资金扩大建设规模，建筑面积达到5 440米^2，其中包括加工车间、办公室、小厂房、工人宿舍、停车场及花园，注册了“刚坚宝”商标。

2014年雪域生态畜牧业专业合作社扩大经营范围，在原有的基础上，成立了兴海县沃措畜产品开发有限公司，对野生黄蘑菇、高原人生果（蕨麻）、藏雪莲、糌粑等原产品进行深加工，已通过全国工业生产许可证，与青海合臣钢结构工程有限公司签订鲜奶加工车间工程合同，并于2016年7月建设完工。同时，兴海县沃措畜产品有限公司与上海承欢轻工业机械有限公司签订500L / H牦牛鲜奶生产线设备设计、制作、安装项目，两项工程总投资225万元。今后公司将扩大生产规模和经营范围，逐步形成集中收购县域牦牛鲜奶，加工生产高原牦牛有机奶粉。

2015年4月，合作社发起组建“兴海县新希望奶牛养殖农牧民专业合作社联合社”，联合社成员有奶牛养殖专业合作社7家、饲草料养殖专业合作社2家、公司1家、生态畜牧业专业合作社1家，形成“饲草料种殖、奶牛养殖、乳制品加工、贮藏、运输及销售”的产业链发展模式。以前没人赞成成立合作社，但经过几年的摸爬滚打，合作社走向了正规化、规范化，机构和规章制度不断建立和健全，有了稳定的收入，村民对合作社的看法也逐渐转变，开始对合作社的前景有了期待，并积极入社，到现在为止已入社40户，150人，入股草场97 035亩，入股牦牛502头，合作社固定资产达到400多万元。在兴海境内属于设备比较先进、配套相对齐全、生产经营规范、营销收入较为突出的生态畜牧业专业合作社。

通过几年的摸爬滚打，合作社发展方面积累了丰富的经验，无论从制度建设、基础设施、人员培训、畜产品加工、品牌营销、互联网的运用、劳动力转产等方面都取得了不错的成绩。具体做法包括以下几个方面。

（一）建章立制，规范管理。

根据合作社自身管理要求，合作社内设生产技术部、销售部、财务室、办公室等机构，建立和完善内部管理机制，如：合作社财务管理制度、成员大会制度、质量安全制度。在股份利益分配上，综合考虑了养殖户的养殖规模，经营水平、科技效能和养殖户入社的经济承受能力等因素，注册资金300万元；全社成员每人最少入股股金不得少于10万元，成员代表大会是合作社的最高权力机构，表决权一人一票，并认真执行农牧民专业合作社财务制度。

（二）不断完善基础设施建没。

为进一步搞好基础设施建设，扩大合作社畜牧业养殖规模，合作社整合牛用暖棚100幢，共12 000米^2，基本实现冷季养牛暖棚化；从全村四季草场全部实现围栏化，采取划区轮牧，实行随季分群放牧，有效利用草场，遏制了草场的进一步退化；人畜饮水管道、通信、广播、电视全覆盖。

（三）加强人员培训，逐步改善技能短板。

针对合作社成员文化程度较低，科学管理和技能水平较低的问题，合作社通过申请争取培训名额，合作社负责人于2015年6月，参加由青海省农牧厅畜牧业处举办的“青海省全国草地生态畜牧业试验区建设工作推进会”，2015年9月参加了由农业部办公厅举办的“全国农牧民合作社加工示范单位”培训班，另外还按照每户至少有一人掌握一两门实用技术的目标，结合“阳光工程”技能培训，每年培训人数不少于80人，群众掌握了最基本的科学养畜技能。一定程度上解决了专业技术人才短缺的问题。

（四）优化畜群结构，加大饲草料基地建设。

合作社整合饲草料基地1 000亩种植优质饲草料，为发展生态畜牧业进行半舍饲养殖提供饲草料保障。同时，不断优化畜群结构，把畜牧业结构调整作为牧业发展的主线，将牦牛母畜比例提高到54.5%。

（五）品牌营销，完善网络。

为了提高产品的市场竞争力，合作社根据销售要求，派销售员到各乡镇和农产品批发市场进行宣传。同时，经多方协商，把兴海县雪域生态畜牧业专业合作社入驻兴海县生态农牧业科技示范园区，建立了营销网络，实施统一收购，统一品牌，统一质量，统一销售，占成员产品总值的85%以上。

“刚开始合作社成立的时候，加入合作社的只有10户，但是到现在已经发展到有40户了，这是非常可喜的变化。”合作社理事长提及合作社入社情况的转变，不禁颇为欣慰地说道。

“在兴海县周围，带动了很多合作社发展奶制品产业，仅仅在县城内卖奶制品的店铺就有50多家。”合作社理事长自豪地说。

“从奶源的角度来说，兴海县有着得天独厚的地理优势，因为属于中心地带，周围又都是游牧村，所以奶源没有任何问题。如果能够利用好这种资源，再将加工后的奶制品销售到更大的市场，这将是一个非常不错的发展方向。”合作社创始人俄项东主说起了合作社奶制品加工发展的优势也是头头是道，胸有成竹。

“现在，合作社的生产厂里，1个小时能生产1吨（奶制品），合作社在销售方面没有太大问题，所以，今年合作社的目标是（奶制品）纯收入能够达到500万元。”理事长对今年合作社奶制品的收益有所要求。

“刚开始的时候，我们把所有的产品都以散装的方式进行销售，但这样没办法进入大的市场，”俄项东主提及奶制品加工最初走的弯路时，直言不讳地说道，“所以，我们在2018年开始，转变了生产方式，调整模式，走向现代乳制品企业。”

“比如说牛奶，以前，10千克牛奶生产出1千克酥油，而1千克酥油如果卖出去，就只有60元。但是，合作社成立之后，1千克牛奶是14元，10千克牛奶就卖到了140元。这样一来，收入就翻了至少1倍，这就是很明显的收入增长。”俄项东主举出具体的例子，来说明加入合作社给牧民群众带来的实际经济效益。

“牦牛奶制品的营养价值很高，甚至可以说是世界级的。所以，在未来我们（合作社）的发展方向和要求一定是要面向高端市场的。”副理事长对于奶制品未来发展有自己的看法。

通过大力推进生态畜牧业示范点建设，初步规范了运行机制；牲畜和生产资料通过作价入股的形式进行整合，合作社生产向集约化经营、规模化养殖迈出一步又一步。

海北篇

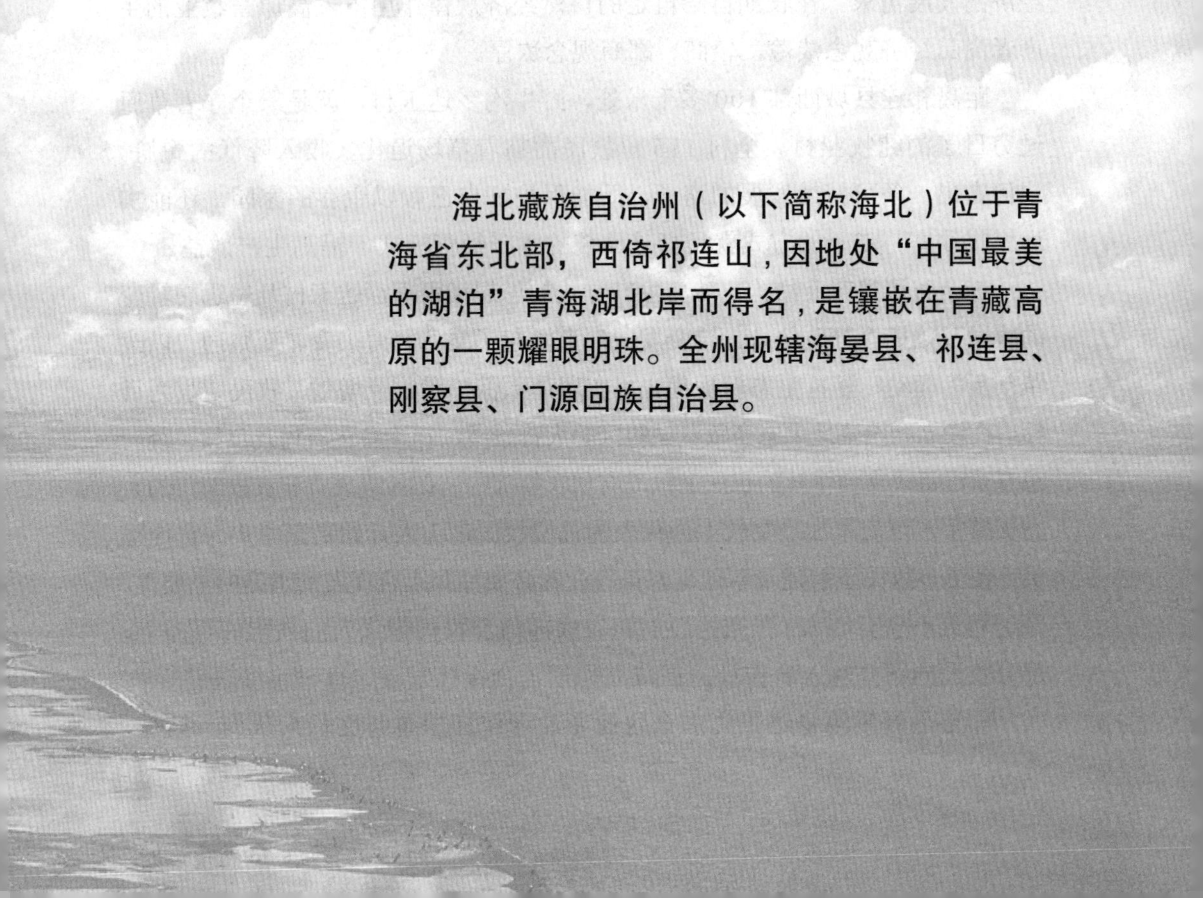

海北藏族自治州（以下简称海北）位于青海省东北部，西倚祁连山，因地处“中国最美的湖泊”青海湖北岸而得名，是镶嵌在青藏高原的一颗耀眼明珠。全州现辖海晏县、祁连县、刚察县、门源回族自治县。

“祁连路子”变革产业发展

——祁连县达玉生态畜牧业合作社发展纪实

自古以来，草原是牧民群众赖以生存的基础，畜牧业是牧民群众生产生活的主要载体。但长期以来，由于气候环境的影响和人口数量的增长，超量过载的放牧，致使草场退化、畜牧业生产效益水平低下，不仅制约着农牧民群众持续增收，也限制了草地畜牧业的发展。

特别是进入新世纪，以户为单位单打独斗、分散经营的模式效益已“贴底到顶”，无论从商品经济的发展，还是经营思想上，都已不符合现代社会经济的发展需求。在长期自给自足的自然经济规律作用下，高原畜牧业的生产者商品经济观念淡薄，轻商、鄙商观念浓厚。

距离祁连县城西部100多千米处，野牛沟乡达玉村，就是一个守着草原过穷日子的纯牧业村。全村115户牧民面临着草场退化、收入降低的尴尬。如何走出一条可持续发展的路子，既能保护好自己赖以生存的家园，还能实现增收致富。唯一的方式就是打破传统的生产经营模式，提高生产效益。

在全省调整产业结构、转变生产方式的思想指引下，达玉村几位思想转变的牧民开始在“打破传统、转变发展”上做起了文章。穷则变，变则通。以改革创新为驱动，坚持生态保护优先，实现草原保护和牧业增效、牧民增收为目标，在设立全国草地生态畜牧业试验区的大背景下，祁连县达玉村几户牧民统一思想后，将成立合作社的想法上报政府和农牧部门，在各级政府和农牧部门的大力支持下，以南木加、文长太为代表的几位牧民带头人开始走家串户、宣传动员，使更多牧民了解建设草地生态畜牧业的必要性和走合作发展道路的重要性。

功夫不负有心人。在当地政府和农牧部门及牧民带头人的共同的努力下，部分牧民同意并加入合作社。但成立初期，合作社发展一直举步维艰。

祁连县野牛沟乡达玉生态畜牧业专业合作社理事长文长太认为，第一，牧民对合作社的理解程度不够。第二，不明白走规范化路子的重要性。这些因素对牧民入社的概率直线下降，有的牧民入社后又想退社，有的牧民又在徘徊当中，面临各种困惑，农牧部门工作人员和几名合作社的骨干一直坚定信念，为争取每一户牧民群众，他们东奔西走，挨家挨户宣传动员。经过几年的努力和奔波，渐渐让牧民意识到走规范化的重要性。

2015年8月，在县委县政府和县农牧部门及乡政府的关心支持下，合作社进行了规范化建设股份制改造，同年12月规范化营运的达玉生态畜牧业专业合作社正式启动。并制定了章程，推选了新一届理事会、监事会成员，设立了生产销售等部门，合作社坚持向规范化发展道路迈进。

股份制改造后的合作社对牛羊按等级划分、分群管理，制定科学的放牧管理制度，对放牧员进行考核评定，实行统一营销策略、统一生产资料管理、统一技术人员培训、统一畜种选育防疫、统一人员培训。

在畜牧业稳步发展的同时，合作社积极融入二三产业，通过融资贷款、项目支撑等方式，在县城购买了2 000米^{2}的3层小楼，一楼为合作社办公室及实体店，二楼、三楼为旅游宾馆，在增加合作社收入的同时，有效解决了富余劳动力再就业问题。

2016年，合作社总收入达297.2万元，纯收入达102.1万元，成员人均收入比全乡高出5 000多元。2017年，合作社总收入达669.86万元，人均收入达1.8万元，同比增加28.33%。全村入社率也逐年上升，从起初的30多户发展到现在的50多户，超过全村村民总数的62%。

“以前，靠自己家的草山养牛养羊，夏天挖点冬虫夏草，养家糊口还勉强，可供孩子读书，家里零七碎八的支出，一年下来，各种费用需要两三万元甚至更多，加之老人年岁已高，日子过得紧紧巴巴……”说起往昔的穷日子，文长太神情显得有些凝重。

文长太说，2015年12月，达玉生态畜牧业专业合作社顺利完成股份制改造后，入股社员33户131人，整合草场6 300公顷，整合牲畜5 512头只，入股总资产达959.86万元，带动精准扶贫5户21人。现在合作社社员的收入都增长了几倍，入股社员也增加到50多户。

改造后的股份制合作社，对基础设施建设、牲畜结构调整、科学养殖、良种补贴、融资贷款、多种经营进行详细规划，制订方案。同时做好富余劳动力转移就业培训，对每个社员按特长在一二三产业领域内进行重新分工，实现了生产标准化、畜群良种化、饲养规模化和营销品牌化，彻底改变了以往的传统生产经营模式，使牧民的收入迈向多元化，让黑河河畔的草原人家真正实现了生态、生产、生活的协调发展。

行走在文长太家的草场上，蓝天白云下呈现出初夏草原乍暖还寒的另一番景致。植被细密而硕长的草地里，牛羊悠闲地啃草，远处传来野马鸡“咕咕，咕咕”的鸣叫声，穿行在山峦阳面山坡上的牛羊好似行走在云端上。文长太说，达玉生态畜牧业合作社的成功运营，不仅增加了群众收入，也使广大牧民群众对生态保护有了更加清晰明确的认识。

2018年12月6日，野牛沟乡达玉生态畜牧业专业合作社举行了下属旅游公司及办公场所揭牌仪式，标志着达玉生态畜牧业专业合作社有了新的产业链，多了一条发展路子。

2019年5月，达玉生态畜牧业合作社的旅游宾馆投入运营，宾馆结合了游牧文化体验、实体店消费、餐饮为一体的多业态经营方式，有效解决了合作社富余劳动力再就业问题，加快了合作社社员脱贫奔小康，先富带动后富的步伐，使社员持续增收之路。

野牛沟乡达玉生态畜牧业合作社理事长多多说：“达玉合作社成立于2015年，一是全体股民的辛勤努力，二是相关部门的鼎力支持才形成现在的局面。我们30几户股民齐心协力，开发旅游公司，建设旅游宾馆，融合不同产业，助力帮扶事业，既符合政策走向，也为社会带来实际效益。”

通过这些年的努力，合作社取得了满满的成果。在“青海·海北州第四届优良畜展会”上，合作社展示牦牛10头，获得优秀个体展示一、二、三等奖。合作社被州委、州政府评为“全国草地生态畜牧业试验区创新示范基地”，祁连县委、县政府授予合作社“农牧民专业合作经济组织建设奖一等奖”。2018年，合作社荣获“青海省优秀合作社”荣誉。

合作社的辉煌，也成就了社员们的荣光。2017年12月，合作社生产经理文长太荣获“全国劳动模范”荣誉。2018年8月，合作社监事长南木加被评为“优秀工作者”。每一个人都在合作社这个平台中发挥自己的特长，服务于合作社，用心打造一个不一样的合作社，唱响了一首草原牧民未曾唱过的现代生态畜牧之歌！

大学生领办“智慧畜牧”

——门源县皇城老牧人生态畜牧业合作社发展纪实

皇城蒙古族乡位于闻名遐迩的岗什卡雪峰下，独特的高原草甸环境，造就了门源古八景之一的“鸳鸯花海”奇特景观。皇城大草原也因此而被誉为“黄金草原”，是中国美丽的六大草原之一，也是祁连山草原的重要组成部分。蓝天白云下的草原植被细密，牛羊悠闲地吃草。

在海北藏族自治州门源回族自治县皇城乡西滩村较为分散的村落中，皇城老牧人生态畜牧业合作社一排排蓝顶畜棚显得格外引人注目。合作社是2017年7月通过租赁重组登记注册的，马兴全是合作社理事长，他的弟弟马兴军大学毕业后也加入合作社。当越来越多的大学毕业生选择考取公务员、企事业单位为就业渠道时，马兴全弟兄两人创办的生态畜牧业专业合作社引来许多关注的眼光，因为它成为门源县大学生创办合作社的一个典范。

时间回到2011年7月，在烈日焦灼的陕西长安，偶感茫然却又自信满怀的马兴全从长安大学土木工程专业毕业了，初出茅庐的他，憧憬着美好的未来。在经过笔试、面试等环节，顺利招聘为青海某公司的员工。经过两年的摸爬滚打，他从一名技术文员晋升为项目经理，入选公司“1 200”经理人专项梯队，成为公司年轻一代最具发展前途的优秀员工。面对事业的收获，他更加热爱自己所学的专业，更加坚定了干好专业的信心。

2013年9月的一天，他放假回家，碰巧看到父亲拿着一沓图纸，愁眉苦脸地看着，脸上露出焦急的无奈的神情。他接过图纸一看，是几张很简单的畜棚钢架示意图。原来父亲与朋友合伙承包了10栋畜棚建设的土建工程，从一名土生土长的庄稼人转变为所谓的“包工头”，还真有点吃力。在他的说明下父亲很快明白了图纸内容，看到父亲从皱纹里透出的笑容，他感到一丝欣慰。接下来的几天他跟着父亲，到工地帮忙。

看着一座座建好的钢架畜棚和正在建设的畜棚，马兴全没想到家乡的变化这么大，牛羊住上了“洋房”。在与一位老乡的交谈中，他了解到父亲们干活的地方是皇城老牧人生态畜牧业专业合作社，由于缺资金、缺人才，经营效益不景气，合作社成员对发展舍饲畜牧业信心不足，打算转让合作社。时间过得飞快，转眼假期很快结束了，他又回到了公司，但他似乎有了一件心事，这年夏天，弟弟马兴军也从辽宁财经大学财会专业毕业了。

2015 年，全国草地生态畜牧业试验区建设工作在全省 6 个州如火如荼地开展起来。一石激起千层浪，股份制合作经营成了草原上人们茶余饭后谈论的焦点，有的人焦灼着、有的人观望着、更多的人还是事不关己，高高挂起，一如往常守护着自家的小田地。这时的皇城老牧人生态畜牧业专业合作社，由于在试点启动工作综合评估中排序较低，未能入选门源县试点合作社，作为皇城乡起步较早的合作社，集约经营水平还是未能得到有效发展。

对于合作社的发展，皇城乡党委和政府多次召开会议，寻找出路。2017 年上半年，在皇城乡政府、合作社理事会多次协商下，已经从公司辞职的马兴全作为股东加入门源县皇城老牧人生态畜牧业专业合作社。

“天地转、光阴迫，一万年太久，只争朝夕。”重新组建的合作社从组织结构抓起，投票产生新一届理事会、监事会、理事长、监事长和生产经理等人员。大会一致通过皇城老牧人生态畜牧业专业合作社《章程》。

与其他新建的合作社不同的是，皇城老牧人生态畜牧业专业合作社基础条件相对来说还是好的。在收购重组之前，已经有好多的牧民加入到了合作社，合作社立足本村实际，打破村、乡界限，创新发展思路，使草场、土地、牲畜、劳动力、资本和技术实现有效整合和集约利用，皇城乡西滩村、马营村、北山村集体经济也成为合作社的股份之一。

合作社在皇城乡和祁连县峨堡镇承包草原共计 3 万多亩，按照草畜平衡的要求合理的规划和划分草原，并且在皇城乡流转土地 470 亩，种植燕麦草，狠抓牧草良种繁育、饲草基地建设和饲草料加工 3 个关键环节。多渠道筹措资金，大力发展饲草产业，实现以草畜联动为主要内容的生态畜牧业建设，为合作社的舍饲养殖奠定了坚实的饲草基础。

生态畜牧业深入发展，讲求的是一二三产业融合发展。

理事长马兴全的心中有着自己的打算，他谋划着生态畜牧业能更进一步与现代科技结合起来，打造全省第一家“物联网+智慧”生态畜牧业养殖基地。

然而当他将自己的想法告诉理事会成员时，有的赞同，有的反对，认为现在合作社刚有了点起色，摊子不能做得过大。几经沟通，最终大家还是在这个问题上达成了一致意见，确定谨慎投资、探索发展。2017 年 8 月，合作社投资扩建智能畜棚 7 800 米^2，饲草料库房 3 000 米^2，修建冷库及牛羊肉分割车间 640 米^2，养殖牦牛 500 头，藏系羊 3 000 只，购买了两台小型的无人机，教会了牧场放牧的人员，节省了大量的人力物力。

对于合作社理事会成员来说，发展一产只是他们筹谋的一个主业。就在这年夏天，合作社成立了门源县草原人农牧业电子商务有限公司，将物联网的建设与生态畜牧业建设结合起来，通过电商、直营店等形式，打造“皇城老牧人”品牌。如今合作通过电商将产品销售到了全国各地，产品包括牛肉、藏系羊肉、酥油等。

2017 年 10 月的一天，时任副县长华卡才让和县农牧和科技局领导一行来合作社了解合作社组建情况，当时合作社理事会成员及部分社员正在探讨如何搞生态畜牧业的问题。县领导指出，“合作社不能单靠畜牧业的发展增加收入，要通过畜产品加工或草原休闲旅游等其他渠道创收，合作社开发草原生态休闲观光旅游既能解决合作社剩余劳动力就业，又能增加经济来源，是畜牧业和现代旅游业相结合的发展重点”，同时要求要合理解决好同合作方的投资、利益分成比例等。这番话让合作社理事会成员如醍醐灌顶，当即协商作出决定，皇城老牧人生态畜牧业专业合作社筹备“草原人家”餐饮、烧烤营地。

2018 年 6 月 11 日，“草原人家”餐饮、烧烤营地正式开业。一个夏天就收入了 80 万元，解决了村里剩余劳动力和贫困牧民就业 18 人，发放工资 5 万多元。

2018 年，合作社牧民入股 33 户，现有牦牛 528 头，藏系羊 6 200 多只。其中牧民入股牦牛 53 头，羊 4 554 只，入股草原 31 332 亩，牦牛作价 5 000 元，藏系羊作价 960 元，草原作价每亩 55 元，合计牧民牦牛总价 265 000 元，藏系羊总价 4 371 840 元，草原总价 1 723 260 元，总合计 6 360 100 元，折股 3 180 050 股，2018 年分红比例在 8% 左右，平均每股分红 800 元。

“凤凰涅槃，浴火重生。”皇城老牧人生态畜牧业合作社在试点工作中，不断探索、不断发展，到如今以股份制经营为特征，以种养结合循环发展的生态畜牧业模式基本形成，这中间虽然也经历了许多曲折，但合作社始终坚持以“三生共赢”这一发展生态畜牧业的核心目标不动摇，咬住股份制改造不放松，合理配置生产要素，转变生产经营方式，使畜牧业资源组合不断优化，草场、土地的整合质量不断提升，生态环境不断改善。

西滩村做活“草文章”

——门源县皇城乡西滩村生态畜牧业合作社发展纪实

没有一丝风吹动皇城乡西滩村冬日的清晨。峻拔的岗什卡白雪皑皑，一大早人们将自家的牛羊赶出棚圈，成群的牛羊一如往常游弋在枯黄的草场上。

就在这年冬天，守着自家一亩三分地的人们，听说县上要搞全国草地生态畜牧业试验区建设，一段时间“股份制改造、集约经营、草畜平衡”成了牧民们见面时的热聊话题。有人说要回到以前的生产队，有人说不让我们放牧了，要不然就是牲畜减一半。就在人们的猜疑和谈论中2015年匆匆而过。

2016年初春，天气乍暖还寒，海北藏族自治州门源回族自治县皇城乡党委书记尚玉祥、乡长才仁洛布加等负责人召集了村里几十号牧民，还邀请农牧局生态负责人在乡政府会议室开了个会，将全国草地生态畜牧试验区建设工作的来龙去脉向大家做了解说，第一次会议就在人们各种各样的想法中结束了。

那段时间也是乡上的工作人员最忙的日子。大家分头行动，走家串户作思想动员工作，讲政策、算细账，县里和乡上在3个月时间里先后召开了5次筹备工作会议。6月1日皇城乡政府主持召开西滩村生态畜牧业股份制合作社成立大会，当时仅有9户牧户入股，选举产生了合作社理事会、监事会、理事长，通过合作社《章程》。

2016年6月4日理事会一班人马顶着部分牧民的风凉话，迈开了股份制合作社启动工作的第一步。夏日的阳光格外耀眼，羊圈里、草场上，草地生态畜牧试验区建设悄然进行着，社员按入股协议抓羊逮牛，你家120只母羊40只羊羔到位、他家的15头适龄牦牛赶到等，打号分群清点着。合作社整合羊500只，牛503头，草场0.8万亩。

“以前养牛养羊，只是一味地在草场上多放多养，这几年由于草场超载，植被逐年退化，草也不够吃了……”说起往昔的日子，社员沈成炳的神情显得有些凝重。

改变困境，唯有彻底转变发展方式，从索取转向保护生态、保护草原。建设全国草地生态畜牧业试验区的核心就在于以草定畜，实现草畜平衡。草原有多大承载量，只能有多少牲畜。显然，达到这个目标，一家一户的分散经营不可能做到，提高组织化程度成为必由之路。

面对一开始仅有9户入社成员的尴尬局面，合作社理事会成员们心事重重，这等于一个生产小组，试点合作社的工作可谓举步维艰。未入社的牧民们观望着，入了社的更多的是疑惑，对他们来说入社是不是一种有效的选择还是个未知数。

2017年4月的一天，理事会成员又聚在一起召开了一次会议，大家七嘴八舌的发表着各自的看法，焦点还是集中在如何提高合作社组织化程度的事上。

“起步是最难的，让群众入社更难，最终让实实在在的收益说话，只有这样才能让更多的牧民群众认可合作社这种方式，也才能自愿加入参与合作社的发展。”理事长沈存虎的话语重心长。眼看着到了年底，打工回来的社员们最关心的事就是一年下来了自己能从合作社分红多少？合作社从饲草地收入中给每户每亩分红220元，对于这部分红利让大家感到很满意，不过精明的社员算了一下小账，不满意的事儿还是草场每亩分红50元，这跟把草原租赁出去有什么区别？这事弄得合作社理事会成员们很尴尬，可把他们给难倒了。

皇城乡西滩村草场面积本来就小，全村户均只有200多亩，对于合作社来说，集约起来的草场，既要保护生态，又不能使牧户收入减少，的确是一个巨大的挑战。

一天，主管畜牧业的副乡长马占俊来到了合作社，碰巧理事会的成员都在，大家正在计划着划区轮牧的事，看到乡长来了，大家话匣子都打开了，有说困难的，有说思路的，更多的谈论合作社的收益问题。这时马乡长的一席话，打开了大家的思路，“那你们花了几十万建的饲草加工基地呢？这是你们发展生态畜牧业的基础，草的问题解决了，通过发展舍饲养殖和羔羊经济、牛羊贩运，可以弥补草场少的问题”。

正所谓“听君一席言，胜读十年书”，大家这才将思路集中到了“草文章”上。经过商议，一方面要做好宣传动员工作，吸纳更多的牧户入社，另一方面发挥门源优势，积极开展种草养畜，走草畜联动的路子，提高合作社的收益。这一年合作社种植了一部分饲草地，将草场上转移出来的牲畜实行舍饲，合作社饲养规模达到羊 1 800 只、牛 300 多头，一时间合作社的发展有了起色。乡里和县里的领导这时也经常深入合作社进行调研，本着扶上马、送一程的原则，加大对他们的支持，积极鼓励发展二三产业。

2017 年合作社加大了饲草加工业投入力度，利用州县支农资金 60 万元，贷款 200 万元，购置了收割机、运输车，修建了青贮窖，当年种植饲草地 1 185 亩，青贮鲜草 2 290 吨，青干草 430 吨。不但满足了合作社用草需要，还向祁连县和本乡出售袋装青贮 800 吨，青干草 120 吨，当年合作创收 68.3 余万元。牧户分红 46.2 万元，每户分红 2.31 万元，加上外出打工的收入，人均收入达到 1.8 万元，高出全乡人均收入。

合作社工作在人们的质疑中有条不紊行进着。渐渐的来合作社了解情况的人多了起来，合作社审时度势，积极吸纳更多的牧户加入合作社，2018 年合作社入股户数 20 家，集约草场 1.05 万亩，入股牲畜 500 余头只。

经过几年的发展，皇城乡西滩村生态畜牧业合作社积极探索出“放牧 + 饲草料基地 + 袋装青贮（窖贮）+ 补饲”的草地生态畜牧业经营模式，按照牛羊按群专群饲养、草场按类划区轮牧的要求，优化畜群结构，以试点合作社为载体，将草场划分为母畜草场、种畜草场、幼畜草场，实现了按草配畜，为全县推行生态畜牧业经营模式探索出了一条创新之路。

初冬的降雪纷纷扬扬，这个冬天显得比往年寒冷，但合作社的成员心头却感到很温暖，因为有了合作社的发展壮大，养殖业增强了抵御不良天气的能力，大家的收入就有了保障，合作社像一艘稳健航行的船，带领大家迈向更美好的明天。

牧民变股民　致富“念新经”

——祁连县默勒镇老日根生态畜牧业合作社发展纪实

入秋时节虽已寒意渐浓，但老日根村的草场依然挽留着盛夏刚过时的绿色，广袤的草场里依稀泛着片片金黄。

“祁连山下好牧场，骏马奔腾牦牛壮，羊儿的毛似雪花亮。”冬日时节，沿着积雪未消的祁连山麓去探寻歌声中的牧场，处处可以感受祁连山下生态畜牧业专业合作社在草原保护、牧业增效、牧民增收等方面可圈可点的喜人形势。

走进海北藏族自治州祁连县默勒镇老日根村生态畜牧业专业合作社，映入眼帘的是现代化的养殖设施，健壮的牦牛挤满了11个牛舍，这是留下来的种公牛和母牛。

老日根合作社成立于2009年，2015年底进行了规范化建设股份制改造，合作社发展步入正轨。截至2018年底，入股社员32户174人，整合草场5 587公顷，整合牲畜4 725头只，入股总资产550.04万元。

“我们是祁连县最早进行股份制改造的合作社之一，经过近4年的发展，已经形成了一定的规模，从2016年到2018年连续3年实现分红，效益非常可观。”老日根合作社理事长晨云满脸笑意。

据晨云介绍首次分红是63.7万元，2017年是98.7万元，2018年达到了103万元。分红逐年增多也预示着合作社的发展越来越好。1月16日，老日根村的32户村民提前聚集到合作社门口，他们都是参加合作社分红的股民，平均每户分红3.4万余元，其中分红最多的拉木周，加上放牧的工资达到了10.2万元。

提起当初分红的场景，拉木周依然很激动，“我是最早加入合作社的，入股了草山和240只羊，还有放牧的工资，我们的日子一下子就变得好起来了，合作社真正好！”

老日根合作社作为老牌合作社，在自己发展致富的同时，也不忘带动邻村群众致富。“2017 年和 2018 年我们给才什土村的 102 人分红 8.5 万元，让更多的群众受益，也鼓励更多的群众加入到合作社，一起发家致富。”晨云笑着说。

“下一步，我们打算扩大养殖规模，吸收更多的群众加入合作社；同时，也考虑跟电商合作，把我们的牛羊肉、酸奶、风干肉等产品销往外地，抢占更大的市场，把更多的红利分给贫困户。”晨云对合作社的发展充满信心。

成功的花，人们只惊羡她现时的明艳，而当初它的芽儿，浸透了奋斗的泪泉，洒遍了牺牲的血雨。老日根合作社曾经走过的路同样充满曲折、洒满汗水。老日根合作社走过十年岁月“老当益壮”，以生动的实践说明，在牧区只有积极发展规范化、股份制的合作社，扬长避短，让基层群众有体现智慧和才能的平台，才有可能真正落实“一优两高”战略的核心任务。

很多难忘的经历，回望间仿佛就在眼前。2010 年 9 月，虽已入秋，但老日根村的草场依然挽留着盛夏刚过时的绿色，广袤的草场里依稀泛着片片金黄。

老日根生态畜牧业专业合作社成立初期，受制于经费有限，办公均在村委或者理事长的家中。万事开头难，合作社成员文化水平参差不齐，所有的工作几乎都由理事长承担，经费不够就自己垫付；路程太远就包车前往，时间要紧，事情要紧；对于合作社的大小事务，理事长从不含糊。面对家人的质疑和不理解，他默默承受着。

随着默勒镇煤矿规模逐年扩大，默勒新镇规划选址老日根村，开始了初期的建设工作。但是，新镇虽选址老日根村，煤矿虽然效益突出，可村里牧民的收入徘徊不前，大家除了放牧并无其他增收产业，一年四季靠天吃饭，分散经营的效益贴顶到底，草原承载能力已至极限，畜牧产业结构落后、生产经营方式粗放、基础设施建设滞后等多重因素制约着老日根村畜牧业发展。

坐吃山空并非生存之道！作为环湖旅游风景线的小镇，无论天南一览青海蓝，还是海北赏尽祁连风景，老日根都是必经之路！而且，全省推进生态畜牧业建设的力度在持续加快，如何把握区域发展机遇？如何抓住富民好政策？这些成为村民和村委领导一时热议话题，也成为之后见诸实际的点滴行动。

2011年5月，合作社全体成员一致通过决议，出资4.6万元筹建合作社专有办公室和会议室，并聘用相关财务专业人员、文员，逐步完善合作社财务制度、内部管理制度，明确合作社成员工作职责义务。

2012年5月，在祁连县有机办的大力支持和指导下，合作社通过自筹16万元，默勒新镇投资40万元，规划建设了占地20亩的藏系绵羊繁育基地，新建牲畜大棚15栋，饲料仓储间6间，办公室3间，水井3口，粪便无害化处理1处。并积极动员入社牧户精选优良母羊1000只，优良公羊40只，储备合作社藏系绵羊繁育力量。

2013年，经过合作社领导不懈努力，合作社成员的全力支持，省畜牧兽医科学院在默勒镇开展藏羊本品种选育研究。在老日根合作社选育的成年公羊、成年母羊、周岁公羊、周岁母羊。经测定分析，藏羊肉具有高能量、高蛋白质、低脂肪、低胆固醇的特点，且氨基酸含量高，营养丰富，肉味鲜香，品质上乘，是合作社发展的又一机遇。

2014年，合作社在原有场地的基础上扩建，新增牛奶加工机械设备1套，制作羊食槽500个，修建牛棚15处8 480米^2、有机牧场兽医室1处40米^2、畜用暖棚9处1 080米^2、贮草棚5处1 000米^2、青贮窖6处240米^3，拉建网围栏78 000米，合作社发展基础设施加强。

2015年8月，默勒新镇在县委县政府和县农牧部门及乡政府的关心支持下，对合作社进行了规范化建设股份制改造，使合作社进一步迈入正轨发展。

如果说合作社的成立是迈开了脱贫的第一步，那么股份制转型则意味着合作社迈开了脱贫的第二步！历经5年，合作社几经发展，完成了蜕变，由最初的一无所有到如今的规模扩大，由散户放牧到扩建繁育基地，由困难重重、声声质疑到如今团结一心、齐头并进。

股份制改造后，合作社的运营进入有序运营通道。2016年底，共入户32户、人口174人、劳动力95人；共整合草场8.38万亩，其中冬季草场1.93万亩，夏季草场3.12万亩，租赁草场3.3万亩。入股母畜4 725只，分为17群饲养。总资产达到550.04万元。

截至2017年底，合作社各类总收入达263.5万元，纯收入达98.7万元。依据合作社章程 2016 年提取公益金 1%，风险金 5% 后，纯利润达 85.6 万元。为提升广大社员的积极性，合作社举行 2016 年度分红，分红金额达 63.7 万元，合作社成员收入比全乡人均收入 1.7 万元高出 5 000 多元。

牧民变股民，老日根村人收获的不仅仅是发展生态畜牧业带来的增收，更有精神上的财富，如今的老日根村人意气风发。

新技术成就养殖大村

——刚察县宁夏村生态畜牧业合作社发展纪实

海北藏族自治州刚察县城往西60千米处，坐落着一座村集体经济繁荣、群众人均收入高的村落。这里的群众除了自己打工增加收入，每年还能从生态畜牧业合作社分到一笔可观的分红。这个叫宁夏的村子，成功地实现了脱贫致富，也为刚察县泉吉乡生态畜牧业发展提供了经验。

“谁也想不到当初大部分人极力反对的高效畜牧养殖模式如今会让大家共同走上致富路。几年间的曲折艰辛，在村党支部的带领下，问题在一一破解，生活是越来越好了。”宁夏村村民华青才让回忆起近些年家里的变迁时多有感慨。

宁夏村是一个纯牧业村，共89户、419人。长期以来，宁夏村经济发展由于受牲畜超载，草畜矛盾突出，生产经营模式单一、资源分散、技术粗放、易受市场风险左右，以及基层党组织带头致富创业能力弱等问题的影响，畜牧业生产发展举步维艰。

如何既解决草畜矛盾，又实现牧民增收？从2008年注册成立“宁夏生态畜牧业专业合作社”，宁夏村被确定为海北州集约化经营试点村，到2010年被确定为全省生态畜牧业建设示范村；从2011年被确定为省级新农村新牧区建设示范村及党建工作省级示范村、海北州高原生态畜牧业建设示范点，到2012年宁夏生态畜牧业专业合作社被评为海北州优秀农牧民专业合作社，再到宁夏生态畜牧业专业合作社被评为全国草地生态畜牧业试验区试点，宁夏村在生态畜牧业专业合作经济组织建设、牲畜草场整合、商标注册、畜产品加工、畜种结构优化、种公羊集中管理等方面做了大量卓有成效的工作，在不断的摸索与实践中，形成了以“村党支部+合作社+联户经营小组+牧户”的生态畜牧业股份制发展模式。

新发展模式导航，宁夏村积极引进实施“藏羊两年三胎，牦牛一年一胎”高效养殖技术，通过生态畜牧建设和集约化经营，持续转变生产经营方式，逐步形成了合理的产业区域布局、科学的生产经营模式、完善的服务体系和市场体系，推进畜牧业由粗放型向集约型加快转变，减轻天然草场压力，让创新的科学技术给生态畜牧业插上翅膀，经济效益和生态效益得到了明显提高和改善。

“羔羊繁活率提高 5%，羔羊 6 月龄活重比传统饲养方式提高 14 ～ 21 千克；对母羊进行科学补饲，在枯草期失重比传统放牧母羊减少 8 千克、损亡率降低 2%。扣除补饲的成本，100 只母羊创造的利润超过 6 万元，是传统放牧条件下的 2 倍多。而且使天然草场放牧压力和载畜量降低 20%。”

说起牦牛、藏羊高效养殖技术，宁夏村生态畜牧业合作社理事长才保深有感触地说：“高效养殖技术最大的优点，就是实现了羔羊早期断奶后统一饲养、统一销售，大大加快了羔羊出栏的速度，既减轻了草场压力，又提高了收入。”

华青才让所在的刚察县泉吉乡宁夏生态畜牧业专业合作社是以村为单位的合作社，共有 23 个联合经营小组，11 个党员示范户。“我们以 50 亩草场为 1 股、10 只羊为 1 股的入股形式，以大户带动小户的方式集约经营，通过出售羔羊、淘汰母畜和羊毛增收，人均年收入能达到 1.2 万多元，比 2009 年的 4 000 元翻了 3 倍还多。”

原来一个羊单位 3.8 亩草场，成年畜死亡率 10%、羔羊死亡率 60%，母畜比例 40%，生产成本逐年加大。经过村党支部的宣传引导，以及党员的带头示范，近年来，牧民的思想观念逐渐转变，养殖方式逐渐科学化，截至目前，1 个羊单位 5 亩草场，牲畜死亡率大大降低，母畜比例更是在 80% 以上。科学养殖带来的是经济效益的提升，草场负担减轻，生态明显改善。“收入好了，往年这个季节漫天的沙尘也不见了。”华青才让欣慰地说。

宁夏村联点干部、泉吉乡副乡长杨德霖介绍道：“宁夏村的这种模式，打破了农牧民群众‘单打独斗’的生产经营方式，形成抱团发展、集约搞经营的局面，收到‘基层党组织得到加强、集体经济得到壮大、牧民收入得到增加、生态环境得到改善’的良好效果。”

在村民人人夸赞的“宁夏模式”带领下，宁夏村这个海北“最美乡村”，被评为省级新农村新牧区建设示范村及党建工作示范村，成了远近闻名的养殖业大村。“我们以前是分散养殖，大家都有几百只牛羊，但很难有更多的收入。”宁夏村党支部书记才保，走上以合作社为载体的集约化经营道路，合作社实现了股份制分红，2017 年合作社各类总收入 2 492 337.37 元，分红金额达 1 250 915.83 元。2018 年合作社总收入 3 180 520 元，分红金额达 2 434 847.5 元。

56 岁的兴科是宁夏村土生土长的牧民。在兴科一家人眼里，宁夏村“两委”班子就是他们的福星。2018 年岁末盘点，说起分红的话题兴科脸上洋溢着喜悦，他说：“自从在草地生态畜牧业专业合作社入股以来，我们家的收入一年比一年好，每年能拿到 7 万～8 万元的分红，今年的分红仪式过两天就要启动了，预计我能分到 10 万元呢！”

实现增收后，宁夏村的牧民并没有停止前进的脚步。“在养殖牛羊的基础上，我们又增加了酥油、糌粑、桑料等产品的加工和销售，在市面上看到的‘瓦颜山’等牌子的农畜产品，可都是属于我们宁夏村的。”才保说。除了在生态畜牧业上“做文章”，宁夏村还通过整合援建资金 705.9 万元，在县城购置了商住楼和 9 间商铺，通过出租、承包等方式，增加村集体经济的收入。

畜牧业作为农牧业的重要组成部分，是链接和推进二三产业协调发展的中轴产业。生态畜牧业建设的推进，使宁夏村畜牧业加快从传统养殖向生态畜牧业方式转变，启动了以养殖为主体的单一发展模式向养殖、经营、加工等为一体化发展转变。一二三产业联动，仅 2018 年宁夏村集体经济收入就达到了 30.14 万元。在刚察县城藏城核心区不远处有一幢 4 层大楼。据介绍，这幢楼是北京神华集团投资 700 多万元、宁夏村合作社投资 200 万元，加上群众入股建成的。

25 岁的扎更措在这栋楼的藏城梦境客栈工作，正是这份固定的工作给她带来了如今的好生活。“来这工作之前家里就靠我外出打工维持生计，但打工收入很不稳定，还要常年在外漂泊。1 年前，经村里介绍我来到这个宾馆工作，现在 1 个月能拿到 3 000 元的工资，终于有了稳定的收入来源。”扎更措激动地说。

宁夏村把发展畜牧业专业合作经济组织作为提高农牧民组织化程度和引

导农牧民闯市场的重要桥梁，在深入推进生态畜牧业建设工作中，按照“因地制宜、各具特色”的原则，紧紧把握市场资源配置这个导向，把草场、牲畜、棚圈等生产资料整合作为工作的核心，以专业合作组织带动为依托，以组建生产经营小组为主要形式，通过草场合理流转的有效途径，动员群众充分发挥自身优势，创新发展理念，积极推进农牧民专业合作组织发展。

宁夏村以保护草原生态环境为前提，以科学合理利用草地资源为基础，以建立草畜平衡机制为手段，以转变生产经营方式为关键，以实现人与自然和谐、畜牧业可持续发展为目标，加快转变畜牧业发展方式和提高畜牧业综合生产能力，通过草畜平衡示范推广，提高专业合作组织带动能力，加快富余劳动力分流，拓宽牧民增收渠道，探索建立生态效益和经济效益并重的生态畜牧业发展模式，加快构建现代生态畜牧业体系，促进畜牧业的可持续发展。

过去的10年中，宁夏生态畜牧业专业合作社在每一次的困难后变得更加强大，从下而上有了一个完整的发展体系，依靠科技创新推进生态畜牧业，托起牧民群众生活小康梦。

集约化激发草原新活力

——祁连县默勒镇多隆村生态畜牧业合作社发展纪实

蓝天白云下的海北藏族自治州祁连县，宛如一幅展现高原牧场自然风光、静谧又安逸的画卷。徜徉在这片最美丽的草原上，改革与发展的气息扑面而来，欣喜和欢乐跃动成幸福的歌谣自远方响起。

“从今年5月开始出栏的6月龄羔羊每只肉产量能达到16千克，按市场价每千克48元计算，1只就能卖上768元的高价，相当于过去秋季大羊的价格，效益自然没的说。”2017年，发展草地生态畜牧业的祁连县默勒镇多隆村生态畜牧业专业合作社理事长韩德幸尝到了甜头。

祁连县是青海省畜牧业重点发展区域，然而随着草畜矛盾加剧等问题，畜牧业渐渐衰弱。近年来，祁连县立足生态立县战略，依托自身优势推进绿色发展，以打造全国草地生态畜牧业试验区为契机，以生态畜牧业合作社建设为平台，加大畜牧业发展的智慧化、生态化、绿色化、品牌化，逐渐使国家地理标志“祁连藏系羊肉”重振往日雄风，“智慧+生态+绿色+品牌”的全新畜牧业发展模式成为草原经济新的增长点。

为加快生态畜牧业合作社建设步伐，祁连县先后在默勒镇多隆村、默勒镇老日根村、峨堡镇黄草沟村、野牛沟达玉、野牛沟大浪村5个村开展生态畜牧业合作社先行试点，通过合作社牵头，打造了一批适应市场需求的农牧民专业合作社，实现生产方式、经营方式的根本转变。

标准的养殖暖棚、配套的办公设备、干净整洁的饲草料储备库……走进默勒镇多隆村生态畜牧业专业合作社，映入眼帘的是现代化养殖设施和一派繁忙景象，工作人员有的正忙着焊接羊圈钢架，有的在清洁羊圈。

“合作社成立于2012年，截至目前，全村有33户、179人以圈舍和自由羊只入股，实行股份分红制度，我们为牧民们提供牛羊、技术，有订单后分红肯定不少。现在合作社已经整合了集约草场6.5万亩，有7 720只羊，358头牛。”2016年收官在即，多隆村生态畜牧业专业合作社韩理事兴致勃勃地说。

自2015年规范化运行以来，多隆村集体经济通过专业合作社统一采购生产资料、统一生产技术、统一销售等，一方面降低了生产经营及销售的成本与风险，提高了收益；另一方面增加了牧户对合作社的信任度，提高了入社率。

为推动合作社健康发展，祁连县农牧局成立草地生态畜牧业试验区建设办公室，默勒镇人民政府专门成立了管理生态畜牧业专业合作社的牧合事务所，双管齐下，全面指导监管合作社规范化运行管理。多隆生态畜牧业专业合作社进行实名制入股，制定规章制度，实行民办、民管、民收益经营模式，坚持尊重民意、政府引导、合作社主导的原则，坚持风险共担、利益共享的长效发展机制，实行“春季禁牧，夏季游牧，秋季轮牧，冬季自由放牧”四季科学放牧新模式，提高了草场连片使用率，提高了牲畜的承载能力，缓解了草畜不平衡的矛盾，促进了生态保护。

为了打造祁连有机牛羊肉品牌，合作社紧紧围绕现代高效生态畜牧业建设主题，以发展有机畜牧业为目标，通过舍饲、半舍饲养殖，打破传统的放牧形式，合作集中出栏，提高股民收入。并通过与“合作社+龙头企业”模式，全面配合祁连亿达肉食品有限公司，从2015年开始到2017年，每年按照订单，出售给祁连亿达肉食品有限公司20头牦牛，200只羯羊。

在生态保护方面，春季牧草返青时期，合作社对优质牧草地开始进行封育、禁牧、管护，并对轻度退化草场进行免耕补播，为牧草提供休养生息的机会，促进牧草自然更新，恢复草地再生能力。秋季通过草场封育，实现了畜牧业结构和生产方式的合理调整，缓解了生产和生态保护的矛盾，实现了生态和生产双赢的良好局面。

生态畜牧业专业合作社统一管理、经营和销售牛羊，在着力发展养殖产业的同时，还解决了不少群众就近就业的问题。另外，统一的管理、放牧有利于实现草畜平衡，缓解草山的压力。多隆村生态畜牧业专业合作社热情吸纳本村村民入社，并向周边辐射，带动附近更多群众发展养殖业，开辟了增收新渠道。

2016年11月合作社股民分红，分红资金达1 185 496元。2017年年终总结分红，合作社总收入485万元，扣除公积金、风险金、精准扶贫分红款、放牧员工资流转草场租凭费、牲畜高效养殖饲料款等，纯利润分红124万元。

随着多隆生态畜牧业专业合作社的日益成熟发展，惠民的触角也在跨出“村界”向外延伸。

2018年底，祁连县默勒镇海浪村村委会迎来分红日，46户贫困群众共142人每人分红330元。此次分红是祁连县扶贫局把“产业园项目资金”4.5万元投放在多隆生态畜牧业专业合作社，合作社利用该资金帮扶邻村（海浪村）的46户贫困户共142人，每人分红330元，连续带动3年，帮助他们摆脱贫困。

贫困户在领到红利后，纷纷表示脱贫攻坚的好政策不仅让他们感受到了党和政府的关怀和关心，温暖了他们的心，而且让腰包鼓了起来，改善了生活环境，提高了生活质量，进一步增强了他们脱贫致富的信心和决心。

祁连县是青海省重要的草地畜牧业生产基地和牛羊肉重点产区，也是全省生态畜牧业示范县，绿色有机、高效养殖示范县。

近年来，在多隆生态畜牧业专业合作社这样一批合作社带动下，集约化经营激发出草原新活力，祁连生态畜牧业呈现出新发展趋势。

祁连山下好牧场，遍地牛羊处处歌。走进祁连县的农牧区，时刻能感受到生态畜牧业的发展，给这片土地带来的勃勃生机与希望……

生态产业助力小康步伐

——海晏县青海湖乡塔列生态畜牧业合作社发展纪实

加强草原保护，实施以草定畜和草畜联动工程，加强饲草料基地建设，构建以饲草种植、秸秆青贮、牛羊养殖、有机肥循环利用为主的生态畜牧业联动循环生产模式，全面落实草原生态补奖政策，理顺草原管护机制……

近年来，青海湖乡塔列村生态畜牧业合作社进行股份制改造建设试点，将土地、草场、牲畜等生产要素整合入社，实现资源变股权、资本变股金、农民变股民的转变，推进了全国草地生态畜牧业试验区建设，以生态产业助力村民摘掉贫困帽，圆梦“金银滩”。

“在那遥远的地方，有位好姑娘，人们走过她的毡房，都要回头留恋地张望……”一首《在那遥远的地方》唱响大江南北，歌声里的金银滩草原就坐落在青海省海北藏族自治州海晏县境内。这片美丽的土地，曾经集高原地区、西部地区和贫困地区于一身，贫困程度深、覆盖面广、脱贫难度大。发展扶贫产业，成为海晏打赢脱贫攻坚战的关键。

塔列村坐落在海晏县青海湖乡，虽然草场富足，家家户户有牛羊，但村里人祖祖辈辈单打独斗，养殖粗放，难见效益。近40年的单打独斗，使老百姓养成了“挑到篮子里才是菜”的观念，认为啥都自己干了好，种植业、养殖业五花八门，对资源进行掠夺式索取，导致的后果是草场退化、耕地贫瘠，经营粗放，收入徘徊不前，年丰则丰、年歉则歉。同样的地块，产出截然不同。

2015年，塔列抓住全国草地生态畜牧业试验区试点县建设这一契机，突出机制创新、制度建设、资源整合、股份制经营等重点工作，展开合作社股份制改造，以草场、耕地、牲畜、畜棚折价入股，牲畜以草定畜，先行先试生态畜牧业建设。

为使农牧户积极投入合作社，合作社理事会积极派员参加各类培训班、到兄弟县参观学习，回来后按学到的知识和亲眼看到的事实为村民们讲解有关合作社知识、为村民解疑答惑，多次邀请省里的畜牧业专家、大学教授到村里为老百姓讲解合作社股份制改造知识，召开各种会议超过70次，动员了再动员、宣传了再宣传。

至2016年3月，青海湖乡塔列村生态畜牧业合作社正式启动。当年，入社的农牧户占到全村总户数的75%。整合草场28 826亩、耕地4 500亩、畜棚28幢，入股牲畜4 800只，转移剩余劳动力74人，合作社总股份达到3 000多股，折资入股股金达到601万元。合作社以草场、耕地、牲畜等生产资料入股、由畜牧生产能手承包经营、剩余劳动力转移从事二三产业、年终按股份占比进行分红的工作方法，在开展草地生态畜牧业建设中走出了可喜的一步，社员收入稳步增长。

“养殖、种植由合作社统一经营，村民变股民，享有保底收益和分红。”合作社理事长李发德说，2016年，合作社收入达297.5万元，入社社员人均收入1.7万元。“经济效益明显提高了，还解放了劳动力，前年村里有贫困户32户71人，现在只有3户9人。今年就可实现整村脱贫。”

青海湖乡塔列村生态畜牧业合作社自成立以来，始终把发展合作经济组织作为加快畜牧产业化发展的重中之重，坚持民办、民管、民受益和入社自愿、退社自由的原则，以推进畜牧业生态保护和可持续发展为方向，以提质增效和农牧民持续增收为目标，全力推进合作社规范化建设工作。坚持以市场为导向、以服务为抓手、以增收为目标，在规范化管理、做好优质服务、加强市场化运作、发展生态种养殖上狠下功夫，不断拓展销售市场，充分发挥了合作社的桥梁纽带作用，有效提高了农牧民的组织化程度，实现了经济效益、社会效益和生态效益三统一，实现了资源变股权、资金变股金、农民变股民，为促进全县生态农牧业建设起到良好的推动作用。

在规范化建设中，合作社结合实际，科学规范布局，以社员增收为目的，推行“农牧耦合、草畜联动、种养一体、绿色循环”的发展模式，实现了农牧业的“五个统一”和“十个转变”。本着发展农村合作经济组织、增加农民收入，加快农民脱贫致富奔小康步伐、繁荣农村经济、保护生态环境的目标，以种植青稞、油菜、饲草为主抓手，开展牲畜舍饲养殖为主的生产经营，在带动社员创业致富，发展农村经济方面作出了显著成绩，合作社与省仁杰粮油市场、丰春榨油厂、夏华公司分别签订了农产品销售合同，使农产品实现了“第一时间销售”。

在牧业方面，合作社狠抓科学养殖，优化畜群结构。为便于管理，对入社的牲畜按类别分群饲养，在夏季和冬季分别组群，以提高产羔率和成活率。为培育合作社新的经济增长点，合作社及时从银行贷款，从外县收购生产母畜开展优良种畜串换工作，严格管理放牧员，加强牲畜管理。同时，为进一步拓展社员增收渠道，合作社积极与有关部门联系，对富余劳动力再就业进行培训，将本村的精准扶贫户加入合作社，与到户资金捆绑分红。

2017 年，根据省农牧厅《关于加强全国草地生态畜牧业试验区规范化建设的通知》精神，合作社纠偏建设方向，引导社员将草场、牛羊全部入股经营，真正把愿意利益共享、风险共担的牧户吸纳到合作社来，及时清退了一部分持观望态度的社员。目前，合作社入社牧户 36 户，占 48%；整合草场 1.838 万亩、整合率为 42.7%；草场实行以草定畜，整合牲畜 3 063 头只，整合耕地 2 406 亩、整合率 40%。现有股份 2 547.21 股、入股总额 509.44 万元。

“成立合作社，进行股份制改造，为的是破解以往传统养殖经营虽有资源却收益甚微的难题。”说起生态畜牧业合作社，作为村里的能人、合作社带头人的李发德认为，一方面合作社实现统一养殖、统一经营，生态保护优先，又充分挖掘资源潜力，生产效率大大提高，经济效益有了明显提高；另一方面，通过股份合作，实现村民变股民，享有保底收益和分红。有了生态畜牧业的强大支撑，全村实现小康不是什么难事。

近年来，合作社持续加大投入，进行基础设施建设、技术改造和产品开发，不断增强合作社发展后劲。一是大力气改良品种。投资 50 万元扩建养殖基地，二是高投入更新设备和厂房建设。投资 100 多万元新建厂房 1 000 多米^2，投资近 20 万元新建一条半自动化饲草青贮生产流水线，合作社的实力不断增强，基础设施日臻完善。三是投资 50 万元，引进西门塔尔牛进行养殖，改变传统的藏羊和牦牛养殖。

发展生态畜牧业，转方式、提层次、谋发展，变“输血”为“造血”式扶贫，“塔列模式”成为全县产业扶贫的典型之一，得到广泛推广。2016 年、

2017年“全国草地试验区建设观摩会”连年在塔列举办，塔列村生态畜牧业合作社2018年荣获青海省“优秀合作社”称号。

2015年，塔列村共有贫困户32户71人，而如今塔列村在国家精准扶贫政策、在生态畜牧业发展驱动下，拔了穷根，摘了穷帽。今日塔列村，老百姓的腰包一天更比一天鼓，在金银滩这片希望的草原上大步向前。

“牧游业”引擎三产融合

——祁连县阿柔乡青阳沟生态畜牲业合作社发展纪实

蓝天白云、雪山矗立、青草茵茵、牛羊漫步，每到夏季，祁连山深处的草原迎来最美时节。驱车走进国道227线，领略祁连山腹地的自然风光，成为青海省自驾游必选的一条观光线路。

从5月开始，位于这条国道190千米处的海北藏族自治州祁连县青阳沟的“阿柔部落”牧游驿站就开始忙碌起来，围马场，扎帐篷，挂经幡……如今，海北州生态畜牧业发展已经融入了越来越多的多元产业元素。“这是我们独特的优势。大力发展生态畜牧业，不能局限在养殖环节，还要大力探索一二三产业融合发展，根据自身条件，或发展加工，或发展休闲旅游，既能拓宽生态畜牧业的发展空间，也能促进牧民群众持续增收。”海北州农牧局负责人说。

“阿柔部落”牧游驿站，由祁连县阿柔乡青阳沟生态畜牧业专业合作社和祁连阿柔部落游牧文化发展有限公司联合打造。为拓展合作社发展，做活“游”的文章，加大产业融合，促进产业“承一启二”“接二连三”，以创建全国休闲农业和乡村旅游示范县为载体，以生态畜牧业专业合作社为牵引，瞄准一二三产业融合发展的机遇，青阳沟生态畜牧业专业合作社积极挖掘传统游牧与现代旅游消费的差异空间，通过“合作社+公司”的模式，全力打造阿柔乡牧游业，“牧游业”日渐成为当地一二三产业融合的新引擎。

从发展畜牧业到“跨界”进入旅游业，青阳沟生态畜牧业专业合作社选对了发展方向，抓住了政策机遇，把握住了资源优势。2016年初，全国草地生态畜牧业试验区建设的政策东风吹热了阿柔乡青阳沟村。一时间，股份制合作社成为牧民茶余饭后的话题，富裕户、贫困户都在期望着。

当年，阿柔乡政府主持召开青阳沟股份制合作社即祁连县阿柔乡青阳沟生态畜牧业专业合作社成立大会，邀请县农牧局、县司法公证处公证人员现场公证，大会一致通过青阳沟合作社《章程》，由43户正式入股牧户根据有关法律规定，投票产生合作社理事会、监事会、理事长、监事长和生产经理等人员。并经过8次筹备会议沟通研究，决定以马牛羊和草场为社员入股资产，展开入股资产评估工作。

青阳沟生态畜牧业专业合作社迈开了股份制合作社规范化运营的第一步。高原阳光下尘土飞扬的羊圈里，一场以转变旧生产经营模式、开创现代草地生态畜牧业建设为主导的改革推开。社员们按入股协议抓羊逮牛，扎西家的120只母羊40只羊羔到位、卓玛的15头适龄乳牛赶到等，打号分群清点，记录员的本子有些脏了，老村长说："你可要拿好，这是咱们的第一笔账。"

短短几个月，青阳沟合作社整合羊11群4 573只，牛3群503头，骒马18匹，草场8.8万亩。合作社全面完成社员入股资产整合、划区轮牧、生产经营计划等工作，以草地生态畜牧业建设6个创新机制为动力，开始书写草地生态畜牧业发展新篇章。

也就是在这一年，县领导和相关部门来青阳沟合作社了解组建情况，当时合作社社员正在探讨如何搞草原生态旅游的事宜。听了合作社准备与相关公司携手共同开发"阿柔部落"牧游驿站的设想后，大家一致肯定指出："立足畜牧业并跳出畜牧业，拓展畜产品加工、草原休闲旅游，是多渠道创收的正确方向。"

2016年6月24日，"阿柔部落"牧游驿站正式开业，仅仅40多天的营业时间，就收入了7.2万元，解决了村里剩余劳动力和贫困牧民18人，发放工资5万多元。赚到钱的牧民群众都乐了，"原来还可以这样赚钱"。

"我们驿站的规模在不断扩大。""阿柔部落"牧游驿站负责人、青阳沟生态畜牧业专业合作社生产经理仁青东知布介绍说，草原驿站自开业以来，年收入七八万元，解决本社剩余劳动力18人，年发放工资5.4万元。我们确定合作社以现代畜牧业和草原生态旅游为主要发展方向目标，设想前3年的经济收入以畜牧业为主、旅游收入为副，5年后力争草原生态旅游收入占到合作社总收入的35％～45％。

转化优势，借力发力。为了扩大经营，"阿柔部落"积极打造极具民族特色的藏餐、藏绣和包装精美的黄蘑菇、牛羊肉等畜牧业旅游商品，为游客提供了最美草原独特体验。建立起了自己的独立门户网站，入住美团商家平台、微信公众平台和青海艺龙等酒店网站达成合作协议，努力扩大市场客源渠道。现在，骑马、射箭、餐饮、住宿，领略草原大美风光，感受藏族传统文化，品尝草原风味美食，都能在“阿柔部落”牧游驿站体验享受到，“阿柔部落”的美誉度和影响力不断提高。

仁青东知布展望发展前景时说：“看将来的情况，驿站的收入不会差，不断有当地旅行社前来签订游客输送合同。我们还要继续发挥好阿柔地区‘哇怡’和‘哇之’两大传统节日的作用，再增加一些小型文娱活动，更丰富地展示藏族传统文化，吸引更多游客。”理事会还决定将合作社里有一定文化的青年送出去，学酒店管理、烹饪技能、经营模式。

夏天是青海最美的季节，也是青海旅游最火的季节。驿站帐篷炊烟袅袅，羊群和天上的云朵在互相追逐，犊牛在小河边扎着尾巴狂奔，这一幅“入鸟不相乱，见兽皆相亲”的画图是牧人最廉价的，也是最昂贵的旅游资源。扎西让游客骑了一天的马，小赚 300 元，其他牧民也心动了，跟着合作社发展生态畜牧业、发展旅游业，成了阿柔乡众多牧民群众的心思。

2017 年，青阳沟合作社主营业务收入 2 603 894. 40 元，主营业务成本 1 923 303. 96 元，其中牧工工资 651 745 元，年终可分配利润 568 957. 47 元，超产奖金 11 633 元，人均收入 7 892 元，股均收入 1 163. 68 元。发放医保补助金 19 344 元。收入来源主要由出售有机羊 160 只，羔羊高效养殖 332 只，良种种羊 725 只，普通羔羊 1 777 只，犊牛 70 头和牧游驿站等收入组成。

为了更稳地前行，青阳沟合作社明确，要继续围绕“股份改造，规范运行”这个主题，以提升经营模式为突破口，以建设全国草地生态畜牧业试验区为背景，以加快旅游发展推进三产融合为追求，严格按照股份制合作社经营模式，树立“走长路”的思想意识，稳步推进合作社各项工作。

“走长路”，路一定会更长！相信青阳沟合作社和他们的“阿柔部落”牧游驿站，必将奏出悠长的牧歌。

高效养殖“点金”河东村

——祁连县扎麻什乡河东生态畜牧业合作社发展纪实

“乡亲们，咱们入股的生态畜牧业合作社今年丰收了，现在开始分红！我叫到谁，谁就过来领取自己的‘红利’！”村党支部书记、合作社监事长刘永俊的话音刚落，村委会大院内立刻掌声一片……2017年11月28日，坐落在黑河河畔的海北藏族自治州祁连县扎麻什乡河东村，晴空万里，村民们早早地聚集到村委会大院，热闹非凡。

因为不放心分红的事，刘永俊一大早就来到了村委会，核实分红名单，其他支委委员忙着往外搬桌椅、挂条幅，布置“分红”会场，院内一片喜庆氛围。河东生态畜牧业合作社理事长郭守元抱着包一路小跑进入会场：“不好意思，有点事，给耽搁了。”“没事没事，带够票子就行。”心情大好的村民索安东周开玩笑说。

“雷有良，17 110元；才郎东周，12 347元；东东才让，18 047元……”10时整，分红开始，热闹的会场瞬间安静了下来，只看见村民洋溢着笑脸，听见“唰唰”的数钱声。“感谢党和国家的好政策，感谢党委政府的帮扶，感谢村‘两委’好班子，让我们坐等分利”。手里拿着一沓钞票的张世军显得尤为激动。

时至今日，河东村村民们依然对2017年11月28日分红的热闹场景记忆犹新。刘永俊说：“2017年现金分红分了78万元，这可是我们以前想都不敢想的大好事。实现分红飞跃，效益最大化，可离不开高效养殖技术这根‘金手指’。原来合作社的羔羊繁活率只有60%多，现在能达到98%，而且半岁的羔羊出栏胴体重有30多斤，这些都是用眼睛能看到的实实在在的收益，一系列可喜成果的取得，其核心都在科技。”

北倚祁连山，南滨青海湖，海北州就坐落于这片山水之间。这里有秀美动人的金银滩草原；有壮观的百里油菜花海；有碧波荡漾的纯净圣湖；有巍巍祁连山下生态大牧场。千百万年来，大自然像是一位雕刻大师，又像是一位画家，造就这幅壮美山河图。

然而，刘永俊说："别看河东村落在海北州这幅山清水秀的画面里，以前却是扎麻什乡的贫困村之一，村民们一直是靠天吃饭，全村建档立卡的贫困户就有19户。"

科技是强盛之基，脱贫奔小康不能少了"科技动力"。由此思想认识出发，海北州面对发展中的困难和问题，坚定将"科技"导入发展，多年来坚持科技引领，与省内外科研院校加强合作，推动科技成果创新，重点开展牦牛提纯复壮技术推广与示范、燕麦新品种培养与产业化集成等畜牧业实验与推广研究。特别是藏羊"两年三胎"实验的成功，意味着海北州以科技助力，探索出了一种符合高寒牧区藏系羊高效养殖的新模式。河东村充分受益于这一富含科技品质的新模式。

2016年，河东村注册成立河东生态畜牧业专业合作社，经过一年的运行，入社社员达到了143户，入社率达97.3%。合作社在强化组织化程度上初步实现了农产品生产、销售等环节的有机衔接，形成了以本地特色农畜产品，上接市场，下联农户，带动基地的产业链，架起了农民进入市场的桥梁，实现了分散经营的农户与千变万化大市场的有效对接，提升了农牧业产业化水平，并形成规模效应，逐步提高了在市场中的应对能力和市场主体地位，以及市场竞争力和抗风险能力。

这个草原上的小村庄，依托生态畜牧业合作社平台，快速有效示范和推广先进实用科学技术，使牲畜营养搭配、良种繁育、疫病防控、高效养殖、饲草料高效种植等关键技术得以快速落地，让科技效益在实际运用中变成现实，成为群众增收、产业增效的关键突破口。2016年，143户511人从合作社获益81.66万元，人均分红1 540.5元，19户建档立卡贫困户实现全覆盖。

扎麻什乡党委副书记、乡长袁业飞说，河东村通过高效养殖技术的导入，在科学饲养、挖掘生产潜力方面狠下功夫，合作社产生了良好的经济效益，从而有效加速了畜群周转，减少草场载畜量，减轻草场压力，使羔羊生产成为发展壮大合作社的优势产业。同时，合作社积极与金融部门联系协调，争取落实"高原生态畜牧贷"120万元，用于资金周转，有效缓解了合作社融资难、担保难、贷款难的“三难”问题。

河东生态畜牧业专业合作社理事长、共产党员郭守元说：“当时看到村民们一直在贫困线上挣扎很揪心，党支部、合作社就想着一定要带领大家脱贫致富。我们积极与县委组织部和金融部门联系协调，争取落实‘高原生态畜牧贷’，把资金全部注入合作社，扩大规模、发展产业，带动入社的群众增收致富。”

河东村党支部还积极融合和有效架构“支部+”在壮大村社经济和群众脱贫致富中的引导与支杆作用，不断丰富和延伸“支部+”特色党建创建内涵，提升“支部+”特色党建创建的质与量汇聚浓度，释放“支部+”特色党建创建最大磁场效应，以此加大群众增收公约数的增值与量变。

通过“支部抓合作社，合作社抓基地，基地连农户”方式，用好“党员创业带富基金”平台，协调落实党员创业带富基金 22 万元，11 名党员每人获得 2 万元的党员创业带富基金扶持，并注入合作社，成为第一批党员创业带富基金帮扶受益的党员队伍，并带动 408 名群众增收致富，有效解决了党员致富没门路、发展产业无资金、申请贷款无抵押的难题，探索出了“基层党组织 + 金融部门 + 合作社 + 党员 + 贫困户”五位一体创业发展、脱贫致富新路子。

40 多岁的却正加措是村里的贫困户，身体高位截瘫，唯一的生活来源就是家里的几亩耕地，一年到头没什么收入，2015 年建档立卡为贫困户。他没想到，还不到年底，自己就领到了将近 2 万元的红利。

“晴朗的天空飘祥云，河东村里分红哩，十九大精神照心里，老百姓的生活赛蜜哩……”一首“花儿”掠过黑河河畔，融入了暖暖的阳光中，置身海北大草原壮丽的大画卷，河东村不仅甩掉了“贫困村”帽子，而且因幸福值提升与大自然的美丽相得益彰、共生和谐。

抚今追昔，郭守元说，我们打破以往公司与农户简单相加的旧模式，有效避免利益冲突，既培养了社员之间的互助诚信精神，和谐了干群关系，又在一定程度上理顺了农村经济关系，维护了全村的社会稳定。同时，合作社通过实行“自我管理、自我教育、自我服务、自我提高”的机制，促进了政府、农牧民之间关系的协调和农牧民素质的提高，提高了政府指导农牧业的针对性和时效性，改善了政府对农村经济的管理和调控方式。

舞动祁连的“后起之秀”

——祁连县大泉生态畜牧业合作社发展纪实

“祁连山下好牧场，骏马奔腾牦牛壮，羊儿的毛似雪花亮……”初夏的祁连山麓，积雪覆盖着山峰，绿水欢唱着黑河，山峦间牧场上歌声悠扬。

走进祁连县野牛沟乡大泉生态畜牧业专业合作社，一群群体格健壮的牛群和白云般散落的羊群漫步在草原上，让人不由地冒出“羊儿肥、牛儿壮”的盛景。

祁连作为全省集约化经营的先行区，发展诞生了众多在全省领先的合作社，但祁连县野牛沟乡大泉村生态畜牧业专业合作社只是一个“名不见经传”、发展比较滞后的合作社。

随着时间的推移，在众多“老牌”合作社的持续带动影响下，一些新的合作社也走上了舞台中央。特别是近两年，大泉村生态畜牧业专业合作社作为“后起之秀”，开始走向正规化健康运行的合作社之列。

2018年，大泉村生态畜牧业专业合作社承包黑土滩4 000亩种植饲草获得丰收，纯利润达16万元；合作社带动全村精准扶贫户4户12人、边缘贫困户1户1人，外县社员1户实现稳定脱贫。

2019年9月，合作社70头种公牛被中国农业科学院深圳农业基因研究所选购运往新疆塔县；合作社在甘肃省张掖市民乐县租赁养殖场地进行牦牛育肥，开展“飞地养殖”的新实践。

2020年1月，合作社拿出54万元实现改制后的首次分红。这些实实在在的成果，展示着祁连山下生态畜牧业专业合作社，在草原保护、牧业增效、牧民增收等方面正沿着“一优两高”战略部署昂首向前。

“我们合作社成立于2010年10月，初期主要开展牲畜统一销售、羊毛竞拍等活动，现代化、集约化程度不强，发展基本处于停滞状态，合作社发展一直举步维艰。”

现任合作社理事长马柏林介绍，2017年之前，合作社基本没有运营，主要是制度不健全，牧户对集约化经营认识不足，在生产资料入股等关键性环节上存在疑虑，入社的人也不多。“当时来了100多户，最后入股的只有36户，几年时间里又退出了几户，最后剩了27户。”

为了让合作社向现代化、产业化、集约化发展，2017年底在县委县政府、县农牧部门及乡政府的关心指导下，对合作社进行了股份制改造。重新设立理事会，选举合作社理事长，聘请专业的生产经理、会计、报账员。制定制度章程、规范财务管理、理清发展思路，在一系列严格的举措下，2018年5月，规范化经营的祁连县野牛沟乡大泉生态畜牧业专业合作社正式启动，朝着健康、良性、壮大的趋势发展。

马柏林说，发展生态畜牧业必须坚持走“以草定畜”的生态路子，同时也必须坚持走现代化、产业化、集约化的发展道路，以提高生产效率和科技含量为目的，这样的畜牧业合作社才能进一步发展壮大。

在规范化建设过程中，合作社充分尊重群众意愿为前提，以民办、民管、民收益为模式，以“风险共担、利益共享”为原则，使合作社逐步实现饲养规模化、生产标准化、营销品牌化，转变了过去单一、零散的传统经营模式，走上了企业化经营的合作化道路。

作为一个完成股份制改造不久的合作社，大泉村生态畜牧业专业合作社显得底气很足。近两年，通过开展畜群结构调整、牲畜按类分群、草场划区轮牧，使合作社生产和销售进一步标准化，实现了草场统一管理、种畜统一培育、牲畜统一防疫、生产统一组织、畜产品统一销售的良性循环之路。

2018年，在农牧部门的帮助下，合作社积极争取优惠政策，贷款100万元，收购200头牦牛。当年合作社利用良种补贴项目出售220头牦牛，每头牛价格4 000元，实现收入88万元；引进公牛8头；股东垫资收购羊230只，收购牛140头，合作社初尝收益。

“到2018年底合作社共有社员26户103人，带动全村精准扶贫户5户17人，边缘贫困户1户1人，共整合草场3 347公顷；整合牛羊1115头（只），入股总资产达270.16万元，为合作社进一步正规化、科学化发展开了个好头。就在今年元月份合作社实现首次分红，激励更多群众加入合作社。”马柏林指着正在吃草的牦牛群说。

目前大泉合作社共有社员 26 户 93 人，其中党员 7 人、劳动力 57 人，共整合草场 5.02 万亩，其中冬春草场 2.09 万亩；2018 年整合牛 397 只，羊 718 只，2019 年增加整合牛 33 头，现有牲畜 2 374 头（只），其中牦牛 1257 头，藏系羊 1315 只。

“这就是治理后的黑土滩，合作社已连续种了 2 年牧草，年产草 600 吨，昔日狂沙飞舞的沙龙滩黑土滩，已经转变为合作社的优质饲草生产基地，主要用于牛羊的育肥、补饲、储备预防雪灾。现在冬季，不见黄沙只见草了。”马柏林说。

2018 年 5 月开始，在政府部门的帮助下合作社租赁了大泉村 4 000 亩黑土滩种植燕麦饲草。当年，人给力天帮忙，在省州县农牧部门的指导下，原来草原退化的黑土滩里长出齐腰高的牧草。2019 年初，玉树发生雪灾，合作社大部分草料运往灾区，这也为合作社带来 16 万元的纯收益。

2019 年 4 月，深圳市对口援建新疆塔什库尔干塔吉克自治县，启动了“牦牛良种引进改良计划”，通过中国农业科学院兰州畜牧与兽药研究所初步选定“祁连牦牛”为新疆牦牛改良推广计划最佳品种。

在州、县两级农牧局部门的协调下，兰州畜牧与兽药研究所成功在祁连县野牛沟乡大泉生态畜牧业专业合作社选购牦牛 70 头，总售价达 82 万元。其中种公牛 20 头，均价 1.6 万元 / 头，同比市场价 0.8 万元 / 头翻了一番；牦母牛 50 头，均价 1 万元 / 头，同比市场价 0.5 万元 / 头也翻了一番。

马柏林说，这次调运工作顺利落地，极大地提振了合作社的信心，也反映出了规范化生态畜牧业合作社在农畜产品市场化、集约化、良种化等方面的优势。

2019 年 9 月，合作社在甘肃省民乐县租赁 2 400 $米^2$ 牛棚的养殖场地进行牦牛育肥，并聘请了当地 4 名养殖人员开展“飞地养殖”的新实践。

“经过实践，我们算出通过‘飞地养殖’可以大幅减少成本，饲草没有了运费、装卸费，一捆草能降低 5 元。另外高原型祁连牦牛品种好，在民乐长势快、增重明显。同时河西走廊市场活、销售快，是一种特别好的经营方式。当年，我们就地出栏牛 500 头，收益 16 万元。今年已经扩大了养殖规模。”

近年来，野牛沟乡大泉生态畜牧业专业合作社在县草地生态畜牧业指导办全方位技术支持下，狠抓科学养殖、优化畜群结构，对社员入股牲畜按质量、毛色进行了重组，真正实现了生产标准化、饲养规模化，彻底改变了过去传统的生产经营模式，正朝着健康、良性、壮大的趋势发展。

瞄准有机畜牧业发展“三牛”

——祁连县大浪生态畜牧业合作社发展历程

近年来，祁连县野牛沟乡大浪村生态畜牧业合作社，依托黑土滩治理、全省最大的有机畜牧场为基础，重点发展“野血牦牛”“青丝牦牛”“金丝牦牛”，借助生态畜牧业合作社这个平台，带领牧民群众走上致富路。

大浪村，位于海北藏族自治州祁连县野牛沟乡境西部 81 千米处的黑河源头，这里最高海拔 4 760 米，最低海拔 3 320 米，牧草生长期只有 135 天左右，其村名“大浪”系藏语音译，意为经幡旗杆之意。大浪村全村总人口 276 户，992 人，劳动力 575 人。有藏、蒙、汉等 5 个民族，其中藏族占 69.2%，是一个以草地畜牧业为主的纯牧业村。

作为以草地畜牧业为主导产业的村，草原生态环境的优劣决定着牧民群众生产生活的可持续发展。2008 年之前，大浪村和全省各个畜牧业村一样，在长期、传统、落后的畜牧业生产方式下，草原严重超载、草畜矛盾突出、草场生态环境恶化，全村 7.5 万亩草原变成了黑土滩。2008 年全村牧民人均纯收入只有 5 560 元。

如何增加牧民群众收入，改变日益退化的草原，促进传统畜牧业向现代生态畜牧业转型升级，实现生态、生产、生活“三生”共赢，以全国草原生态畜牧业试验区建设为平台、以股份制改造为突破口的春风吹进了大浪村。

“我们村四周群山环抱，草地畜牧业发展已基本实现定居、围栏、暖棚等‘七配套’。通过实施白藏羊本品种选育和牦牛提纯复壮工程，提高牲畜总增率和出栏率，饲养的牦牛、藏系绵羊均为青藏高原古老原始品种，生态适应性强。特别是所产的羊毛被誉为‘祁连大白毛’，所产牛羊肉、牛奶制品均为无污染天然绿色食品，拥有良好的天然资源优势。”

大浪村党支部副书记玛久介绍，2012 年，全村成立了青海祁连县野牛沟乡大浪生态畜牧业合作社。当时，在保护生态环境为主导的理念下村民自愿入股加入合作社，在近78万亩的可利用草场上，合作社重点发展和打造祁连野血牦牛及青海大白藏系羊的品牌产业。经过多年发展，以起初的300头核心牦牛作为基础，通过种质资源优化，现有近5 000头核心牦牛群。

“但与其他地方一样，由于缺乏能人带动和群众观念守旧、管理不规范、基础设施薄弱、市场对接无力等众多原因，合作社发展一直没有形成带动群众增收致富的有效平台。今年合作社完全按照省农牧部门的要求重新进行改造，彭顺来当选新一届的理事长，卓什确当选大浪村生态畜牧业专业合作社副理事长、秘书长。”

玛久说，这次合作社重组理事会，最大的特点是与村“两委”班子脱离，成为村集体经济下设的、完全按照市场为导向，以大浪村优势畜牧业结合，打造有机畜牧业品牌的专业合作社。

从最初成立合作社全村集体入股，到前两年合作社只剩下27户社员，合作社发展也是经历了一个“U”形发展的历程。新任的理事长彭顺来说：“分析原因，主要是群众看不到发展的希望，陆续出现了退社的情况，新一届理事会成立后，首先梳理确定发展理念，制定规章制度、财务制度，在规范运行上下功夫，打消了群众的疑虑，现在合作社入社户数重新达到100%。”

接下来，合作社如何发展成为入社牧民最关切的事。通过理事会分析、社员大会决定，合作社将今后的发展瞄向了“有机”“特色”“飞地”等优势。

彭顺来分析，“以前全村黑土滩面积较大，但前些年在省州县农牧部门的大力支持下，省上在野牛沟乡的边麻、大浪、大泉3个村黑土滩较为严重的沙龙滩实施黑土滩重点治理。”

连续七八年过去了，现在作为野牛沟乡沙龙滩地区草场退化最为严重的村子，大浪村7.5万亩黑土滩重新长出了齐腰的牧草，重现昔日“风吹草低现牛羊”的盛景，这为今后合作发展生态畜牧业奠定了基础。

说起黑土滩治理，这也是海北州、祁连县、野牛沟乡等州县乡及村“两委”最能体现生态优先、为当地牧民带来最普惠的一条成功之路，也是合作赖以发展的最大基础。

玛玖拿出自己在黑土滩治理后的草地上拍的照片，指着自己身边没过膝盖的青草高兴地说：“经过几年的管护，原来没人要的黑土滩家家都想要，牧民都说黑土滩种出来的草连牛羊都爱吃。”

据了解，从2014年开始，祁连县依托祁连山生态环境保护与综合治理工程和退牧还草工程，累计投资加大对沙龙滩等地区的黑土滩治理力度，通过采取“集中投入、连片治理”等多种形式进行保护和利用，初步形成了“禁牧封育、草畜联动”的草地资源保护与利用新格局。

截至目前，沙龙滩地区治理黑土滩9 333公顷。祁连县黑土滩草地植被覆盖度从10%提高到80%以上，牧草平均高度达到50厘米以上，平均亩产鲜草由治理前的50千克左右提高到350千克以上。同时，项目区逐步建立了草地资源合理利用和生态环境保护建设、资源消耗向资源节约转变的长效机制，为促进祁连草地生态保护可持续发展奠定了坚实的基础。

彭顺来说的第二大优势就是“特色”。地处黑河源头的大浪村，也处于祁连山国家公园的核心区，这里生态地位突出、环境洁净，包括大浪村在内，祁连县已成为全省最大的天然有机牧场。全县相继完成畜产品生产、加工和销售的有机认证，所产的农畜产品成为名副其实的绿色有机产品。

“既然是有机产品，就应该有有机的价值。”在这方面，彭顺来已将合作社的未来发展方向给出了一个精准的定位。“我们现在正与县农牧部门的有机办公室、生态办共同打造祁连有机品牌，并和祁连县的龙头企业达成了产品供应意向，这就可以让合作社的牛羊贴上有机的标签走向全国，成为我们社员增收致富的法宝。”

目前，祁连县借助“一带一路”建设，与邻近的张掖合作，发展“飞地”畜牧业。“我们合作社的社员扎科在这方面已经走在了全县的前列。每年扎科从祁连收购牛羊，运到张掖市民乐县，租用当地的畜棚，收购当地丰富的饲草料，就地进行补饲，然后就地出栏，这种模式保护了祁连草原，又让河西走廊的饲草料得到充分利用，出栏后的牛羊远销到新疆、陕西等地。”

对此，彭顺来信心满满。对于目前的状况，彭顺来说，现在全村人均收入已超过了万元，但由于受自然、资金等条件限制，牧民居住分散，全村牧民定居点标准普遍较低，公共服务和基础设施建设相对滞后，抗御自然灾害的能力有限，保护生态和持续增收还任重道远。今后合作社首要解决保护生态与牧民致富的问题，努力探索出一条以集约化经营为主线，具有高原特色现代高效草地畜牧业发展之路，让全体牧民实现增收致富。

“飞地模式”助力养殖转型

——祁连县峨堡镇白石崖生态畜牧业合作社发展纪实

坐落在我国重要内陆河——黑河源的祁连县，历来就是水草肥美的富饶牧场，有“东方小瑞士”之美称，不仅具有重要的生态战略地位，也是青海省拥有百万以上牲畜的重要畜牧业基地。

“青海牧业看海北，海北牧业看祁连”，面对草畜矛盾加剧、牧民增收空间日趋局促的状况，2008年，祁连县以转变生产经营方式为突破口，率先探索建立了“联户制”模式的生态畜牧业专业合作社，并在22个牧业村先后组建了生态畜牧业合作社。2015年，依托全国草地生态畜牧业试验区建设，择优遴选了7家生态畜牧业专业合作社进行股份制改造。7年间，跨越了生产方式的变革和生产关系的调整。

祁连县峨堡镇白石崖生态畜牧业专业合作社成立于2009年，因受发展思路不宽、运行管理不规范等因素的影响，合作社发展一直处于停滞不前状态。为改变这一现状，强化合作社带动扶贫、推进村集体经济“破零复状”工程进度，白石崖村结合实际制定了“党支部引领，合作社主推，附属产业助推”的发展思路，明确了“低保分红+二三次分红”的分红模式。

目前合作社入股股民38户，其中贫困户5户，占总入股户数的13.15%。入股资金489万元，其中贫困户入股12.4万元，产业到户资金58.24万元，占总入股资金的14.5%。村集体经济入股23.5万元，占总入股资金的4.8%。

破而后立，提升发展速率。针对合作社发展滞后、带动效能不明显的现状，采取“破而后立”的方式，对合作社理事会、监事会进行了重新选举，筛选出肯干事、想干事、能干事的人担任理事长和监事长，并强化宣传，吸纳少畜户、无畜户和贫困户加入合作社，整合零散资源，形成规模养殖，不断提升村内弱势群体收入，增加贫困户收入，做到真扶贫、扶真贫，为顺利打赢脱贫攻坚战奠定了基础。同时，为确保合作社选举有效、入股真实，邀请县司法局公证处对合作社理事会、监事会选举和股民入股进行了全程司法公证，不但确保合作社各项工作符合相关法律法规要求，而且为入股群众增加了一份法律“保单”。

做好保障，提升入股信心。合作社自成立历经9年的发展，一直呈现出原地踏步的态势，全村群众对合作社信心越来越不足，为彻底改变这一现状，及时召开股民大会和理事会，明确了“低保分红+二次分红+三次分红”的分红模式，保障了入股股民的基本利益，进一步提升了群众入股的积极性，不仅为合作社整合资源奠定了基础，也为入股股民增加了一份低保“清单”。

支部引领，提升带动效能。为使合作社真正成为村里的“领头羊”，充分发挥党支部示范引领作用，在开展合作社理事会、监事会选举时，将村内有文化、有干劲的年轻人和村里有威望、肯奉献的党员纳入选举范围。经选举，目前，由村党支部书记担任监事长，党支部副书记担任理事长，理事会、监事会拥有成员8人中党员有4人过半，为合作社发展增加了一份党组织“名单”。

助力扶贫，提升脱贫步伐。通过强化宣传、慰问贫困户等方式，积极吸纳贫困户加入合作社，一方面解决贫困户将有限的劳力投入经营小部分牲畜，收入无法提高的问题；另一方面雇用贫困户加入合作社担任放牧员岗位，既能发挥其所长，又能增加收入。剩余劳动力可以在合作社务工增加收入，在家门口打工还能入股分红。通过股份分红的方式让精准贫困户得以脱贫，既解决了精准扶贫户有能力没资金、没资金没能力的发展困境，又使全村精准扶贫户实现了可持续发展。

2016年，峨堡镇白石崖村采取“村两委+合作社+精准扶贫户”的模式，将精准扶贫户的财政扶贫专项资金54.4万元作为股金，入股合作社，购买3岁龄母牦牛发展生态畜牧业。该扶持产业项目签订协议的32户（85人）建档立卡精准扶贫户，实现人均分红512元，户均分红1 360元，共发放首期年分红约4.35万元。

合作社村内石佛爷牧家乐无偿承包给贫困户旦木秋，使其年增加收入3万元。村贫困户东知布，将家里的牦牛作价入股到合作社，同时被聘用为合作社放牧员，2018年在合作社低保分红1 300元，产业到户资金分红1 920元，放牧员年工资48 000元，仅此3项东知布年收入就突破了5万元，按家中3口人计算人均可支配收入达到17 073.3元，远远超过年人均可支配收入达到3 762元的扶贫目标，为贫困户脱贫增加了一份“低保”。

推动集体经济，提升“破零复壮”力度。村级集体经济是村级组织运转和农村事业发展的物质基础。只有发达的集体经济，才能更好地扶持个体经济的发展，才能为打赢脱贫攻坚提供坚强的保障。按照峨堡镇党委、政府的统一部署，白石崖村采用合作社为主力，附属产业助力的方式，“遍地开花”发展村集体经济，将发展村集体经济扶贫资金和山东援建资金90万元（其中发展村集体经济扶贫资金40万元，山东援建资金50万元）投入到集镇商贸楼建设中，预计将产生效益。

同时，将村里党员牧场、学校牧场的牲畜作价入股合作社，占股23.5股（每股1万元），年分红23 500元，并将村里现有的牧家乐、风景区以外包的方式进行经营，年收入3万元。各项收入陆续到账后，将逐步改变村里没钱办事的现状，为开展贫困户慰问、贫困户帮扶奠定了基础，为顺利完成脱贫攻坚任务增加了一份“保障”。

而今，白石崖村生态畜牧业专业合作社还在不断地转型发展中。特别是在2018年，白石崖生态畜牧业专业合作社迈出去了“飞地经济”的脚步。

祁连县是青海省的畜牧业大县，也是牛羊养殖大县。不过，长期以来饲草短缺一直都是一个大问题。近几年，虽然县里不断地进行结构调整，加快饲草基地建设，增加人工种草的面积，但是仍然不能满足养殖需求。“只有从邻近的甘肃张掖运草进祁连，才能满足养殖的需求，不过成本又成了问题。”祁连县农牧局生态畜牧业办公室主任马金云说，从张掖运草到祁连，每吨的运费是100元左右，再加上购买饲草本身的费用，平摊每一捆上的价格是张掖当地的3倍。祁连的牛羊与峨堡周边地区持同等价格出栏，那么合作社的收入就会减少一大块，甚至会影响社员入社的积极性。

一方面是饲草短缺造成的养殖瓶颈，另一方面是收入减少面对的合作社运行风险，如何打破瓶颈，突破困局，既是祁连县主政者需要认真思考、周密谋划的问题，也是每一家生态畜牧业专业合作社必须大胆创新、主动尝试的现实。峨堡镇白石崖生态畜牧业专业合作社大胆地迈了第一步。

“别人有饲草资源，我们有牛羊。如果说把草运回来会增加成本，那么我们为什么不尝试把牛羊运出去，到有饲草资源的地方发展养殖呢。”白石崖生态畜牧业专业合作理事长赵立俊说，“牛羊运输的费用要比运草小得多，不仅收入会提升，而且还可以大大减轻草原的压力。”

这一步，白石崖生态畜牧业专业合作社率先迈出去了，而且走通了，还走得不错。如今祁连县已有5家生态畜牧业专业合作社走上了这条路，并且组建了祁连县飞地畜牧业协会，在张掖民乐县建立了各自的养殖基地。2019年，累计出栏牛羊达到12万头只。

“祁连山下好牧场。”“祁连”是古匈奴语，意为“天山”，素有“天境祁连”“牧区江南”的美称。从2019年开始，峨堡白石崖合作社等祁连县一批生态畜牧业合作社，在甘肃张掖各县周边从事饲草种植和舍饲养殖，养殖的祁连县本土牦牛、藏羊3万余头（只）。2020年3月18日，祁连县“祁繁甘育“飞地畜牧业协会正式成立，这标志着祁连县“祁繁甘育”新发展模式有了组织保障。

“飞地养殖”不仅是一次创新，更是一次海北农牧业实现新跨越的生动实践。按照“飞地增量、县内重质”发展思路，祁连将此作为今年及“十四五”农牧业重点发展方向，白石崖村生态畜牧业发展“放飞”的机遇不断。

玉树篇

玉树藏族自治州（以下简称玉树）地处青藏高原腹地，长江、黄河、澜沧江三大河流均发源于本州，三江源国家级自然保护区和可可西里国家级自然保护区覆盖自治州全境。玉树州现辖玉树市、称多县、囊谦县、杂多县、治多县、曲麻莱县。

“钻多办法”探索产业扶贫

——玉树市钻多村生态畜牧业合作社发展纪实

7月时节，走进玉树藏族自治州玉树市下拉秀镇钻多村生态畜牧业合作社，可以看到冷藏库中堆满了大块的牛肉。在风干肉加工厂房，合作社管理员江多正在将风干肉过秤后装到真空包装的塑料袋内，再将塑料袋口密封，装进了纸盒包装中，这些风干肉将带着草原的上等醇香销往省内外。50岁出头的江多，是钻多村四社的牧民，家中有9口人。他家有66公顷草场，13头牛，全部加入合作社，江多自己也到了合作社务工，告别了以前一年到头围着草山转、跟着牛羊跑的生活，收入比以前高了许多。

钻多村属纯牧业村，全村可利用草场面积38.5万亩，全村牧户530户、1 803人，从事畜牧业和采挖虫草成为当地村民的重要经济来源。近年来，由于畜牧业和虫草经济发展低迷，农牧民从中获得的收益普遍较低，生产生活得不到有效改善，严重制约了村民收入，全村贫困面广、贫困程度深。针对这一情况，村“两委”班子认真分析研判，按照股份制经营模式，引导全村以草场和牲畜入股方式成立了钻多村生态畜牧业专业合作社。钻多村生态畜牧业专业合作社，实际也是一个由钻多村“两委”牵头组建的基地+牧户经营模式的生态畜牧业专业合作社。

合作社坚持“就近联合、自愿组合”的原则，充分利用现有的棚圈设施和草场资源，将原来粗放、单一、靠天养畜的传统方式，转变为科学轮牧和季节性休牧的舍饲、半舍饲的方式，有效地缓解了草场压力，促进了草畜平衡，成功探索出符合地域发展现状和特点的畜牧合作方式，探索出符合牧区产业扶贫实际的“钻多模式”。这种模式，在推进规范化生产、集约化经营同时，也催生了一批懂知识、会技术，头脑灵活、思路开阔的新型农牧民，实现了农牧区人力资源和生产要素的合理配置。在“钻多模式”的引领发展下，牧民群众的小康生活渐行渐近。截至目前，钻多村有 412 户村民入社，入股牲畜 6 040 头，草场流转 31.76 万亩，提供就业岗位 45 个，产生效益达 490 万元。

精准扶贫的核心和关键是产业扶贫，产业不兴则脱贫无望。据合作社理事长青才仁担任介绍，为了合理保护入社社员的合法利益，合作社逐户签订入社合同，明确了合作社与社员权责义务和利益分配额度，使入社股本成为社员无消耗资产。社员退社时能够返还入社时的全部原始股，同时建立健全了社员档案卡、草场管护、流转等合同资料，并发放了股权证，充分取得了村民信任。

近年来，在有限的环境资源下，合作社确立“划区轮牧，合理载畜，整合资源”多种经营为发展理念，至此科学养畜、草畜平衡、协调发展的草地生态畜牧业合作社发展模式开始运行。2015 年，合作社在仁青才仁的带领下实施了能力提升项目，总投资 40 万元，其中 36 万元用于购买优质野血牦牛，4 万元用于修建药浴池；同时投入 82 万元新建风干肉加工基地 1 处，投入 27 万元用于购置冷藏室、净化室等设备，并整合流转草场 5.3 万亩，整合率为 82.5%，建立与该村 24 户入社牧户的合作关系，入社牲畜达 20 头（匹）。

2016—2017 年，合作社发挥草山面积相对富余和紧邻 214 国道，交通便利的优势，积极开展了高原牦牛乳制品及牛肉的加工和销售业务，同时，建立了 2 000 只规模的养羊基地，在有效增加社员收入的同时，辐射带动周边及全市的养羊业，呈现出回暖升温的喜人变化。

2018 年，仁青才仁带动社员挖掘生态旅游文化资源。在市乡村三级共同争取下，合作社争取到省红十字“博爱家园”项目资金 50 万元，选购了 20 匹优良马种，正式组建了集体马队，并挑选 20 名青壮年作为骑手，集中训练马队仪仗表演及乘马射击、乘马拾哈达、马背倒立、马背站立等传统马术表演技能，并统一服饰及相关配饰，把这一文化产业融入全市旅游产业的发展中，引导群众逐步发展第三产业，从而拓宽农牧民收入渠道。

截至 2019 年年底，合作社围栏面积达 7.2 万亩，建有种马场 1 处存栏 25 匹、藏羊养殖基地 1 处存栏 2 000 只、牦牛养殖基地 1 处存栏 6040 头、燕麦基地 1 处有燕麦 1 000 亩，还在下拉秀镇区建有价值 129 万元的小型加油站和 1 处风干肉加工基地，入社社员达 412 户，入社率达 85.5%，共整合牲畜 6040 头，整合草场 31.76 万亩，合作社基础设施建设不断加强，发展趋稳。

5 年来，下拉秀钻多村生态畜牧业合作社充分利用现有的棚圈设施和草场资源，将原来粗放、单一、靠天养畜的传统方式转变为科学轮牧和季节性休牧的舍饲、半舍饲的饲养方式。通过合理的草场流转及牲畜作价入股等方式，使草场和牲畜集中，加之人工种草及科学合理的饲放管理，朝着规模化、集约化、专业化、标准化生产稳步迈进。收益也达到了 2017 年分红 304 万元、2018 年合作社分红 309 万元、户均 7 500 元的喜人成绩。

仁青才仁无论在村委会还是合作社经营中都带领社员坚持以诚为本，重合同、守信誉，使钻多村始终以优质服务诚信服务赢得良好的社会信誉，从一个默默无闻的偏远村庄发展壮大为玉树市模范单位。

探究钻多村生态畜牧业合作社的成功经验，不仅有能人仁青才仁带动，主要原因还在于：大力推进股份制经营模式，通过合理的草场及牲畜作价入股等方式，使草场和牲畜趋向集中，入社牧户逐年增加。不断增加基础设施建设投入，合作社现有围栏面积 7.2 万亩；种马场 1 处，马匹 25 匹，藏羊养殖基地 1 处，牦牛养殖基地 1 处，燕麦基地 1 处，风干肉加工基地 1 个等。建立健全各项规章制度，先后制定了《理事会职责》《收益分配制度》等，逐户签订入社合同，明确了合作社与成员的权利、义务、利益分配，给每位成员发放了股权证，保护成员的合法利益。

按照稳步发展、逐年规范、增加投入、提升素质的思路，钻多村生态畜牧业合作社坚持数量和质量并重、发展与规范并举，针对严酷的自然环境，努力提升合作社抗灾防灾能力，进一步规范畜群免疫制度。坚持“划区轮牧、合理载畜、资源整合、多种经营”的发展理念，稳步前行。2017 年合作社分红 304 万元，2018 年合作社分红 309 万元，收益逐年增长。合作社已连续几年跻身全市规模养殖龙头合作社，成为玉树市首批“诚信示范合作社”，2018 年获得优秀合作社称号。

畅想未来，仁青才仁说，合作社将继续积极探索实践现代农牧业发展路径和模式，突出发展区域优势，扩大规模，组团发展以牛肉、羊肉、牛奶、绒毛为主的特色畜产品生产基地，逐步形成竞争有力、增收明显的产业带和生产基地，逐步将钻多生态畜牧业合作社打造成为全市农畜产品供应基地。

优美村今日生态更优美

——杂多县优美村生态畜牧业合作社发展纪实

“习近平总书记在视察青海时，曾和我们杂多县生态监测点进行了视频连线，总书记叮嘱生态管护员，希望大家在国家政策支持下，齐心协力管护好湖泊、草原、河流、野生动物等生态资源，生产生活都会越来越好。”时间过去几年，但玉树藏族自治州杂多县结多乡优美村党支部书记尕拉旺扎感到总书记的嘱托犹在耳畔。

优美村地处澜沧江源头，野生动植物资源丰富，有雪豹、岩羊、棕熊。还有7 333公顷的柏树林，这片树林是全乡唯一的森林资源。全村有356户1 580人，草山面积28 666公顷，生态管护员35人，护林员2人，尕拉旺扎也是其中一名护林员，不仅如此，他还是优美村生态畜牧业专业合作社理事长。

世代以畜牧业为主的优美村，生态现在越来越优美了！探其原因，尕拉旺扎认为，这完全是近年来，在党和政府的支持和引导下，在合作社的引领下转变生产方式，牧民群众生态环保观念日益增强了，保护生态环境成为了牧民的自觉行为。

以代牧制形式成立的优美村生态畜牧业专业合作社，是全村唯一的合作社，成立于2009年，2010年正式启动，当时入社36户，整合草场面积34 132亩，牲畜370头，办理了四证三章。负责合作社组建的杂多县农牧局生态办主任土丁才仁说，那时的优美村面临的问题是，草畜失衡、草场退化、生态系统恶化，不少牧民举家搬迁至县城定居。作为牧民，一旦放弃了牲畜，就意味着失去了生活来源，而且绝大部分牧民除了放牧，并无一技之长，只是靠挖虫草谋生，如果以后虫草经济靠不住，生活状况就会很窘迫。

优美村确立股份制形式后，以生态畜牧专业合作社经济组织为载体，按照“划区轮牧，合理载畜，整合资源”多种经营的发展理念。以“就近联合，自愿组合”为原则，先组建，再以生产组为基础将各组资产统一量化入股。

为合理保护入社社员的合法利益，使入社社员的利益最大化，在充分争取社员的意见下，根据社员的合理要求，逐户签订入社合同，明确了合作社与社员权责义务和利益分配额度，使入社股本成为社员无消耗资产，社员退社时能够返还入社时的全部原始股。

现在全社将原来粗放、单一、靠天养畜的传统方式转变为科学轮牧和季节性休牧的舍饲、半舍饲的饲养方式。通过合理的草场流转及牲畜作价入股等方式，使草场和牲畜集中，加之人工种草及科学合理的饲放管理。联合的草场统一管理，种畜统一培育，牲畜统一防疫，生态统一组织，畜产品统一销售的村级生态畜牧专业合作社。

各生产基地依据合作社的指标任务，实行定员定岗，优化畜群结构，整合草场资源，落实产前、产中、产后的各项服务及生产销售任务，并通过开展规模养殖，合理轮牧，缩短了草场的载畜时间，有效地缓解了草场压力，促进了草畜平衡。以草场、牲畜入社的方式，推进草场合理流转，大力发展生态畜牧业，成功探索出符合地域发展现状和特点的生态畜牧业合作社示范社建设。

在能人带动“牧户 + 合作社 + 市场”的生态畜牧业发展模式下，优美村合作社工作不断推进。从最初建社到现在为止共有入社社员精准扶贫 197 户，612 人，入社率达 61%，共整合牲畜 1 800 头（只），占全村牲畜总数的 62%，整合草场 15 万亩，其中入社草场 9. 3 万亩，草场流转 6. 7 万亩，占全村草场面积的 55. 6%。优美村的畜牧业合作社以股份制形式，按照“划区轮牧、合理载畜、资源整合、多种经营”的发展理念稳步前行。收益也以年增长 30% 的比例稳步增长，2017 年，该合作社蔬菜大棚、牲畜出栏、奶制品销售等营利近 90 多万元，户均分红 3 200 元。

为确保生态畜牧专业合作社正常运转合作社先后制定了《理事会职责》《理事长职责》《财务管理制度》《收益分配制度》《监事会职责》《监事长职责》及各岗位职责等规范制度，同时建立健全了社员档案卡、草场管护、流转等合同资料，并发放了入社证。

市场竞争的实践中，使尕拉旺扎懂得品牌是合作社的生命，诚信是打造品牌的基石。在他的带领下，合作社在经营中长期坚持以诚为本，重合同、守信誉。特别是尕拉旺扎亲自总结、提炼，确立了“一刻不停地奋斗”的企业精神；确立了“信”为企业形象、“服务于大众”为企业宗旨、“力耕不吾欺”为经营准则和“责任”为工作意识的主体企业理念；把以信为先、讲信守誉，做为优美村合作社每名员工的基本守则。对于农副产品，他们严格实施“三直接”经营方针，即直接面对市场、直接招徕客户、直接操作团队，确保特产的质量。

如今，优美村合作社以最高分名列全县合作社榜首，并连续几年跻身全县规模养殖龙头合作社，成为杂多县首批“诚信示范合作社”；2015 年省级巾帼现代农牧业科技示范基地；优美村合作社其“纵横杂多特产专列”等六大品牌被评为杂多县特产名牌，占据杂多县特产行业半壁江山。旺扎也获得 2010 年青海省民族团结进步模范个人；2014 年杂多县全县“规模养殖”等多项荣誉称号。

将科学放牧引入生产经营，更加注重草畜平衡，优美村草场上的草比以前更加茂盛了。尕拉旺扎说，以前，牧民们在 18.7 公顷的草场上放 10 头牛，甚至更多，一年到头都是同一片区域，草场很快就退化了。合作社成立后，我们整合的草场上，规定 18.7 公顷的草场上最多放 5 头牛，并且划分了四季牧场，轮牧轮休，草场的压力减轻，我们的收入也增加了，实现了生态保护与牧民增收“双赢”。

合作社引领，优美村牧民的自觉行为带来的是生态的优美。在减畜轮牧的同时，牧民群众还对鼠害“宣战”，安置招鹰架灭鼠，使草原植被逐步恢复。每年 4 月、7 月、10 月，全村牧民都会自愿捡拾垃圾，美化村容。尕拉旺扎说：“前几年，每次捡拾的垃圾，5 吨的大车能装好几车，我们统一拉到县城处理，经过几年的保护，现在每次捡拾的垃圾越来越少了。”

青海最大的价值在生态、最大的责任在生态、最大的潜力也在生态。澜沧江源那片珍贵的草原，因生态文明理念的根植、生产生活方式的转变、牧民群众的自觉行动，更加散发出美丽的光辉。

结构调整调出王牌“养羊村”

——曲麻莱县雍嘎洛生态畜牧业合作社发展纪实

畜牧业生产方式落后，草原严重超载，生态不断恶化……10余年前，地处青藏高原的青海省畜牧业发展遇到瓶颈，在全国率先推行生态畜牧业先行先试建设。如今三江源头生态不断改善，牧民增收。

来到长江北源、黄河正源的玉树藏族自治州曲麻莱县，走进距县城90多千米外的秋智乡布甫村雍嘎洛生态畜牧业合作社，这里丰富的畜产品让人眼前一亮——羊毛毯子、羊肉干、黄菇、蕨麻……在生产车间加工“雍嘎洛羊肉干”的牧民更嘎说：“加入合作社以来，我每个工作日都有近百元的收入，一年可以拿到上万元。”

“我们合作社年均经济收入12万元，2019年合作社全社分红220 700元。这在2005年，想都不敢想会有今天这么好的发展。”合作社理事长巴群介绍，布甫村有牧民群众612户1 788人，总草原面积182万亩，牲畜存栏39 743头（只、匹），通过发展生态畜牧业，村集体经济逐渐培育起来。

素有“江河源头第一县”之称的曲麻莱县，地域辽阔，东南重山叠岭，县域内平均海拔4500米以上，是黄河源第一个藏族聚居的纯牧业县，“玉树牦牛”和“扎什加羊”是该县的特色优势畜种。

近年来，曲麻莱县因地制宜，确立“4321”牧业产业发展新布局，成立生态畜牧合作社，按照“公司十合作社十牧户”的运作模式，建立覆盖所辖三村的有机畜牧业养殖生产基地，生产加工风干肉、酥油、曲拉、乳制品等。实行生态保护型饲草料种植，利用退化严重的黑土滩，通过舍饲半舍饲返育草地，使过度放牧的草场休养生息，在恢复生态系统的同时，为扶贫提供产业保障，4种基本生产经营方式、3个产业保障措施、两个产业配套项目齐头并进。

布甫村位于曲麻莱县秋智乡中心区。曾经布普村在全县范围内属于养殖大村，各类牲畜存栏量、出栏量属全县五乡一镇之首。“但在2000—2005年，由于生态环境恶化，草原荒漠化、鼠害、虫害严重，布甫村草原生态环境遭到严重的破坏，全村牲畜存栏、出栏量大幅下跌。”巴群理事长回忆起2005年他刚上任布普村第一书记时的情况。他说，当时恰逢全村70%牧户响应国家生态保护政策搬迁至县城，村畜牧养殖业面临问题多、压力大。

面对困难，巴群认为，只有把畜牧养殖业搞起来才能提高全村的经济，只有科学养殖，才能更好地保护好生态环境。在县级相关部门、秋智乡党委政府的大力支持，布甫村党支部班子成员多次召开会议，结合布甫村实际情况，制定以畜牧养殖为着力点的长期发展规划。按照规划，以该村4户养殖户为基础开始推进全村畜牧养殖，并通过群众大会进行广泛地宣传，鼓励牧民有的放矢发展生态畜牧养殖业。

2012年，借全省进行生态畜牧业合作社股份制改造的契机，布甫村成立雍嘎洛生态畜牧业专业合作社，建立了村养殖基地。并以大户规模经营，分流牧业人口，通过签订流转合同，将牲畜、草场大面积流转整合。牲畜、草场以合同形式约定收益分配，劳动力按劳动日给报酬。合作社制定了严格的畜群放牧管理办法、畜疫防治措施，以及一系列的管理制度。

2014年，在省畜牧厅、省工商局注册“扎什加”种公羊品牌，合作社建立了曲麻莱县繁育藏系绵羊重要生产基地，成为全县范围首家规范化管理、科学化养殖、企业带领致富的专业生态畜牧合作社，也引来了州级、省级观摩会，被省农业农村厅授予养羊村荣誉称号。

2017年，合作社按照相关章程将53户社员精简为33户养殖大户。并积极响应精准扶贫政策，将产业扶持羊2 380只由33户合作社成员进行养殖，以每年产生30%的效益签订的养殖合作协议书，所得效益按照精准扶贫相关要求分配给全村建档立卡贫困户，对贫困户剩余劳动力开展技能培训，提高牧民就业能力。

“要解决草原生态保护与牧区经济发展的矛盾，就必须先解决人、草、畜三者之间的矛盾。”青海省农牧厅厅长王玉虎说，通过“以草定畜”和“转人转畜”，草地生态畜牧业不仅促进生产资料的优化配置，还有效地提高了劳动力组织化程度。

从一个只有4户的养殖基地，发展成为能够带动全村群众脱贫的专业养殖合作社。布甫村雍嘎洛生态畜牧业专业合作社的发展，一是离不开国家一系列惠农政策的实施，离不开各级党委、政府及布甫村支部和全村广大牧民群众的支持；二是通过以草定畜，整合生产要素、草场划区轮牧、牲畜科学分群、良种统一调配、防疫统一开展、畜产品统一销售、收益按劳分配，大力实施藏羊本品种选育工程，组建牲畜良种繁育基地，加大了畜群结构调整，挖掘了藏羊发展潜力，培育了专业养羊基地。

专业合作专业运营，让社员从小而全的单家独户的经营中解放出来，与大户共同谋发展，共同经营畜牧业，改变了原来牲畜大户不愿与少畜户合作和少畜户不愿意与大畜户合作的局面。同时，在合作社的组织下，分流劳动力有组织的从事商店经营、修车、建筑、经营旅社宾馆等业务活动，社员拥有了稳定的工资性收入。

近年来，通过股份制改造，通过生态畜牧业建设，通过实行生态保护型舍饲、半舍饲返育草地，使过度放牧的草场休养生息，雍嘎洛生态畜牧业专业合作社形成了以股份制为典型代表，具有高原特色、玉树特点的可复制的新型经营模式，在促进生态系统恢复的同时，为乡村振兴提供了产业保障。

不仅仅是布甫村雍嘎洛生态畜牧业合作社，几年来，曲麻莱县共计组建了19个村级生态畜牧业专业合作社、51个生态畜牧业联户合作小组、176个家庭牧场和养畜大户，以及两个省级牦牛和藏羊高效养殖示范点和14个扶贫专项牧业合作社。

现在，全县的“生态畜牧业合作社”每年可加工牛羊肉近2 000吨、酥油500多吨，其中最受欢迎的牦牛酸奶、野生菌类、牛肉干、羊肉干等纯天然、原生态的土特产备受青睐，这些产品已远销省内及甘肃、四川等地，产品备受欢迎。这其中，就有“雍嘎洛羊肉干”等。

生态畜牧合作社，让包括布甫村在内的曲麻莱县6 000余户入社牧民“鼓了腰包”，到2020年曲麻莱县实现绝对贫困清零。2019年11月，布甫村等多个村先后举行分红，“每年的分红都在涨，即便再过若干年，羔羊牛犊的出栏量、牛羊绒、风干肉等特色畜牧产品也有固定产出，是保本经营。”曲麻莱县农牧与科技局局长达哇认为，生态畜牧业合作社的经营方式明显提高了效率，实现了增收。

今日曲麻莱，自然之美与发展之美共振，“靠天养畜”的落后生产方式在淘汰，畜牧业合作社向企业化发展后劲充足，闯出了一条地域特色鲜明、利于示范推广、政策体系配套、扶持方式科学、管理机制灵活、富有曲麻莱特色的草地生态畜牧业发展的新路子。

“我们合作社也将继续坚持走好这条路。”布普村雍嘎洛生态畜牧业合作社理事长巴群坚定地说。

和谐牧歌奏响楚玛尔河畔

——曲麻莱县长江七渡口生态畜牧业合作社发展纪实

“感谢党、感谢政府，虽然我没有能力报答党和国家的恩情，但是我会永远跟党走，永远不会忘记党的恩情。我会把这次分到的32头牛作为基础，发展好自己的产业，用自己的双手创造出属于自己的幸福生活，不再给党和国家拖后腿。”家有8口人的沙松，是玉树藏族自治州曲麻莱县曲麻河乡昂拉村长江七渡口生态畜牧业合作社的牧民，分享到合作社发展红利的他，站在自家领到的32头分红牛前面讲述时很是动情。

经过3年的快速推进、滚动式经营发展，昂拉村长江七渡口生态畜牧业合作社在2019年11月3日组织村民召开了一场喜气洋洋的分红大会。这次分红的红利是808头、平均年龄3岁的成年牛（折合人民币243.77万元），以及畜产品销售收入现金37万元，共有202人受益，其中包括精准扶贫建档立卡户14户72人，人均分红4头牛（折价2万元）。当时在现场，沙松等众多参加分红的牧民群众激动地打出了“感谢总书记、感谢党中央”的横幅。

长江七渡口生态畜牧业合作社所在的昂拉村，坐落在楚玛尔河亦即曲麻河畔。昂拉村是一个藏民族聚居的纯牧业村，全村共有347户，易地搬迁到格尔木市的有82户。自2011年经过草场整合、牲畜整合初步建立合作社，用下拨的基础设施建设资金和畜牧业发展资金400万元购置486头牛和1 200只羊。

合作社成立之前，昂拉村牧民群众主要是传统靠天养畜模式发展畜牧业，牧民群众生活水平比较落后。看到这种现状，作为合作社理事长的原村党支部书记才加，和曲麻河乡其他村党支部书记先后到外地考察合作社养殖模式，学习当地牧民群众利用合作社养殖模式改变传统养殖模式，从而大幅度增加经济收入的经验。“当时把考察经验用笔记一一记了下来”，才加回到村以后，按照学习到的经验，结合昂拉村实际情况，提出了昂拉村成立生态畜牧业合作社的计划，决心要带领大家干出点名堂。

为了让计划落地实施，才加一班人开始挨家挨户走访，做宣传入社工作，讲解成立合作社各方面的好处。一开始村民们都不理解，很排斥加入合作社，但在才加的不断努力下，村里有十几户牧民群众抱着试试看的心态入了社。合作社成立之初只有 5 个小组 400 多头牛。第二年，在看到初入社的几户牧民拿到实实在在分红后，村民的思想观念开始有了转变，开始纷纷加入合作社。

昂拉村长江七渡口生态畜牧业合作社成立以来，按照“入社自愿，退社自由，股份合作，风险共担，利益共享”的原则，推动“公司 + 合作社 + 牧户”的产业化模式运行。合作社建立健全牧民合作社组织领导管理机构和各项规章制度，改变了牧民群众靠天养畜的传统观念，通过努力挖掘现代畜牧业发展潜力，提高了牧民组织化、牧业集体化、规模化、产业化发展，使昂拉村从过去的传统畜牧业，逐步走向现代畜牧业。

为了拓宽合作社增收、农牧民得实惠的渠道，近年来，合作社采取“政府投资引导、能人大户自主入股、村‘两委’管理、牧户受益”的管理运营模式，组建“野血牦牛繁育基地”，并通过自主争取项目建立起“现代生态畜牧业科技试验示范园玉树种羊扩繁基地”，主要从事牛羊繁育、农畜产品销售、饲草种植加工等，使合作社的发展道路越走越宽阔。

与此同时，合作社还不断提高合作社社员的养老、医疗、工伤等保险，带动全村 345 户牧民投入畜产品加工和销售，截至目前，畜产品销售遍及曲麻莱及格尔木，利润达 37 万元。“合作社成立之初只有 5 个小组 400 多头牛，如今，已经有 16 个小组，1 200 头牛、1 200 只羊了。入股合作社的 59 户人均收入高达 13 000 元。”村主任才丁加介绍。

长江七渡口合作社的发展离不开党组织的引领作用，更离不开国家政策的大力支持。多年来，曲麻莱县曲麻河乡大力发展以生态畜牧养殖业为主导的村产业经济，将畜牧业经济上台阶、牧民群众脱贫致富作为检验工作实绩的“试金石”，在扶贫产业扶持项目带动下走出了富有本地特色的草地生态畜牧业发展新路，不仅激发和鼓励牧户发展生产的积极性，促进了产业发展，推进了脱贫攻坚，而且促进了对生态环境的保护。

每年11月到来之际，合作社的社员们都为即将到来的分红大会而欣喜万分。而2019年的分红大会格外热闹，合作社的办公现场人头攒动，闻讯赶来的牧民群众翘首等着“分红”时念到自己的名字。看着桌子上整整齐齐摆放着37万元崭新的百元大钞，让现场“分红”的每一个人特别眼馋。念到名字的牧民上台领牛、领钱，808头牦牛各归其主。

建档立卡贫困户西贝在2017年的时候已经脱贫，虽然只有1个人，但是此次分到了4头牛，总价值11 850元，还有畜产品的效益分红2 000元，之后每每说起拿到的这个“大红包”，西贝话语间都流出喜悦。

措吉家有4口人，此次共分到了16头牛，激动的他夸赞党的好政策，他说:“要把分到的这些牛继续入股合作社，让合作社科学谋划，赚更多的钱。”措吉现在在合作社已经有30多头牛的股份了，加上当生态管护员和草原补助奖励的收入，告别了贫困的日子。

昂拉村长江七渡口生态畜牧业合作社的一次次分红，展现出的是脱贫攻坚成果由村民共享的“立社”发展理念，在村里树立了正确的扶持导向，释放出“扶贫不扶懒”的信号，既为昂拉村村民改善生活注入了一份力量，也在不断调动大家的内生发展动力，促成生产生活良性循环发展。2017年昂拉村成功脱贫。

“学习和贯彻党的十九大精神，对于我们来说，就是要扎扎实实经营好合作社，每年给成员分红。而且，用盈余的钱为村里修建道路、维修通讯设施、缴纳养老金等，办一些实实在在的事情，这才是对党的十九大精神最大的践行。”才加理事长的一番话朴素而又实在。

曲麻莱县县委书记董晋林表示，要以生态保护优先、合理利用草地资源、转变生产经营方式为核心，从机制体制上闯出符合曲麻莱县生态畜牧业可持续发展的路子。

6月走进曲麻莱，天空蓝天白云飘荡，原野碧草牛羊欢歌，一幅幅自然和谐的壮美画面。昂拉村牧民扎西才仁，开着自家的车将自家和邻居家积攒的垃圾，送往300千米外的格尔木市垃圾处理厂。

“野生动物明显增多了，有时候能看见几十只的岩羊群，上百只的藏野驴群。这在10多年前是不可能的。”“在曲麻莱县，一名生态管护员拍摄到

70 多只野生白唇鹿横渡长江的大自然奇观。”这些看似简短的话语和信息，传递着生态向好变化的消息。

如今，在曲麻莱，在昂拉村，在这片高天厚土之上，生产、生活、生态协调发展的故事在不断创造。

在转型传统产业上持续发力

——玉树市加桥村生态畜牧业合作社发展纪实

在壮大村集体经济的发展实践中，玉树藏族自治州玉树市探索出多个各具特色、行之有效的村集体经济“破零”路径。其中，上拉秀乡加桥村秉持“集约化、产业化、规模化、科学化”的发展原则，充分把握市场需求，依托生态畜牧业合作社载体，在转型传统产业上持续发力，逐渐形成传统产业转型、股份合作经营的“加桥模式”。

加桥村是玉树市精准扶贫重点贫困村，地处青藏高原腹地，平均海拔4 300米以上，全村共1 280人，可利用草场面积38.99万亩，采挖虫草和从事畜牧业是村民主要的收入来源，但由于近几年虫草经济低迷，再加上牲畜严重退化、个体变小、奶产量降低，全村经济发展受到严重制约。

针对这一状况，乡党委、政府和村“两委”班子结合市场需求认真分析研判，按照“支部+合作社+农牧户”的方式，引导村民将牲畜、草场等生产资料折价入股，于2015年成立加桥村生态畜牧业专业合作社，并将农牧、扶贫等资金捆绑使用，购进野血牦牛F1种公牛和母畜，最大限度地改良畜种。

在建立野血牦牛繁殖基地和畜种改良基地的同时，合作社注重拓宽经营面，一方面积极延伸产业链条，对产品进行加工出售；另一方面，出售冬虫夏草、人参果、干鹿角、贝母等特色产品和“吾噶”等本地特色手工艺品。截至目前，合作社共有3处养殖基地、1585头牦牛（其中野血牦牛513头）、藏系绵羊456只，经济规模达400余万元。

为规范管理，提高运转效率，合作社实行股份制经营模式，引导村民将牲畜、草场等生产资料折价入股，大力推进资源变资产、资金变股金、村民变股东，以资产股权为纽带，从事生态畜牧业合作生产经营，按股分红。

截至目前，合作社共有121户村民入社，入股草场面积达8.2万亩，草场由合作社统一管理，重新划区轮牧，提高利用率。生产人员由合作社在全社范围内根据综合能力进行聘用，实现人力资源和生产要素的最优配置。

财务管理方面，合作社建立健全财务开支审批、审计制度，实行征求意见、议事决策、任务分解、公开承诺、组织实施、考评奖惩的"六步工作法"，所有大额开支均须村"两委"班子集体讨论决定，必要时举行社员大会集体决定。注重发挥村级监督委员会的作用，对合作社的财务状况进行审核、监督，并及时将合作社的财务运行状况和审计结果进行公示，自觉接受监督。

"上拉秀乡加桥村属于纯牧业村，祖祖辈辈靠养畜为生，步入小康唯一的途径就是组建生态畜牧业合作社，走规模养殖的路子。"被人们称为"放牧乡长"的格扎至今坚持这样的认识，而这样的认识也不断被广大村民认同，并在实践中获得受益。

曾经，仁青尼玛的家是加桥村最困难的家庭，家中没有草山，没有牛羊，又不会放牧，不挖虫草，不愿意外出打工，仅仅靠每年冬季牧民宰牛储存冻肉的时候给村里人宰牛的一点收入生活，其余的时间就等着国家政策的扶持，久而久之他成了村里的懒汉。

加桥村生态畜牧业专业合作社成立后，整合草场、牲畜和牧户，推行联合草场统一管理、种畜统一培育、畜产品统一销售生产经营模式。入社群众中有建档立卡贫困户87户，仁青尼玛就是其中一户。

仁青尼玛夫妻加入合作社后，先学习放牧，之后学习拉网围栏，夫妻俩成了合作社的长期职工，每年的工资是3.6万元，有时候还会当合作社短期工，放牧之余干一些杂活，每年的收入也有2万多元，一年下来总收入能达到6万元。

加桥村生态畜牧业专业合作社理事长尕玛松宝风趣地说："仁青尼玛以前什么都不会，现在成了村里有名的特等放牧员，他们夫妻负责的野血牦牛繁育基地，有400头野血牦牛，从2015年到现在，没有死过1头牛。"

合作经营，努力壮大传统产业。为确保按期完成2018年前全面脱贫的目标，加桥村多次开会研究，进一步明确了合作社坚持"划区轮牧、合理载畜、整合资源"多种经营的发展理念，提出继续进行牲畜改良和扩大合作社规模，增强村集体经济力量，增加村民收入。在格扎乡长带领下，合作社按照法定程序落实了“四证三章”，以“就近联合、自愿组合”为原则，着力推进合作社发展，引进了野血牦牛优良资源，围绕村“野血牦牛基地”推进生态畜牧业建设。

2016年9月，中央电视台农经频道记者赶赴玉树市上拉秀乡加桥村野血牦牛基地进行采访，格扎抓住机遇向记者介绍了上拉秀乡的畜牧业发展状况和野血牦牛的优势，为野血牦牛积极做宣传，节目组制作的专题片《“抢亲”的牦牛多卖钱》一经播出，反响强烈，野血牦牛在价格和知名度上得到了很大的提升，大大促进了牧民的积极性。

2017年，随着“玉树州第四届优良种公牛评比暨牦牛文化高峰论坛会”在上拉秀乡加桥村野血牦牛扩繁基地举行，加桥村及上拉秀乡牧业发展进一步借势借力提速，推动了整个乡乃至玉树市生态畜牧经济的发展。

据统计，成年同岁的野血牦牛和高原牦牛相比，肉重要相差120～230千克，并且野血牦牛肉的售价要高于高原牦牛，活牛出售时，野血牦牛的售价也要远远高于高原牦牛，而合作社中最贵的一头野血牦牛售价是3.5万元。

2018年，格扎引领合作社大力推进股份制的经营模式，加大基础设施建设投入，进行合作社商铺建设，并对牲畜开展投保工作，牧民将牛羊交到合作社，自己也可以从事其他职业增收。看好合作社的发展前景，牧民们纷纷要求加入合作社，“到合作社做事”。

以前以刻玛尼石为生的牧民扎巴江才，全家6口人年收入6000元左右。看到仁青尼玛夫妻加入合作社，每年收入可观时，扎巴江才也踊跃加入合作社，成为合作社的放牧员。

目前合作社有像仁青尼玛、扎巴江才一样的长期放牧员12户，而这12户都是加桥村建档立卡的贫困户，还有70多个短期工，大多是村里的贫困户，他们争着抢着到合作社做事。

村里其余的贫困户，将牛羊交到合作社后，另谋生路致富。多杰扎巴将自己家的牛羊交到合作社，夫妻两人先是在214国道和308省道交会处开了一家饭馆，一年下来收入近2万元。后来，他进州学习金银首饰加工技术，“打算学成后想着回到村里，开一个金银首饰加工的小作坊，自己增收的同时，也带动村民增收。”

近几年来，加桥村生态畜牧业专业合作社通过不断引入野血牦牛加大适龄母畜繁殖力，提高牲畜数量和质量，保证合作社正常发展的同时，通过生态畜牧业合作社模式实行定员定岗，优化畜群结构，整合草场资源，落实产前、产中、产后的各项服务及生产销售任务，规模养殖、合理轮牧，有效促进了草畜平衡。

持之以恒的探索推进，股份制合作社的经营模式，让牧民逐渐丰盈了钱袋子，更为全村畜牧业发展提供了保障。加桥村生态畜牧业专业合作社在雪域江源，蹚出了一条以转变生态牧业发展方式为主线，以实现草原保护和牧业增收为目标，具有鲜明地域特色的生态畜牧业转型升级发展路。

青藏高原天高地阔！养殖基地的围栏里，一头头硕大的野血牦牛“散步”归来惬意歇息；越过围栏，加桥村的产业转型发展路向着远方在继续坚定拓展。

长江源头打造畜牧业高地

——治多县生态畜牧业合作社发展纪实

有着“长江源头第一县”之称的治多县，地处青藏高原腹地，位于玉树藏族自治州西部，土地总面积8万余千米^2，是一个以藏族人口为主的纯牧业县。

近年来，玉树州治多县以草地生态畜牧业试验区建设为契机，全面实施畜牧振兴战略，坚定不移地走生态畜牧业的路子。全面落实各项支农、惠农政策，研究制定契合治多实际的牧业振兴措施和激励机制，认真抓好畜疫防治、牲畜投保等常规性增产保收措施，有力巩固草原留居户数量，加强草原基础设施建设，优化畜牧产业结构，提高科学养殖水平。

为带动生态移民搬迁户后续产业发展，提高贫困牧户的产业收入，以草地生态畜牧业试验区建设为契机，从推动治多县生态畜牧业可持续发展出发，2012年8月，治多县生态畜牧专业合作社通过“政府搭台、合作社唱戏”的方式组建。

治多县生态畜牧业合作社是跨区域股份制模式的合作组织，合作社跨索加、多彩、治渠三乡5个村，占地面积达61万亩，这些乡和村都是国定贫困乡村，合作社吸纳了三乡五村贫困户1 340户、4 721人，这种跨乡建立股份制模式的合作组织在青海省生态畜牧业合作社鲜有，这种模式是治多县生态畜牧业转型发展中的一次变革。合作社成立后，治多县县委县政府专门抽调索加乡政府乡长才仁昂布同志兼任合作社的理事长。

治多县生态畜牧专业合作社成立以来，始终将“实”字作为工作准则，把生态畜牧业作为群众脱贫致富的主攻方向，坚定不移地按照“要致富、靠畜牧，挖穷根、兴产业，可持续、抓生态，先育点、后连片，建公司、联牧户，拓市场、增收入”的工作方针，从合作社的长远利益和社员的切身利益出发，实实在在地谋划事业和工作，使决策符合合作社的实际、符合社员的愿望，从尽职尽责出发，坚持踏实干事的作风，脚踏实地、真抓实干，以过硬、扎实的作风担当了起合作社发展改革的重任，把合作社社会效益、社会责任、社会担当放在重要位置，为社会创造了财富，为合作社带来了效益。

“治多县是纯牧业县，由于地处高寒内陆地区，自然条件严酷，畜牧业尚未摆脱靠天养畜，加之虫草、藏獒经济的冲击，畜牧业发展曾一度低迷。”理事长才仁昂布认为，合作社要打开工作局，首先要着力转变牧民群众的思想观念，长远谋划，加强思想教育，转变牧民的等、靠、要思想。为此，他带队一次次进门入户给村民宣讲合作社的优越性，发展生态畜牧业的必要性，使入社成员逐渐增多。建社之初，合作社入股牲畜仅有843头（只），到2015年底已经发展到了3 410头（只），股份也达到了1 861个。

为了确保合作社规范运营，强化管理能力和机制，治多县生态畜牧业合作社经过理事会讨论、社员投票，建立起符合本社特点的章程制度，完善了财务管理、决策议事、生产管理、产品销售、利益分配、档案管理等各项制度。

通过实行规模化生产、科学化放牧，合作社实现了牲畜出栏、畜牧产品生产、加工、销售产业一体化。合作社拥有3个藏绵羊养殖场和3处牦牛养殖场，养殖场内再细分为生产母畜区和杂畜区，划区轮牧、以畜定酬。

治多县生态畜牧业合作社股份制经营模式，打破了传统合作社生产经营方式，科学合理利用草场资源，减负更致富。一方面减轻生态负担和牧民负担，另一方面实现了草畜平衡、牧业增效、牧民增收的目标。

治渠乡治加村的旦多是村里的低保户，入社前家里特别困难，房子里连桌椅板凳都没有，睡觉就在地上打地铺。入社后旦多给合作社放牧，除了每年能得到分红外，还有放牧酬劳，2013年他家收入6万元，2019年达到14万元。现如今，家里摆上了电视、冰箱等家电，还买了辆越野车，日子过得有滋有味。

多彩乡聂恰村的牧民红星是一名“资深”放牧员，不同的是，他以前是为自己家里放牧，而现在成了合作社的一名专职放牧员。说起前后的变化，他高兴地说，加入合作社之前一直在家放牧，但因家中牲畜少、劳动力少，收入得不到提高，生活困难，被列位建档立卡贫困户。加入合作社后，“2013

年分到 1 只羊、630 元，2014 年分红 800 元，2015 年分红 900 元，这是每年人均分红的钱，现在我在放牧点做牧工，妻子是挤奶工，每人每个月还有 1 500 元的固定收入，多亏了合作社，我们家的日子越来越好了。”红星清楚地记得这 3 年里合作社每一年分红的钱数。

一步一个脚印，一步一个台阶。目前，治多县生态畜牧业合作社的牲畜头数已经增加至 2283 头只（其中：牦牛 766 头，藏绵羊 1 517 只），增长了 189.46%。合作社从成立至今，资产总额增长至 1 802.47 万元，较成立初的 611.78 万元增长了 194.63%；净资产总额 1 595.94 万元，较成立初的 328.36 万元增长了 386.03%；2017 年创造收入较合作社成立初的 78.41 万元增长了 3 137.51%，合作社发展实现了质的飞跃。

合作社成立至今，共计分红 499.014 万元，户均实现分红 3 754.8 元，每股分红 2 702.05 元，已连续 6 年实现了分红，兑现了合作社创立之初对参社成员的承诺。

无疑，草地生态畜牧业的发展，通过转变生产方式实现了产业优化和升级，带给牧民群众增收，让群众的获得感、幸福感得以提升。同时，以合作社为载体的生态畜牧业发展，让一些牧民转变了生活方式，形成新的就业岗位，助力草原生态环境持续改善。

才让当周是索加乡人，三江源生态保护与建设工程和生态畜牧业试点建设开展后，才让当周自愿把自家草原缩减到现在的 0.2 万公顷，将剩余的 50 多头牦牛加入合作社，由合作社统一管理、统一轮牧，他从牧民转岗当了一名“马背上的生态管护员”，把更多精力用在了守护家乡的生态环境上。

在治多县生态畜牧业合作社的办公室里，两面照片墙非常“吸睛”。为了增强合作社成员的凝聚力和荣誉感，合作社把上千户成员代表的照片全部贴在了墙上。理事长才仁昂布说：“之所以这样做，我们有如下想法，一来是增强大家的凝聚力和荣誉感；二来则是让没有加入合作社的人向这些人学习，壮大合作社的力量。”

治多，藏语译为长江源头。站立长江源头，治多县生态畜牧业合作社在各级党委政府的支持下，积极培育时代发展绿色动能，奋力打造生态畜牧业高地，实现了百姓富与生态美有机统一。

绿色发展泽被一方水土

——曲麻莱县红旗村生态畜牧业合作社发展纪实

三江源地区是中华水塔。处于长江源保护地的玉树藏族自治州曲麻莱县，不少乡镇积极探索合作社发展模式，既改善了民生，又保护了环境。叶格乡红旗村生态畜牧业合作社是其中这样一个股份制经营组织。

红旗村距玉树州曲麻莱县城 100 多千米，平均海拔 4 500 米。就是这样一个偏远的村社，于 2010 年创办生态畜牧业合作社，成为玉树州第一个运用股份制模式的合作社。

曲麻莱县曾因百万牲畜而闻名于省州，依托这一资源禀赋，红旗村生态畜牧业合作社确立了“划区轮牧、合理载畜、整合资源、多种经营”的发展理念，创办了“红旗模式”的股份制生态畜牧业合作小组以及联户经营模式等合作小组 16 个。托俄俄加生态畜牧业专业合作小组，是红旗村生态畜牧业专业合作社下设的 16 个股份制合作小组之一。

“扎拉达泽”这个如今在玉树被很多人熟悉的风干牦牛肉品牌，就是在托俄俄加生态畜牧业股份制合作小组生产加工的。红旗村依托生态畜牧业专业合作社被选为全省生态畜牧业试点基地，成为全省的示范表率，成为全省 3 个省级示范社样板之一。

至 2019 年，叶格乡红旗村生态畜牧业合作社实现了连续 4 年分红。“这次分红的大户有托俄俄加合作社、牧羊娃生态畜牧业合作社等。其中，托俄俄加合作社分红 468 792 元，牧羊娃合作社分红 189 805 元。”红旗村主任尕它介绍说：“群众收入一年比一年多，生活一年比一年好。全村牧民 561 户、1 567 人。今年合作社所有下设组都有分红，还奖励藏式地毯、清油、大米和其他生活用品。”

玉树州农牧和科技局相关负责人表示：“曲麻莱县红旗村是全省生态畜

牧业合作社10个模板之一，玉树州18个草地生态试验区建设单元之一。畜牧业是牧区巩固精准扶贫成果的基础产业，也是玉树州经济的支柱产业。生态畜牧业合作社的建设是近年来畜牧业发展中出现的一种新的经营模式，它的好处是合理科学地调处草畜矛盾，通过草畜平衡实现可持续发展。同时，合作社也是牧民实现收入、克服惜售思想、转移劳动力的好平台，将对畜牧业的发展起到引领性的作用。”

旦增才仁是托俄俄加合作社的理事长，今年47岁，2015年入党，在群众中有很好的口碑和威望，被大家公认为叶格乡致富带头人。他说：“我们这个合作社管理层有7人，做决定都是开会研究，实行按投资分红和按劳分配，程序正规，得到了大家的认可。今年合作社纯收入近100万元。我们在乡上有一个藏餐厅纯收入21万元，1辆半挂车跑运输收入19万元，风干肉和其他畜产品在格尔木、拉萨、结古、西宁等很受欢迎，供不应求，收入50余万元。明年我们将投资100万元，建设一个畜牧业综合基地，投资10万元建设人畜饮水项目，建设面向16个合作社（组）服务的小型冷库。明年争取分红达到53万元。”

诺布才仁是2006年的大学生村官、红旗村二社的主任、党员，品学兼优，毕业后本有机会考取公务员，但是他说“因为对家乡的热爱和眷恋就留在了红旗村”。他创办了南色保宗和治龙达合作社，今年合作社分红15万元，被四邻八乡誉为“明日之星”和“草原的希望”。他说：“明年我们要根据草山面积大的特点大力发展生态畜牧业，在现有牦牛10 170头的基础上，计划明年要达到17 000头。今年让我最高兴的事情就是，我们脱贫摘帽通过了省检。”

牧羊娃生态畜牧业合作社负责人边巴才仁，今年48岁。他介绍说：“我们这个合作社有牧民35户、96人。出售风干肉、酸奶、酥油等畜产品。今年分红每户牦牛1头，现金每户5 432元。我们这是第四次分红，一年一个台阶，芝麻开花节节高。”

“上一年分红，我拿到了29 219元！”努布是托俄俄加合作社的成员。回想2018年底合作社分红时的场面，他依旧心潮澎湃。“当时桌子上一摞摞钞票都堆成了小山！”努布满满的幸福感，离不开畜牧业的转型发展。

“加入合作社时自己有7头牛，和以前相比，现在生活水平好了很多。”

叶格乡的尕义自2011年加入本村托俄俄加股份合作社，如今每年可以从合作社领取1万元的分红。

红旗村生态畜牧业合作社及下辖托俄俄加合作社（组）等成立以来，坚持主动适应市场需求，调整完善思路，采取股份制模式，将牧民的草山、牛羊和劳动力等分别按股作价，统一生产经营、统一管理分配。集中经营解放了劳动力，改变了原来每家每户不论牲畜多少，牧民都在草场上放牧的状况。剩余劳动力从事第二产业、第三产业或者外出务工，年底分红。

“以前牛羊不多，可天天都得围着它们转。加入合作社后牛羊有人管理了，关键是收入有了保障。”牧民尼玛在2011年加入红旗村托俄俄加股份制生产小组，自己的牛羊和草场交由合作社管理，一年下来不仅有近2万元的收入，自家草场的草也长得比以前好了。

通过入股分红的方式，将牧民手中的草场和牲畜进行整合，改变了牧民“跟着牛羊走，围着草山转”的生产生活方式，是传统草原畜牧业走向现代化的关键一步。在整合资源保护生态的同时，合作社还先后开发出了干肉、干肠等特色产品。

“在玉树，‘扎拉达泽’是一个家喻户晓的风干牦牛肉品牌，但很多人不知道，这是我们生产加工的。现在，这个牌子不仅被很多玉树人认可，产品还卖到了西藏及果洛和格尔木等地，牌子已经被很多人认可，现在1千克包装的风干肉售价380元，还供不应求，很多都是预订的。”托俄俄加合作社的理事长旦增才仁说。合作社成立后，减畜与增收两不误，“牧民的收入上去了，生活越来越好！”

目前，叶格乡红旗村已有97%牧民加入合作社。在整合资源保护生态的同时，还形成了放牧、肉类加工和手工业编制等产业。2018年，红旗村合作社下辖16个小组，收益达260多万元。岁末年终，集体经济的发展让红旗村合作社的牧民心里感受到了实实在在的“获得感”。拖俄俄加合作社的理事长旦增才仁高兴地说：他的股民最多的按户可以分红29 000余元。

“2018年，我们的牛羊获得了畜牧有机认证，还和有机办签署了购畜协议，现在叶格乡的牛羊在市场上都比其他牛羊每千克都贵5元左右。”曲麻莱县叶格乡党委副书记、乡长马兰说。

还令人高兴的是，成立合作社共同致富，草场保护问题也得到了解决。

原来的牧民都有自己的草场，他们都在自己草场上放牧，草场退化严重，整合人员、牲畜、草场后，草场可以合理利用。红旗村结合当地实际成立的扶贫合作社及专业化合作社，使更多牧民合理有序化放牧。

“草场绿了，收入多了，把人从草山上也解放出来了，我们合作社搞得特别好。”牧民闹布才仁说：“草山是我们的根，这几年政府提倡保护环境、发展生态畜牧业，草山最大的变化就是野生动物变多了，乱丢垃圾的人少了，环境变好了。”

与此同时，红旗村合作社取得的成效，很快在玉树草原推广开来，为其他县的畜牧业发展起到了示范引领带动作用。玉树市下拉秀镇钻多村、称多县拉布乡车所社、治多县治渠乡同卡村、杂多县结多乡优美村、囊谦县吉曲乡外户卡村等12个生态畜牧业合作社先后成为试点单元，全面推行了股份制改造，加快了新型经营主体的培育步伐。现如今，生态畜牧业合作社备受群众欢迎，生态畜牧业在玉树风生水起，泽被一方水土。

三江之源，中华水塔。在这里，绿色发展方式已然成为干部群众的共识与行动，良好的生态环境成为高质量发展的坚固基石和高品质生活的支撑。三江之水，正伴随着高质量发展、高品质生活，一江清水向东流。

集约养殖促进畜牧业生态化

——曲麻莱县藏迪生态畜牧业合作社发展纪实

曲麻莱县位于青海省玉树藏族自治州北部，素有“黄河源头第一县”之称，平均海拔 4 500 米以上，作为牧业县的曲麻莱生态地位也很突出。近年来，在全国草地生态畜牧业试点建设工作推进下，曲麻莱县牧业发展呈现出新发展格局，生态畜牧业合作社不仅成为牧民群众脱贫新载体，而且成为高原牧区实现生态保护与经济发展双赢的有效途径。

38 岁的扎西公保是曲麻莱的牧民，但他还有个第二职业，是县里的运输车司机。能有双重身份，这要源于他加入了曲麻莱县约改镇藏迪生态畜牧业合作社。“我们以前游牧式放牧，到处搬迁，没有保障，纯粹靠天吃饭。因为没有其他产业收入，放牧赚的钱根本不够家里 5 个人分。”扎西公保说，困境解决是从 2013 年开始的，他入社后把自家牛羊交给合作社管理，自己腾出时间去县里驾校学习驾驶，学成后在县里跑运输，“我现在不但有合作社牛羊的收益，还有做运输赚的钱，年收入可达 5 万元。”

“合作社解放了牧民劳动力，也让草场得到合理的利用，保护生态和脱贫有机统一。”曲麻莱县县长尼玛扎西介绍，藏迪生态畜牧业合作社采取的是代管模式。这个合作社是 2013 年在县政府的支持下成立的，政府负责修路，通电、建设房屋等。合作社中的部分牧民负责管理所有牛羊，每户每年工资收入可达 35 000 元左右。合作社每年返给入社牧户交管牛羊总数的 10%，户主可自行处理，或自吃，或送到市场售卖。

“牧户与我们签订有法律效力的合同，合同期内牛羊归合作社管理，每年给牧户分红，到期后还会返给他们最初的牛羊数。”合作社秘书才仁多杰说，如果遇到不可抗拒的因素，例如自然灾害使大家的牛羊受损，县政府会承担风险，给予赔偿。政府给予藏迪合作社一定的受损补偿。过去牧民家不管有多少头牛羊，都需要挤奶工、放牧工等，现在通过整合，有了合作社，就可以解放年轻人的劳力，让他们向第三产业转移。

“一开始代管500只羊和500头牦牛，现在规模扩大到2 288只羊和1 760头牦牛。”扎加是藏迪生态畜牧业合作社的理事长，这位能说一口流利普通话的藏族青年，谈及合作社的发展思路非常清晰。“刚开始只是想试验一下集约放牧的模式，后来发现这样整合的合作社一方面能够提供很多岗位给牧民，另一方面能够解放很多年轻劳动力，让他们走出去，学技能，提高家庭收入。”

48岁的才让多吉一开始就加入藏迪合作社，他家有80头牦牛交社里代管，同时他也是社里的牛羊管理员，每月有3 000元的收入。“我是社里的普通社员，我也参与社里的财务决算，每年都会看到公布的财务报表。现在我们正在研究畜牧产品如何打入市场。”他说合作社里各项运作透明度很高，牧民对此很信任。

藏迪生态畜牧业合作社自成立以来，坚持走品牌化和市场化的道路，夯实合作社发展基础，拓宽生态畜牧业发展市场。合作社采用劳动力入股的方式，让有放牧经验的牧民专职从事牧业生产，剩余人员外出务工。同时，村民以草场入股的形式，合作社将草场合理划分，分片科学放牧，统一抗灾保畜和疫苗防治，统一生产经营销售畜产品。这种方式不仅解决了牧民收入低的问题，而且大大提高了畜牧业抵御自然灾害的能力，形成了权责利共担的现代畜牧业管理体系。

现在，牧民的牛羊都交到了合作社，每年合作社返给户主交管牛羊总数的10%，而且这个基数是不变的。有了合作社，大大解放了劳动力，形成了老人养老、孩子上学、年轻劳动力逐步向第三产业转移的生产生活格局。

“牛羊在哪里，人就得在哪里。”这是以前曲麻莱县的放牧模式，传统的放牧既对有限的草场破坏很大，同时还约束着劳动力，是一种比较低效的模式。“以前家里养着20头牦牛和50只羊，虽然数量不多，但是必须每天都跟在牛羊屁股后面。”牧民才仁多杰说现在不同了，“我把牛羊交给合作社代管，不仅酥油、曲拉等奶制品家里人照样能吃到，自己还经营了一家小卖店，妻子也在县城小学里打杂工，两个人还有额外的收入来源。”

“把牛羊放到合作社是合理的投资。以前分散放牧，牧民们治理草场特别困难，每隔一个多月就有牧民为牛羊饲草料担心。现在合作社把牧民们聚集到了一起，不仅牛羊好管理，草场也变好了，收入有了保障，还避免了一些因放牧造成的草山纠纷。”

理事长扎加说，合作社将牧民家中的牛羊及草场置于合作社统一放牧和管理，通过签订托管协议，实行按股分利，以帮助牧民向第三产业转移。目前合作社已吸纳 45 户牧民、超百人入社，集中管理和经营着 1 500 头牦牛和 2 280 只藏系羊。合作社已形成权、责、利共担的牧业管理体系，正逐步走向统一采购、统一销售、统一技术培训、统一防疫灭病、统一信息提供等“一条龙”服务运行机制。

与此同时，合作社不断加大配套设施的建设，通过建设畜产品加工厂，让牛羊养殖从只能在当地屠宰、销售，变为合作社自己能够加工牛羊肉，形成具有本地民族特色的品牌，打造村集体经济新增长极，实现可持续的发展，让牧民和草原共同受惠。

2019 年合作社在曲麻莱县的畜牧业商店，不仅销售烟酒、百货、粮油等，最主要的是经营酥油、牛奶、虫草、酸奶、风干肉和牛羊肉，这些本地特产都是从本合作社牧民中收购，使他们实现第一次收入。而这些特产卖出去后，又分红一次，实现第二次收入。经营畜牧业商店的经理更松罗周介绍说，今年 11 月底，商店的纯利润达 215 834 元，明年通过扩大经营，力争实现纯利润 25 万元。

2019 年 12 月 27 日，藏迪生态畜牧业合作社举行年度分红大会。这一年的分红金额高达 103 万元，分红现场欢声笑语，家有 5 口人的贫困户俄金，2015 年入社之前，家境非常贫困。这次他家 5 口人分红得 29 450 元，他的牧工工资 42 000 元，爱人代吉措毛是合作社挤奶员，工资收入 9 000 元，再加上虫草等其他收入 30 000 元，合计总收入 110 450 元！俄金的家被曲麻莱县授予“光荣脱贫户”。

值得一提的是，藏迪合作社大胆启用大学毕业生参与管理，社里有一支毕业返乡的“大学生团队”。久耐、才旦、忠尕、多杰文斗、东周塔兴、罗松旦巴等 6 人先后毕业于省内外大专院校，平均年龄 27 岁。才旦 2012 年从北京外国语大学毕业后的第二年赶上藏迪合作社成立，经过一番思想斗争，最后决定加入合作社。他说：“我在合作社负责文秘和财务工作，一年有 3

万元的报酬，之外还有和大家一样的分红。但是，我觉得重要的不是报酬，而是自己的知识能用于家乡的发展。我相信在未来几年里，随着合作社不断壮大，我的报酬也会随着梦想的实现而增加，人生也将更绚烂多彩。”

说起藏迪合作社，也一定得说一说理事长扎加。43岁的共产党员扎加是2019年青海省“五一劳动奖状”的获得者之一。说起2013年起头领办“藏迪合作社”的初衷，他说：“今天，藏迪合作社在曲麻莱县无人不知，而且州上也有不小的名气。但是，当初我们白手起家，底子薄、基础差，加入合作社的都是贫困户，除了有一些草场、少量牲畜和劳力入股之外，家家几乎拿不出500元的现金入股，被人们起绰号叫‘穷棒子合作社’。我自己也没有多少底气。但是，在上级的关怀帮助下、在大家的齐心努力下，经过几年拼搏，‘穷棒子合作社’终于‘发’了、‘火’了。”

梳理自己和藏迪合作社成功的启示时，扎加说：“第一，我们有一个特别能战斗的小分队，即党小组。党小组就是带领大家勇往直前的力量源泉。”藏迪合作社现有党员5人，扎加为党小组书记，他本人也是村党支部的纪检委员。藏迪合作社的经营模式也是“党小组+合作社”，并建立有一整套确保执行力的规章制度。“第二，离不开县镇党委、政府和村支部的关心帮助。”“第三，靠的是依靠群众，相信群众，因地制宜的创新发展举措。”合作社大胆启用回乡大学生在藏迪合作社创业，给他们提供工作平台。为条件适合的合作社15户牧民缴纳住房公积金，支持他们改善居住环境，今年有8户贷上了住房公积金贷款。分红一律平等。对表现好的牧工不仅有工资、分红、还有奖金，又体现出多劳多得。

近3年，藏迪合作社人工种草达900亩，以饲补饲，有力地调节了草畜平衡。同时，合作社又义务将赛琼沟800亩当年复垦没有种草的地方种草。第一年草长得稀稀拉拉，第二年草盖地皮，第三年长过膝盖。扎加说：“保护生态，绿色发展是藏迪合作社发展的基础和不变的追求。”

畜牧是大产业，生态是大环境，畜牧业生态化关系着整个生态系统的平衡与安全。直面现实，藏迪生态畜牧业合作社激流勇进，通过推进畜牧业生态化，富了牧民，绿了草原，实现了牧民增收与生态改善“双赢”。

“同频共振”创造“三生共赢”

——治多县同卡村生态畜牧业合作社发展纪实

从1984年至2016年，玉树藏族自治州的人口翻了三番，但牲畜的总量却锐减到原来的3成。随着三江源生态保护与建设工程的实施，大部分草场被划为禁牧区。那么，草场面积逐年减少，这一方水土如何养活一方人？

“走生态畜牧业转型发展之路。”玉树州治多县治渠乡同卡村以实际行动如是作答。

同卡村位于治多县城北部，地处青藏高原腹地、万里长江河畔。这里草原广阔，山清水秀，素有“生态之村”“和谐之村”美誉。2009年，同卡村成立了生态畜牧业合作社，2014年正式挂牌，同卡村牧民278户、1 152人，合作社拥有优质草场496 000亩，牲畜有9 520头。同卡村生态畜牧业合作社是股份制模式的生态畜牧业专业合作社，也是治多县唯一整合率达到100%的生态畜牧业合作社。合作社坚持草畜平衡，在保护草场的前提下，促进畜牧业可持续发展，促进生产增效、牧民增收。

2017年30户入股牧民分红70多万元，2018年60户入股牧民分红118万元。2019年全村牧民入股，户均分红逾5 000元。目前，同卡村的人均收入达到了2万元以上，村民感慨说：“这一切，与村党支部带路，跟着合作社走生态畜牧业建设路分不开。”

治多县治渠乡同卡村在基层党建、村集体经济发展等方面可谓是玉树地区的一面旗帜，10年前村党支部就提出：“支部带路、群众上路”的脱贫策略。在转变生产方式，先行先试生态畜牧业建设，带领群众奔小康的路上，同卡村始终坚持党支部决定合作社的发展方向和思路，坚持发挥党支部战斗堡垒和党员的先锋带头作用。

同卡村的畜牧业合作社起步较早，在当地属于第一个试水者。刚开始组织全村30名党员入股，效益并不是很明显。营利或者亏本都由党员自己负责。2014年县委派一名副乡长蹲点抓合作社工作，很快就找到了一条适合牧区发展合作社的路子。

同卡村生态畜牧业合作社入股方式有3种。一是财产入股，即牲畜、现金的投入；二是草山入股作为基础股金（签订使用合同、办理司法公证）；三是劳动力入股为合作社牧工（主要是无畜户、少畜户的参加）。对入股的牲畜实行“统一轮牧、统一配种、统一育肥、统一加工、统一销售、分群养殖”的“五统一分”管理方式。

2014年同卡村全村入股。2015年合作社资产开始大规模增加。现在实现了全村牲畜、草场、人员“三入股”和“三整合”，走集体化经营的道路。走上现代畜牧业合作社的路子，同卡村办了以前想办不能办的事情。

牧民的牛羊草场通过入股合作社，实现了细化生产分工，优化配置生产要素。打破了从前牧民们各自分散养殖方式，合作社根据同卡村生态情况，对冬春季、秋季、夏季草场进行重新调整，对入股牲畜、草场进行整合和划分，在入股牧户中选择放牧经验较好的牧民作为放牧员，对入股的羊群进行分群管理，使适龄母畜比例从试点前的38.5%提高到了62%。在充分利用资源的同时，禁牧休牧，推进草畜平衡，也增强了草原保护力度，优化了草场环境，促进了草原可持续发展。

在保证牧民收入不减少方面，合作社除了统一入股管理之外，还为合作社的牛羊都投了保险，这种做法大大减少了因气候病害等原因导致牛羊死亡造成的损失。

目前，同卡村生态畜牧业合作社已是治多县乃至玉树州组织化程度最高、群众利益连接机制最紧密、运行最规范的生态畜牧业合作经济组织。合作社生产的肉制品初步形成了品牌，在外地市场很走俏，村集体经济得到了壮大、群众的收入不断增加，因为分红连年递增，群众尝到了现代畜牧业合作社的甜头，幸福指数和获得感不断增强。

同卡村建档立卡的75户贫困户都加入了生态畜牧业合作社。牧民索保尕日东周说：以前全家一年的收入只有1万元。加入合作社后，用十几头牦牛和两千多亩草山入股，自己被聘为牧工，收入不但增加了1倍，还搬进了合作社安排的新家。

村民们以羊、牛、草山等折价入股合作社，合作社通过科学放牧、合理出栏、升级产品、对接市场，在保护生态的前提下，促进村集体收益增加，再给村民们分红。2017 年，入股 33 只羊、5 头牦牛的昂文西让，凭借合作社人均 4 233 元的分红和挖虫草等收入，退出了建档立卡贫困户队伍。2018 年村集体收益 145 万元，分红 118 万元，持 300 股的村民白旺获得分红 62 315 元，他高兴地说："参加合作社划得来"。

在同卡村担任了 19 年村长的达拉从达杰说，他家的牛羊全部入股合作社，这种管理方式不仅有助于牧民增收，还促进了草畜平衡。

在推进生态畜牧业发展中，同卡村合作社坚持与村党支部"同频共振"。村党支部在每周三、周五的学习活动和主题党日期间，把研究决策合作社的有关事宜列入议事日程，按照"党支部 + 合作社 + 牧户"的运行模式，实行"三议"（人员、支出、其他事宜变更）、"两公开"（决策内容、财务），增加决策和财务的透明度，不仅增强了党支部的号召力、公信力，也增强了合作社的向心力。

如今，同卡村的生态畜牧业合作社很红火。"我们乡的同卡村生态畜牧业合作社从起步到不断壮大，经历了 11 年风风雨雨的考验，探索和闯出了'以畜牧业为抓手，整合资源、科学养畜'的发展路子，形成了'同卡模式'向本县的索加乡、扎河乡推广。"治渠乡党委书记昂才仁说："合作社 70% 用于给牧民分红，20% 为管理费用，10% 为村集体经济发展金，2019 年分红达 150 万元以上。"

近年来，同卡村畜牧业发展的基础和后劲不断巩固增强，合作社实现了"见效益有分红"的好局面，日渐成为有实力、有能力、有想法的产业扶贫攻坚领军者。

尤其值得一提的是，在生态畜牧业建设中，村党支部积极响应乡党委号召，开展创建秀美治多活动，不断强化经济发展必须坚持生态优先的发展理念，村民的环境保护意识也不断增强，自觉投入清理房前屋后、清理河流河道、清理牧区草场等生态保护活动中。在一次环保活动，同卡三队的牧民党员亚玛才仁，带领一家老小和身边牧民，开着自己的货车在两天的时间清理运送垃圾 7 趟 16 吨多。亚玛才仁说："只有家乡的生态好，才能搞好畜牧业，我们的生活才能好。"

长江、黄河、澜沧江三大河流均发源于玉树州，这里素有“江河之源、中华水塔、万山之宗”的美誉，这里幅员辽阔、生态资源丰富，同样生态地位、生态环保也至关重要。同卡村党建、合作社、村集体经济的同步发展，给高海拔地区实现生产生活生态“三生共赢”提供了可借鉴、可复制的经验和模板。

让好生态变成生产力

——称多县嘉塘生态畜牧业合作社发展纪实

整合草山，整合牛羊，解放劳动力，发展生态畜牧业，抗抵御雪灾能力持续增强，让草原更美，让百姓富裕……近年来，在玉树藏族自治州称多县嘉塘草原腹地，珍秦镇生态畜牧业合作社带动牧民群众奏出了一曲新牧歌，让世代居住的家园展现出“好生态变成生产力”的新图景。

蓝天、白云、雪山、草原……平均海拔 4 200 米的嘉塘草原，是长江上游河流金沙江的最大支流雅砻江的源头地带，犹如镶嵌在玉树州的一颗璀璨宝石，这里水草丰美、牛羊成群、鲜花如锦、风景如画、广袤壮美。称多县珍秦镇十一村就坐落在这片美丽的草原。

称多县珍秦镇十一村属纯牧业乡镇，在 2 840 千米^{2}的草山上生活着 402 户 1 605 人。不仅地广人稀，没有虫草、药材等其他收入，而且多年前，因靠自己家的草山养牛养羊，勉强糊口，牧民对传统畜牧业失望之下而放弃草场走了一段弯路。珍秦镇党委书记青然拉吉说：“我们放弃了传统的畜牧业，开始从事摩托车修理、缝纫等技术，后来发现因为技术和销路的问题，这条路走不通。发现还是要回到畜牧业上来。”

到了 2014 年，村产业结构单一，生产经营粗放，牧业资源转化率低，草畜矛盾日渐突出，传统畜牧业受到诸多因素制约。如何从根本上解决发展动力不足、发展方式粗放、产业层次偏低、资源环境约束趋紧等急迫问题，成了摆在十一村面前急需解决的一道难题。

面对产业发展中的问题，村“两委”结合加强自身建设中，进一步明确充分发挥基层党组织战斗堡垒作用和党员模范带头作用，立足实际，细化村“两委”班子工作职责、设立承诺公示牌等，做到制度上墙、形象上墙、承诺上墙，以此加强破题村产业发展的领导战斗力。

通过合理规划，反复动员引导，2015年珍秦镇十一村合作社开始兴办而起，在原有牧场上先后组建起嘉塘、曲秦等5个生态畜牧业专业合作社。开展生态畜牧、划区轮牧、饲草料筹备、市场预判、对外合作，嘉塘草原的牧民对每年牲畜出栏、衔接市场摸索出了一整套的经验。2016—2018年合作社分红逐年递增，越办越红火，群众也越来越认可。

目前，珍秦镇十一个村，村村都有合作社，群众的认可度达100%。特别是2018年底至2019年4月底的特大雪灾中，合作社的牲畜死亡率几乎为零，凸显了合作社综合功能的作用，群众对合作社更是赞赏有加。2019年，十一村合作社牲畜出栏478头，收入1 652 000元，向巴颜喀拉乳业提供牛奶，收入578 000元。

其中，十一村的嘉塘生态畜牧业专业合作社于2015年成立，村四社72户291人入股合作社，整合牲畜、整合草场，开始了生态畜牧业发展之路，也成为嘉塘草原上第一个具有时代内涵的新型合作社。合作社由村党支部书记、副书记、村主任、副主任、秘书及7个社长、7名协保员、7名草管员组成管理层。一切大小事务在党员大会上商议、上支部班子会研究，然后召集村民大会征求意见，进行公示，最后由支部会拍板决定。

嘉塘生态畜牧业专业合作社成立后，将草场整合成夏季、秋季、冬季草场，入股社员按照集约化方式进行生产和经营，对草场进行划区轮牧。合作社对基础设施建设、牲畜结构调整、科学养殖、良种补贴、融资贷款、多种经营进行详细规划。制订方案，积极组织富余劳动力进行缝纫技能、烹饪技能、机械修理等培训。

谈起草场划分带来的变化，合作社负责人久美旦周感到自豪："轮牧使草场有了'休息'时间，草比原来长高了。合作社统一管理又使村里60%的劳动力可以选择外出务工，还可以在县城照顾年迈的老人、上学的娃娃。"

"只有建立生态畜牧业长效机制，才能实现可持续发展，让牧民们尝到甜头。"久美旦周是2011年开始担任向阳村（也称十一村）村主任的，也是近年来家喻户晓的名人，也有人叫他"合作社"。他说，成立合作社之前，他是村里条件最好的，但他认为一个人富不叫富，甚至觉得有点儿不好意思。合作社成立之后，比他富的人多起来了，他心里很开心、很踏实。

牧民西嘎在嘉塘生态畜牧业合作社入股40头牦牛，在他看来，合作社最大的好处就是牲畜有保障。原来，西嘎一家在一次大雪灾里因160头牛没有饲草料来源，造成了很大的损失，灾后仅20头牦牛幸免于难。“但现在，牛羊入股到合作社，不怕牛羊吃不上草，就算牲畜受灾死亡，还有保险理赔，好处是真多。”西嘎说。

牧民蒲巴才仁放牧的牛群中，有他自家的30头牛，还有全村加入合作社牧户的牦牛。他说：“我们每人20天会轮到1次，轮到我放牧的日子我放牧，平时我会在家里做一些手工艺品。”因轮牧在家里的西嘎则表示：“除了放牧之外，还会编些手工艺品，像抛石器，1条能买500元，这样一年下来我能额外挣5 000元左右。”

在牧区，畜牧业就是牧民们的支柱产业。但在高海拔地区从事畜牧养殖，老百姓非常担心的一点就是风雪袭击。在村民蒲巴才仁的放牧记忆里，作为纯牧业镇的珍秦镇过去是“三年一小灾，五年一大灾，年年有雪灾”，一场雪灾过后，就会导致40%的牲畜死亡，这也是这里牧民家庭致贫返贫的主要原因。

而这两年，尽管大小雪灾不断，可是牲畜的死亡率却很低。在2018年春节过后的特大雪灾中，十一村的牲畜安然过冬，抵御雪灾的能力不断提高以后，村民收入稳定，珍秦镇2018年整体脱贫，群众走上了小康路。

合作社组织化、科学化的管理，使牧民的牛羊应对突发天气的抗风险能力明显增强。“在恶劣的天气下，我们大多数的牛羊得以保存，多亏村里的生态畜牧业专业合作社，多亏有了科学养殖。”久美旦周说，牲畜、草场、劳力“三整合”之后，带来了很多好处，现在合作社每年都会统一储存足够的过冬饲草料，遇到再大的雪天牧民们也不会害怕牛羊会饿死。

珍秦镇党委书记青然拉吉说：“生态畜牧业合作社把有些难做的，有些能储备的，能种的，都提前准备了。因为储备充足，下再大的雪也不怕，畜牧业合作社非常好。”

回想嘉塘生态畜牧业合作社成立初期，大部分群众不愿意加入，反对率占70%以上。然而，从起初的牧民顾虑重重，到合作社分红逐年递增，特大雪灾中合作社的牲畜死亡率几乎为零，合作社综合功能作用凸显，牧民们看到了合作社的力量，尝到了入社的甜头，对合作社赞赏有加，认可度提升到100%，入社率达到100%。嘉塘生态畜牧业合作社的成功也带动村里其他几个牧社，先后又有曲秦、乐施会等生态畜牧业专业合作社成立，地广人稀的十一村，在牧民身边建起了 5 个生态畜牧业专业合作社。

刚开始牧民曲多一家并不愿意入合作社，但看到村民逐步过上好日子，分红逐年递增，在 2016 年将家中的 40 多头牛加入嘉塘生态畜牧业合作社，剩余的 20 多头牛平日轮流放牧，进行轮班制度，平时家人也会做一些游牧文化的小工艺品进行销售。曲多说："现在牧区条件好了，多亏党委政府的关怀与帮助，合作社让我们脱了贫，日子也过得越来越好。"

作为试点，近年来，按照县上统一部署，通过"三整合四解放"，即整合草场、整合劳动力、整合牲畜；解放生态，解放劳动力、解放生产力、解放思想，珍秦镇十一村积极摸索推进"生态 + 畜牧产业扶贫"发展路，合作社的向心力和凝聚力不断增强，成为当地产业发展、脱贫攻坚的领军者。

2018 年 12 月 22 日，珍秦镇十一村举行精准扶贫到户产业及生态畜牧业合作社效益分红，此次效益分红共计 479 728 元。珍秦镇干部还分别就如何走畜牧业合作化经营和管理之路，如何实现生态保护、产业发展、群众受益共赢的目标进行了详细解读，赢得了在场牧民的肯定和掌声。

草山整合，劳动力整合，牲畜整合……整合，让集约化生产方式融进生产和经营，让传统养殖的科技含量增强，让资源禀赋转化为发展优势的能力增强，让富余劳动力能够进行缝纫、烹饪、机械修理等技能培训，让好生态持续转化为生产力，让增收致富的路子越来越宽。

绵延起伏的巴颜喀拉山下，嘉塘草原如诗如画，生态畜牧业和谐如歌。

海拔四千米之上闯市场

——玉树市仁青宝藏生态畜牧业合作社发展纪实

“玉树仁青宝藏牌牦牛风味乳饮料正式上线，今天您喝了吗？”2020年2月5日，一则来自“仁青宝藏”微信公众号的信息引人关注。这样一条看似平常的微信之所以让人们侧目，不只是它传递出一款富有高原特色的乳制产品进入市场，还在于它广而告之：公众号的“当家人”——玉树仁青宝藏生态畜牧业销售专业合作社又有了创新动作。

三江之源，源在玉树。有着“天边玉树”之喻的玉树藏族自治州，位于青海省西南青藏高原腹地的三江源头，平均海拔在4 200米以上。仁青宝藏生态畜牧业销售专业合作社，这个来自高海拔偏远地区的实体经济组织，能够搭上互联网的快车来宣传推销自己，外在“时髦”的背后富含深意，更何况这些年来，“仁青宝藏”创造的发展喜悦，已经不局限一两件事了。在青海先行先试生态畜牧业建设的发展路上，仁青宝藏生态畜牧业销售专业合作社站立高原，筹谋高远，逐渐形成与时代合拍、先进的发展模式。

玉树仁青宝藏生态畜牧业销售专业合作社建于2014年10月，生产加工厂位于玉树州结古商业街。合作社现有45名职工，有50亩的牦牛养殖基地（其中畜棚1 500米^2，饲草棚800米^2），存栏牦牛规模达到500多头，流转草山10万亩。在商业街现有2 500米^{2}的办公室、生产加工车间、化验室等，有4条生产加工乳制品、土特产、牦牛风味乳饮料、纯净水主线，恒温冷库制冷系统3套，总面积300米^2，保障产品储藏能力，已注册商标，积极实现“三品一标”政府主导的安全优质农畜产品公共品牌，办理了食品安全许可证，有办公用车及畜产品运输便利配送车5辆，产品实体销售店1个。

走进仁青宝藏合作社的生产车间，一眼可见的是食品安全教育培训制度，生产工艺流程图等。在添加剂公示牌上，生产使用的食品添加剂、营养强化剂等名称和添加量，以及添加的根据和主要作用，清晰明了。

“我们要做安全食品，放心企业，各个生产环节都要求透明、公开。”技术顾问刘昭阳介绍，仁青宝藏注册资金 300 万元，生产加工厂总投资已超过 1 500 万元。合作社现有 4 条生产加工乳制品、土特产、乳味饮料、纯净水主线。合作社的养殖基地在巴塘乡，草场面积 7 980 公顷，存栏奶牛规模达 500 多头。

仁青宝藏生态畜牧业销售专业合作社成立以来，打破以往家庭作坊式的经营模式，采取“合作社 + 能人 + 牧户”的生产方式，将过去的“小作坊”变身“合作社”，村民变身为产业工人。

为提升市场竞争力和持续发展能力，2017 年，合作社在玉树市巴塘乡上巴塘村建成千头牦牛标准化生产基地，进行扩大规模养殖，提高个体生产性能和良种普及，带动了项目区牦牛产业的发展。

合作社的建设使优质草场得到有效利用，调整了产业模式，转化了畜牧业生产优势，提高了农牧民养殖积极性，促进了生态平衡。同时发挥了产业化扶贫龙头企业的辐射带动作用。

“合作社里分放牧组、挤奶组、防疫组、化验组等小组，协作分工。为保护草地生态，合作社采取划区轮牧，分冬、秋、夏季草场，减少了草场的压力。”合作社基地负责人南尕说。

为增加附近牧民收入，合作社与牧户签订了鲜奶收购协议，收购牧民多余的牛奶，并制定了“贫困户用工就业、五保户送温暖、困难家庭圆梦助学”3 项举措，累计受益超过 400 人次，有力推进了精准扶贫、精准脱贫。

2016 年合作社被玉树州政府评为重点培育龙头企业；2017 年被玉树州精准扶贫攻坚行动协调推进小组评为精准扶贫龙头企业；2017 年被青海省扶贫局授予精准扶贫产业化龙头企业；2018 年被玉树州市场管理监督局评为玉树州知名商标；2018 年被玉树州委、州政府授予玉树州创建民族团结进步示范企业。2018 年，理事长仁青达哇荣获“2018 年青海农牧业十大突出贡献企业家”称号。

“通过畜牧业的规模化、集约化经营，解放了生产力，使一部分牧区劳动力从草地畜牧业上转移出来，入股牧民可以凭股份按年从合作社领取不低于常规畜牧业纯收入的红利，使牧民收入得到了保证，解除了转移劳动力的后顾之忧。此外，转移出来的劳动力也能给合作社放牧或从事其他非牧产业和进城务工，拓宽了牧民增收渠道，形成了多元增收的格局。”玉树市农牧科技局局长魏刚表示。

合作社还安装了恒温冷库制冷系统3套，配套物流配送车3辆，健全相关设备、车辆的管理制度，保证冷库的长期有效运行，为牧区“菜篮子”做出了贡献。

在财务运行上，合作社委托会计事务所管理，做到财务和社务公开，提高了合作社工作的透明度，增强了社员对合作社的信任度。同时，合作社完善健全了红利分配等方法和措施，使合作社在制度方面不断规范化，促使合作社健康规范发展。

理事长仁青达哇表示，合作社将从品牌战略出发，拓宽产品销路，着力提升品牌知名度、寻求合作商机，逐步完善产后营销体系建设，壮大服务实力，发挥服务作用，推进牧业产业化发展。

虽然在海拔4 000米之上的地方创业发展，但仁青宝藏与外面世界的对接从来不遥远。合作社通过媒体宣传、扩大销售网点、积极参加各种展示展销活动等多种途径，提升知名度。依托电商，让牧区优势资源与全国大市场实现对接，并在发达、沿海大中城市联系设立畜产品销售窗口，扩大玉树地区畜产品的知名度和市场占有率，进入更广阔的市场。

“青海是世界牦牛存量最大的地区，有打造‘世界牦牛之都’的先天战略优势。开发具有民族地方特色、品牌特色的牦牛营养品，是综合利用牦牛资源、振兴牧区经济必然之路。”基于如此认识，仁青宝藏生态畜牧业销售专业合作社坚持致力于牦牛经济的研发和促进，围绕“仁青宝藏”品牌，先后推出了酥油、酸奶、曲拉、蕨麻、藏椒盐等主打的产品。

特别是在2020年初，面对突如其来的疫情影响，合作社在政府多项优惠政策扶持下，全力复工复产，加快推出了牦牛风味乳饮料新产品。“玉树本地市场的牦牛酸奶，因传统纯手工制作、口感醇厚、高营养、绿色无污染渐渐走俏市场，备受人们的青睐。”瞄准这一市场机遇，合作社加大力度研发出以“原生态，纯天然”为特色的牦牛乳产品，应运而生的牦牛风味乳饮料，经过牛奶脱脂而成，其口感奶香浓郁、酸甜绵长、老少皆宜的绝佳饮品，上市后受到群众欢迎。

除了围绕牦牛做文章之外，合作社还从服务民生、践行社会责任出发，为了玉树人民饮水健康，打造高原健康、绿色、安全放心饮用纯净水。目前，仁青宝藏牌纯净水的生产流程及水处理工艺日渐成熟，年生产桶装水已达1 000吨。

“做好仁青宝藏生态畜牧业合作社，带动一个产业、兴一方经济，带领更多的牧民群众走上富裕道路。”这是理事长仁青达哇的经营主导思想，也是“仁青宝藏”蕴含的发展真谛。

“我们用蓝天白云编织吉祥的哈达，我们把三江之水酿成醇香的美酒……”雄奇的雪山托衬，绿得醉人的草原一铺千万里，“高原之宝”藏牦牛成群驰骋在这片辽阔而又绮丽的大地上……这一撼动人心、出神入化的画面，是“仁青宝藏”公众号推出的一段小视屏中的大场景，这场景也正折射着“仁青宝藏”雄心壮志。

打造产业化发展玉树“标杆”

——囊谦县卡永尼村生态畜牧业合作社发展纪实

畜牧业是玉树州母体产业，在虫草经济冲击下，弃牧现象层出不穷，生态畜牧业合作社“空壳”严重。为此，玉树藏族自治州近年来集中建设、以点带面、多元发展畜牧业，确定了18个有一定组织化生产基础、示范带动效应和产业规模的合作社为示范社，其中，囊谦县卡永尼成为致力于规范经营、产业化发展的“标杆”合作社。

卡永尼村卡永尼村由色火巴扎、肖格、早火科、龙马卡、卡岗普、瓦阿卡等6个牧业社组成，位于囊谦县北部，距离县城120千米，平均海拔3 700米。全村278户1326人，劳力928人，牲畜总存栏数5 007头（只），其中牛4710头，羊297只，能繁母牛3 232头，能繁母羊150只。总耕地面积1 812亩，主要种植饲草料、洋芋及建设了10栋温棚用于蔬菜的种植。

2011年，囊谦县根据青海省“生态立省”的要求，确定觉拉乡卡永尼村为生态畜牧业建设示范村，该村依托当地畜牧业资源优势，积极推进以草定畜、草畜平衡，建立牧民合作社，转变生产经营方式，提高畜牧业经营效益，增加牧民收入，走出了生态畜牧业建设的新路子。

卡永尼村的生态畜牧业新路子，离不开村主任巴丁生格的努力。刚开始巴丁生格也不明白生态畜牧业建设的具体含义，但是他非常清楚明白草原上的牧民群众除了放牧没有其他特长能够养活自己。而面临的现实是，草原由于过度超载、过度放牧，牧草得不到休养生息而出现严重退化，赖以生存的草原上渐渐养活不了世世代代生活的人们。

“如果哪天虫草经济靠不住了，草原上的牧民怎么办？”巴丁生格说，加之草原上的牧民们一直采取家庭放牧方式，缺乏科学管理，没有划区轮牧意识，草场载畜量失衡，导致草场逐年退化，面对雪灾等突发状况，牛羊出现大批死亡，牧民群众损失严重。

一个偶然的机会，巴丁生格听到县里宣讲生态畜牧业政策，其中提到生态畜牧业能解决当前草原面临的一些问题。他认真听完并且和县农牧工作者一起讨论卡永尼村能否建立生态畜牧业合作社，在他理解生态畜牧业对改善草原生态具有重要意义，是解决环境与发展、保护与开发相互矛盾的有效手段。

2013年，巴丁生格响应县委县政府号召，利用他的威望、号召力在卡永尼村组建了生态畜牧业合作社，还被民主推选为合作社理事长。

卡永尼村生态畜牧业合作社成立初期，也遇到了各种非议。部分牧户说："我们是不是又要回到过去生产队、大锅饭的时代，我们的草场是不是要收回了。"通过县乡干部多次进村入户宣传，打消了牧户们的思想顾虑，牧民群众入社积极性日益高涨，起初未入社的村民积极要求入社。全村共有322户，入社263户，1 319人，入社率达81.70%；整合牲畜1 833头，占全村牲畜总数的62%；入社草场占全村草场面积的94%。

在发展的过程中，卡永尼村生态畜牧业合作社大力推进股份制经营模式。按照"划区轮牧，合理载畜，整合资源"多种经营的发展理念，采取整合草场、牲畜和劳力，以生产资料入股的方式建立股份制经济合作组织，在合作社内实行统一轮牧、统一规划、统一养殖、统一加工、统一销售，尝试牲畜分群养殖，优化畜群结构。

该合作社的第一副业以奶业为主，在县农牧局的扶持下，合作社将畜棚建设、游牧民定居工程和农机购置补贴等惠农资金进行整合，加大了基础设施建设，修建了畜棚、贮草棚、风干肉晾干房等基础设施建设，并购置了25千克铁制奶罐12个，由县政府无偿配发了奶制品配送冷藏车。奶业初见效益，县政府配了奶业配送车，销至结古，由于卡永尼合作社的奶制品没有任何添加剂，在结古地区供不应求，年收入达20多万元。

与此同时，合作社十分注重基础设施建设。针对严酷的自然环境，努力提升合作社抗灾、防灾能力。一方面规范畜群免疫制度；另一方面加强抗灾基地建设，建成围栏草场2万亩，畜棚600米^2，畜圈3 385米^2，圈窝种草500亩。合作社充分利用现有的棚圈设施和草场资源，将原来粗放、单一、靠天养畜的传统方式转变为科学轮牧和季节性休牧的舍饲、半舍饲的饲养方式。通过合理的草场流转及牲畜作价入股等方式，使草场和牲畜集中，加之人工种草及科学合理的饲放管理，卡永尼村生态畜牧业合作社目前正朝规模化、集约化、专业化、标准化生产稳步迈进。

在加强内部管理方面，合作社逐步建立健全了社规章制度。先后制定了《理事会职责》《理事长职责》《财务管理制度》《收益分配制度》《监事会职责》《监事长职责》及各岗位职责等。同时建立健全了社员档案卡、草场管护、流转等合同资料，并发放了入社证。为了合理保护入社社员的合法利益，使入社社员的利益最大化，在充分争取社员的意见下，逐户签订入社合同，明确了合作社与社员权责义务和利益分配额度，使入社股本成为社员无消耗资产，社员退社时能够退还入社时的全部原始股。

通过实施生态畜牧业建设，卡永尼村的草地生产力和生态功能逐步恢复；牲畜良种率达到85%，适龄母畜比例提高到了。畜牧业生产经营方式由单一、分散、粗放型向规模化、集约化、专业化、产业化方向转型。牲畜本品种选育、良种改良覆盖面进一步扩大，适龄母畜比例大大提高。

通过发展卡永尼村生态畜牧业专业合作社，开展以牛肉、牛奶、酸奶、酥油、毛皮等为主的畜产品销售，确立生态畜牧业建设的主推模式，有效地聚集了生产要素，优化了资源配置，统筹了生产用工，富余劳动力得到有效分流，卡永尼村从事商贸等二三产业经营的人数达600多人。有效拓宽了牧民群众的收入渠道。

2017年，该合作社蔬菜大棚、牲畜出栏、种植青稞、燕麦、奶制品销售等营利达29多万元，户均分红1 102.7元。2018年底，牧民人均纯收入同比增长274.2元。

囊谦县农牧局工作人员说："卡永尼村原先有些搬迁户，草场由留居户无偿使用，但加入合作社后他们还能分红，很受他们的欢迎。"通过加入合作牧民斗拉感到："干什么都有了靠山，知道干什么才是正确的，出栏的时候不愁牛羊卖不上好价钱，过冬的时候不愁牛羊没饲草。"

为进一步提升卡永尼合作社自我运转和经营水平，县农牧局还特地选派了大学生白马卓玛为合作社领办。合作社根据劳动力的技能和专长，分了专业小组分别负责放牧、挤奶、加工、销售等工作，并将一部分剩余劳动力组织起来进行蔬菜种植、陶壶的制作、厥玛的采集包装等工作，合作社的服务能力和规范运行程度不断提高。

由分散经营向集约化经营方向的转变，卡永尼村先行先试初步完成畜牧业生产经营方式的转型。接下来，卡永尼村将切实健全生态畜牧业股份制合作经济组织，进一步引导牧民群众转变观念、拓展思路、大力培养养畜能手和经济能人，加强科技支撑和资金投入，加大畜产品加工实体组织建设力度，努力把卡永尼村建设成以生态畜牧业建设促优化结构布局、转变发展方式、增强村级综合经济实力的示范村。

壮大洁净之地特色产业优势

——囊谦县生达生态畜牧业农民合作社发展纪实

“这几年，生达村借助国家的各项惠民政策，通过合作社这个平台大力发展种养殖业，激发了脱贫内生动力，通过项目建设、产业带动，去年实现了‘两不愁、三保障’的脱贫目标。2019 年，全村摘了贫困村的帽子，已如期实现脱贫。”

说起生达村的发展，囊谦县白扎乡生达村生态畜牧业合作社理事长噶扎脸上堆满了笑容。“在农业农村部门的帮扶下，合作社投资力度加大，不仅建设了千头牦牛标准化养殖基地，还引进了人保财险，通过“粮改饲”等项目支持、组织产业技术体系专家开展科技服务、联系参加产品展销等方式，让合作社实现了跨越发展，让牧民增加了收入。”

玉树州囊谦县白扎乡生达村生达生态畜牧业合作社，位于青海省西南部青藏高原腹地的三江源头，这里是青海、四川、西藏交界处的贸易集散地，素有江河之源、名山之宗、牦牛之地、歌舞之乡和中华水塔的美誉。

生达村平均海拔 4 200 米，距离乡政府 40 千米。全村现有人口 319 户 1 525 人，主要产业以农业和牧业为主，曾是白扎乡深度贫困村之一。长期以来，由于自然条件恶劣、基础设施薄弱、各种自然灾害频发，致使生达村经济发展滞后。

为了改变贫困现状，近年来，生达村在国家扶贫政策的大力支持下，依托本村丰富的饲草资源和牦牛种群数量，争取到了国家“三区三州”产业扶贫项目。在村委会的牵头下，以农牧民群众自愿参与入股的形式，成立了生达生态畜牧业专业合作社。

目前，合作社共吸纳社员 175 户 682 人，其中劳动力 272 人，入股草场面积 10.5 万亩，农田面积 577 亩，牲畜 2 001 头，入股资金近 100 万元。

合作社经营范围涉及种植业、养殖业、育肥、加油站、畜产品销售、农副产品销售、粮油百货销售等。

走进位于生达村道路旁边的合作社产业服务区，这里是集百货、粮油、加油站、加工为一体的一个综合服务区，占地约60亩。目前共建成接待室、商店、库房、温棚等。据合作社负责人介绍，服务区建成后，不仅方便了过往居民群众，同时也成为生达村村民增收的重要渠道。

噶扎说，村里生态畜牧业合作社股份制改造已经基本完成，各项生产实现了专业化分工。现在投资332万元的千头牦牛标准化养殖基地已经完工，2019年秋季已投入使用，贫困群众在合作社组织下树立起了脱贫的信心。

在“粮改饲”项目的支持下，现在合作社通过发展燕麦和青贮玉米种植，满足了牦牛养殖对优质饲草料补饲的需求。2019年上半年，玉树州遭遇历史记录以来最大雪灾，村里不仅保障了自养牲畜饲草料供给，还拿出富余饲草料支援了其他受灾乡村。

噶扎说，“过去，只要发生雪灾，肯定会造成一定损失。如果遇到十几年不遇的大雪灾，牛羊成群死亡，损失更加惨重，局面也难以控制，牧民们几年缓不过劲来。然而，2009年发生遭遇历史记录以来最大雪灾，但大灾实现无大损，这一切主要归功于生态畜牧业合作社‘合’和‘统’体现的优势。从此，多大的雪灾我们都不怕了。”

不仅如此，通过合作社科学经营，使牧民群众冲破了“牲畜不出栏”的禁锢，养殖效益和生态效益正在日益显现。特别是生达村充分发挥基层党组织的战斗堡垒作用和广大党员的先锋模范作用，以生态畜牧业合作社为平台，正确引导牧民养牲畜、养好畜，帮助群众细算生产账、克服惜售观，在保证生产母畜和种公畜的前提下，加大出栏力度，实现由“抗灾保畜”向“减灾保值”转变。

囊谦县农牧局技术人员说：“现在村里依靠得天独厚的半农半牧区位优势，家家户户分散圈窝种草、生态畜牧业合作社集中连片种草，及早备足饲草料，为牲畜正常年景补饲过冬和抵御自然灾害提供必要保障，做到了有灾救灾、无灾补饲。”

目前，生达村作为牦牛产业发展先行先试村和“三区三州”牦牛产业项目实施村，全村4个社、175户、682人（劳动力272人），牲畜2 001头牛，可利用草场10.4万亩和耕地577亩，已全部整合入股到生达生态畜牧业合作社。

通过全面完成股份制改造，合作社总股金达到788万元，整合农牧业发展扶贫资金332万元，建设千头规模标准化牦牛养殖基地，壮大了合作社发展基础。除优先发展牦牛产业外，该村也陆续开办了超市、加油站等多元产业，在西宁万达和囊谦香达设立了肉奶销售窗口。2018年，该社出栏牦牛1 506头，出栏率高达42.84%，实现销售收入56万元。

2018年5月，农业农村部组织青海省深度贫困县赴重庆参加了第十六届（2018）中国畜牧业博览会暨2018中国国际畜牧业博览会。这是青海高原特色畜产品首次亮相畜博会，也是农业农村部支持青海深贫地区特色畜产品“出青”的一个重要扶贫措施。

农业农村部畜牧业司作为“三区三州”的青海省贫困县产业扶贫帮扶联系单位，特别为对口帮扶的3个贫困县——黄南州泽库县、果洛州甘德县、玉树州囊谦县专门开辟了展位，设立了青海省深度贫困地区特色畜产品展厅。

囊谦县白扎乡生达村生态畜牧业合作社，携带产自高原净洁之地的特色肉、奶、绒毛制品等畜产品走上展会，看着重庆市民对特色风味的肉、奶产品赞不绝口、争相购买、问询合作。合作社理事长、支部书记噶扎高兴地说：“畜产品是我们村里的主要产品，参加这么大的展会，产品在展会上得到大家的好评，也卖出了好价格，相信在农业农村部的帮扶下，我们村的乡亲们一定能够早日脱贫。”

“自农业农村部畜牧兽医局对口帮扶以来，我们合作社加快生态畜牧业发展，增加饲草料种植，推广牦牛科学养殖技术，大力提升牦牛出栏率，建设牦牛肉销售窗口，有效地增加了贫困群众收入。”2019年8月，农业农村部畜牧兽医局调研组来到青海省玉树州囊谦县，囊谦县白扎乡生达村生态畜牧业合作社理事长噶扎特意为调研组讲述了村里产业发展的成效。

在对口扶贫工作开展中，农业农村部畜牧兽医局负责人孔亮表示，将继续加大支持力度，补齐发展短板，继续推动中国人保财险通过“保险＋融资”方式支持对口帮扶县的合作社以及行业龙头企业发展牦牛、藏羊等特色畜牧业，着力打造“合作社＋特色畜牧业”脱贫攻坚新模式，并加大技术支持，引进专家“手把手”帮扶，将生态优势转化为经济优势，为早日实现对口地区脱贫致富做出更大的贡献。

果洛篇

果洛藏族自治州（以下简称果洛）位于青海省东南部，地处青藏高原腹地的巴颜喀拉山和阿尼玛卿山之间，是丝绸之路河南道和唐蕃古道的重要组成部分，果洛州现辖玛沁县、玛多县、甘德县、达日县、班玛县、久治县。

甩掉“空壳”帽迈向规模化

——玛沁县瓦岩咱迈生态畜牧业合作社发展纪实

“现在合作社年年分红，入社的每个社员都很高兴，对未来更是充满了信心和希望。最初没有入社的牧民也纷纷入社，有草场的入草场，有牲畜的入牲畜，合作社生产经营逐步走上了规模化道路。”距离果洛藏族自治州玛沁县县城大武镇30千米，交通较为便利的东倾沟乡东柯河村瓦岩咱迈生态畜牧业专业合作社，发展的磁力和张力越来越强。

万事开头难。合作社理事长卫东介绍，合作社在2011年组建初期，依靠出售鲜牛奶、酥油、曲拉、牛肉干等畜产品初加工和冬虫夏草、蕨麻、贝母、当归、高原黄蘑菇、雪莲花、藏红花等特色产品，以及黑帐篷、背包等民族手工艺品加工来增加收入。但如何充分利用当地优良的天然草场，走畜牧业发展之路，却成为合作社面对的一个重要突破。

由于当地牧民群众习惯了一家一户承包经营的生产模式，未接触过合作社生产发展模式的他们认为，加入合作社，会失去草场承包经营权。不积极主动入社的牧户，就像卫东最初一样不知合作社是怎么回事，甚至有些误解。

如何让合作社“立”起来？卫东先从自己的亲戚朋友入手，开始挨个做起思想工作，向他们宣传国家关于建立合作社发展模式的扶持政策、合作社经营管理模式、收益分红模式，以及“入社自愿、退社自由”规章制度等涉及切身利益的事项，逐渐消除了部分牧民心中的疑虑，并劝导13户牧民入社，建立了15万米^{2}的畜棚。然而，虽然合作社初具规模，但入股社员仍然存在“等靠要”的思想，无人具体管理、发展不起来的尴尬局面也随着时间推移暴露出来。

直面发展中的问题，卫东通过组织合作社成员召开分析研判会，全面分析合作社现时的运行情况，找问题、找难点，寻找解决问题的切入点。随着思想的统一和目标任务的明确，合作社开始主动与外界商谈合作，慢慢地正常运行起来。第一年，合作社虽然收益不多，但还是举办了一个小规模的分红仪式。虽然分红额度不大，但社员们却尝到了甜头，看到了希望，更多村民主动要求加入合作社。

看着社员们的积极性渐渐热起来，卫东趁热打铁，开始琢磨瓦岩咱迈生态畜牧业专业合作社长远的发展路径。“当时，我们几个合作社负责人经常在一起碰头，一边梳理合作社的优势，一边商讨今后的发展，就想着如何克服困难，转变发展思路，寻找问题的突破点，最后把落脚点确定在了积极探索新的经营模式上。”

2017 年，合作社开始进行草场整合，以牛羊整合为目的，加强对村民的思想引导，努力达到国家草畜平衡法，完成脱贫任务。首先努力发挥合作社现有的 4 个养殖场（夏、冬牧场各两个）的作用，引进牲畜发展养殖。在国家投资和合作社自筹下，在 4 个草场共蓄养 600 头母畜（其中国家投资 300 头，本合作社 300 头），为发展生态畜牧业奠定起基础。

随着合作社入股社员逐渐增多，牧民折股入社的牦牛数量持续增加，原有的畜棚、厂房、加工器械远远不能满足生产需要。要想合作社更好、更快地发展壮大，实现可持续发展，扩大规模势在必行。

面对发展新态势，卫东连续多日陷入了思考。从扩建规划到厂房选址、到购买设备、到生产能力、到产品供销，卫东的第一视点最后落在了投资资金筹备上。经粗略计算后发现，资金预算远超合作社所能承受的能力，思前想后，资金还需要通过社员自筹。

在社员大会上，卫东大胆提出了自己的想法，建议大家通过自筹资金扩建牛棚、饲料厂，购置牛奶分离机、酥油加工机、曲拉加工机等现代化设备，从而提高生产效率。但面对数额庞大的资金，大部分社员都用沉默表示无奈，合作社又一次面临进退两难的尴尬局面。

就在这样关键又带有诸多无奈的时刻，卫东向乡党委政府反映情况、寻求帮助。乡政府积极帮助合作社衔接上级相关部门，争取项目资金扶持，有力的支持让合作社顺利渡过了最艰难的时期。

在政府的大力扶持下，合作社逐渐发展壮大，社员们全身心投入合作社生产发展，合作社进入“面貌新、人心齐、干劲足、作风踏实、力量集中”

发展黄金阶段。“但发展是一个不断发现问题和解决问题的过程，要想顺利解决发展中遇到的新问题，人才支撑至关重要，合作社要做大做强，面临的核心问题就是人才短缺。”

在解决人才培养问题上，合作社同样得到了政府的大力支持。不仅在引进工作上政府提供人才来源，还在培训工作方面给予了指导和帮助。长期以来，政府给合作社提供大量培训学习平台，积极组织年轻社员参加各类培训。年轻的社员在培训班当学生，培训完回去又在合作社当老师，既能通俗易懂地传递信息，又能扩大学习培训范围，提高社员思想认识和生产管理能力，成效特别明显。

而且，合作社还紧扣提高领办人能力素质这一关键环节，多措并举着力培养事业心强、有奉献精神、能管理、善经营、懂技术的领办人团队。在培养提高现有人员管理和经营能力的基础上，为优化管理队伍，从当地大学毕业生、复转军人、养殖大户等群体中挑选和培养领办人，采取优惠措施吸引他们成为合作社的骨干成员。

近年来，瓦岩咱迈合作社在政府部门的正确引导和大力支持下，卫东理事长和其他合作社负责人一直怀揣对入社牧民认真负责的初心，引导东倾沟乡的牧民群众心往一处想、劲往一处使，团结一心谋发展。合作社从“无”到“有”、从“弱”到“强”、从依靠政府投入到多渠道自谋发展，努力甩掉了“空壳”的帽子。目前，入社牧户已达158户680人。尤其2016年成立贫困村电子商务服务站后，通过开展电子商务培训，助力有知识的年轻社员从事起网络营销工作，借助电子销售平台，让合作社产品销到全国各地。

从“立社”到“强社”，一路走来，瓦岩咱迈生态畜牧业合作社不仅逐步实现了规模化经营取得了良好的经济效益，还发挥了辐射带动和示范引领作用，增强了对基层群众的凝聚力，合作社的发展不断向前迈步，牧民们收入增加，草原建设越来越好，合作社的经营管理越来越稳。

时光流转，点滴汗水汇集浇灌格桑花开。一系列成绩的取得，离不开兢兢业业的合作社领头人，离不开艰苦努力的牧民们。以合作社为平台，以草地生态畜牧业发展为目标，瓦岩咱迈生态畜牧业专业合作社在美丽的雪域高原，在保护生态环境的前提下，带领一方牧民走上了一条保护生态与改善生产生活互促互利的“共赢之路”。

“抱团”共走养殖转型路

——玛沁县尼青生态畜牧业合作社发展纪实

早春时节，美丽辽阔的青藏高原，依然寒气袭人。位于青藏高原东北部的阿尼玛卿雪山脚下，勤劳善良的尼青村牧民们借助党和国家的惠农政策和畜牧业帮扶政策，在赖以生存的土地上实现了脱贫致富。

近年来，果洛藏族自治州下大武乡尼青村坚持以习近平新时代中国特色社会主义思想为指导，以党建为引领，牢固树立“绿水青山就是金山银山”的生态环保理念，紧紧围绕全面建设富裕文明新牧区这一中心，立足自身地域特色，大力发展特色生态畜牧业，以“讲生态、重健康、走特色、保品质”为发展理念，逐步引领全村畜牧养殖走上产业化、标准化、现代化的生产轨道，走出了一条特色畜牧业增效、牧民群众增收的高质量发展之路。

下大武乡尼青村位于玛沁县西北部，距县府大武镇150千米，全村草山面积为68.85万亩，平均海拔4 200米，气候环境恶劣，高寒缺氧，境内矿产和野生动植物资源丰富，辖毛德吾、扎青、忠拉3个牧业生产合作社，是一个纯藏族聚居的自然村，全村有牧户243户、774人，贫困户145户430人，尼青村牧民主要以粗放式放牧为经济来源。

为改变单一的畜牧业发展方式，提高牧民群众经济收入，下大武乡党委、政府以及尼青村“两委”班子成员通过充分调研，深入村社、深入牧户，以召开座谈会、走访入户等形式，确立了“一村一品、一乡一特色”发展思路，并由乡党委带领村党支部，由村党支部牵头引领合作社发展，以党员带动群众致富，以合作社发展促进牧民增收，形成“乡党委+村党支部+合作社+定点直销+特色体验”的工作模式，绘就了具有地域特色的生态畜牧业产业发展蓝图，培育发展壮大村集体经济，不断夯实了乡村振兴的基础。

俗话说：“火车跑得快，全靠车头带。”蓝图能否变为现实，关键就在于村党支部战斗堡垒作用能否充分发挥作用。尼青村党支部为积极发展村集体经济，向牧民群众大力宣传发展生态畜牧业的重要性，切实转变牧民群众的思想认识，同时积极协调州、县相关部门，于2010年11月，成立了尼青生态畜牧业专业合作社白藏羊产业化养殖基地建设项目。

尼青生态畜牧业专业合作社占地面积500亩，是由政府扶持引导，采取股份制企业形式进行运作和经营的经济实体，主要是以合作社为平台，牧民群众以草场和牲畜方式进行入股，合作社负责生产经营、效益核算、销售产品。

项目实施以来，村“两委”班子及尼青生态畜牧业专业合作社理事会成员，团结带领全村牧民群众，攻坚克难，迎难而上，把发展白藏羊生态畜牧业作为调整产业结构发展、促进牧民增产增收的重要手段。通过政府搭台、合作社牵头、贫困户抱团入社的模式，经过几年不懈努力，已成为带动全村牧民群众脱贫致富的朝阳产业，截至目前，该项目累计总投资550余万元。

办一个合作社，带动一个产业；创建一个品牌，振兴一方经济。尼青村党支部和党员们一直坚持初心和使命，在气候环境恶劣、高寒缺氧、可开发利用资源贫瘠的条件下，充分把握地方特色产业基础优势，寻找发展之路。

得益于白藏羊和高原牦牛养殖基地都在平均海拔4 300米以上的气候寒冷、环境洁净的牧区，其肉质优良、品质上乘，具有纯天然无污染及低盐、低脂肪、高蛋白等特色，并符合城乡居民日益追求绿色环保食品的消费大趋势，尼青村大兴白藏羊、高原牦牛养殖专业化、产业化发展。

令人惊喜的是，那个曾经贫困落后的小乡村，在合作社新型生产经营模式的支撑驱动下，焕发出新时代新产业新发展的光辉。尼青生态畜牧业专业合作社由最初入股牧户21户66人发展到现在入股牧户168户336人，草山入股达到100%，牲畜牛入股羊1 500只、牛200头。

2018年，在州县以及乡镇的政策扶持和帮助下，尼青生态畜牧业专业合作社完成白藏羊购置和基础设施建设等工作，落实羊棚5座占地面积960米^2，饲草棚3间共280米^2。2019年新建库房180米^2。同时，在州县农牧部门和扶贫部门的支持下出资购买白藏羊2 000只，牧民群众入股白藏羊2 000只。

2019年，尼青村社员分红257 800元，其中带动贫困户41户分红

154 200 元。同时，合作社章程中明确，每年从预留周转资金中提取 3% 的资金作为村集体经济分红，由此全村分红 30 000 元，并实现村集体经济破零。

现阶段，尼青村白藏羊产业化养殖已形成一定规模。在此基础上，村“两委”及尼青生态畜牧业专业合作社理事会成员，以延伸发展畜牧业二三产业为抓手，拓宽新渠道，打造新业态，实现以加工酥油、酸奶、牛羊肉等畜产品为主的规模化经营，着力打造一二三产业融合发展的良好格局，加快牧民增收步伐。

持续增收是稳定脱贫的前提，产业发展又是稳定增收的保证。尼青村地处国家级“三江源”生态保护核心区，为有效解决牲畜放养与生态环境之间的突出矛盾，实现生态建设与畜牧产业持续发展的双赢，尼青生态畜牧业专业合作社一直坚持“草畜并重，以草定畜”的原则，以保护天然草地和发展人工草地为主要措施，加大天然草地保护和改良力度，合作社通过集中规模化养殖，集约化经营，科学合理利用草场，积极组织社员学习先进科学的养殖技术、饲草料种植技术，推进以草定畜，积极鼓励养畜户扩大饲草料种植规模。

同时，乡党委、政府全面落实草原生态补奖政策，制定并提交乡人代会审议通过了《下大武乡草原生态保护奖励机制管理暂行办法》，理顺完善了全乡草原管护机制。结合草原生态保护补助奖励机制的实施，有效解决超载放牧和维护生态环境之间的矛盾，保障草原生产能力不断提高，草原生态环境不断好转，成功实现了畜牧业资源可持续发展。

美丽的雪山脚下，尼青村靠着走合作化道路“抱团”发展，实现了从传统牧业向现代牧业的转型，牧民群众生产生活蒸蒸日上。

“清水产”跃出高原销省外

——玛沁县清水村生态畜牧业合作社发展纪实

祖祖辈辈生活在草原深处的果洛藏族自治州玛沁县下大武乡清水村牧民，怎么也没有想到，自己的村合作社这些年来与越来越多的商家厂商签订常年购销合同，使名不见经传的清水养殖产品销售到了外省，给乡亲们带来了真实惠。

清水村生态畜牧业专业合作社成立于2013年10月，目前共有社员527人，成员出资总额181.6万元，现有资产900.5万元。合作社以“共同繁荣、共求发展”为宗旨，努力实现“服务万家、带动万家、致富万家”的服务目标，在各级政府和相关部门的大力支持和帮助下，合作社规模不断扩大，现有牧场1 000米^2，库房300米^2，产品购销旺盛，每年收购、出售以种公羊为主的产品，购销额达到66.8余万元，社员人均收入增长达到5 196余元，为当地牧民致富创造了良好的平台。

前几年，由于多种因素的影响，零星分散的种公羊和羊毛销售势单力薄，无法适应千变万化的市场需求，难以规避市场风险。同时种植、养殖没有系统的技术指导，疫病防控缺乏统一性，农畜产品品质无法大幅度提高。再加上市场收购价不稳，影响了牧民的养殖积极性。

针对这种情况，村“两委”为了给当地牧民提供服务，为牧民谋利益，于2014年10月，由村领导领办，成立了生态畜牧业专业合作社，首批35多户牧民入社。

合作社创立以来，完善制定了各项内部管理制度，牧民按照入社自愿、退社自由、地位平等、民主管理、风险共担、利益共享的原则，积极参与合作社管理，主动交售产品。同时，合作社还坚持定期例会制度，及时听取社员意见，总结工作，研究发展，为合作社的发展奠定了良好的基础。

围绕产业化发展，以为政府分忧、助牧民增收为己任，合作社加强内部管理，强化为牧民服务能力，促进了当地经济发展。在提供种植、销售服务的过程中，合作社管理人员通过学习合作社的相关职责，学习国家对合作社的优惠政策，提高了政策服务水平，提高了为牧民服务的自觉性。在合作社成立之初，由于牧民对合作社的作用认识不足，不相信合作社，他们觉得合作社就是为了给成员赚钱，不会给其他牧民带来什么好处，因此合作社收购农畜产品比较困难，联系的外地销售渠道，牧民不愿意搭载。通过合作社管理人员耐心解释，一部分牧民了解了合作社，增加了信任程度，但仍然有部分牧民持怀疑态度。

特别是在 2016 年，因养殖大户对合作社认识不足，部分牧户将养殖产品销售给其他商贩子，部分农户自行联系内地销售渠道。结果商贩在收购前开出的价格高，但在实际收购过程中不断挑毛病压价，损害了牧民利益。而部分牧户自行联系的内地销售渠道，由于货物数量少，信息量也少，导致销售信息不对称，在销售过程中，也出现了收购商压价等现象，牧民销售价格低，收入比合作社收购、销售的少了许多。

真实的经历和对比，让牧民的心开始倾向合作社。到了 2018 年，越来越多的牧民自发找到合作社，合作社敞开大门热情地接待他们，给出他们更加优惠的政策，在合作社的鼓励下入社的牧民扩大了，没有加入合作社的农牧民，也通过合作社销售养殖产品，或通过合作社联系的销售渠道销售。通过加入合作社或通过合作社平台销售，清水村整个村的群众收入比 2016 年增加了 15%，牧民们切实得到了实惠。

捧出真心，拿出真能耐，实实在在为牧民群众服务，这是清水村合作社成立的初心。由于不懂技术，不会管理，村里曾经发生过未入社牧民的羊毛每年仅能够收 300 千克左右的问题。合作社的负责人看在眼里，急在心里。为搞好技术指导，合作社联系相关技术人员，并聘请养殖专业人员授课、指导，通过统一施肥方法、统一组织测土配方、确定养殖数量和分配方法，经过两年的努力，合作社成员养殖产量提高了 9%，产品品质提高了一个档次。

为了降低养殖风险，有效预防各类病虫害的发生，减少损失，增加收入，合作社在每年年初，自筹资金，聘请县级地区兽医和养殖专家、统一进行授课，讲授养殖技术，对合作社成员和当地农牧民免费进行高效养殖等方面的培训，切实提高了农牧民养殖水平，提高生产效率。

合作社几位负责人经常与农牧局养殖专家沟通，先后派出 5 人到其他合作社学习。同时还设立了 12 小时服务电话，定期到养殖户家进行巡回技术指导，从养殖技术到病虫害防控，提供全方位无偿服务，保证及时发现病虫害情况，最大限度地降低养殖户的经济损失。

功夫不负有心人。经过几年的努力，在合作社的指导下，养殖户增加了收入，进一步加速产业发展，强化了养殖业在产业结构中的地位，切实促进了清水村牧业经济的快速发展和村集体经济的发展，加快了脱贫致富的步伐。

在产品销售中，合作社严把商品质量关，讲求商业信誉，以诚待人，从而赢得了客户的信任和好评。先后与多家厂商签订了常年购销合同，作为固定的销售渠道，使合作社的养殖产品走向了全国。

“在所有生意来往的客户中，从来没有因质量问题发生过经济纠纷。同时，为及时了解市场价格行情，做到有的放矢，搞好商品调拨，合作社购买了电脑等先进的设备，能够及时掌握了解全国产品市场价格波动情况，为合作社装上了千里眼、顺风耳，使合作社在激烈的市场竞争中占得了先机。”合作社理事长说。

为保证合作社成员的经济利益，合作社实行二次返利机制。严格按照规定的比例，在年终结算后，从利润中拿出 50% 的利润，给合作社成员按照出资比例和农产品收购数额返利；拿出 30% 的利润，帮扶贫困户。2019 年共返利 150.65 万元，合作社成员平均每户返利约 5 196 元，保障了成员的经济利益，提高了农牧民入社的积极性。

谈到未来的发展，合作社理事长说，目前紧要的任务是壮大合作社成员队伍，使更多的养殖户提高养殖产品效益。另外，还要积极争取各级项目，做大做强养殖产业。加强合作社成员技术知识培训，为没有入社的养殖户提供技术、销售支持，从而实现共同致富的目标。

目标在前方，希望在前方，清水村正阔步行走在前进的路上。

“种子股”种出发展红利

——甘德县俄尔金生态畜牧业合作社发展纪实

靠天养畜，交通不畅，人畜无安全饮水，牧民生产生活环境严酷……曾经，地处青南高原的果洛藏族自治州甘德县，落后的畜牧业基础设施，严重制约着牧民群众生活水平的提高，制约着传统畜牧业向现代生态畜牧业的转变。而今，以俄尔金村为典型引领，甘德县生态畜牧业呈现出前所未有的新气象。

时间追溯到2011年，为改变落后现状，甘德县下贡麻乡俄尔金村，在支部书记谢江及党员的带领下，按照下贡麻乡党委、政府提出的“划区轮牧、合理载畜、整合资源、多种经营”发展理念，召开村民大会，由自愿参加合作社的村民组建起了生态畜牧业专业合作社，拧成一股绳发展生态畜牧业，改变家乡的穷困。

走过10年的风雨历程，俄尔金生态畜牧业合作社坚持生态优先与推动发展相结合，立足地方实际，坚持分类指导、分步推进，优化资源整合、注重规模发展，生产规模稳步扩大，推进草地生态畜牧业发展的路子明显拓宽，使俄尔金村发生了翻天覆地的变化。

截至2018年底，合作社入社总户数达312户1 318人，入社率100%，整合草场13.4万亩，整合牲畜1 024头（只、匹）。土地总面积428 594.79亩，全村可利用草场325 449.79万亩，存栏各类牲畜1024头（只、匹）。2018年合作社牛奶总产值16.1吨，收入98 215元，每户分红1 511元。牦牛出栏35头，每头4 500元，共收入157 500元。2019年生态畜牧业专业合作社牛奶总产值6吨，收入60 000元。牦牛出栏80头。为果洛高原乳业有限公司供奶500千克。2019年分红20.000 5万元。每户分红3 077元。

数字是枯燥的，但也是最有力的发展说明；数字是鲜亮的，但其背后充满艰辛的付出。

俄尔金村是全省生态畜牧业试点村，组建合作社初期，为吸引牧民入股入社，合作社积极响应全州提出的“政府扶持，群众入股，相互配股，整合资源，集中规模养殖，企业化管理，产业化发展”这一具有果洛特色的生态畜牧业发展模式。

合作社在原先扶贫互助社的基础上，重新成立生态畜牧业专业合作社，制定完善合作社章程等各项规章制度，以合作社为平台，坚持以草定畜，充分利用政府扶持资金，利用配股促整合，财政资金主要用来购置生产畜，再以折价方式折算成股份投入合作社，作为“种子股”。

社员在自愿的基础上，按一定比例以生产畜配套作价入股到合作社，或以草场作价入股到合作社（社员股）进行配股，配股后形成的“种子股”“社员股”计入社员在合作社中的股份。

同时，合作社根据生产要求，对入股到合作社的牲畜、草场进行优化重组，生产畜按标准畜群重新进行组群，草场根据畜群进行重新划分划区轮牧，由合作社社员选举产生放牧员从事放牧，所生产的畜产品由合作社统一竞价销售，支付放牧员工资等，支出后纯收入按股进行分红。

为了保证合作社社员的收益，合作社设立一定数量的发展资金，用于弥补各种灾害的损失，所有这些均在合作社章程中予以明确，让所有社员人人皆知，做到让牧民能算清“明白账”，极大激发了牧民入社入股的积极性，短短时间生态畜牧业合作社得以迅速组建，合作社成员逐步增多，由36户扩大到65户。

在2013年的雪灾中，俄尔金村受灾严重，一些牧民牲畜锐减，承包的草场得不到充分利用。合作社成立后，他们以草场入股，不仅给自家带来了收益，也减轻了那些牲畜较多牧户的草场压力，达到了草畜平衡的效果。

2014年，合作社建成了奶牛养殖基地，合作社生产规模逐步扩大，畜产品产量也明显增长，能否让这些畜产品走向广阔市场，是生态畜牧业合作社生存、发展的关键。

为解决合作社鲜奶“卖难”和乳品加工企业“买难”的问题，在政府倡导下，俄尔金生态畜牧业专业合作社与果洛州格桑花和玛尔洛两家乳制品有限公司签订购销合同，统一生产销售牛奶，产品遍及全州各县，形成了“龙头企业+合作社+牧户”的经营模式。去年养殖基地收入近30万元，分红后户均增收 3 056.5 元。同时，企业自行筹措 20 万元，由州、县政府提供整合的支农资金 30 万元，在两家乳制品有限公司分别建成 2 座奶站，并将奶站投入的 30 万元转化为合作社在乳品企业中的股份，每年企业给合作社固定分红不低于股金的 15%。

可以说，俄尔金生态畜牧业专业合作社与企业联姻，共同参股联建“奶站”，是果洛打通合作社与市场连接方面的成功尝试。

以前牧民们居住分散，每天往县里、州里送牛奶，路途遥远不方便，加上没有保鲜设备，很容易因牛奶变质造成损失。自奶站建立后，企业以市场价收购奶源基地的牛奶，奶源基地负责生产合格的牛奶，并统一组织、按时交售，牧民们不仅可以就近送奶，还能保证牛奶的品质，增加了牧民在市场中的话语权。基地和企业联建奶站，使产销双方形成了利益共同体，打通了产业链。

展望今后的发展，合作社理事长表示：将规范合作社管理，完善各类机制；加大富余劳动力的培训和经营管理人才引进力度；结合乡村振兴，强力推进二三产业融合发展。

诚然，发展永远在路上。全面提高、完善合作社组织的有效运转机制，依法健全民主管理制度，完善盈余分配机制，提高经营管理水平；加大资源整合力度，提高生产经营技术和自我管理能力，促进生产要素配置，提高合作社规范运行能力，是合作社今后一项长期的任务。继续完善出台相关措施引入专业技术经营管理人才，扶持合作社进一步规范规模发展；广泛拓宽产业渠道，开拓更多就业岗位，将富余劳动力转移到二三产业上，增加牧民群众的收入，是合作社强化管理的目标。

今日俄尔金村人更加深刻明晰：充分利用甘德县牦牛乳资源充足的特点，利用建成的乳制生产加工厂，改建乳制品加工车间，引进新设备，提升加工能力，在保障生产现有有机牦牛鲜乳、酸奶、乳酸饲料等产品的基础上，创新发展有机奶酒、乳酸饮料等新产品开发，促进合作社二三产稳步健康发展，将是合作社依靠的特色与优势，坚持的方向与追求。

草原清晨，冉冉升起的阳光洒向星星点点的野花，下贡麻乡俄尔金生态畜牧业专业合作社迎来又一个发展的艳阳天。尽管合作社改革发展之路还须深入探索，制度机制还须创新完善，但这片草原已经走上了一条发展生态畜牧业的宽阔道路。

一个合作社带动一个产业

——玛沁县年扎生态畜牧业合作社发展纪实

高原初春，阿尼玛卿雪山脚下的果洛藏族自治州玛沁县下大武乡依然银装素裹。走进下大武乡年扎生态畜牧业专业合作社养殖基地，只见打捆的干草放满饲草储备库，一只只体白毛长的白藏羊分圈在羊棚里觅食。

玛沁县下大武乡有着养殖白藏羊的传统。作为青藏高原优势畜种之一的白藏羊，也是肉、毛、皮兼用的高原型藏系绵羊类型之一，不仅群体质量好，毛色整齐，生产性能好，还具有耐高寒、耐干旱、耐粗放等优点，是纯天然的绿色食品。

依托特色品种白藏羊，2014年下大武乡率先在年扎村成立生态畜牧业专业合作社，先行先试发展生态畜牧业。通过多年发展，在做好白藏羊品种资源保护和利用的同时，全乡找到了一条让牧民脱贫致富的增收途径。

年扎村是一个藏族聚居的纯牧业村。由于海拔高、气候条件恶劣，畜牧业生产效率低、草场黑土化严重、草畜矛盾突出，一些村民只能勉强混个温饱。全村183户中，一半以上都是贫困户。

如何发挥当地优势带动牧民致富？年扎村生态畜牧业专业合作社理事长长寿说:“早在2011年外出参观学习的时候，我就看到其他县在办合作社。可回村一看，一缺资金、二缺资源，时机并不成熟。一直到2014年，合作社才发展起来。”

据长寿回忆，从2013年10月合作社开工建设，到2014年6月正式组建，村里大小会议召开了不下50次，最终140户选择加入合作社，整合草场0.8万公顷，羊2 000只。

“后来政府又投资200万元，一对一配股1只白藏羊，每户自己入股1只，合作社分成了18个养殖点，建成了高效养殖区。”长寿说。

2015年，为了推动合作社发展，年扎村30多名党员率先带头“转型”当起了合作社的工人。

“我们把羊群、草山分好后，一边放牧、治理黑土滩，一边把老弱白藏羊集中起来进行高效养殖出栏。平时放羊、打针、剪羊毛、喂草……来来回回骑摩托车，也没跟社里要过一分油钱。”村委会主任德却是村上的老党员，说起为合作社做的这些事儿，他一脸自豪。

一个合作社，带动了一个产业。年扎村生态畜牧业专业合作社将白藏羊作为地方特色优势产业来发展，使白藏羊养殖走上了专业化、产业化之路，并不断提高牧民群众在产业发展中的参与度和受益面，从而彻底解决了牧区产业发展缺陷和牧民就业问题，让生态畜牧业成为有奔头的产业。

就这样，2015年，年扎村基本实现了草畜平衡，年底出售白藏羊796只，实现利润42万元。其中30%留作发展基金后，向社员分红397 035元，分红最多的拿到了3万多元。2016年，出栏出售白藏羊711只，实现利润63.7万元，共向140户入股牧民户均分红4 550元。2017年，出栏出售白藏羊1 287只，实现利润103万元，共向140户入股牧民户均分红7 357元。

肉保是村里的贫困户。家里除了妻子和孩子，还有年迈的老母亲以及亲戚家的1个孩子。前些年，家里生活困难，一年到头家里的收入不到1万元。合作社成立后，他不仅积极入股，还和妻子一起成了合作社的放牧员。一年下来，两人工资加分红，收入超过了10万元，顺利脱贫摘帽。

村民豆杰以前是地地道道的牧民，把牛羊草山入股后，他学了汽车修理的手艺，在县城开了家汽车修理店，2018年就挣了5万多元。现在，年扎村已经走出去73名像豆杰这样的有技术傍身的年轻人。

在年扎村生态畜牧业专业合作社白藏羊产业化养殖基地，今年30岁的贫困户热保，是合作社的放牧员。每天早上，热保7时起床，给羊喂完饲料后，将羊赶到牧场饮水、吃草，下午3时到5时再赶回点上补饲。

热保家里3口人，没入社前家里没有牲畜，只有100公顷草山。“当时号召入社的时候我也不知道怎么办，但看到村里的党员和干部们都入社了，我就想入社肯定是没有错的，反正草山也是闲着。”热保说。

热保现在放牧着250只母羊和250只羔羊，妻子也在合作社养羊。放牧工资收入一年39 000元，加上奖励和分红，还有草山入股，一年有5万多元的收入。而在没加入合作社以前，他全家一年的收入只有七八千元，主要靠打工。

合作社刚谋划组建的时候，村里的很多牧民都不愿意加入。但是由乡党委带领村党支部，村党支部牵头引领合作社发展，以党员带动群众致富，以合作社发展促进牧民增收，形成了“党支部 + 合作社 + 基地 + 企业 + 贫困户”的发展模式。党员率先整合牲畜、率先加入合作社、签订入社协议，给牧民群众吃“定心丸”。基地共有 4200 余只羊，考虑到草畜平衡和承载力，合作社又将放牧区分散成了 17 个点。

贫困户热保靠着生态畜牧业吃上了“合作饭”，而这只是果洛州发展畜牧业这个支柱产业带动贫困户脱贫的一个缩影。贫困户在合作社里或劳动入股，或靠着扶贫互助资金入股，或靠草山牛羊入股……由此带来的变化比比皆是。

合作社发展的步伐日复一日可见，年扎村喜悦的变化年复一年可见。为有效解决牲畜放养与生态环境之间的突出矛盾，实现生态建设与畜牧产业发展的双赢，乡党委、政府坚持“草畜并重、以草定畜”的原则，探索出了“以强化草原基础设施建设、股份制经营、集中供养与分散养殖并存的生态畜牧业发展模式”，努力加大天然草地保护和改良力度，积极鼓励养畜户扩大饲草料种植规模。

在政府扶持引导下，近年来，合作社完成对入股牲畜的鉴定和入股牧民的入股档案、白藏羊免疫档案及基地各项规章制度建章立制、农机具购置等工作。以合作社为平台，牧民群众以草场和牲畜方式进行入股，合作社以市场为导向，采取股份制企业形式，按照“自负盈亏”的原则开展生产和经营活动。

合作社明确，年扎村白藏羊产业化养殖基地由合作社理事会负责经营，监事会进行监督，乡政府进行指导，县乡两级农牧业技术服务站提供技术服务。放牧员由合作社社员选举产生后聘任，实行生产目标责任制，奖优罚劣，产品由合作社统一出售。经营收益按股分红，按年度进行会计核算。

同时，针对畜牧业二三产业发展短板，全乡积极探索“企业 + 合作社 + 牧户”的发展模式，合作社积极与本地有影响力的畜产品加工企业签订销售协议，并建立白藏羊餐饮饮食文化基地，以餐饮平台为依托，打造有机畜产品特色餐饮，从而实现“养殖—加工—销售”一体经营，着力实现一二三产业融合发展，加快农牧民增收步伐。

从社会效益看，特色养殖项目实施，一方面促使乡村畜牧业由传统粗放型生产经营方式向集约化、规模化方向转变，实现由单一数量型向质量效益型转变。另一方面为玛沁县繁育养殖项目广泛实施提供了宝贵的经验，对周边及其他地区起到积极的示范作用和带动作用。更加让人欣喜的是，带动了年扎村贫困牧民收入稳步增长，乡村产业结构的合理转变，增加了贫困牧民的就业渠道，牧民的生产生活水平得到了进一步提高。

从生态效益看，下大武乡年扎村主要以畜牧业为主，而生态畜牧业专业合作社的发展对于保护环境有着积极的作用。特色项目的实施，以内部调剂牲畜为原则，保持牲畜总量不变，有利于解决草场牲畜超载问题，保持畜草平衡，推进以草定畜，并且通过科学饲养管理，降低草场利用强度，草地植被得到恢复，有效遏制了草地退化、沙化，减少水土流失，草地生态环境明显改善，向良性循环方向发展，对实现畜牧业资源可持续发展具有重要的意义。

“直却探索”驱动集约化生产

——达日县直却村生态畜牧业合作社发展纪实

“我没想到今年的分红比去年还多，现在收入一年比一年多，不仅生活有了保障，而且家庭生活条件也得到了明显改善，政府给我们指了一条致富路，我们对以后的生活充满了信心。”2019年1月7日，窝赛乡组织召开2018年度生态畜牧业专业合作社分红大会，直却村生态畜牧业合作社牧户共136余人参加了分红仪式，得到分红的群众高兴地说。

果洛藏族自治州达日县窝赛乡直却村生态畜牧业合作社自成立以来，紧紧抓住生态畜牧业示范的有利契机，按照划区轮牧、合理载畜、整合资源、多种经营的发展理念，积极转变传统畜牧业生产经营模式，在果洛州推进生态畜牧业发展过程中树起了一面旗帜。2016年，窝赛乡直却村生态畜牧业合作社被评为国家级牧民合作社示范社。直却村结合生态环保、脱贫攻坚和乡村振兴战略，在全县率先推行传统畜牧业向现代化农牧业转变的合作社发展模式，被誉为“直却模式”。

“直却模式”，从零到成“式”，到成为区域经济发展的引领，所经历的是不断探索的过程。

为加强宣传引导，开展专业培训，注入发展动力，达日县农牧部门抽调懂双语的干部深入到村宣传《青海省草原生态畜牧业建设宣传册》政策，反复讲解生态畜牧业的现实利益和深远意义，诚心诚意为民办事，赢得牧民群众的信任和支持，为发展经济合作社创造条件。

2013年12月，县政府组织农牧局、直却村基层干部、合作社理事一行10余人，前往海西州天峻县梅陇合作社参观学习。通过实地参观学习，梅陇合作社围绕增加牧民收入和改善牧民生活核心，保护生态环境，科学合理利用草地资源的做法，推进生态畜牧业建设的经验，开阔了大家的眼界，参观者的思想观念得到进一步转变，消除了思想顾虑。特别是在合作社经营模式、参股分红方式上，通过参观学习，增强了信心，厘清了思路。

在直却村生态畜牧业合作社推进股份改造中，合作社坚持以股份制改造为突破口，有效整合生产要素。先后整合草场、整合畜种、整合草原基础设施和劳动力，鼓励牧民以草场、牲畜、基础设施为资本入股。将草场入股按照牧户草场承包使用证折算标准亩计算，标准草场500亩加3配套建设（游牧定居房、牲畜暖棚、网围栏）为1股，折现6 000元。牲畜入股以2头6岁母牛带牛犊为1股，折现6 000元。

为提高牧民入社积极性，合作社召开社员大会，决定草场股每股保底分红3 000元，牲畜股每股保底分红1 300元，合作社盈余足额支付保证红利后尚有剩余的，以剩余资金的20%按股份进行二次分红，80%作为合作社扩大再生产的资金。对不再从事放牧的牧户，合作社在确保他们获得稳定的股份收入的同时，积极动员其到城镇从事第三产业或由合作社统一组织进城务工增收。

近年来，直却村生态畜牧业合作社优化畜群结构和推进畜群改良，建立健全切合实际的经营模式。按照“统一轮牧、统一配种、统一育肥、统一加工、统一销售、分群饲养”的管理模式，积极推进入社牲畜规模化生产、集约化经营。

统一轮牧。合作社根据全村草场生产能力核定载畜量，进行划区轮牧30个单元，每个单元2 000亩，划区轮牧草地网围栏5万亩。统一配种，为了优化畜群结构和推进畜群良种化，从玉树藏族自治州曲麻莱县引进种公牛31头，按配种比例1∶20进行配种。引进藏系种公羊40只，按配种比例1∶35进行配种。

统一育肥。从有效解决减畜增收矛盾出发，将淘汰母牛、公牛犊、淘汰母羊及公羔羊集中在育肥点进行育肥出售，并积极发展羔羊经济，通过育肥基地促进合作社经济快速增长，提高社员收入。

统一加工。依托合作社畜产品加工企业，通过对畜产品精深加工，提高畜产品附加值，力争打入省内市场，赢得市场的认可。

统一销售。合作社积极加快产品QS质量认证及有机畜产品认证和商标注册工作，全面提升畜产品质量和竞争力，并依托专业合作社加强对外宣传，联合企业做强做大专业合作社。

为使合作社得到持续发展，达日县积极整合涉农、涉牧项目资金扶持力度，加大全县合作社基础设施投入和建设。2014年合作社得到建设补助资金800多万元，建成牦奶牛产业化养殖基地和畜产品加工车间，完善了合作社养殖基础设施，并为合作社生产加工销售鲜奶、酸奶、曲拉、酥油、风干肉、人参果、藏糕等畜产品，从事二三产业融合发展奠定了坚实基础。

经过几年的发展，如今直却村生态畜牧业合作社入社牧户达326户，入社率达97%；整合草场面积25.9万亩，折合股份907股，占全村可利用草场的89.6%；社员入社奶牛942头折合股份942股；基层设施折合股份共1 021股，实现总股达2 852股。同时，按照生产母牛、放生牛、种公牛养畜结构划分28群；实现本村牧户再就业人数达128人，其中，放牧员53人、挤奶员51人、畜产品运转人员25人。

2017年，合作社经营销售收入达90万元（销售鲜奶2万千克21万元，畜产品加工收入达37.54万元，出栏牲畜收入达31.46万元）。发放股金分红及工资90万元，社员户均分红2 760元，人均分红920.2元。

2018年，经过一年的努力，直却村生态畜牧业专业合作社又一次以优异成绩给大家交上了满意的答卷，得到了牧民群众的好评。合作社全年收益达154万元，除去员工工资及各类常规性支出外，实现人均收入1 691元，户均收入5 164.68元。在窝赛乡组织召开的2018年度生态畜牧业专业合作社分红大会上，直却村合作社牧户共136余人参加，抱着一块块金额上万元、红彤彤的分红牌子，村民们各个脸上笑容绽放。

“直却模式”有力驱动了集约化生产，鼓起了牧民群众的腰包，实行生态畜牧业建设、股份合作发展的成效在果洛牧区得到了实实在在的验证，激发了广大牧民参与发展合作经济的积极性和主动性。

据了解，未来直却村生态畜牧业专业合作社将大力提高生产水平，积极与省内外畜产品加工企业合作，提升畜产品经济效益。同时，对养殖基地实行集中建设，推进规范化、科学化饲养，促进传统饲养方式的进一步改变，大力提高生产效益和生产水平，有效提高畜牧生产集约化水平。积极与省内外畜产品加工公司签订购销协议，统一对外销售，对内核算，提高畜牧业附加值，以此提升畜产品经济效益。

依傍巴颜喀拉山，黄河从达日流经，幸福水流潺潺，直抵直却村。

“岗龙做法”打造全产业链

——甘德县岗龙生态畜牧业合作社发展纪实

“这边都是纯天然的、有机的，草场也是有机认证的，牧草都是有机的，高速也修通了，所以我们决定在这边投资，与合作社和牧民群众一起致富。”站在占地近400亩、计划总投资8 000多万元、正在紧张建设中的一处现代化种养殖基地，甘德县雪山农牧业科技发展有限公司董事长于雪山满怀信心。

从牧民单打独斗，到专业合作社抱团发展，再到现代农牧业企业牵引，对接外部大市场，“企业+合作社+牧户”的模式，助力果洛藏族自治州甘德县不断破局畜牧业发展，打造出生态畜牧业合作社“岗龙做法”升级版。专家认为，这种新的发展模式，关键是形成一个长效的合作发展机制，用股份清晰的办法，来解决产业链各端口利益分成的问题，进而升级发展。

顺势而为、顺势兴业。甘德县是全国草地生态畜牧业试验区试点县。在农牧业发展大气候、大环境、大趋势下，岗龙生态畜牧业合作社立足实际，以试验区建设为契机，以股份制改造为着力点，以切实转变传统牧业经营方式和一二三产融合发展为切入点，以发挥党组织党员示范带头作用为出发点，以产业精准脱贫和增加牧民收入为落脚点，突破传统畜牧业经营方式，不断推进生产转型升级，使畜牧合作经济蓬勃发展，呈现出新气象、新亮点。

为破解“人、草、畜”矛盾日益突出和牧民增收难等问题，2009年8月，岗龙村党支部书记赞忠召开牧民动员大会，决定以15万元扶贫资金为启动资金，组建岗龙村扶贫互助社，以代牧制为经营方式，年底收益后进行分成。虽然当年只有22户牧户加入，但这是岗龙村探索牧业发展变革的第一步。

有了第一步的迈出，之后的每一步就越发坚定。2011年，全村178户牧民全部入社，入社人数达769人，劳动力394人，全村牧户草场全部折股入社，整合入社牲畜4 095头牛。2015年，岗龙村被选定为果洛州推进全国草地生态畜牧业试验区试点合作社，通过股份制改造成为岗龙生态畜牧业合作社。

为推进股份合作制改造，实现规模化经营，岗龙生态畜牧业合作社多措并举。

优化生产要素配置，实现资源变资产、资金变股金、牧户变股民。经成员大会通过的章程规定：成员现金入股，500元为1股；牧户以草场和牲畜折价入股，每股500元，草场分为禁牧、可利用和黑土滩3类，草场入股按照草地承包使用权折标准亩计算，可利用草地每100亩为1股，黑土滩不折股，整合后由合作社统一保护和治理。经核算，合作社股份合计51 133股，总入股金额2 556.66万元。按照章程规定，合作社收益提取公积金、公益金后，实行成员以所持股份按股分配。

科学规划草地，合理利用，划区轮牧。合作社针对夏秋草场牲畜承载力强、冬春草场牲畜承载力弱的现状，对草场分类不分级，全部折股纳入合作社，制订草场划区、牲畜轮牧的划区轮牧方案，明确规定放牧顺序、放牧周期和分区放牧时间，逐区放牧，轮回利用，实行一个季节一个区的轮牧方式。

实行牲畜分群饲养，实现高效养殖。为提高养殖效率，繁育优良畜种，优化畜群结构，合作社对入社牲畜分群不分家，实行集体统一经营。以草定畜，超载牲畜与州级肉食品加工企业对接后全部出栏出售。合作社与放牧员和挤奶员签订协议书，奖罚分明，逐步淘汰杂畜，专营母畜群，按照牲畜种类、生产用途、性别、等级重新组建畜群，实现标准化养殖。同时，为提高牲畜饲养效益，在分群饲养的基础上大力推行牲畜高效养殖技术，实现养殖科学化。

实现畜疫防治群防统治。合作社将牲畜整合后，固定放牧地点、放牧人员，给牲畜的两季常规疫病防治疫苗的注射及常见寄生虫病驱虫药的投服带来了极大的便利，实现了乡兽医站统一时间、统一人员、统一药品、统一治疗的措施，避免了防疫有漏洞、留有死角的可能性，保证了牲畜的健康成长，确保了合作社的预期收入。

目前，岗龙生态畜牧业合作社实现了成员分工分业，用工按劳取酬。每年通过牧民自愿申请和全体成员民主投票，选拔放牧员等人员从事畜牧业，劳务输出人员可在县城从事洗车行、出租车、宾馆、餐厅、公司工作，还可在合作社从事藏族服饰、家具等生产和畜产品销售工作。

与此同时，合作社积极拓宽发展渠道，与畜产品加工企业对接，实行牲畜有序出栏、统一销售，紧密对接市场。合作社建成规模化养殖基地 2 处，全封闭畜棚 15 栋，年可饲养牲畜 1 000 头，可对淘汰杂畜进行短期育肥后集中出售，2018 年出栏 200 头，实现经济收入 150 万元。合作社在县城步行街购置 1 处商铺，统一销售合作社的酸奶、土特产等各类物产，经济效益大幅提升。

目前，合作社通过积极整合各类项目资金，加快发展二三产业，先后建成了岗龙牦牛鲜奶加工厂、奶源基地、蔬菜大棚种植基地、餐饮店、粮油店、土特产销售部、饲草种植基地等实体，为转移富余劳动力奠定了坚实基础，同时推出了“鳌云”牌纯牦牛奶、酸奶、糌粑等一系列高端乳制品，并取得了 QS（生产许可）认证，深得市场认可。

合作社通过成员大会决议，将 2017 年草原生态奖补资金统一整合后投入乳制品加工厂的改扩建中，以股份形式折股到每个成员，在保护生态和发展产业中发挥了重要作用，为成员的长期收益打下了坚实的基础。

岁月不居，时光闪亮。经过多年的发展，合作社成员增收明显，入社前，大部分牧民除政策性收入外，仅靠零散销售奶产品、蕨麻等获取收入。入社后，牧民增加了劳务性工资和合作社股份分红收入。2015 年，合作社纯收入 60.3 万元，户均收入 3 816.46 元。2016 年，合作社总收入 417 万元，其中用于发展、工资等支出 288.84 万元，用于分红 128.16 万元，人均分红 1 667 元。2017 年，合作社通过产业化养殖及种植，纯收入达 239.95 万元，分红达 164.25 万元，人均分红 2 314 元，增收效果相当显著。

现在，岗龙村劳动力 394 人，从事放牧、挤奶等工作的 198 人，转移到二三产业的 70 人，外出务工的 126 人。同时，通过合作社对草场和牲畜统一整合，以草定畜、统一管理，科学分群划区轮牧，实现草畜联动，牲畜从原存栏牛 8 719 头减至 4 095 头，减畜率为 53%。在 12.89 万亩草畜平衡区，饲养牛 3 150 头；租赁草场 2.6 万亩，饲养牛 745 头；2 800 亩饲草基地，饲养牛 200 头。在组群与放牧中，将放牧数量控制在理论载畜量以内，严防因超载而导致草场退化，做到提质增效、禁牧不禁养。

如今，岗龙村人用股份制这种现代企业的管理办法，理顺了传统牧区的生产关系，理顺了一产，解决了“人草畜”的矛盾。既解决了如何保护生态的问题，又回答了谁来放牧、怎么放牧、如何高质量发展的问题。同时，基于理顺一产的基础上派生出来的二三产业，也更加具有原创力和活力。

多元产业培育新增长极

——班玛县马格勒村生态畜牧业合作社发展纪实

“之前村里搞生态畜牧业合作社的时候，自己只是抱着试一试的心态入社，没想到政府真的把合作社当成老百姓的一件大事来抓，村干部们都尽心尽力为合作社东奔西跑，这一次分的红利，虽然不多，但是让我看到希望，希望合作社越办越好。”

深秋收获时节，果洛藏族自治州班玛县马可河乡马格勒村生态畜牧业合作社 2018 年股东分红大会上，现场共为 96 户入股农牧户发放收益分红资金 293 505.80 元，分得红利的社员肉旦现场高兴地为合作社点赞。

马格勒村生态畜牧业合作社成立于 2013 年 7 月。合作社自成立以来，坚持依据环境资源承载能力，构建以“科学养畜、草畜平衡、协调发展”为主要内容的草地生态畜牧业发展模式，有效解决超载放牧问题，推动生态保护和畜牧业生产良性循环。采取“合作社 + 基地 + 贫困户”的管理运营模式，不断发展壮大经营规模。坚持多种产业融合发展，先后开办便民超市、畜产品销售、炒面加工等经营体，为多领域拓宽增收渠道、促进富余劳力转移、增加社员经济收入、壮大合作社集体资产、培育新的经济增长点树立了标杆，全村初步形成了规模化生产、专业化分工、多元化经营、产业化发展的生态畜牧业创新发展态势。

马格勒村地处班玛县马可河则沟、布沟，平均海拔 4 100 米以上，生产生活环境不易。怎样“点燃”村民的致富梦想？为早日打赢脱贫攻坚战，马可河乡按照班玛县“1+8+13”精准扶贫工作格局，明确细化了精准扶贫工作任务、着力重点和具体措施。发展中，马可河乡党委、乡政府通过实地走访调研发现，马格勒村周边群众素有煨桑的民俗，桑料市场前景广阔。发现这一有利商机后，该乡立足本地资源优势，采取“合作社 + 基地 + 贫困户”

相结合的模式，支持马格勒村发展煨桑品深加工，取得了可观收入。

马格勒村尝到甜头后从中汲取经验，为后续合作社的发展起到指导作用。马格勒生态畜牧业合作社不再局限某一方向发展，而是开始采取遍地开花的方式大力发展多种产业，兴办便民生活小超市、糌粑加工坊等项目，发展中通过各产业之间相互配合又相互独立，形成了以点带面良好发展的势头。

特别是近年来，马格勒村生态畜牧业合作社在各级惠农政策引领下，按照省委、省政府提出的“以保护草原生态环境为前提、以科学合理利用草地资源为基础、以推进草畜平衡为核心、以转变生产经营方式为关键、以实现人与自然和谐为目标”的总体要求，采取主业和副业并重的发展模式，按照“一村一品牌、一村一特色”和“党支部+合作社+能人大户+贫困户”的发展模式，培育发展特色产业，推动了产业兴旺和群众增收，壮大合作社规模。

为有效保证社员的合法权益，合作社制定完善合作社章程，成立了理事会、监事会，并明确分工和岗位职责。制定合作社《财务制度》《工作职责》《项目检查制度》等规章制度，重大事项由合作社成员大会讨论决定，鼓励合作社社员参与管理，自我发展。

为提高自身管理能力，合作社高度重视骨干成员的培养，以基层党建为抓手，多次组织村“两委”成员开展政策法规、业务能力等培训，选派优秀村“两委”成员到河南县、同德县等地学习取经，掌握先进运营模式以及管理方式，多次参加省、州县合作社发展相关培训。并先后成立多个工作领导小组，由乡政府乡长担任组长，合作社理事长担任副组长，成员由合作社理事和合作社成员组成，增加社员的参与度。

为提高村民入社积极性，合作社在乡党委、政府的协助下，充分利用“百日攻坚”“五下乡”活动，结合“藏历”新年、“五一节”“建党节”“国庆节”等重大节日，进村入户住牧家开展合作社大宣讲活动，重点围绕合作社发展的意义、目的、运营模式等进行详细宣传和讲解。通过多形式的宣传引导，使牧民群众对合作社有了一个充分认识，引导广大牧民群众积极参与到合作社建设中，对实现草场生态环境保护，牧民群众增收，从而促进畜牧业现代化进程和牧区经济发展起到了良好的效果。

2016年，马格勒村生态畜牧业专业合作社建成马格勒（牦犏牛）奶牛养殖基地，并成为全州试点合作社之一。2018 年，马格勒村生态畜牧业合作社被设为全省试点社之一。2019 年，在全州草地生态畜牧业总结表彰大会上荣获三等奖，获得奖励 6.5 万元，理事长达地获得“全国草地生态畜牧业试验区建设先进个人”。因在生态畜牧业合作社上的突出贡献，在县级合作社观摩会上，县政府专项奖励马格勒村生态畜牧业合作社 50 万元，以鼓励合作社在建设中取得的成绩。

为确保合作社“马格勒奶牛（牦犏牛）养殖基地”步入正轨，经过合作社理事会多次研究商讨确定，把购买奶牛和种牛市场定在本地和邻近乡区域，确保了购买奶牛和种牛的优良性和价格合理性。同时，通过“打耳标”的方式，合作社制定了奶牛总数不许变的刚性指标，以“优胜劣汰”的原则，有效将牛龄控制在一定范围内，确保年末牲畜出栏率达 10%，保证牧草平衡稳步发展。

截至目前，合作社通过销售酥油、曲拉、牦牛等畜产品，累计实现营业额 2 059 717. 8 元。2017 年合作社收益 12 万元。2018 年盈余分红达到 29 万余元，户均分红达 3 020 元，其中为 60 户非建档立卡贫困户 292 人代缴医疗参合金 45 000 元。2019 年收益 411 300 元，分红 210 000 元，全村人均年收入达到 8 260. 7 元。

合作社不断扩展牧民群众的增收渠道，分红数额逐年增加，新的突破不断。社员感受到了合作社发展带来的丰硕成果，也感受到了分红时的喜悦以及国家惠牧政策的优越性。现阶段牧民群众参加合作社的意愿得到充分提高，思想得到进一步解放，大家纷纷以草山、牲畜、资金、劳力等方式入股合作社，参与到合作社建设中，为合作社注入了新鲜“血液”的同时，也缓解了发展资金等压力。

以前，马格勒村的群众说起村级产业，常常叹气。现在，生态畜牧业合作社在班玛县乡的带领下和村“两委”班子的努力经营下，取得的效益有目共睹，点点滴滴的发展变化让群众对合作社刮目相看，大家说起来满面笑容。

下一步，马格勒村生态畜牧业专业合作社计划继续把产业发展作为振兴乡村、牧民致富的有效手段，着力加大合作社股份制改造，做好草山、牲畜等生产资料和国家项目资金的折股量化、实行划区轮牧、规范合作社制度规范化建设等工作，实现合作社高效、生态、环保发展的高原牧区新模式。

多种经营夯实村集体经济

——班玛县贡章生态畜牧业合作社发展纪实

穿过隐藏在森林中独特的藏式碉楼民居，走过蜿蜒曲折的玛柯河，果洛藏族自治州班玛县吉卡乡贡章村呈现在人们眼前。

初见贡章村的人，会觉得这里和想象中的牧区草原不一样，没有“天苍苍，野茫茫”，更没有“风吹草低见牛羊”。贡章村在东西宽约25千米，南北长约10千米狭长的地界上，被一座座的小山遮住了眼，曾经这里虽然号称有近133千米^{2}的可利用草场，而全村各类牲畜加起来才9 415头（只、匹），置身大山，地无三里平，家底薄弱，发展受制约。

何以跨出地界的局限，谋得贡章村发展一片天？在乡党委、政府的引导和支持下，贡章村生态畜牧业专业合作社于2011年7月应运而生，2013年10月开始正式运行。全村牧户196户，750人，入社社员达到了181户686人，入社率达92.3%。

区位虽有短板，但也极具优势。

围绕境内中藏药材资源丰富，适宜种植大黄、贝母等中药材，大黄具有长势良好、产量高的优势，合作社把发展的着力点，锁定到种植加工中藏药材、发展生态畜牧业、开展藏式服装加工上，努力把优势资源转化为产业优势、经济优势，努力寻找、开辟新的经济增长点，实现生态和经济效益双赢。

从加强资源整合入手，推进股份改造。通过集中讨论、入户征求意见、召开村民大会等方式，确定了以草场、牲畜、劳力入股的资源整合模式，制定了股份比例标准。截至目前，共整合草场19.54万亩，整合率达96.97%；整合牲畜4 134头，折算12 402股，整合率达64.6%；整合劳动力30人，其中3人从事合作社商铺经营，6人从事放牧工作，12人从事畜产品加工与销售工作，8人从事藏装加工制作，1人从事会计工作。每人每工作30日按1.5股折算，确定按股份份额得到相应分红利润。

通过探索多种经营，拓展集体经济生财渠道。近年来，合作社大胆探索多种经营发展路子，切实将资源优势转化为经济发展优势。先后整合资金100万元、积极申请县财政帮助资金40万元，建成总投资140万元的2层28间900米^{2}的村级生态畜牧业专业合作社商贸市场；争取8万元购置运输车1辆，解决了合作社运输困难问题；通过实施草地生态畜牧业项目，争取项目资金61.5万元，购买牦牛10余头，运输车1辆、冷藏车1辆、酥油包装机1台、牛奶分析仪1台，奶桶30个等配套设备；2016年争取50万元扶贫项目资金，培训30名牧民青年学习藏服加工技能，拓展服装加工市场，实现效益29.38万元。

集体资产盘活了，集体经济兴旺了，群众分享到发展红利。牧民康保有裁缝的手艺，进入合作社缝制藏服，每月不仅有工资1 200元，年底还有分红。康保一家依靠集体经济发展“这棵大树”顺利脱贫，他高兴地说：“感谢共产党啊，我们家的日子现在是越来越好了，心里感到生活有奔头。”

贡章村专业合作社运营多年，取得了一定的成绩，也积累了一些经验。其中他们总结出了如下“八条”。

一是得益于党的好政策，得益于各级政府的大力支持、指导和帮助。

二是贡章村村级“两委”班子凝聚力、战斗力和号召力较强，基层党员干部团结合作，具有较强的组织和协调能力，群众乐于接受新事物，积极配合，各项工作开展得比较顺利。

三是把发展生态畜牧业专业合作社与发展当地主导产业有机结合起来，把各类“土专家”“土秀才”“牧业大户”“致富能手”等乡土人才有效组织起来，以联合、合作、入股和投工投劳等形式，把农牧民有限的资金，草场、机械、技术和劳动力集中起来，形成了以农畜产品加工生产销售为核心和纽带的专业合作社。在农牧民需要帮助的生产环节和销售领域，开展技术指导、信息服务、销售中介等活动。特别是在推进农牧业产业化进程中，以打造专业贡章村、专业农牧户为目标，采取能人带动、集中带动和基地带动等形式，壮大了贡章村生态畜牧业合作社组织，建成了乳产品加工产业化基地。

四是为切实解决生态畜牧业专业合作资金短缺的问题，采取向上争取、贡章村自筹、地方配套、包联单位扶持的多元化投入机制，积极争取“整村推进”、牧业综合开发项目、少数民族发展资金、农牧业产业化项目等各类项目资金，把有限的项目、资金、技术捆绑使用，不断加大投入力度，扶持专业合作经济组织健康发展。

五是为进一步发挥好生态畜牧业专业合作社的桥梁和纽带作用，县农牧、财政、扶贫等部门，深入专业合作社指导开展规范化运作，初步建立了较为科学、规范、有效、完善的内部经营管理机制，确保合作组织内部管理规范、外部监督有效。

六是合作社本着“农牧民自愿、市场运作、政府引导、多元发展、逐步推进”的原则，充分发挥合作经济组织，带领农牧民逐步走上组织化、规模化、产业化、市场化经营发展之路，并在建设中不断发展壮大，对农牧民增收起到了明显的推动作用。

七是加大宣传引导力度，通过发放宣传单、制作板报、悬挂横幅、召开群众大会、座谈会、观摩培训、现场指导等形式，为合作社提供国家政策、县内外合作社动态、典型交流、相关产品供求等信息，拓宽合作社信息渠道，使他们能够获取更多的市场信息。

八是加大专业人才培训力度，县农牧、财政等部门，通过举办经营及财务管理、农牧民专业合作社、培训班等措施，切实提高合作组织理事长的业务水平。

卡塔塔……缝纫机美妙的音律传来，吱呀呀……种植物奋力生长的拔节声传来！而今，人们隔着山岭仿佛就听到了贡章村的致富声、欢乐声，合作社成为乡村经济发展的生力军，特色产业奏出贡章人致富“新乐曲”。

转变养殖方式迎来“三生”共赢

——玛多县日谢村生态畜牧业合作社发展纪实

生态健康，生活富裕，这是日谢村牧民群众的切身感悟，也是他们不断推进生态畜牧业发展的信心所在。

2019 年 6 月，在果洛藏族自治州生态畜牧业合作社建设表彰大会上，玛多县花石峡镇日谢村生态畜牧业合作社获得“果洛州草地生态畜牧业试验区建设绩效考核二等奖”，合作社理事长肉多、花石峡镇副镇长旦项被评选为“果洛州草地生态畜牧业试验区建设绩效考核”先进个人。

喜讯传来，牧民群众深感欣慰。近年来，在玛多县委县政府的坚强领导和上级业务部门的大力支持下，全县生态畜牧业发展初现成效。其中，日谢村生态畜牧业专业合作社以股份制经营为主导，将合作社社员现有的牲畜、草场作价入股，先行先试集约型生态畜牧业发展，让牧民群众受益，增强了发展的信心。

日谢村地处三江源保护区核心区。合作社理事长肉多说，1985 年以前，这里雨水较多，牧草丰美，植被茂盛，羊肥牛壮，天蓝地绿水清，仿若人间仙境。但是后来，随着气侯变化等原因，存栏牲畜逐年增多，外加各路淘金客和虫草采挖者的闻风而来，草场植被逐渐遭到破坏，草稀天旱、湖泊萎缩、鼠害猖獗，草场退化速度加剧。

“眼看着草原母亲‘活力’渐逝，老百姓是打心眼里伤心，尤其是看到一个个凸出的鼠洞，一片片光秃秃的黑土滩和植被稀疏的草场，大家心里着急啊。”回忆过去肉多的话里仍含着丝丝伤痛。

扭转这一生态颓势的重大转折点是在 2005 年。当年，全县开启三江源生态保护和建设序幕，日谢村也积极响应国家号召，开展禁牧减畜，严禁采矿和适度采挖虫草等工作。2008 年，州委州政府贯彻落实“生态立省”战略，鼓励引导日谢村踏上了以组建生态畜牧业合作社为抓手，以实现“生态”“生产”“生活”共赢的生态畜牧业发展道路。

日谢村所在地区资源优势及地域特色较为突出，“玛多藏羊”被农业部评为国家农产品地理标志保护产品。2014年，在政府20万元的启动资金扶持下，在配股制模式的吸引下，村里采取“党支部牵头带动、合作社整合经营、党员示范引领、贫困户脱贫致富”四级联动工作机制，整合入股各类生产资料，投资约230万元，建立起了藏羊产业化养殖基地，成立了玛多县花石峡镇日谢村生态畜牧业合作社。共入社牲畜6 607头只，144户484人入社。

2015年末出栏羊1 207只，出栏率为29.5%，总收49.275万元。合作社进行首次分红，当时大家都高兴坏了，穿着节日的盛装，早早的来到村委会门前等分红。扎西家分红7 800元，洛桑家分红2 400元，户均分红3 421.8元。

2016年新现金入股96户，资金达18万元。总股份11 055股。其中现金股份675股，羊股份2 253股，牛股份1 295股，草场股份5 782股。年末纯收入30.2万元，除合作社运转经费6.85万元外，分红23.35万元，社员最高收入达2.77万元，人均549.5元。

年年有分红，分红节节高，社员们各个喜上眉梢，参与合作生产经营主动性增强。合作社也乘势而上，加快转变过去传统的养殖方式，推进规模化经营。搭建冬春补饲暖棚，对瘦弱羊只进行适度补饲。对羊群进行分群饲养，草场进行划区轮牧，既有效解决了草场无序践踏，致使草场资源浪费等难题，又促进了生产资料的高效利用。2017年，合作社再次进行分红，最高的社员收入24 480元，人均分红481.8元。

尝到甜头，有了盼头，感受到美好希望的日谢人，更加凝聚在合作社的发展旗帜下，投入股份制整改工作，积极整合草场资源。2018年，日谢村村民入社积极性高涨，入社社员增加到218户686人，其中建档立卡贫困户56户163人。全村整合草场面171.33万亩，实现了全村草场资源全部整合。年末，合作社经营总收入193.69万元，除去各项开支及预留的27.75万元发展资金，分红资金达105.1万元，户均分红资金达4 821.1元、人均1452元，其中建档立卡贫困户最高分红资金达9 000元。

“真没想到能拿到分红啊！合作社开始成立时，我们还担心入社后自己的财产没有保障，不想加入合作社，但是这两年下来，眼看着合作社越来越兴旺，真是觉得合作社成立晚了，我们有的人入社晚了。今后合作社就是我们致富的主心骨。”2018 年分红大会现场气氛热烈，社员们纷纷表示，继续主动投身到合作社建设中，争取来年取得更大的效益。

牢牢抓住股份制经营、发展生态畜牧业这根红线，这是日谢村合作社取得经验成效、赢得牧民群众信赖的根本。合作社坚持民主管理、科学经营、按股分红等原则，将全村现有的牲畜、草场进行作价入股，整合率分别达 100%。同时，最大限度让牧民群众受益，单 2018 年度分红达 105.10 万元，尽可能让牧民群众分享到集体经济发展更多的红利。

2019 年，日谢村合作社紧紧围绕“股份改造，规范运行”主题，进一步加强股份制合作社规范化经营，全村入社率达到 100%，其中建档立卡户 58 户 164 人；合作社当年各项收入 259.248 万元，其中给予放牧员工资报酬及其他支出 74.843 万元，用于合作社用转经费 40 万元，村集体经济中预计纳入 4.941 万元。年末合作社分红现金达 144.405 万元，户均 6 593.8 元、人均 2 089.8 元。最高收入 47 520 元，建档立卡户户均 9 180 元，合作社分红又创新高。

“实践经验表明，合作社想要健康平稳的发展，必须以规章制度为保障，以产业化发展为基础，以提高社员收入为动力。”肉多说，日谢村合作社成立至今，坚持“民有、民管、民受益”的原则，立足本村实际，落实草畜平衡制度，严格核减牲畜，认真实施藏羊产业化发展项目，积极完善各项规章制度，逐步实现了合作社精细化、标准化和规范化运营，村民人均收入逐年增多，尤其是村中老弱病残等弱势群体，其年收入逐年提高。

合作社，合而有为，改变了日谢村人的生产生活方式、精神面貌和发展理念。不仅如此，更让日谢村牧民群众心里安稳宽慰的是，在合作社的引领下，实施科学养殖，推进生态畜牧业建设，让赖以生存的家园的生态环境得以明显改善。

“草原是我们的故乡，是生养我门的地方，过去眼看着一个个凸出的鼠洞，一片片光秃秃的黑土滩和植被稀疏的草场，我们揪心啊。现在，你们来三江源保护区看一看，鼠洞在消失，最明显的感受是草场好了，风沙少了，路边还经常可以看见狐狸等野生动物呢。”三江源好了生态，鼓了钱袋，望着美丽的江源新景，肉多和牧民的心无比舒展。

做强“玛多藏羊” 实现提质增效

——玛多县措柔村拉泽生态畜牧业合作社发展纪实

“2019年，我一共收到合作社的分红27 840元，是村里分红最高的，我们的日子越来越好了。”来自黄河源头玛多县措柔村的藏族牧民更尕说。

更尕是黄河源头青海果洛藏族自治州玛多县措柔村的牧民，自村里合作社成立以来，更尕先后投入股份873股，牲畜97头，使得他2019年分红达27 840元，是措柔村分红最高的一户。

玛多，藏语意思为“黄河源头”，位于青海省果洛藏族自治州西北部，是黄河上游第一个县城，人口稀少，海拔4 000多米。玛多县地处三江源国家级自然保护区核心腹地，是中华民族母亲河——黄河的发源地，是青藏高原重要的生态屏障。

玛多县委宣传部介绍，近年来，玛多县结合县情实际，坚持在30个村推进一村一策，因地制宜发展生态畜牧业专业合作社（贫困村投入发展资金60万元、非贫困村投入发展资金40万元），打造一村一品示范村镇，不断增强村级集体经济自身的“造血”功能和综合实力。

“玛多藏羊”是国家农产品地理标志保护产品，具有皮毛纯白、肉质细嫩、膻味小、口感好的特点，饱受消费者的喜爱。近年来，在不增加草场压力和载畜量的基础上，玛多县依托“玛多藏羊”资源优势，按照“整合资源、集中发展、入股分红”的原则，做精做细、做优做强“玛多藏羊”品牌，不断提高畜产品的知名度，提升产品的市场竞争力，为玛多生态畜牧业发展注入强大的发展动力。2019年，“玛多藏羊”成功入选上海市对口帮扶地区“百县百品”名录。如今，“玛多藏羊”产品远销北京、上海、天津等地。

措柔村是玛多县花石峡镇下辖的行政村。措柔村拉泽生态畜牧业专业合作社成立于2012年。后被确定为州级试点社，以及全州白藏羊养殖基地。现有牧户200户，554人。草原面积105万亩，可利用草场面积98.46万亩。

紧紧抓住畜牧业发展机遇，措柔村拉泽生态畜牧业专业合作社积极开展玛多藏羊繁育养殖试点，打造生态畜牧业循环产业链。持续巩固白藏羊养殖基地示范成果，通过科学繁育提高“玛多藏羊”质量，提升生态畜牧业合作社自我发展壮大的能力。不断推进“玛多藏羊”信息化建设，及时解决生态畜牧业发展过程中出现的重点问题、难点问题，实现提质增效。

截至目前，玛多全县生态畜牧业合作社总盈利不断提高。其中，措柔村生态畜牧业合作社2019年盈利167.15万元，总分红76.22万元。在依托“玛多藏羊”品牌、推进生态畜牧业建设进程中，措柔村拉泽生态畜牧业专业合作社逐步探索出既符合个性实际、又具有典型示范的工作经验，主要有以下几方面。

强化规范管理。合作社建立健全内部各项管理制度和运行机制，严格按照合作社章程，参照股份制管理模式，建立“理事会提议－党支部＋理事会监事会商议－社员代表审议－社员会议决议－决议公开－实施结果公开”的“四议两公开”工作方法，尊重社员民主权利，以严格的程序保证合作社民主决策，财务和社务公开，调动社员参与合作社发展的积极性，提高合作社工作的透明度，增强社员对合作社的信任度。结合实际制定合作社章程、财务管理办法等10多项制度，健全完善了合作社利润分配办法等措施，使合作社在制度方面不断规范化。

实现股份制经营模式。措柔村拉泽生态畜牧业专业合作社奶牛养殖基地按照股份制经营模式，引导村民积极以草场和牲畜等入股，现存栏牛达1 610头，其中优良种公牛47头，目前牧户奶牛入股56户625头，入股率100%。草场入股200户，总面积86万亩，其中可利用面积25.8万亩。现金入股36户，资金7.25万元，入社率97%，总股份14 040股。其中现金股份145股，牲畜总股份11 775股，（其中入股股份7 065股、配股股份4 710）草场股份1 320股，2017年草地生态畜牧业试验区试点社股份制改造项目折股量化800股，1股为500元。2017年出栏牲畜547头，出栏率39.6%，分红65.1万元（户均10 333元、最高35 000元、最低2 500元）。

与企业联建奶站。合作社2018年7月与果洛州“雪域珍宝”企业单位签订奶源购销合同，每日定量供送牛奶600千克（每千克单价为10元），日常量750千克左右。基地与企业联建奶站，使产销双方形成了利益共同体，打通了产业链，合作社为果洛畜牧业走上了集约化、规模化发展做出了贡献，增强了牧民在市场中的话语权。

整合资金促发展。措柔村拉泽合作社共投资560万元，近年来落实了一系列项目，主要有：一是2015年落实政府地方债券转贷资金300万元，购置了一批奶牛、种公牛等；二是2015年利用草原生态保护补助奖励绩效考评奖励资金60万元，购置了一批优良种公牛和两辆鲜奶运输车；三是用第一批省级切块资金20万元，建设业务用房项目；四是用第二批省级切块资金120万元，建设完成牛奶养殖基地项目；五是落实玛多县2017年草地生态畜牧业试验区试点社股份制改造项目，投资40万元，通过建设，增强了合作社基础设施建设，增强了生产经营抵御自然灾害能力和抗市场风险能力。

分红效益明显。2018年产生盈利78.59万元，其中50.09万元对200户（74户为建档立卡户）进行了分红，户均为2 500元，人均为880元，最高收入30 000元；20.40万元用于放牧员、挤奶工、理事会、监事会等人员的工资，4万元用于维修车、司机工资；对个别生态管护员、放牧员、致富能手等奖励工资20 008元；10 735元纳入村集体经济，实现了破零。2019年更是再创新高，总盈利达到167.15万元、总分红达到76.22万元；户均分红3 467元、人均分红1 291元，户均最高分红达到30 346元。

黄河源区，阿尼玛卿山下，托索湖岸，富起来的措柔村也不忘回馈社会。2020年突如其来的一场疫情，也牵动了远在青藏高原之巅的果洛藏族自治州花石峡镇措柔村。疫情无情，小村有爱，措柔村捐款2.5万元助力武汉战“疫”，其中，措柔村拉泽生态畜牧业专业合作社捐款1万元。

依托玛多藏羊优势资源，积极开展藏羊产业化发展项目，以产业化养殖基地建设为基础，以生态畜牧业建设项目拉动生态畜牧业发展，措柔村实现了突破发展。今后，合作社将在优先保护生态的前提下，大力发展特色有机高效牦牛养殖，形成结构更合理、保障更有力的畜产品供给体系。并加强专业合作社与农牧业企业和合作，通过订单生产、合同养殖、统一销售等方式延伸产业链，完善企业与合作社的利益联结机制，利用政府发展农牧区电商业平台、生态休闲农牧业等惠农政策，进一步加大农畜产品深加工，提高特色农牧业经济效益。

生态改善、生产发展、生活提高！今日时光，走进黄河源，走进措柔村，一幅“三生”共赢的美丽画卷铺陈在人们眼前。

生态畜牧业助力脱贫攻坚“清零”

——玛沁县拉加镇欧科生态畜牧业合作社发展纪实

蜿蜒曲折的黄河，从崇山峻岭间奔流而来，在玛沁县拉加镇形成一个充满生机和希望的“臂弯”。

2020年4月21日，随着果洛藏族自治州玛沁县等17个贫困县正式退出贫困县行列，至此，青海省所有贫困县全部脱贫摘帽，实现了绝对贫困全面“清零”目标。为了让贫困人口吃上产业饭，推进生态畜牧业建设是这些年青海省脱贫攻坚的重要途径。

那天，在果洛州拉加镇欧科村生态畜牧业专业合作社，一场分红大会举行，欧科村136户牧民拿到了2019年的分红。

按照平均每户分红收入来算，欧科村牧民的年人均纯收入已经超过国家扶贫标准。可就在3年前，尕桑多杰并不想加入合作社。

尕桑多杰说，当时觉得我自己养了十几年的牦牛了，合作社能有多厉害，水平说不定还不如我，我也没想加入。

玛沁县拉加镇欧科村扶贫第一书记李海军说，我们村刚成立合作社后，有几户不愿意加入合作社，我们就挨家挨户给他们做思想工作，并带他们到好一点的合作社进行参观，慢慢他们就转变了思想观念，现在我们村的贫困户全部加入了合作社。

牦牛是青藏高原优势畜种之一，因产地无污染，其肉质鲜嫩具有很高的营养价值，是纯天然的绿色食品。近年来，牦牛肉产品的需求逐年增加，具有广阔市场的开发前景。拉加镇欧科村的生动实践也证明，发展生态畜牧业，做好藏牦牛品种资源的保护和利用，发挥地域及资源优势来促进地方特色产业发展，是牧民增收的一条重要途径。

拉加镇欧科生态畜牧业专业合作社成立于2010年11月，从合作社发展之初试点到全乡全面推广，充分显示出新型经济组织的发展前景。办一个合作社，带动一个产业，兴一方经济。合作社成立后，紧紧围绕脱贫攻坚工作，充分把握地方特色产业基础优势，提升高效养殖技术，优化生态畜牧业建设，以党建促发展，以产业带扶贫，以扶贫创增收，不断提高牧民群众在产业发展中的参与度和受益面，从而解决牧区产业发展缺陷和牧民就业问题，让生态畜牧业成了群众的致富产业。

2017年起，欧科生态畜牧业合作社开始统一集约经营，聘请养殖专家开展技术指导，牦牛集中到划定的轮牧区放养，既提高了牦牛出栏率，又避免了对草原的破坏。当年，合作社就有110多头牦牛出栏，销往果洛全州和西宁等地，平均每头牦牛价格在6 000元左右，高于牧民以前自己散养的价格。除了留下一小部分作为合作社的运转经费，绝大部分利润都分给了大家。

“现在把牦牛和草场交给合作社管理，自己还可以到外面打工，加上每年的分红，有1万多元的收入。”牧民尕桑多杰高兴地感慨。

先行先试生态畜牧业建设，推进脱贫攻坚战以来，青海省倾斜财政扶贫资金，用于发展牦牛、青稞、民族手工业等特色扶贫产业，通过成立生态畜牧业合作社建立新的经济发展模式，90%的贫困人口吃上了“产业饭”，探索出生态改善、生产发展、生活提高“三生”共赢实现小康新路。果洛州玛沁县拉加镇欧科村生态畜牧业专业合作社的成功运行，是全省先行先试的样板之一。

果洛海拔高、气候寒冷，交通不便，长期以来处于经济发展末端，畜牧业是这里的支柱产业。但传统畜牧业发展方式已难以适应既要保护生态环境、又要追求畜牧业发展提质增效的要求，拉加镇欧科村一直都在苦苦寻找如何破解人、草、畜越来越突出的矛盾，实现生态与经济共赢的路子。

实施生态畜牧业建设改革，推广高效养殖技术，不仅缩短了繁育周期，而且增加了产肉量。藏牦牛高效养殖产业不仅能更好地促进牧业增收增效，还能助推生态环保，有效提升牧民群众收益，拉加镇欧科生态畜牧业合作社在全乡甚至在全县起到了示范引领作用。新的生产经营模式在欧科村落地实施，不单单是“给予”“输血”，更是“激发”“造血”的过程，打开了贫困群众的心门，激发了他们的内生动力，并且起到榜样作用，激发了其他牧委会的发展动力，从根上促进了脱贫攻坚巩固发展。

拉加镇欧科生态畜牧业专业合作社坚持以市场为导向，按照“自负盈亏”原则开展生产和经营活动。经营收益按股分红，按年度进行会计核算，扣除当年生产成本和管理成本，年终盈余按下列项目分配和使用。一是将占利润25%的资金用于合作社发展资金；二是将占利润5%的资金作为村集体经济发展基金，逐步推进牧业区治理能力的现代化；三是将占利润70%的资金按股份对社员进行分配。如遇不可抗拒外力或经营不善导致造成亏损的，社员按股份承担损失。

目前，欧科生态畜牧业合作社现入社136户，社员655人，总出资4 988 400元，草场总面积为125 000亩，牛棚18座，总面积为6 005米^2，牛圈18个，总面积为10 200米^2，奶牛1 168头，牛犊1 168头，人工草地1个，总面积为966米^2，每年的总生产量约191.5吨。

2015年合作社实现销售收入均为482 400元，纯利润约为382 400元，合作社每户本年均利润为7 648元。2016年销售收入约为380 000元，纯利润约为280 000元，合作社每户当年均利润4 000元。2017年销售收入均为644 600元，纯利润约为524 600元，合作社每户本年均利润为4 300元。2018年销售收入均为880 040元，纯利润约为750 040元，合作社每户当年均利润为5 515元。2019年销售收入均为750 000元，纯利润约为600 000元，合作社每户当年均利润为4 411.76元。

一串串的数字，拉近百姓与幸福的距离，见证合作社新型经济体发展。借打造全国草地生态畜牧业试验区的东风，专业合作社发挥效力，畜牧业提档升级，欧科人面前的草地生态畜牧业之路越来越宽，实现了生态、生活、生产的共赢，也让贫困户找到了脱贫致富的途径。

“人还是原来的人，草原还是原来的草原，不同的是，转变生产方式迎来了一派欣欣向荣。”像拉加镇欧科生态畜牧业专业合作社一样带领群众求变求发展的，在雪域果洛只是一个缩影，只是一个开端。

钱袋子“鼓起来” 生活“火起来”

——甘德县直合麻村生态畜牧业合作社发展纪实

2019年3月20日，对于果洛藏族自治州甘德县青珍乡直合麻村生态畜牧业合作社的牧民们来说，是个值得铭记的日子。

这天，青珍草原阳光明媚、积雪融化、生机盎然，省委书记、省人大常委会主任王建军走进直合麻村，看望慰问精准扶贫户华年和当尼，关切询问他们日子过得怎样、孩子在哪里上学、享受了哪些帮扶政策、生产生活中有什么困难。

华年告诉书记，他和全村牧民一起参加了村里的生态畜牧业专业合作社，年底都分了红，加上草原奖补、虫草采集、低保、担任草原管护员等方面的收入，一年下来，全家有3万～4万元。

王建军勉励他们坚定信心，在党和政府帮助下依靠双手尽快摆脱贫困、持续增收，实现“两不愁、三保障”。

王建军仔细察看了村生态畜牧业专业合作社股份制改造试点情况。并指出，打赢打好脱贫攻坚战是为乡村振兴打基础，乡村振兴是为农牧业现代化打基础。要通过试点切实把牧民群众组织起来、转变观念、做大规模、增加收入，走出一条生态优先、绿色发展的路子。他叮嘱村干部，合作社和牧民群众有了收入，一定要学会理财，精打细算。

青珍乡直合麻村距青珍乡所在地16千米，土地总面积21万亩。据2016年末统计，全村共有牧户337户1 414人，其中低保户45户99人，精准扶贫户57户168人，五保老人20人，残疾人18人，全村牧民人均纯收入达到4 561元。各类牲畜存栏5 991头牛、505只羊、168匹马。

2015年7月，直合麻生态畜牧业专业合作社正式成立，启动资金为20万元。初期果洛州地方债券支持草地生态畜牧业试验区建设项目投资60万元，政府资助购牛款100万元，用于合作社发展。

多年以来，青珍乡草地畜牧业取得了长足发展，但在传统的生产方式下，人草畜矛盾日益突出，现有的草地资源已无法承载牧民持续增收的需要，草地出现了不同程度的退化、沙化，已失去支撑畜牧业发展的基础。

为保护生态环境，实现“草畜平衡”、进一步解放劳动力，2017年生态畜牧业合作社拉开了股份制改造的序幕，加快促进传统草地畜牧业向现代草地生态畜牧业转型升级。

直合麻生态畜牧业合作社理事长囊藏说，当时合作社整合草场面积6.6万亩，占全村总面积的31.4%，入股牧户为193户957人，其中：男450人，劳力人员为357人。合作社共有牦牛722头，其中牧户入股牦牛为361头，剩余为国家配购。合作社领导小组由7人组成，理事会5人，监事会5人，工作人员有放牧员、挤奶员共10人。

直合麻村第一书记德达介绍，生态畜牧业专业合作社主要经营高原牦牛繁育养殖、畜产品加工、鲜奶出售等。几年时间实现了可喜的成绩，尤其草山上有虫草资源的牧户，真正从思想上认识到了生态环境的重要性，舍小利、顾大局，使直合麻股份制改造工作合理有序推进。2016年，直合麻村被确定为全省打造现代化生态畜牧业试点村。

2017年8月2日，省委副书记刘宁一行驱车来到直合麻村专业合作社，观看了乡辖六村富有特色的发展生态经济展板，对青珍乡发挥合作社作用，发展现代化生态畜牧业工作给予了高度肯定和赞扬。

在富有原始气息的牧民“黑帐篷”中，刘宁与村民们亲切座谈。直合麻村支部书记说：“今年，在乡党委、政府积极宣传、动员，在老党员率先带领下，全村参与到整村推进股份制改造工作。有利于生态环境保护、有利于草畜平衡、有利于解放生产力。大家的积极性都很高，相信在年底的分红中，又有一笔不小的进账。”

刘宁动情地对大家说：“来到青珍乡，感受到了群众的热情，了解到各合作社发展生态畜牧业工作取得的进展，大家踊跃发言、积极献言，从中看出来乡党委、政府工作的扎实、各村基层干部的有为，体现出班子的凝聚力、战斗力和号召力。要继续发挥基层党组织作用，让牧民群众的生活越过越红火，分红一年比一年多。”

2017年10月21日，省农牧厅总畜牧师王会林来到直合麻生态畜牧业专业合作社。了解到牧民群众真正从思想上认识到了生态环境的重要性、过度放牧对草场的破坏性、畜牧业转型升级的必要性、黑土滩面积不断加大的严重性，使青珍乡股份制改造工作合理有序推进。

王会林说，甘德县的生态畜牧业工作前进了一大步，各项基础工作开展得扎实有效，在艰苦的地方，带领牧民群众走规范养殖、科学养殖的道路，工作已初见成效，得到了老百姓的拥护和支持，能从中感受到领导引领得好，干部们踏实肯干的工作作风，希望大家再接再厉，再创新辉煌。

多年来，直合麻生态畜牧业专业合作社严格按照股份制合作社组织结构，对全村现有牦牛数全面清点并翔实登记造册，并对草场划分。通过召开动员会、推进会，让全村每户认识家中草场、生畜入股后会给他们带来哪些好处。

同时，合作社对入股的牲畜进行打耳标、芯片植入方便合作社管理运营，与保险公司就入股牦牛进行参保。联合县农牧局对合作社入股牧户进行司法公证，并发放了股权证。

合作社制定和完善规章制度，保障合作社运行有理可依、有章可循。在层层签订目标责任书后，合作社与入股牧户签订承诺书，明确了职责义务，对草场划分、老弱病残牲畜按照合作社运营方法统一分配、出售等规定，所出售获得利润按牧户股份分红。

2017年，合作社在县农牧局和乡政府的共同努力下该村股份制改造工作全面完成，合作社入股牧户312户1 238人，入股草山212 063亩，各类牲畜存栏6 245头只，草场和牲畜整合达到100%。

2016年，合作社与玛沁县玛尔洛乳食品有限责任公司签订3年的鲜奶销售供应合同。2017年，青珍乡直合麻村生态畜牧业专业合作社畜产品销售点在甘德县城吾勤西路民族中学斜对面正式开业。

2017年12月19日，直合麻村生态畜牧业股份合作社理事会成员在乡政府召开年底分红资金预算后，赴直合麻村合作社办公点举行了分红仪式。

最终，合作社实行牧民利益优先原则，按照通过保底+分红的利益机制实行分配。合作社收取一定的、合作社运行经费、农机具折旧费和管理费。入股的牧户312户1 238人，平均每户分红623元，共计分红19.4万元。

参股牧户高兴地领到分红，纷纷表示整村推进股份制改造以来，既保护了自家的草场，还可以安安心心拿这笔钱，又可以外出打工挣钱增加收入。这种股份制改造整村推进的方式得到了全村牧民的认可。

昔日黑土滩　今变“聚宝盆”

——甘德县索合青村生态畜牧业合作社发展纪实

“祖祖辈辈都是牧羊人，一直都以为放牛放羊不用学，没想到这牛羊里面还有那么多学问！”果洛藏族自治州甘德县下贡麻乡索合青村牧民切热说，自从加入专业合作社以来，自己长了很多见识，也学到了许多生态畜牧业发展的“秘方”，越来越有信心养好牛羊、种好草，早日脱贫致富奔小康。

切热所在的索合青村，是一个典型的贫困村。由于该村属于典型的高山山地地貌，平均海拔为4 100米，为高原大陆型气候，年均温度-2.2℃，1月份极端最低气温-30℃，7月份极端最高气温20℃，全年结冰期长达263天。牧草从5月开始返青，生长期为120天左右。

索合青村共有牧户210户、883人。精准扶贫工作启动时，全村有特困户11户，精准扶贫建档立卡82户332人，其中一档低保户16户，二档低保户9户，三档低保户39户。第二批认定贫困户16户共计57人。

在过去传统的放牧方式下，索合青村草原的黑土滩逐年扩大，可放牧的草场不断减少，村民们的牲畜也不断减少。13万亩的黑土滩对于世代生活在这片草原上的牧民来说，就像是噩梦，严重影响着牧民们的生产和生活，也让这个村成了贫困村。

作为纯牧业村，由于草场单位面积少，致使畜牧业产值低、草地生产水平及物质基础薄弱等，与全县其他村一样，索合青村面临着生态保护与可持续发展的巨大挑战，如何走出“畜牧生态不相容”怪圈？

答案很明确，只有转变发展方式，因地制宜发展本村特色，才是索合青村未来实现可持续发展的根本途径。随着全县提出：“扎实推进生态畜牧业建设及全国草地生态畜牧业试验区，走出一条具有高原特色甘德特点的现代高效生态畜牧业发展之路。”的发展目标，索合青村围绕实现“四个转变”

生态安全这个核心，开始组建生态畜牧业专业合作社。

发展生态畜牧业不只是发展单一的“牛羊产业”，而是依据优势打造特色产业，治理黑土滩、发展草产业便成为索合青村生态畜牧业合作社未来发展目标。2015年，通过草场流转的方式，索合青村成立了生态畜牧业专业合作社。

合作社将牧民和土地集中起来，组建了生态畜牧业合作社饲草种植基地，实行统一种植、统一收获、统一服务。通过畜牧业生产资料整合、生产要素合理配置、发展政策匹配等手段，开始探索创新草地生态畜牧业发展新途径、新模式。

如何让13万亩的黑土滩发挥效益，做好生态文章，在下贡麻乡党委政府的努力下，多次邀请专家反复研究，终于探索出一系列种植经验和办法，合作社开始全力打造燕麦饲草种植基地，经过两年的试验，使昔日的黑土滩长出了绿油油的燕麦。

索合青村生态畜牧业合作社牧民更保家里有3口人，是索合青村的建档立卡贫困户。3年前，他靠自家的几头牛来维持生活，但草场的持续恶化让他家的生活陷入了困境。

“合作社成立那年，我投资了30亩地，去年我们家的分红收入5 052元。不仅收入增加了，我们的草场也一年比一年绿了。”更保指着眼前绿油油的燕麦基地说，现在通过种草、收割等劳动，更保一年可以挣到10 000元的工资，在家门口就实现了自己就业梦想。

“全村4 200亩饲草基地是由4个村民负责种植，前年乡政府为了让贫困户快点脱贫，组织村里的8个年轻人学习种草机、收割机的驾驶技术。”索合青村驻村第一书记严顺治说，饲草基地的建设，不仅使黑土滩得到治理，而且还保护了草原生态环境，最重要的是让村民们的收入增加了，达到了生态保护和牧民增收的双赢目标。

“现在脱贫攻坚政策好，扶贫专项资金投入合作社后，到了年底每家每户可以领走一小牛犊，折成人民币1 500元左右。”索合青党支部书记、生态畜牧业合作社饲草种植基地董事长索桑说。

2017年4月，下贡麻乡索合青村塔格尔饲草种植公司示范项目启动，为高标准抓好饲草料基地建设，下贡麻乡党委、政府、团支部广泛发动广大团员及合作社成员参与饲草料播种工作。

乡党委、政府、团支部结合“两学一做”活动，由乡团支部书记和畜牧主管乡长动员组织广大团员身体力行，以实际行动践行“两学一做”要求，不断深化“两学一做”成果，落实在日常牧业生产的具体实践中。

“那次由全乡发动的饲草料大面积播种，除了两名饲草种植公司自己培养的熟练操作农机手外，其余所需劳力都是由广大团员，特别是党员干部带头，把‘两学一做’教育活动所焕发的热情转化为投入饲草料播种工作的内在动力，组织广大团员出工出力，全力投入饲草料播种工作中，为群众树立了信心和榜样。”严顺治说。

热火朝天的饲草料播种场面，为索合青村打造2017年甘德县饲草公司示范项目，以及全乡生态畜牧业发展将起到积极作用和深远的影响，为草原生态环境改善起到积极作用，有效减缓草畜矛盾，牲畜增长率随之提升，带动全乡牧业增产增收起到了良好作用。

一分耕耘，一分收获。2017年12月29日上午，索合青村生态畜牧业专业合作社分红仪式特意安排在乡政府会议室举行，乡政府领导、合作社理事长，还有全乡的牧民群众和入社社员共150余人见证了这一时刻。

索桑介绍，当天合作社理事长给每名社员详细讲解了合作社2017年的经营情况。乡政府主要领导就合作社所做的工作予以了充分肯定。同时明确了2018年目标任务及今后畜牧业发展的方向。

“用通俗易懂的语言讲解相关政策，让社员清楚了解自身所享受的利益，合作社让入社的贫困户相应的参加到合作社发展项目中，同时增加了社员们的收入，合作社利用经营收益、通过入股分红和提供就业发放工资的形式反哺贫困户，让他们享受到了转型发展带来的红利，在保护生态的同时实现了脱贫致富。”索桑回忆，当时索合青村73户入社人员按股发放分红资金，共73 240元，每户分得1 003.28元。

以草地生态畜牧业助推精准扶贫，引导鼓励建档立卡贫困户，以劳动力入股的方式吸收成合作社社员，以投工投劳方式获取合作社分红。索合青村这种以推进饲草料种植为着力点，大力发展饲草料基地建设，逐步建立草畜联动新机制的模式，既改造了黑土滩遏制了草场退化，又减轻了现有草场植被压力，为发展生态畜牧业提供了保障。

目前，索合青村生态畜牧业合作社通过股份制改造，进一步整合了草场，通过统一规划、统一利用、统一保护，实现了生态生产生活的三赢，合作社在保护生态的前提下推进了饲草料产业及二三产业的融合发展，得到群众的欢迎，为牧民群众致富奔小康奠定了基础。

“绿洲产业”绿了草原富了民

——甘德县青珍乡典哲村生态畜牧业合作社发展纪实

每到8月，走进果洛藏族自治州甘德县青珍乡典哲村，一浪浪的青翠燕麦抢入眼帘，这片在蓝天白云下如麦浪般的牧草与山坡下清澈的河流构成了一幅生态画卷，展现着高原独特的自然景观和高原牧场的生机。

典哲村地处青珍乡大山深处，平均海拔4 200米以上，是一个以畜牧业为主的纯牧业村，由于境内自然条件恶劣，高寒缺氧，基础设施薄弱，气候常年严寒，交通极为不便，世代居住在此的牧民仅靠自然放牧或采挖藏药材生活，基本处于自给自足的状态，草地退化、贫困加剧。

2015年统计，全村212户819人，其中贫困户109户286人，分别占全村总户数和总人数的51.4%和34.9%。大部分牧民家中尚未通电，大部分地域也未覆盖手机信号，牧民群众脱贫致富工作任务重，社会经济发展缓慢。

如何在生态保护上做大文章，既保护生态，又让当地的牧民群众合理利用生态资源脱贫致富？将“从农牧民单一的种植养殖生态看护向生态、生产、生活良性循环的转变”作为农牧业转型发展的新指向、新要求，把实现生态友好、生产发展、生活富裕作为转变的路径方法，借全省实施全国草地生态畜牧业试验区试验点建设的东风，时任第一书记的刘浩光将典哲村未来发展确定到饲草种植产业上。

接下来的时间，刘浩光与村“两委”和牧民群众就典哲村的产业发展项目进行反复论证，多次协商，最终结合当地实际，在全村建立了生态畜牧业专业合作社发展生态畜牧业，并开辟荒滩黑土滩种植当年生饲草。

2016年，全村开垦荒地、修建仓库、购置机载等先后投入资金200余万元，新建起以2 700余亩的首个饲草种植基地，以“专业合作社+牧户+市场”的产业化组织形式，发展饲草种植产业，为全村群众脱贫致富指明了道路。

2017年，在上级业务部门的关心、指导下，合作社种植基地内的燕麦饲草长势喜人。10月，首次种植的饲草丰收，为见证这一时刻，典哲村的老老少少早早等在合作社门前，一张张笑脸上流露出着幸福和满足的笑容。

随着合作社时任理事长陈加老人一声令下，几台红色收割机发出轰隆隆的机械声向半人高的燕麦秆扫去。大家的目光同时聚焦在千亩的田野里，红色收割机缓缓驶过，一排排的燕麦整齐地倒在后面，等待着社员们扎捆打结。

“那年的牧草长势特别好，一看就是一个丰收年。当时合作社储备了150吨7 500捆饲草，出售后合计收入22.5万元，其中拿出了17.52万元为175户286人入股牧户分红，户均分红1 001元，人均612.5元。之后合作社账户还留存了4.98万元，主要用于购买第二年的良种等。”村委会主任索南多说。

“那年我被精准扶贫工作组确定为贫困户，在他们的动员下，我加入合作社，并给合作社打工，年收入工资2.4万元，同时饲草基地分红收入1 017元。到了第二年我家的分红提高到了1 700元。”牧民华科说。

在青珍乡党委政府提出的“一村一品、连片开发、重点推进”的总体思路下，典哲村创建出了“支部+协会+牧户”的发展模式，一方面脚踏实地致力于生态保护、打造群众安居乐业、社会和谐稳定的局面，另一方面通过精准扶贫增加贫困牧户收入。

眼见为实的牧们看到村里合作社的收益，开始深信第一书记指出的这条路。当年全村180户当中140贫困户入到生态畜牧业合作种植饲草基地，同时典哲村生态畜牧业合作社种植饲草面积达到200公顷，乡政府及时整合农牧配套资金，新建蓄草棚，继续增加投入，提升基地饲草储备，使地处青南地区的典哲村提高了抗灾保畜能力。

饲草种植基地的丰收也带动了典哲村养殖业的发展。在扶贫工作队的提议下，合作社试行“种养结合”的循环经济模式，全力培育壮大畜牧产业，与82户建档立卡贫困户签约成立奶牛养殖产业基地，养殖规模一期达200余头。

2017年，合作社与持有青海省著名商标的玛尔洛乳食品有限公司签订牦牛奶收购协议。冬季5个月向该公司出售鲜奶共计1 500千克，收购价为每千克 14 元，计 2.1 万元，与购牛收入相加分红金额为 6.74 万元，每户分得 1 069.84 元，入股牧户中最高分红达 2 070.84 元。2018 年，典哲村饲草种植、奶牛养殖合作社户均分红达 3 000 余元，预期实现了生态保护和牧民经济收入增加的双目标。

为持续增加收入，重点发展生态旅游产业，结合藏族同胞喜欢养马、赛马的传统习俗，村扶贫工作队积极打造“赛驰杯”赛马会品牌。“通过赛马、赛牦牛、藏式摔跤、马术、射箭、射击、民族歌舞、藏族服饰展示等极具民族特色的活动，吸引本省和邻省的群众前来参赛观赛。在 2018 年第三届‘赛驰杯’赛马会中，为村集体经济创收净利润 5.7 万元。”现任第一书记李国元说。

李国元认为，近年来典哲村众多发展举措使草原生态得到明显改善，但草原生态保护与牧区经济发展的矛盾仍然十分突出，如家畜超载过牧，草原退化、沙化、石漠化等问题依然存在。为此，扶贫工作队积极引导牧民合理、高效利用草原、水源资源，倡导不占用、少占用、短占用草原植被，提高草原涵养水源能力，从根本上控制草原退化。

同时，对村集体经济开发利用、修建道路等公共基础设施占用集体土地的，以产业分红的方式给原住居民进行补偿。2018 年户均补偿分红达 2 000 余元。

据村民回忆，刚开始村里成立生态畜牧业专业合作社饲草种植基地，为方便播种收割，还购买了两台拖拉机，但全村上下没有一个人会操作，只能从州上聘请技术员。2018 年 3 月下旬上任的李国元多方联系，把专家请到村上手把手教村民们操作方法。

“2018 年 8 月，我带着合作社的负责人和成员去了趟互助土族自治县五十镇班彦村，让他们亲身感受一下这个昔日贫困村的发展变化。”随后，李国元又组织村“两委”班子成员和村上的党员、老干部、村民代表一起到他的原单位西宁海关参加党建培训班，从“火车头”上找差距、补短板。

“2015 年底，村民人均收入 1 500 元左右，去年，人均收入增加到了 4 000 元。现在村上的基础设施、村民的精神状态都发生了脱胎换骨的变化。”李国元说，依靠生态畜牧业种养殖产业及实施“两不愁、三保障”，2019 年全村 109 户贫困户全部实现脱贫摘帽。

一年更比一年好

——久治县哇塞乡折安村合作社发展纪实

“目前我们合作社的主要收入来源是靠经营1 000头左右的母牛，也有一部分的收入是经营藏服裁缝店和洗车店及酸奶销售店。”果洛藏族自治州久治县哇塞乡折安村生态畜牧业合作社理事长昂宝说，合作社在努力扩大收入渠道，增加合作社的收入，解决村民就业问题。

2011年全省生态畜牧业合作社迅速发展，哇塞乡决定成立折安村生态畜牧业合作社，积极发挥桥梁和纽带作用。当时根据相关要求，村里要选派一人当合作社理事长，退休后回到牧区的干部昂保，看到当时的牧民群众依旧是早出晚归地放牧，不但非常辛苦，而且生活也没有什么起色，于是心底萌生带领大家致富的想法。昂保主动请缨担任合作社的理事长，2011年年底初步组建了折安村合作社，合作社初步启动资金20万元。

哇塞乡折安村生态畜牧业合作社成立初期，有部分牧民群众不理解，不明白生态畜牧业发展的意义，在资源整合上群众思想上存在着诸多顾虑，合作社不断开展宣传，组织牧户召开大小会议，听取各种意见建议，宣传合作社的政策，积极引导牧户主动入社。在县委县政府和各级领导的大力支持下合作社的情况逐渐发生了变化，入社的每个人脸上都提振了信心，其他没有入社的也纷纷前来入社，有草场的入草场、有牲畜的入牲畜、没有草场也没有牲畜的投入人力。

为了增强群众对合作社的信任，合作社从完善内部规章做起，制定了合作社章程和财务制度，成立了包括村“两委”班子为成员的办事机构，进一步完善了合作社章程，做到承认章程、遵守章程，开展社务公开、财务公开，使合作社阳光透明运行。后期在实践中，进一步完善了财务制度，做到合理合法分配，全体社员满意。

2013 年，在县农牧部门的协助下，合作社针对原有的内部管理制度不够细化、可操作性不强、不能适应发展需求的实际，合作社重新对各项内部管理制度和运行机制进行了修订和完善。并制定了理事会工作制度、监事会工作制度、培训教育制度、生产销售管理制度、议事会制度、盈余分配制度、内部审计管理办法、财务管理制度等多项内部管理制度。

为了拓展生产经营，合作社采取了以下一系列措施。

一是立足实际，选准项目。畜牧业是折安村的传统产业，但长期以来，由于传统畜牧业生产方式注重养殖数量、轻视草牧场建设，导致了草原沙化、退化严重，养殖效益也低下。为加快发展现代畜牧业、顺应国家以草定畜战略要求，合作社带领牧民发展集中分群饲养。

二是增加养殖科技含量，提升养殖效益。合作社每年组织成员根据州、县安排学习计划，赴各地学习考察科学养殖技术，聘请县科技人员进行讲解，并现场进行技术指导，主要学习饲草料加工利用技术、传染病防治技术等，极大地提高了牧民科学文化素质，为科学养殖奠定了基础。

“2017 年开始，我们合作社进行股份制改造，这几年里，合作社在 2018 年的收益效果最好。”经过多年的发展，折安村生态畜牧业合作社日渐成熟，入社社员的示范效应使牧民群众自觉加入合作社的积极性提高。

时间过去 6 年，2017 年折安生态畜牧业专业合作社实现分红 77.366 9 万元（含社员工资 47.325 4 万元，纯利润分红 30.041 5 万元），户均纯利润分红 3 129 元。2018 年入股牧户 171 户 620 人，共计盈利分红 40.8 138 万元，户均 2 387 元，人均 658 元。

现在，折安村生态畜牧业合作社发展的一年比一年好，一产业在巩固，二三产业在拓展，大家的自信心也越来越强。“我在合作社主要负责二三产业。我们已经注册了商标，有了自己的品牌，”副理事长罗青说：“现在，我们卖的藏服是全县质量最好的，很多原材料都是进口的，顾客都很满意，所以，这方面市场潜力很大。”

“我们合作社的酸奶是非常受大家欢迎的，因为我们合作社的酸奶里没有添加任何添加剂。”副理事长罗青经常向来访的客人推销合作社生产的酸奶，入口即化、酸酸甜甜、唇齿间满的酸奶，总是受到夸赞。“奶制品运输这方面，因为我们合作社有自己的运输车辆，再让我们合作社的社员承担运输工作，就能解决一部分社员的就业问题。”昂宝补充介绍说，奶制品生产拓宽了社员就业和增收。

当然，发展总会有发展中的问题，折安村生态畜牧业合作社也期待内外发力能化解一些问题。“如今，我们这里，虽然政府给了很多补助，但是苦于合作社没有人才，很多大学生宁肯在县城里打工，也不来合作社工作，”昂宝提及合作社人才短缺时，脸上的表情有些无奈，“所以，下一步，合作社想在这一方面有所突破，也希望政府能给予人才方面的支持。”

难，但依然迎难而上，这是昂宝和合作社一班人的精神风貌。昂宝说：“下一步，我们有信心借草原畜牧业发展的契机，继续扩大规模，吸纳更多牧户加入合作社，不断加强合作社的经营管理，提高养殖效益，使合作社的生产更加现代化，我们坚信在上级部门的关心指导下，合作社一定能带领社员走向富裕的小康之路。”

诚然，有梦想就有奋斗的目标，有奋斗就能抵达目标。

“企业 + 合作社”模式显效果

——甘德县协隆村生态畜牧业合作社发展纪实

一个占地近400亩、计划总投资8 000多万元的现代化种养殖基地，落户距离果洛藏族自治州甘德县城70千米的江千乡。这个基地，就是协隆村生态畜牧业合作社入股的甘德县雪山农牧业科技发展有限公司，他们落户这里，看准的就是当地纯天然的有机草场和牦牛等优质畜牧业资源，便利的交通。

通过“合作社 + 公司 + 牧户”模式，江千乡协隆村生态畜牧业合作社聚合现代化农牧生产要素，入股企业参与建起饲草料种植及加工、牦牛肉精深加工、有机肥生产等全产业链，以公司完善的人才、管理、市场优势，以全产业链形式推进现代化牧业发展，努力打造生态畜牧业合作社发展“岗龙做法”升级版，展现出果洛牧区畜牧业发展的新气象。

协隆村生态畜牧业合作社在甘德县江千乡东北部，距县乡公路5千米，距甘德县县城74千米，平均海拔4 200米，是一个纯牧业村。全村可利用草场面积169 787亩。几年前，全村共有198户739人年均收入只有1 750元，是全县14个贫困村中底子最薄、无任何产业的贫困村。

2013年协隆村实现全村入社，入社率为100%。2014年，协隆村合作社将全村草场和牲畜进行统一整合入股，进行生态畜牧业合作社股份制改造，用政府扶持的120万元投资入股企业，与雪山农牧业科技发展有限公司联建生态农牧业产业化示范基地项目，按照年8%的固定分红形式收益，保障了合作社的固定收入。

与此同时，合作社坚持立草为业，整合全村黑土滩草场，将一家一户牧民组织起来，在黑土滩里种植饲草，实行统一供种、统一种植、统一收获、统一服务，确保种植效果，建设成饲草料基地，进行加工销售，实现分红收益，昔日的黑土滩成了牧民群众的“增收滩”。

2016 年，协隆村生态畜牧业合作社建起饲草基地，初期规模为 500 亩，经 3 年的利益滚动，截至 2018 年饲草基地逐步扩建至 3 000 亩。2018 年 5 月底种植，10 月收割打捆，共计产出饲草 1 040 吨，实现营收 124.8 万元，除去成本收入 8.8 万元，实现户均分红 5 858 元，人均分红 1 569 元，饲草基地建设既治理改良了黑土滩生态质量，还带来了可观的经济效益，“我们村草场上的黑土原来比较严重。我们通过治理黑土地，现在草场终于恢复了草地植被，这是非常好的。”村支部书记唐宝说，“近两年，合作社又开始在草场上种植一些枸杞，大约 1 000 亩，收益不错。合作社还把多余的草料销售到其他地方，增收又多了一个渠道。”

2016 年，合作社与企业联手，收购了第一批 500 头牦牛，经过两年多的发展，养殖量已达 5 000 头，产肉品 1 500 吨，通过全产业链，初步能从每头牦牛的身上净赚 8 000 多元，极大提高了畜产品附加值。年产 1.3 万多吨饲料和 1 000 吨有机肥生产线，又为合作社提供了 60 多个就业岗位，平均每月 2 500 元岗位工资，加上多劳多得的“绩效”工资，使得当地 66 户合作社成员（贫困户）在 2018 年底实现了脱贫。

“仅靠村里面的帮扶和工作安排，大家的生活就已经有很大变化，”村民加措激动地说，“现在大家的思想有了很大的变化，很多人愿意出去打工挣钱，这样我们除了合作社的分红之外，还有了额外的收入，这样日子就越过越红火。”

合作社和企业在联营，建立起长期有效的利益联结机制，从当初的牧民单打独斗，到专业合作社抱团发展，再到现代农牧业企业牵引，对接外部大市场，“企业 + 合作社 + 牧户”的模式，通过实现产权清晰、股权明晰、用股份清晰的办法，把老百姓养殖的优质牦牛推向市场。

通过合作发展模式，合作社养殖的牛羊不用担心销路，村民打工还有收入。通过合作社 + 企业模式，能够为合作社解决畜产品的销路问题及深加工问题，使村里的畜牧业形成良性发展，“企业 + 合作社”发展模式在协隆合作社得以成功实践。企业在带动合作社发展、带领农民增收的过程中，壮大了企业。合作社在与企业携手联动中，也获得了稳步发展，实现了牧民增收，“双赢”效益得以释放，而且在多方面改变着乡村生活。

“合作社成立以后，出台了很多惠民政策，给百姓带来了很多的财富，我们协陇村村民的衣食住行各方面都有很大的变化。”协陇村主任才贡说，合作社成立后给村民们的生活带来了巨大的变化，现在村里有人也开了商店，变化非常大。

“合作社成立以前，我们这里的矛盾比较多，”唐宝说，“现在，随着生活逐渐富裕起来，加上合作社互帮互助的良好氛围，大家伙思想也进步了，现在村里基本上就没有矛盾了。”

未来几年中，企业计划与甘德县全县16个合作社形成联合体，从畜产品收购到精深加工、市场销售全部对接，展开深度合作；协同当地政府建立集青储草加工、农产品销售和有机肥加工为一体的现代农牧业循环示范园区。这一园区的建立，预期不仅让协隆村生态畜牧业合作社每人每年增加收入2 000多元，还能提供160个就业岗位。

未来很美好。“现在我们合作社有个外包的藏服缝纫店。虽然现阶段还没有成熟的技术，但是现在村里已经有人在专门学习这方面的技术。过不了几年，这个店至少能解决15个人左右的就业难题。”才贡充满着向往地说。

洞开乡村产业发展新世界

——甘德县洞索村生态畜牧业合作社发展纪实

阿姜罗新，是一名普普通通的基层党支部书记，也是果洛藏族自治州甘德县下藏科乡洞索村生态畜牧业专业合作社的理事长。

他说："自2012年甘德县全县推行生态畜牧业合作经济组织全覆盖工作以来，乡里决定成立下藏科乡洞索村生态畜牧业专业合作社，要求村里人选派一人当合作社理事长，村里人推选了我，我还在困惑，想着合作社是什么，又没上过学，大字不认识几个，得怎么干……"

"迷茫之际，在乡党委、乡政府主要领导的帮助下，给我讲解了怎样组建合作社，什么是真正成立合作社，在半懂不懂的情况下根据省州农牧民专业合作社有关要求，初步组建了洞索村合作社，我成了合作社理事长。这些年，合作社在乡村牧业发展和牧民脱贫致富中发挥了重要的桥梁和纽带作用。"

洞索村位于甘德县下藏科乡东部，全村居住231户，人口1 118人，其中包括2007年实施三江源生态移民搬迁户15户、75人，全村劳动力559人，土地总面积23.185 4万亩，其中：冬春土地总面积12.985万亩，可利用草场面积12.737 5万亩，地势呈西北高，东南低，境内多为山高沟深，平均海拔3 785米。年平均降水量456.9毫米，牧草生长期为142天，无绝对无霜期。洞索牧委会现有各类牲畜15 898头（只、匹），其中马181匹、牛7 288头、羊8 492只。2010年全村牧民人均纯收入1 986.9元。

截至2018年，洞索村生态畜牧业专业合作社全部完成草牛分群工作，牛都按照划分的区域进行了合理的分区放牧，股份都很清晰。洞索村入股312户，全村总户数330户，整合率为94.54%，入社户草场面积23.527 4万亩全村草场面积23.6万亩，草场整合率为99.69%。

按照“以保护草原生态环境为前提、以科学利用草地资源为基础、以推进草畜平衡为核心、以转变生产经营方式为关键、以实现人与自然和谐为目标”的总体要求，2014 年合作社通过争取各类项目资金累计达到 250 多万元，以打造“洞索村村牦奶牛产业化养殖基地”为发展突破口，合作社入股牧户 132 户，人数 846 人，现有奶牛 552 头共计 276 万元。2017 年出栏牛 232 头收益 384 103 元、牛奶 113 625 元。2018 年出售牛奶 156 000 元。2019 年出栏牛 192 头收益 364 000 元、牛奶 156 000 元。

“2015 年的时候，我们村里开会商量成立合作社的事情。但是当时很多老一辈的人对于股份制改造并不怎么了解，所以觉得办合作社不好，”阿姜罗新回忆起合作社成立之初的场景，目光不由落在窗外的牦牛群，他说：“后来随着合作社发展得越来越好，村民们的这种观念已经彻底改变了。”

“2016 年，我们合作社光靠销售牛奶的收入就有 151 000 元多。2017 年，合作社卖了将近 200 多头肉牛，收入约 38 万元。销售牛奶的收入大概也有 15 万元。”副理事长介绍，从 2016 年到现在，合作社销售牛奶的收入每年都在 15 万元以上。

“尤其，对于我们合作社的 26 个贫困户来说，他们的生活变化很大，更主要的是，他们都已经全部脱贫，过上了富裕的生活。”阿姜罗新补充道。

洞索村生态畜牧业合作社成立以来，通过规模化养殖，带动牧民发展有机畜牧业，提高了牧民的收入。5 年来，洞索村生态畜牧业专业合作社每户每年平均多盈利 0.2 万元、人均多盈利 0.03 万元，合作社成员年人均纯收入已达到 0.53 万元。同时合作社使牧民之间的分工更加合理，有力地支撑了当地转移安置牧民的再就业，拉动了当地经济的转型发展。

合作社通过引进优良品种，搞规模化、集约化养殖。发展舍饲畜牧业，减轻了草场的载畜压力，也逐渐找到了特色产业发展支点。“我们甘德县成立了很多合作社，每个合作社侧重的产业不同。而我们合作社的牦牛产业是特色产业，以后也会大力发展牦牛产业，力求将牦牛产业打造成合作社的一张靓丽名片，为合作社的发展再添砖加瓦。”合作社理事长阿姜罗表示。

“如果合作社仅靠传统畜牧业，而不去发展二三产业，就没办法很好地解决村民的就业问题，也没有办法增加他们的收入，”阿姜罗新说，以前，我们合作社总共有 846 人，其中贫困户人数就有 340 多人，如果统一安排就业，岗位很难安排。但是，自从我们合作社大力发展二三产业以后，这些问题都逐步被解决了。

洞索村，在合作社的引领下，正在洞开发展新世界。

黄南篇

黄南藏族自治州（以下简称黄南州）位于青海省东南部九曲黄河第一弯，因地处黄河之南而得名，地势南高北低，南部属于青南牧区，是自治州发展畜牧业的主要基地。黄南州现辖同仁县、尖扎县、泽库县、河南蒙古族自治县。

“羊格尔”，洛哇人的“福绵羊”

——尖扎县洛哇村生态畜牧业专业合作社发展纪实

绿水青山就是金山银山。组建生态畜牧业专业合作社，是青海省落实“生态优先”发展战略的重要抓手，也是青海省在农牧领域开展的一次规模宏大的牧区变革。2009年成立的尖扎县尖扎滩乡洛哇村生态畜牧业专业合作社，伴随着这一重大改革进程，也经历了从无到有、从少到多、从个体经营到规模运营、从无品牌到创立自主品牌闯市场的发展历程。

尖扎滩乡是尖扎县唯一的纯牧业乡，乡境内天蓝水清之内无现代化人工污染，原生态盐碱草场环境中生长的牛、羊肉质细嫩，味道鲜美。为促进生态畜牧业建设和特色畜产品包装开发互动、互补，多年来尤其是近年来，乡党委、政府为加快牧业生产方式稳步转型，立足于尖扎滩乡山青、水净、草茂的牧业优势，以“一体两翼”发展战略为指引，按照“三个产业带”的经济布局要求和生态、规范、现代的畜牧业发展理念，积极发挥洛哇村生态畜牧业专业合作的带动作用，加快本地草膘牛羊肉上市，淡季储藏，旺季出售，巧打时间差，提高了畜牧产品附加值，助推了群众增收。

为了尖扎滩乡洛哇村农牧民过上幸福的生活，家家户户摆脱贫困，如期实现“小康社会”，2008年尖扎县、乡干部多次前往尖扎滩乡走村串户，在农牧民中积极开展自愿入社、统一管理、规模化经营、集约化生产等导向宣传，让他们充分认识新形势下合作社运营形式是解放劳动力和抱团发展的最好形式。

然而起步并非一帆风顺。洛哇村里的很多老人公开反对说：“解放初期，办农业合作社吃大锅饭，吃不饱，穿不暖，有了上顿没有下顿，再也不想过那种‘苦不堪言’的生活，现在又要办生态畜牧业专业合作社不还是走老路，我们绝不答应，绝不走这个老路。”

由于受地理环境和村民的综合素质的影响，尖扎滩乡 7 个村，尤其是洛哇村长期处于贫困状态，全村多数户被定为“贫困户”，很多户只有七八头牦牛，五六十只绵羊，还有 18 户完全是“无畜户”，甭说走致富的道路，就连家庭生活都难以维持。

面对现实，洛哇村党支部书记索南扎西苦思冥想、绞尽脑汁，考虑如何改变洛哇村的贫困状况，征求大家意见的时候，现任洛哇村党支部书记仁青根据青海省提出的组建生态畜牧业合作社的发展要求，提出了组建洛哇村生态畜牧业合作社的建议。当时原社长叶加说:“我同意办生态畜牧业合作社，用我力所能及的力量去动员村民参股入股。”彼时，这番话语对进退两难的村党支部书记而言，拟建的洛哇生态畜牧业专业合作社就像是黑暗里点燃了火种似的，有了一线发展的希望。

“我们现有 60 家贫困户如何彻底拔掉‘穷根子’是当前需要迫切解决的大问题。”仁青说，村党支部多次召开“拔穷根子”专题会议，会上举例说明了洛哇村如果不办生态畜牧业合作社，就无法尽快摆脱贫困状况，更无法调动贫困村民的劳动积极性。尽管经过村党支部、村委会多次宣传和努力，但支持办专业合作社的人还是“屈指可数”。

常言道：机不可失，时不再来，为了抓住牧区变革难逢的机遇，2009 年原洛哇村党支部书记索南扎西毛遂自荐临时担起了代理洛哇生态畜牧合作社理事长重任。接下来，他组织具有改革精神并有一定眼光的 6 名村民，商定建立了尖扎滩乡，7 个行政村里第一家“洛哇生态畜牧专业合作社”，并制定了《洛哇生态畜牧专业合作社章程》。

当时，合作社贯彻落实省委省政府提出的“以保护草原生态环境为前提，以科学合理利用草地资源为基础、以推进草畜平衡为核心、以转变生产经营方式为关键、以实现人与自然和谐为目标”的总体要求，坚持整合资源、规模经营、划区轮牧、以草定畜的发展理念，不断探索新经验，摸索新路子，夯基础、补短板、提质量。

在党的十九大的引领和深化牧区改革政策的指引下，2011 年 3 月，尖扎滩乡洛哇村生态畜牧业合作社正式注册，注册资金为 27.8 万元。合作社建立初期，社员只有 6 名，总资产只有 300 只羊、30 头牦牛（其折价为 27.8 万元注册资金）。当时因为没有集体经营的任何经验，其经营范围局限在“牛羊养殖、贩运、育肥等方面的经营项目”。

2013年，合作社遇到前所未有的困难，已经处于进退两难、基本处于瘫痪状态的关键时刻，洛哇村党员才让多杰动员村民参股入股，社员从原有的6名增加到38名，起到了“助推器”的作用。随着经营范围的不断扩大，参股入股的不断增加，合作社在原来单一的牛羊养殖、贩运、育肥基础上，又增加了加工牛羊肉产品、乳制品等融为一体的集约化经营轨道。

为了使合作社做大做强，让产品打入省内外市场，理事长索南扎西和才让多杰集思广益、征求所有社员的合理化建议，大家把思想统一到闯市场必须建品牌，最终确定把“羊格尔”（汉语称：福绵羊）作为合作社的品牌，得到参会人员的一致认可，并在国家商务部依法注册了“羊格尔”商标。

品牌引领发展。这几年，在上级部门的帮助下，合作社不断探索、不断创新，一路前行，取得了一定的成效。据统计，截至2017年，合作社社员已增加到108名，并对这108名入股社员进行了依法公证。当年合作社总收入达到71.001 5万元，每个社员平均分红37 900元；2018年总收入67.15万元，其中分红35.35万元，工资16.8万元，流转资金为15万元；2019年总收入41万元，其中分红20万元，工资12.8万元，流转资金8.2万元。目前，合作社总股份为8 148.9股，股金为407.4万元。

改革的春风吹暖了洛哇生态畜牧业专业合作社全体社员，分享到了农牧区二次改革的“蛋糕”，尝到了组建合作社的“甜头”，合作社的发展劲头更足了。2015年合作社被认定为“全国草地生态畜牧业试验区”试点合作社。

为了不辜负各级政府的大力支持和农牧部门的有力指导，合作社不断扩大经营范围，提高社员的综合素质，充分发挥每个社员的主观能动性。还派19名社员赴北京、广州、成都、南京等地学习技能知识；15名社员赴果洛、海南等学习规模养殖知识；35名社员分赴全县境内进行产品促销；5名社员因地制宜，就地取材学习藏式服装裁缝和帐篷工艺。2016年、2017年在省州县有关部门的扶持下，先后修建了加工饲草饲料的厂房和饲草饲料库房机械设备库房等，基础设施得到不断完善。

“今后，合作社将依托现有的养殖、贩运、育肥、加工、销售，组织富余劳动力走出大山创办经济实体，加大合作社二三产业发展。”索南扎西说，借助青海省大力发展牦牛和藏羊两大产业平台，洛哇生态畜牧业专业合作社将围绕做大做强“羊格尔”自主品牌，做好合作社牦牛藏羊养殖，推广牦牛藏羊高效养殖技术，实现生态、生产、生活“三生”共赢。

“羊格尔”——洛哇人的“福绵羊”，正在给村里的牧民带来越来越多的福祉。

“拉格日经验”掀动绿色革命

——泽库县拉格日生态畜牧业合作社发展纪实

草地绿了，生产顺了，牧民富了……黄南藏族自治州泽库县宁秀乡拉格日村，多年前走上了合作社的路子，很快拔掉了“穷根儿”，其发展过程创造出“以草地和牲畜入股、集体统一经营、用工按劳取酬、收益按股分配”为主要内容的股份合作制经营模式——“拉格日模式”，更是带动周边贫困村走出“困”境，取得了显著的经济效益、社会效益、生态效益。

黄南州泽库县是以藏族为主体民族的纯牧业县，过去较长一段时期，草原超载、过度放牧、牲畜生产性能下降，“夏壮、秋肥、冬瘦、春死”曾一度在草原恶性循环……牧民生活困难，生态环境脆弱。

拉格日村在2010年底全村人均纯收入仅有2 512元，是一个典型的重点贫困村。“之前的情况是，牧民一家三代，五六口人在100多亩的牧场上养着一二十头牛，几十只羊，是非常小的生产规模。畜牧业有自己的规律，如果没有一定的草场规模，没有足够的种群数量，很难发展好，一年到头只能是出卖牲畜来获得收入。”泽库县相关负责人介绍。

要改变贫困现状，必须抱起团来，走合作社的路子。2011年4月，36户牧民正式把生态畜牧业合作社成立起来。同年5月，为使合作社获得经济收入，以二社36户全体村民27.47万元草原奖补资金为合作社周转资金。经过精心运营，合作社以草定畜、舍饲圈养、分片放牧，对草场按季节进行划区轮牧，遏制了草场的退化趋势，同时，合作社按照入社人员特长，分组分群，开辟多种增收渠道。合作社成立当年，36户牧民就分红21万元。

分红21万元！这对当时的牧民来说堪称天文数字，很多人不敢相信，也吸引了众多牧民强烈要求入社。面对发展实际，从满足群众意愿、推进全面发展出发，2014年，泽库县决心以拉格日等10家生态畜牧业合作社为基础，打造泽库草地生态畜牧业股份制合作样板。在县农牧科技局联点帮扶下，拉格日合作社率先完成股份制改造，面向全村牧民吸纳草场、牲畜、现金入股。

合作社在股份改造过程中，将资源整合作为合作社股份改造的第一步，实行现金、实物入股；第二步推行能人带动，民主管理；第三步实行以草定畜，划区轮牧；第四步实现分工分业，按劳取酬。多年来，合作社在不断改革创新中，采取“股份制改造、资源高度整合、生产结构调整、劳力按需分配、多元化发展”策略，不仅改善了生态环境，增加了牧民收入，还为青南地区草地生态畜牧业合作提供了可供借鉴的范式。10年时间，合作社尊重群众，循序渐进，在政府支持下多方合力形成了越来越成熟的“拉格日模式”。

按照以草定畜、草畜平衡的原则，合作社确定草场载畜量，明确放牧顺序、放牧周期、放牧时间，逐区放牧、轮回利用。并建成8 000余亩青干草种植基地，除了自用，剩余部分加工后对外销售。同时，设立产业组和商业组，对剩余劳动力进行再教育、再培训、再分工，从事出租车、畜产品销售及外出打工等工作。2014年，合作社利用成员的600余万元草原奖补资金等，共筹集860万元，在县城修建了面积达1 862米^{2}的宾馆及餐厅，在拉萨投资设立有机畜产品直销店，选聘村里的大学生担任管理人员，安排村里年轻人从事服务工作，解决了32名大学生及年轻人就业。因为看好村子的发展，几名村里的大学生返乡创业，开办餐饮企业、超市、唐卡创作公司，带活了经济，解决了部分村民就业。

2018年底，拉格日合作社入社牧户181户、草场9.02万亩、牲畜6 404头，开设了1家宾馆、1家餐厅、1家畜产品直销店，有商铺6 000米^2（192间），舍饲养殖基地2个，200米^{2}智能温棚1栋，培训基地1个，资产达4 470.53万元。截至目前，合作社共争取各类扶持资金1 400余万元，实施了合作社能力提升建设、有机畜产品生产基地、牧区畜用暖棚等项目，极大地改善了畜牧生产条件，合作社走上了良性发展的轨道。

草变成肉，肉变成钱，群众奔上小康路。2008年以前，拉格日村是全县64个牧业村中最贫困村，成立生态畜牧业合作社后，草场没有增加一分，牧民的收入却翻了几番。农牧部门总结——合作社最大的成效是牲畜业实现高质量发展，生态环境大大改善，脱贫增收效果显著，推进了乡村整体振兴。

通过转变畜牧业生产方式，推广良种繁育及科学高效养殖，合作社畜群结构进一步优化，良种比例和出栏率不断提高，彻底改变了过去牲畜“夏壮、秋肥、冬瘦、春死”的恶性循环。合作社组建时，牦牛良种率不到6%，如今良种率达70%。合作社被认定为“青海省草地生态畜牧业试验区试点社”“青海大学新农村发展研究院特色产业基地”“青海省十佳科普基地”“黄南州科普基地”“泽库县农广校高效养殖培训基地”。

如今，合作社天然草原合理承载牲畜数量，共减畜3 332个羊单位，实现草畜平衡面积8.1万亩。通过建立饲草料基地，发展舍饲、半舍饲，有效解决了超载过牧和发展生产之间的矛盾。同时，结合实施生态保护补助奖励政策，牧民保护和管理草场的自觉性进一步增强，全村草原生态环境明显好转。经省草原监理站监测，2016年全村天然草场平均产草量225.60千克/亩，比2010年增加21.4千克/亩，提高10.5%，天然草场载畜量由10.76亩/羊单位调整为13.75亩/羊单位，探索出了一条生产、生活、生态协调发展的路子。

合作社通过一二三产业多元发展，牧民收入快速增长。2012—2016年，合作社累计现金分红680.87万元。2018年，合作社分红565.5万元，人均收入15 330元，实现了全村脱贫。目前，合作社整合了全村绝大多数的草场，建设了养殖基地，促成拉格日村在2015年实现整村异地搬迁、集中居住。在政府支持下，每家都建起了漂亮的小院和1个35米^{2}的商铺，配套建设了幼儿园、卫生室、活动广场等设施。大量村民们从畜牧业生产中解放出来，从事二三产业，收入快速提高，乡村振兴推进。

重点打造样板合作经济组织，打造出“拉格日”生态畜牧业合作社经济组织这样的合作社样板，并得到广泛推广普及。2019年8月19日，国务院副总理胡春华在青海调研，其间来到黄南州泽库县宁秀乡拉格日生态畜牧业合作社，在详细了解合作社情况后，夸奖合作社做得很好、很出色，勉励合作社加油干。

“2019年底，村里剩下的4户将吸纳入合作社，实现全村100%入社。”合作社理事长俄多说，从2020年开始，合作社将全面开启转型升级，最终将生态畜牧业合作社转变为村集体股份经济合作社，实现资源变资产、资产变资金、资金变股金、牧民变股东、牧业变产业、成员变职员的目标。

解放生产力　兴起特色产业

——同仁县交隆务村生态畜牧业合作社发展纪实

自2011年12月，黄南藏族自治州多哇乡交隆务村成立生态畜牧业专业合作社，便在隆务河畔吹响发展的奏响曲，少数人的变奏曲，全村人的交响曲，在合作社的带动下，全村草原植被恢复、人均收入翻番，特色产业兴起，曾经憧憬的美好生活一一照进了现实。

多哇镇位于同仁县东南部，距县城91千米，是一个以畜牧业为主的牧业乡镇。全乡有6个牧业村民委员会，总人口6 202人，1 267户，劳动力3 411人。牲畜存栏牛10 255头，羊69 135只。草场总面积144万亩，其中可利用草场面积133万亩，占全县总面积的1/3。

2015年，被省农牧部门确定为全国草地生态畜牧业试验区建设试点合作社，结合全国草地生态畜牧业试验区建设工作要求，合作社开展股份合作制合作社改造升级、加大合作社资源整合力度，全面提升合作社整合质量，成为同仁县草地生态畜牧业建设的领头羊。

在草场承包经营权和牲畜所有权不变的前提下，合作社将牲畜、草场等生产要素作价入股整合，开展规模化和集约化经营，探索出了“以草地承包经营权、牲畜折价入股，劳动力专业分工，生产指标量化，用工按劳取酬，利润按股分红为主的风险共担、利益共享”的股份合作制经营模式。

截至目前，合作社入社牧户有201户，共925人，入社率100%；其中，劳动力508人，贫困户57户，贫困人口213人，整合草场面积21.3万亩，入股率100%。根据草场核定载畜量25 637羊单位，现存栏牛2 098头，羊15 942只，牲畜折合羊单位24 334只。

与其他合作社一样，启动阶段遇到了前所未有的阻力与困难，群众思想偏激，观念落后，对合作社发展有强烈的抵触情绪，有畜户与无畜户之间存在着利益分歧，牛羊、草场整合难度相当大，虫草资源利益驱动等因素，对合作社的建设和发展造成极大的困扰。

村支部书记、合作社理事长才其加讲起过往，这位有远见的党员在面对重重困难时，十分理解一直过着苦日子群众的各种顾虑与担忧，他利用自己在群众中的威望，与村干部一起挨家挨户做大家的思想工作，但仍有20余户村民将家里大部分牛羊都卖了，大多数村民还抱着观望的态度。

聊起当时的艰难，与交隆务村联点的同仁县畜牧兽医工作站站长扎西回忆。有一次，大家正在开会，有一位群众情绪激动，拍着桌子大声嚷嚷，这种形式以前又不是没搞过，到底能不能保证赚钱，你给我们写一份书面承诺书！那场面好像要打架似的。扎西说，当时他回答那个群众：我们写不了承诺，但是能保证大家入社退社是自由的。

扎西站长和才其加他们一方面积极宣传引导，给老百姓讲这是咱们老百姓自己的合作社，入股或退股都是自愿的；另一方面积极规范合作社前期工作，给每只牛羊佩戴耳标，并编号入册。为了打消大家的顾虑，树立群众的信心和底气，合作社积极组织大家去海南共和、海西天峻、泽库等地观摩学习。那些全新的理念、发展的差距、真切的感悟，让大家眼见为实。

面对困难和问题，村“两委”班子积极作为，邀请相关技术单位和技术人员，并签订技术服务合同，根据实施方案逐步完成母羊整群、耳标佩戴、称重、同期发情、配种、饲料采购分发、母畜妊娠期补饲、产羔、羔羊断奶、羔羊育肥等工作，加快了藏羊“两年三胎”、牦牛“一年一胎”技术集成和推广的步伐。

事实胜于雄辩。早期加入合作社的社员慢慢尝到了甜头，每年不仅有400～500元的收益，最大的变化是解放了劳动力。入社家庭成员有的挖虫草、跑运输、开饭馆、开小卖部，还有些人到省外打工，不同程度地增加了收入，一年下来，整个家庭收入大幅提高，生活水平显著提升。

“以前一家人挤住在一起，现在住上了新房，其他3个孩子都分出去单过。牛羊交给合作社后，孩子们还可以出去挣钱，大儿媳是合作社里的挤奶工，收入稳定，合作社在每年分红的基础上捐助他家1万元，用于孩子看病和还债，一家人的生活越过越有盼头。”62岁的多杰才让家是入社后变化最大的一家。

有6口人多杰才让家，因为老三儿子患有结核性脑膜炎，在西宁治疗了4个月后又去上海治疗，治好了病却丧失了劳动能力，不能干体力活，全家因病致贫，成了低保兜底户。对合作社充满感激的多杰才让，时常教导子女抓住党的好政策，要靠自己的双手和勤奋致富，相信以后会越来越好。

合作社会计加羊华旦列举一组数字：从一开始牛羊和草场入股只有20%，到2016年，合作社总收入668.83万元，支出227.53万元，增加股金22.07万元，社员分红419.23万元。再到2019年，合作社各类总收入823.9万元，全年总支出346.7万元，提取公积金19.8万元，年终分红457.4万元，比2018年收入增加49.2万元，分红增加24.4万元。

加羊华旦说，以前大家就守着那些牛羊和草场，而且单打独斗，原始的畜牧业生产方式使得效益非常落后。2015年以后，村里60%的劳动力解放出来了，大家挖虫草、跑运输、开饭馆、开小卖部及外出务工，这些收入都非常可观，而且极大地改善了大家的生活质量。

当全村群众融入到草地生态畜牧业合作社建设的队伍中，激发出合作社的内生动力。合作社不再局限于出售牛羊、毛皮等初级产品，而是大力整合资金，着力推进第一二三产业融合发展，从牛羊肉、曲拉、蕨麻、酥油等畜产品进行加工、包装，拓展到藏式服装加工，延长了产业链，提升了附加值，实现了由单一养殖销售向养殖、生产、加工、销售融合发展，逐步走上产业化发展路子。

同时结合本村实际，合作社充分利用草地资源，扩大人工种草及饲草料生产规模，重点发展青燕麦及圈窝子种草，建设优质饲草生产基地300亩，增加饲草供应和贮备。根据草畜分布情况，科学核算草畜平衡指标，开展“暖季放牧＋冷季舍饲”的生产模式，实现了草畜联动。

合作社成立以来，以“一优两高”为引领，以保生态、调结构、提质量、稳增长为发展思路，强化生态养殖，运用划区轮牧、科学分群等现代养殖方式，实现了效益最大化，保障了社员利益最佳化。随着牧民收入逐年提高，居住环境得到改善，草畜矛盾逐步得到解决，合作社向持续健康发展方向迈进，并成为推进同仁县草地生态畜牧业试验区建设的领头雁。

河曲草原的"有机大牧场"

——河南县兰龙生态畜牧业合作社发展纪实

"我们全县最好的牛在这里，有的牛出到5万元的价格都不卖，那可是全县牦牛公牛评比冠军。这些年，我们合作社积极带动村民改造传统畜牧业，建设'有机大牧场'，促进了生产生态生活良性循环。"

指着远处悠然自得的大片牦牛群，黄南藏族自治州河南县赛尔龙乡兰龙村有机畜牧业牧民专业合作社理事长长爱自信地说，我们的"有机大牧场"现在远近有名，已经成为当地生态畜牧业发展的榜样示范。

河南县是青海省唯一的蒙古族自治县，俗称"河南蒙旗"，这里的大片沃野被统称为河曲草原，是全国面积最大的有机畜牧业生产基地。但是，半个世纪前，这里鼠害面积曾一度占全县可利用草场的51.87%，是青海草原鼠害最严重地区之一，有群众夸张地说："那时候，河南县的草原上老鼠泛滥，把整个山都吃空了。"

令人欣慰的是，进入新的历史时期，过度放牧、草场退化、鼠害严重、群众收入下降，这些一连串的忧患，通过推进生态畜牧业建设、发展有机畜牧业得以持续解决。集中养畜、草场划片、能人放牧，河南县机畜牧业更加"有机"，不仅仅增加了群众收入，更重要的是减少了生态压力，解放了劳动力，让更多牧民转入二三产业，实现了生态、生产、生活良性循环。

兰龙村位于河南蒙古族自治县南部，距县城19千米。全村总面积26.35万亩，可利用草场18.71万亩，大部分地区在海拔3800米以上。兰龙生态有机畜牧业牧民专业合作社注册于2010年，2012年合作社内建立雪多牦牛养殖场，牧户参股率达99%，2013年在雪多牦牛养殖场的基础上，建立了雪多牦牛风干肉加工厂，2018年新建乳制品加工厂，合作社经营规模不断扩大，2017年合作社经营收入达86.31万元。截至2018年7月底，全村存栏各类牲畜 9 570 头（只），经济效益明显提高。

2018 年，兰龙村在全县率先进行合作社股份制改造，兰龙村全村 124 户牧民家庭有 121 户入股，牧民群众签订《入股协议》摇身变为股东。回想合作社组建之初，“生态畜牧业牧民专业合作社”这一新鲜事物曾经被拒之门外，如今，这一模式已成为他们脱贫致富的一把“金钥匙”。

犹记得当年 12 月 6 日，一大早兰龙村党员活动室内就已挤满了前来参加会议的牧人，丰收的喜悦流淌在欢声笑语中。兰龙村二队的牧民更藏吉说，那一天虽然寒风刺骨，但自己心里却一直是热乎乎的。在入股合作社的 8 年里，分红一年比一年多，腰包也慢慢鼓了起来，但她做梦也不曾想过这年自己分红的数额涨到了 6 位数，她拿到了大约 15 万元的分红。如今，她家的生活水平已不同往昔。

转变之间谋发展，转变之间创造新生活。为全力打造现代化合作社，转变生产经营方式，促进专业化发展，合作社按照“合理整合资源、大力发展建设养畜，以股份合作为主，科学推进草畜平衡”的生态畜牧业发展思路，在创新转变生产方式和经营方式上，积极探索出以股份制为主体的生态畜牧业建设模式。

2018 年，合作社抓住当地政府将赛尔龙乡兰龙村定为“有机大牧场”试点村的机会，积极推行划区轮牧，对新整合的牲畜按类分群，共分出 39 群，其中核心母牛群 15 群；一般母牛群 12 群；公牛群 12 群。

同时，针对夏秋草场牲畜承载力强，冬春草场牲畜承载力弱的现状，坚持“以草定畜，草畜平衡”为核心，科学确定草场载畜量，严格推行草畜平衡制度，对 25.58 万亩整合草场制定草场划区、牲畜轮牧的轮牧方案，其中划分出一级草场轮牧区 27 个，二级草场轮牧区 62 个，三级草场轮牧区 62 个，四级草场轮牧区 47 个，五级草场轮牧区 6 个。并明确规定放牧顺序、放牧周期和分区放牧时间。

通过开展逐区放牧，轮回利用，建立起了一个季节一个区的轮牧生产方式，有效地解决了超载放牧和维护生态环境之间的矛盾，从而有效地保护了草原生态平衡，进一步提高了草地资源的综合利用水平，使得草原生产能力不断提高，草原环境不断好转。

而今行走在广袤的河曲草原，远处是连绵的山脉，身旁是潺潺流水，草原绿意盎然，那片被誉为“亚洲最美草原”的万顷牧场重拾盛名，这里重归纯净、自然的生态环境也为“雪多牦牛”这一品牌的发展提供了得天独厚的优势资源。而作为全县“有机大牧场”试点村之一的兰龙村，更是拾阶而上、乘势而为，以“雪多牦牛”为主打品牌，在“有机大牧场”建设中，不断让牧民尝到“甜头”，有所“奔头”。

为突出有机、绿色、无污染资源优势，以引领“大牧场”、主导“大基地”。树立“大品牌”、培育“大市场”，兰龙村生态有机畜牧业合作社根据全县部署，加快有机养殖体系、加工体系、销售体系全产业链建设，积极转变生态有机畜牧业发展方式，不断推进传统畜牧业转型升级，从而实现了草原保护、牧业增效、牧民增收脱贫，真正把兰龙“有机大牧场”建设成为特色优势有机产业发展的领跑者、实现牧区生态保护的调节器、广大牧民脱贫致富的承载体，使“一优两高”发展战略在最基层得以贯彻落实，推进了集约化生产、规模化经营，为黄南州实现“建设生态有机畜牧业示范区”建设做出了贡献和示范。

数据显示，赛尔龙乡兰龙村生态有机畜牧业牧民专业合作社从 2013 年至 2017 年分红 110 余万元，另为 19 户贫困户发放救助资金 4 万元。2017 年，兰龙村 121 户牧民有 119 户入股，460 余名村民摇身变成股东，不断分享改革发展的红利。

46 岁的多杰才让说，他家里 4 口人，以前就靠草场和牛，年收入不到 1 万元，现在已经达到 2 万元了。推行大牧场模式后，分了组，各劳力按组长安排干活儿，有工资，还有分红，他表示，跟着合作社干有出路。

“有机大牧场”让兰龙村的发展越来越宽广，合作社除了培育优质牦牛，还结合“牧户 + 合作社 + 公司 + 订单 + 互联网”的经营模式，不断提升合作社经营水平，合作社很大一部分收入来自合作社成立的肉食品加工厂，经过精细加工分类后的牦牛肉每千克能卖到 360 ～ 400 元，且供不应求。

转型之路打破了牧区经济原来单一、传统的生产生活方式。理事长长爱说：“以前是纯粹放牧，一家至少要有 1 人，现在解放出来了很多劳动力，可以干些别的。观念改变了，挣钱的渠道多了，我们的生活也越来越好，在小康路上更有信心了。”

随着“有机大牧场”的建设，赛尔龙全乡努力打造“雪多牦牛”“欧拉羊”地方优势品牌并获得国家地理认证，以“三增三适”（增温、增草、增料，适度规模、适度补饲、适时出栏）为核心的全新生产技术模式，扶持有机产业发展的政策体系基本完善，现代畜牧业产业体系基本建成，使赛尔龙乡成为全省乃至全国“雪多牦牛”“欧拉羊”特色产业优势区，牛羊半产品生产基地和精深加工基地。2018 年 8 月 19 日，青海省第一届牦牛良种公牛选育活动黄南分会场在兰龙村举行，共获得一等奖 1 名，二等奖 3 名，三等奖 2 名，共获得奖金 28 万元。

驱车行驶到阿赛公路 23 千米处，山脚下成群悠闲的牦牛，合作社一栋栋畜棚一字排开，万余头牦牛分散在附近的草场上，“有机大牧场”一派欣欣向荣的景象。

下一步，依托草场资源、牲畜品种、科技支撑等多重优势，赛尔龙乡兰龙村生态有机畜牧业专业合作社将继续以保护草原生态可持续发展、整合畜牧业优势资源、建立完善产业链为主，进一步打造集约化草地生态畜牧业经营和草畜联动新机制，促进大牧场集约高效养殖，大品牌开拓大市场的“有机大牧场”建设。

河曲草原，新时代牧歌悠扬。

生态养畜“育肥”集体产业

——河南县优干宁镇荷日恒生态畜牧业合作社发展纪实

曾经被打印上贫困村标记的黄南藏族自治州河南蒙古族自治县优干宁镇荷日恒村，有了生态畜牧业建设助力发展，有了合作社新型经济组织发展平台，率先在脱贫清零攻坚战中“冲线”，生态畜牧业的发展成为村里多元经济发展提速的“引擎”。

荷日恒村56岁的华梅坦言，他家以前生活很困难。现如今妻子被安排至公益性岗位当环卫工人，女儿上大学，儿子上高中。自从加入合作社，家里每年有分红，自己在屠宰场打工，一年也有1万元的收入，以后打算再开家小卖部。这位曾经的精准扶贫建档立卡户，而今话语里透着对新生活的信心。

河南县优干宁镇荷日恒村位于县城东南部，全村下辖5个社，共有牧户258户1 257人。近年来，在村党支部的带领和“两委”班子、驻村工作队及合作社理事会的共同努力下，荷日恒村抢抓脱贫攻坚大好机遇，狠抓实体产业发展，发展壮大村集体经济，改善了原来零星发展、各自为阵的涣散局面，全面推进以草定畜、股份合作、分群饲养、划区轮牧、分工分业的经营模式，推广牦牛“三增三适”养殖新模式，有力地促进了当地产业升级，福泽牧民群众。

2019年8月中共中央政治局委员、国务院扶贫开发领导小组组长胡春华来荷日恒村深入调研了“三保障”、饮水安全、异地搬迁、产业扶贫等问题，并给予了高度的评价。

荷日恒村生态畜牧业合作社初建于2013年，组建以来积极调动牧民群众的参与性。2018年，合作社推动新一轮股份制改造，采取“统一管理、分散养殖”，以合作社带养殖大户，以养殖大户带贫困户，形成了特色鲜明、示范效应明显的新型畜牧业生产模式。目前全村入股社员258户，入股优质欧拉羊557只，牦牛601头，入股并流转草场7.4万亩，分为10个放牧单元进行轮牧放牧，签订了股份协议书。截至2019年12月底，合作社存栏羊1 340余只，牛190余头。集体收益达251.2万元。

优干宁镇荷日恒村生态有机畜牧业合作社负责人晓多介绍，以生态畜牧业合作社为抓手，荷日恒村持续拓宽牧民群众就业及增收渠道，目前已建设村集体经济5个，分别为欧拉羊繁育基地、牦牛高效养殖基地、畜产品加工厂、民族服装加工厂和小汽车修理中心。初步形成了以畜牧业为主导、二三产业有机融合共同发展的新局面。2019年分红105.5万元，全村已脱贫的建档立卡贫困户61户，人均可支配收入达到10 279.07元。

欧拉羊繁育基地。2013年合作社建设之初，为组建欧拉羊繁育基地，合作社理事会组织全村牧户238户，在完全自愿的前提下，每户入股生产母羊2只，总投资539 253元，流转草场1.6万亩，在农牧部门相关项目的支持下建设了欧拉羊繁育基地，目前欧拉羊繁育基地建设有120米^{2}羊棚15个，80米^{2}储草棚1个，120米^{2}饲料仓库1个，60米^{2}种公羊棚1个，办公室6间。2016年利用行业精准扶贫资金77.8万元（省级农业切块资金）对欧拉羊繁育基地进行改扩建，建设450米^{2}高标准畜棚2座，完善了办公、地坪、围墙等设施。目前欧拉羊养殖基地存栏优质欧拉羊1 340只，2019年总收入86万元，纯利润60万元。安排建档立卡贫困户2户4人在羊场就业。

牦牛高效养殖基地。2016年抢抓精准扶贫大好机遇，争取省级农业切块资金项目12个，资金量542.5万元。投入204万元进行合作社牦牛高效养殖基地建设，建设450米^{2}高标准畜棚5座，辅助建设办公室、兽医室等用房、地坪、围墙等设施。通过协商，经贫困户一致同意将建档立卡贫困户（二、三挡）43户159人产业发展及资产收益资金6 400元/人，共计101.76万元，投入牦牛高效养殖扩大生产，自本村养殖大户处收购优质带牛犊牦雌牛185头、牛犊180头，开展牦牛高效养殖，牦牛奶直接由畜产品加工厂进行深加工。2019年牛场收入达115万元，纯收入达90万元。目前，牦牛高效养殖基地安排建档立卡贫困户4户8名贫困人口就业。

畜产品加工厂。投入省级财政支农切块资金100万元完成了荷日恒村畜产品加工厂建设，建设畜产品加工车间180米^2，购置了牛奶分离机、酸奶制作机及乳成分分析仪等必要的仪器设备29台套。注册了“羊羔山”商标。畜产品加工厂主要是对合作社牦牛高效养殖基地提供的原材料牦牛奶进行深加工，生产包装产品酥油、酸奶、蕨麻等已经上市销售，消费群体主要以本县群众为主，深受欢迎。在县城商业区购置40米^{2}商铺1个，作为合作社产品直销点，购置了畜产品运输车1辆。2019年总收入达15万元，纯收入7万元。

河南县小汽车修理城。2016年抢抓精准扶贫大好机遇，瞄准家用小轿车日益普及的巨大潜在市场，积极争取河南县特色产业扶持资金280万元，建设了河南县最大的小汽车修理城。共建设300～450米^{2}彩钢大棚24个，完成了修理城上下水、工业用电、道路硬化、地坪及地沟等基础设施建设。汽车修理城以提供服务和出租工棚的方式进行运营，通过优惠政策吸引全县零星汽车修理商入驻，在各级领导和部门的关心和帮助下，截至目前已成功吸引汽车修理商12家，出租工棚12个，年租金2万元/棚。保洁人员、安保人员及电工等岗位安排贫困人口4人。2019年纯收入12万元。

民族服装加工厂。民族传统手工艺品日益受到市场的青睐，村合作社瞄准民族特色产品市场，积极挖掘本村手工艺人从事民族手工艺品加工，2015年争取县扶贫部门扶持资金185万元建设了“梅朵赛青”民族服装加工厂，服装厂主要生产民族服饰、马匹饰品和民族帐篷3大类产品。在临省甘肃的玛曲、碌曲县及本县、泽库、同德、玛沁县深受牧民群众的喜爱，市场反映良好，效益明显，2019年盈利3万余元。目前，服装厂解决10名贫困人口就业，每人每月工资1 300～1 800元。

通过一系列产业的实施荷日恒村经济持续增长，2016年，优干宁镇荷日恒村贫困户的人均收入从2015年的2 500元增至5 600多元，顺利摘掉穷帽。牧民人均可支配收入从2015年底的2 515元增长至现有的10 279.07元，牧民收入逐年提高，生产生活条件得到根本改观。

牧民忠克吉一个人带着3个孩子，曾经生活非常艰难，属于荷日恒村的低保贫困户。在河南县精准脱贫攻坚战打响后，往日笼罩在忠克吉一家身上的忧愁一扫而光。“2016年10月，我成为村里的草原生态管护员，3个月领了5 400元的工资，分红得了2万多元，家里的生活比往年有了很大改善。”如今的忠克吉脸上洋溢着幸福笑容。

在省委、省政府关心支持，地方党委政府重视，各级相关单位齐抓共管推进股份制合作社建设有力保障下，黄南州以股份合作制合作社建设为抓手，整合生产要素，发展适度规模经营，实行统一经营、按股分红的运行机制，在扶贫攻坚中发挥了积极的作用。近年来，全州牧民的收入持续增加，通过生态畜牧业试点社建设，拓展了二三产业增收空间，优干宁镇荷日恒生态有机畜牧业合作社21个试点社牧民收入实现了快速增长，分红收益的13个试点社，年终分红总额1 231.3万元，人均分红1 297元，比2015年人均收入增长21.7%，比未加入合作社股份制改造的牧民增长9%，脱贫1 646人，实现了牧业增产增效、牧民增收脱贫的目标。

曾经的牧民，今天的股民，在闯市场、奔小康中正在实现“多腿走路”。

泽曲草原生态之美生辉

——泽库县泽曲镇东科日村生态畜牧业合作社发展纪实

夏日的泽曲草原，满目的绿色编织出一幅生机盎然、自然和谐的大地油画。举目望去，一群群的黑牦牛犹若移动的音符跃动闪烁，一排排蓝色屋顶的畜棚与天空相映成景，泽曲镇东科日村的养殖基地上，有的牧工在放牧，有的忙着挤牛奶，有的在专注捻羊毛绳……生态之美熠熠生辉。

“这两年我已经感受到自己所放牧过牦牛的草场上，牧草悄悄茂盛了起来。轮牧的草场在快速恢复草原生态，我现在最大的心愿就是能看到草原变得更好。”

每天下午5时左右，黄南藏族自治州泽库县泽曲镇东科日村村民，也是东科日村有机生态畜牧业专业合作社的牲畜饲养员拉旦加，都会开着拖拉机把早已备好的饲草送往合作社6个畜棚中，并均匀地倒进长长的饲料槽，迎接归圈的牛群，看着草原畜牧业建设带来的变化，50岁的他，脸上的皱纹印满了喜悦。

在黄南藏族自治州泽库县泽曲镇东科日村，平均海拔3 700米的地方，有机生态畜牧业专业合作社已经成功打入牧民们的“帐篷”。牧民以草场、牲畜、资金等入股合作社，合作社通过划区轮牧、以草定畜、草畜平衡的方式，实现了生态保护和提高牧民生活水平双赢的目标。这种形式也获得了东科日村民们的支持。目前，东科日村114户、554人，入社率达到了100%。入股合作社后，牧民们的收入提高了，草场的生态变好了，牛羊还在身边，牧民也没有离开自己的草场。

泽曲镇东科日村是坐落于泽库县境中部的纯牧业村。全村共有草场面5.4万亩，牲畜数1 952头（只），全村户数118户，人口529人。受高寒、边远、闭塞、贫穷的先天条件制约，牧民只能依靠传统放牧过活。全村建档立卡贫困户 43 户、贫困人口 147 人。这样一个先天条件不足的草原村庄，如何保护利用好所在区域资源？如何顺应发展规律、转变生产方式、跳出贫困？如何构建新型的人草畜和谐关系？这是从省到州到县到村，各级各方面在审视的问题，也是各级各方面一直以实际行动在努力破解的问题。

巧抓时机，转变理念。2008 年起，青海省为推进畜牧业发展，探索生态畜牧业在青海发展，开始进行了生态畜牧业专业合作社改革试点，按照先行试点、示范推广、全面提升三步走思路，创出一条地域特色鲜明、利于示范推广、政策体系配套、扶持方式科学、管理机制灵活的草地生态畜牧业发展的新路子。泽曲镇东科日村通过各级政府引领指导，转变发展理念，创新发展方式。于 2012 年召开大会，成立了村级生态畜牧业专业合作社。

体制改革，资源整合。合作社通过学习其他合作社先进理念，对现有草原、牲畜、人力等生产要素进行整合，折价入股。全村整合草场 4.02 万亩、占全村草场面积的 74.4%，作价入股牛羊 1 580 头（只），占全村牲畜数的 75.2%；现金入股 155.2 万元；合作社总折现额为 1 837.79 万元、总折股数为 4.3 万股。入社共有 389 人（其中：劳动力 215 人）入社，占全村总人数的 74%，合作社入社贫困户为 28 户、占全村贫困户数的 67%。

因地制宜，合理分工。合作社结合本村实际生产特点，分析发展优势，对生产结构进行调整，将劳动力按需分配，组建了天然草场放牧组、良种繁育组、商业经营组（民族工艺饰品加工和建材市场专业合作社）。借助本村畜牧业资源优势，通过实行划区轮牧、分群饲养、种草养畜等措施，积极推广良种繁育、科学高效养殖和疫病防治等先进技术，有效提升了牧民科学养畜水平，实现了畜群结构进一步优化，良种畜比例进一步提高。

整合项目资金，集中发力。在整合全村现有资源的基础上，合作社整合扶贫产业项目、农牧口各类扶持资金，把钱用在“刀刃上”，修建了牦牛高效养殖标准化基地 1 处，配备了办公室、兽医室、饲草料库、有机堆粪场、饲料加工机械、奶罐车等养殖配套设施，极大地改善了合作社生产条件，增强了合作社发展后劲。

生态好转，牧民增收，硕果不断。通过近年来的不断努力，泽库县泽曲镇东科日村草地生态环境明显好转，畜牧业生产经营能力明显提升，牧民收入水平明显增长。截至 2019 年底，合作社累计现金分红 228.6 万元。其中

2017 年分红 74.3 万元，2018 年分红 74.3 万元，2019 年分红 80 万元。在收入取得明显增收的同时，合作社先后被评为省级示范社、智慧畜牧业试点社、青海省生态畜牧业建设“优秀合作社”。

当延续千年的游牧业遇上急剧退化的草场，“划区轮牧、以草定畜”成为青南牧区的出路。生态畜牧业改革的东风劲吹东科日村，吹遍泽曲草原的角角落落，吹起新的生机和美好。追逐草原生态持续优化、牧业高质量发展、牧民高品质生活，在泽曲草原得以生动实践，也得到科学付出、真情付出后的美好回报。

合作社理事长索巴认为，东科日村地少人多，但现在在致富的道路上却走得愈加轻快，这得益于生态畜牧业专业合作社的健康发展。谈及出生在隆冬里的小牛犊，索巴自豪地说起其中的奥秘：“放眼整个青南牧区，在隆冬里牛犊高产的畜牧业合作社只有我们东科日这一家。”

自打 2014 年合作社步入正轨以来，每年 12 月便成为东科日生态畜牧业专业合作社牦牛产仔的“高峰期”，这几乎将牧民们以往老经验中的牦牛“冬春季产仔”完全改写为“冬季产仔”。索巴认为，这是轮牧带来的馈赠。

副理事长拉旦加对泽曲镇东科日村有机畜牧业专业合作社的发展充满了信心。他介绍，合作社成立了泽曲镇唯一的牦牛种牛场，牧民们在省牧科院专家的帮助和州、县、镇畜牧科技人员的指导下，进行牦牛种公牛改良，使牦牛的各项生产指标都有了不同程度的提高，不仅满足了本村和周边地区的畜牧生产需要，也促进了合作社牧民的增收。

东科日村的牧民们还将合作社标准化奶牛养殖基地生产的牦牛奶制成酸奶、酥油、曲拉等，大大提高了产品的附加值，颇受黄南藏族自治州和省城消费者的青睐。

东科日村有机生态畜牧业专业合作社组建后，拉旦加将自家 33 公顷草场和仅有的十几头牛作为股份入了股。草场和牦牛都入了社，2016 年合作社将拉旦加父子俩作为饲养员和放牧员，措姆作为挤奶员纳入合作社职员名单中，拉旦加以另外一种方式继续干起了“老本行”。2017 年按照自己的股份，拉旦加分得 5 016 元，加上父子俩一年在合作社的“工资”15 000 元，老伴挤奶所得“提成”10 000 余元，儿子采挖虫草所得 10 000 余元，一家 3 口一年下来挣了 4 万多元。

对于东科日的今天，索巴认为，2012 年至 2014 年的 3 年是极具转折意义的 3 年：2012 年合作社成立，牛羊入社，大规模解放了劳动力，解放了草场；2013 年，全村在县城东郊实现了定居；2014 年，合作社第一次高分红，40 万元的红利分到牧民手中。“村里都有 50 多辆轿车了，很多邻里去做生意，光在县城和附近，就有十几家大小铺子，合作社又搞得这么好，我们这个穷村子扬眉吐气了！”索巴说，东科日的变化，离不开生态畜牧业建设，离不开对大自然的敬畏。

划区轮牧、以草定畜，推进生态畜牧业建设，鼓起东科日人的腰包，让草场生态显著恢复。如今东科日村辖区范围的草原上，大大小小的灌木丛和溪流已随处可见，牧草也越来越茂盛，回想起来，索巴说他大概有 30 年没见过草场这般勃勃生机。

泽库县地处三江源生态保护核心区，草畜矛盾长期困扰着这个曾经的国家扶贫开发重点县。从 2012 年开始，泽库依托草场原生态、纯天然、无污染、牲畜品种优良的优势，努力探索传统畜牧业转型，保护生态与实现牧民增收的双赢之路。像东科日村这样，泽库县以行政村为单位，成立了 64 个有机生态畜牧业专业合作社，全县所有牧户都以入股形式成为“有机生态畜牧合作社”成员，日趋形成有机畜牧业发展的大格局。

今日东格日村，正在继续借鉴“拉格日经验”，立足生态畜牧业这一根本做文章，围绕牦牛优势产业，夯实生产经营主体，延伸牦牛产业链条，突出以牦牛为主的生态畜牧业合作社标准化规模养殖场建设，加大投入，加快实现畜牧业养殖更上新的台阶。

泽曲草原生机焕发，草地生态畜牧业，正在成为这片土地之上最具特色、最具潜力、最有发展前景的产业。

不仅仅“像拉格日一样”

——泽库县宁秀乡热旭日村生态畜牧业合作社发展纪实

说起黄南藏族自治州生态畜牧业建设，很多人脑海里首先跳出的一定是“拉格日经验”，很多关注的目光都不由投向打造出这一品牌经验的泽库县拉格日生态畜牧业合作社，聚焦那个坐落在宁秀乡、名叫拉格日村庄。

实际上，自2008年青海省拉开了草地生态畜牧业建设试点，黄南州探索出引领牧民群众脱贫致富的“拉格日经验”，这一经验样板不仅成为全省牧区学习的榜样，也在其所在地泽库县形成很大的辐射效应，仅仅在与拉格日同乡的宁秀乡，就涌现出热旭日村生态畜牧业合作社等多个发展新示范。

宁秀乡热旭日村位于泽库县西部，距宁秀乡15千米，距县城80千米，地势平坦宽阔，平均海拔3 500米，最高海拔3 800米。气候属典型的高原大陆性气候，雨热同季，干旱少雨，光照充足，日射强烈，无霜期短，昼夜温差较大。全村236户669人。

“2013年之前，宁秀乡热旭日村还是一个纯牧业村，产业发展与原先的拉格日有相同的特点，草场严重超载，出现沙化退化现象，压力越来越大，因热旭日村民常年过着游牧生活，经济收入低，生活质量得不到保障，贫困的形势越来越不容乐观。”合作社理事长项旦多杰说，为解决问题，2013年在县、乡政府的支持下，在各级农业部门的帮助下，宁秀乡热旭日村生态畜牧业专业合作社正式成立，为热旭日带来了希望。

盼富犹如久旱盼甘霖。合作社的成立，让困境中的牧民群众仿佛看到了一道闪亮的光芒，多数村民入了社，通过社员大会选举尕藏冷切布为理事长。虽然初期合作社规模较小，但是村民的热情不减，理事长带头管理，社员进行分工合作，一心想着也能像“邻居”拉格日那样发展。

在大家的积极配合和不断努力下，积极争取扶持资金，合作社逐步向好的态势发展，入社的村民越来越多，入社的草场越来越大，入社的牛羊越来越多，合作社建成了养殖基地，到2016年出栏一般藏羊及畜产品销售收入达到32万元，年底分红金额达30万元。

"像拉格日一样"，宁秀乡热旭日村村民的希望不断成为现实，有了本村的生态畜牧业合作社，有了本社的养殖基地，有了社员的分红。

宁秀乡热旭日村生态畜牧业合作社自2016年以来，学习拉格日发展模式，进行股份制改造的探索，2018年正式完成合作社股份制改造，并重新通过社员代表大会选举项旦多杰为合作社理事长，制定了合作社章程，确定了合作社各项事宜，确定了合作社理事会、监事会，合作社分成12个牧业组，投入到生态畜产品生产加工和销售。截至2019年底，合作社占地面积90余亩，入社户数为209户631人，占全村总户数的89%，占全村人数的94%。

"像拉格日一样"，宁秀乡热旭日村生态畜牧业合作社以榜样为标杆，结合实际不断突破前进。

创新扶贫开发思路，建立"合作社+贫困户"脱贫带动机制。合作社以实现共同富裕为目标，严格按照县委、县政府精准扶贫工作要求，让贫困户以土地承包经营权、草地、牲畜、劳力、现金等任何一种入股的方式加入合作社，入社贫困户有56户204人，占贫困总户数的97%，占贫困总人数的96%。通过发展生态畜牧业合作社，提高了贫困群众的经济收入，使贫困群众的生产生活条件得到了改善，提高了贫困人口的自我发展能力，加快了脱贫致富奔小康的步伐。

开展股份制改造，进行资源整合。合作社在政府、农牧部门的引导和支持下，通过社员大会确定了牲畜、草场、现金股份合作的资源整合模式，制定了以实物（牲畜、草场、现金）评估折现方式，出资、出资额以股份计算，工作细致深入，整合草场面积74 396.77亩，占全村草场面积的100%；入股牲畜数3 900头，占全村牲畜数的100%；现金入股52.2万元，总合计金额为249.41万元，总股数49 881.42。截至2019年，宁秀镇热旭日村生态畜牧业专业合作社总股数为55 120.99股，总金额达275.6万元。

坚持以草定畜，推进草畜平衡。根据草原生产力和放牧畜群的需要，草地牧草的生长和牲畜对牧草的需求，合作社将草地分为禁牧草场和春秋草场、夏季草场3个大区。按照草畜平衡原则，确定了草场的载畜量、放牧顺序、放牧时间和放牧周期。合作社建有独立的养殖基地，配套了养殖基础设施，按照高效养殖技术的饲养方法，天然草场不能满足牲畜采食的部分进行补饲，保障了牛羊的营养需求。

放大政策支持效应，扩大生产经营业务。近年来，宁秀乡热旭日村生态畜牧业专业合作社始终坚持走“政府指导、市场运作、因地制宜、多元化发展”的路子，因势利导，开拓创新，积极推进生态畜牧业专业合作社发展，整合草原奖补资金和良种补贴资金，先后整合资金142万元，按500元一股，将每户资金量化入股，并积极争取草地生态畜牧业建设项目资金，作为合作社的发展资金，主要进行养殖基地的建设、饲草料储备室建设，运输车辆和生产加工设备的购置，良种牛羊的引进等，并租赁564亩耕地种植饲草，加大了饲草生产能力。

“像拉格日一样”，这是宁秀乡热旭日村群众向往幸福生活的心声，是他们跟着合作社坚定发展生态畜牧业的目标，也是他们不断见诸实际、不断让目标落地的见证。牧民改登旦巴对美好的追求，就是“希望通过努力像拉格日村牧民一样过上和从前不一样的生活”。

今天的宁秀乡热旭日村，真真切切“像拉格日一样”，牧民收入提高，生活质量明显改善。合作社将热旭日村的所有牲畜和草原进行了整合，建成牛羊养殖基地，实行科学饲养，通过合作社统一管理、统一经营、统一销售，大大提高了合作社的销售收入，增加了分红资金。2018年，合作社一二三产业收入比往年大幅度增长，年底社员分红60万元，户均分红2 870.81元，人均分红950.87元。其中贫困户分红14.96万元，户均分红2 671.29元。到2019年，合作社一二三产业收入利润达到48万元，户均分红2296.65元。另外，大部分从畜牧业生产中解放出来的村民外出务工，还有额外收入。

夏日的草原生机勃发，站在管护的羊群前的，村民阿布高兴地说：“现在村里所有的养殖户都已经加入合作社，合作社牛羊的日常管护由我们4人负责，除了年终的分红，我们每月还有2 000元的工资，跟以前相比，收入有了很大提高。”

不仅仅村民的腰包“像拉格日一样”鼓了起来，而且通过以草定畜、划区轮牧、适量补饲的方法，既保护了草场，给了草场休养生息的时间，又满足了牛羊的营养需求，发展了草地畜牧业。通过科学管理，采用先进的养殖技术，牛羊的良种化程度提高，畜群结构进一步优化，出栏率进一步提高。因合作社有养殖基地和饲草料的储备，在面对雪灾等自然灾害时，能及时应对，不再出现大面积的死亡现象，合作社的抗风险能力大大提高。

同时，生态畜牧业专业合作社的发展，提高了农牧民组织化程度，合作社作为发展现代畜牧业的重要主体，将一家一户的小生产经营联合起来，提高了农牧民进入市场的组织化程度。加大了资源共享、信息互动，降低了生产成本，提高了畜产品价格，增强了市场竞争能力，实现了全村的畜产品与千变万化的大市场之间的有效衔接。

一项项变化，在项旦多杰看来，要归功于生态畜牧业的发展路子，宁秀乡热旭日村生态畜牧业合作社将沿着这条光明之路继续坚定走下去。2020年，合作社将购买良种藏羊、储备饲草料和租赁草地，扩大规模，以牦牛、藏羊产业发展和有机绿色农畜产品示范省创建为契机，深入学习“拉格日”经验做法，在生态保护、畜牧业产能提高、牧民增收方面更上一层楼。

“像拉格日一样”，在泽库县第二届高原黑牦牛及藏羊评比展示活动中，宁秀乡牦牛与藏系羊喜获9个奖项，其中，一等奖榜单上，拉格日藏系羊种公羊、拉格日藏系羊种公羊群、热旭日村藏系羊母羊群并列；二等奖榜单上，拉格日藏系羊母羊群、热旭日村藏系羊种公羊、热旭日村藏系羊种公羊群并列。一切，在学习，在“一样”，也在赶超。

让村民们分享更多发展红利

——泽库县西卜沙乡团结村生态畜牧业合作社发展纪实

“我家中的草场和11头牛，全部入股到村里的合作社了，每年都可以拿到一笔分红款，另外家中还有老伴切果去当草管员的收入、全家的草场补贴、女儿的残疾人补助等。”59岁的本太日，是黄南藏族自治州泽库县西卜沙乡团结村村民，家中有6口人，加入合作社后，改变了过去家庭养殖的生产方式，全家易地搬迁到泽库县县城附近的安置点新居。

6月的泽曲草原美不胜收，蓝天白云举照下的辽阔草地，绿的泛着璀璨的光芒，成群的牛羊或你追我跑或闲庭漫步，今日泽库展现着生机与活力、发展与机遇，生态之美与发展之美交相辉映。高原的阳光温暖铺洒，本太日高兴地说：“搬到新居，有水有电，有卫生室有广场，家里的牲畜有合作社操心有保障，生活条件越来越好，感谢党和政府。”

“生态畜牧业合作社的建立，使牧民生产、组织、分配和发展方式发生了转变，打破了以往以家庭为主的‘小而全’的生产方式，全省众多合作社以生态畜牧业为发展抓手，积极兴办发展二三产业，加速剩余劳动力转移，结束了牧民单纯依靠传统畜牧业增收的方式，形成了多元增收的格局，使牧区产业结构不断优化，草原生态不断优化。”省农牧厅原畜牧处处长王会林说，团结村也搭上这列发展快车。

西卜沙乡团结村位于泽库县县境东南部，距县府驻地36千米。全村343户1 153人，是一个以藏族为主的纯牧业村。全村草场面积74 756亩，各类牲畜3 080余头（只）。2011年前，村里牧民是一家一户散养放牧，一直存在牛羊出栏率低、出生率低、草场利用率低等问题，这些问题成了一直困扰着西卜沙乡团结村发展致富、脱贫攻坚的关键问题。

团结村面临的问题，并非个例。为加大力度解决关键问题，2011年初，借全省推行生态畜牧业专业合作社建设有利时机，泽库县突出自身优势，以发展生态有机畜牧业为主线、半舍饲高效养殖基地为抓手、合作社经营为支点，进一步引导生态畜牧业发展向良性循环发展，使全县畜牧业建设稳步发展，并逐步实现生态、生活、生产“三生”共赢。

团结村乘势而上，村长召集全村人开了一次意义深远的会，会上有村主任和几位在村中比较有影响力的能人作为代表提出解决村里问题的方法，决定采用借鉴其他村创办合作社的成功方案，并制订一份适合他们自己的方案，实施开办畜牧合作社。这一想法的提出得到了政府和相关部门领导的大力支持和帮助。2011 年 7 月西卜沙乡团结村成立了属于自己的生态畜牧业合作社。

然而，创业往往起步艰难。合作社刚成立时，村民们不愿将自家所有草地、耕地、牛羊全部入股，对合作社的运营持有不信任的态度。刚开始入股牲畜数仅为 130 头（只），现金入股仅有 5 600 元，入社户数只有 28 户。面对这一情况，村中各级干部时常去村中宣传讲解合作社的政策，循序渐进地引导村民加入合作社，耐心地解决村民们的各类问题。终于村民们的顾虑打消了，加入合作社的村民越来越多。

为规范运行，增强发展后劲，团结村生态畜牧业专业合作社成立以来，坚持依据环境资源承载能力，构建设施养畜、科学养畜、草畜平衡、协调发展为主要内容的草地生态畜牧业发展模式，形成了生态保护和畜牧业生产的良性循环。坚持恪守生态保护补助奖励机制，严格兑现奖罚，有效解决超载放牧问题，保护生态环境，提高了天然草原生产能力。合作社通过资源变股权、资金变股金、牧民变股民的“三变”发展模式，生产经营收入大幅度增加。

为不断提升能力，树立和提升牦牛、藏羊优良畜种的品牌知名度，挖掘牦牛、藏羊畜种改良品牌的影响力，加快推进现代有机生态畜牧业发展，合作社还积极参加乡上组织的各类参观观摩活动，到典型示范社拉格日生态畜牧业合作社学习，通过参加县开展的高原牦牛、藏羊品种展示评比大赛，加大与其他社之间的沟通交流，开阔发展的视野，提高发展新理念。

同时，合作社采取整合扶贫产业项目、农牧口各类扶持资金，相继实施了生态畜牧业合作社能力提升建设、大学生村官领办、有机畜产品生产基地、牧区畜用暖棚等项目，修建了牦牛高效养殖标准化基地1处，配备了办公室、兽医室、饲草料库、有机堆粪场、饲料加工机械、奶罐车等养殖配套设施，极大地改善了合作社生产条件，增强了合作社发展后劲。

目前，团结村已有253户加入了合作社，占全村总户数的84.43%；人数为883人（其中、劳动人数378），占全村人数的77.8%；入社贫困户为82户，占全村贫困户数的96%。草场整合面积56 325.89万亩，占全村草场面积的75%，全村牲畜数3 280头（只）、入股牲畜数为2 312头（只），占全村牲畜数的70.5%。现金入股712 581元；合作社总股数为1 428 446.41股，折合总金额为18 560 243.32元，资源整合推进，生产经营优化。

“2019年，我们合作社的分红达到87万元。”如今，团结村生态畜牧业专业合作社的事业越做越好，有越来越多的村民积极参与入股，分红资金及人数也越来越多。2017年分红资金达到309 522元，2018年达到159 850元，这也使得更多的村民得以脱贫，使更多的村民得以从多个方面更多分享到发展的红利。

“我现在是一名生态管护员，每月可以拿到1 600多元工资，加上草原林业补贴费、村集体经济分红和采集黄蘑菇、蕨麻所得的收入，全年收入有将近6万元。这也是我以前没有想到的。”旦正多杰原是团结村的牧民，更让他没想到的是，2017年10月，他们一家搬进了80米^{2}的新房子，成了县东格尔社区的居民，从此结束游牧生活，定居在泽库县城，用他的话说：“以前想都不敢想的生活，现在却成真了。”

“以前要走好几千米山路才能取到水，现在自来水通到自己家了，实在方便。”旦正多杰说，如今搬到了县城，不仅路好、水好，孩子上学也方便，走几步路就到卫生院，家里还装了宽带，在网上见识了不少东西。

像旦正多杰家这样生产生活条件发生根本转变的，在团结村不是个例。近年来，借力合作社平台，借力生态畜牧业发展，借力国家精准扶贫一系列政策，泽库县众多群众的生产生活发生深刻变化。泽库县县长更智才让介绍，泽库县委、县政府通过独具自我实际的“特色种养+资产收益”模式全面发展生态畜牧业，将村集体自然资源、公共资产和牧户个人生产资料进行股权化，有利于贫困牧户积累资产，并利用这些资产持续受益，实现持久脱贫。

泽库，曾经是青海省15个深度贫困地区之一，也是国家扶贫开发重点县。2020年4月21日青海省政府发布公告，泽库等青海省17个县（区）退出贫困县序列。

泽曲草原绿草如茵欣欣向荣，继续探索新模式，推进乡村振兴，下一步，团结村合作社还计划通过发展草地生态畜牧业“拉格日”模式，围绕牦牛优势产业，夯实生产经营主体，延伸牦牛产业链条，突出以牦牛为主的生态畜牧业合作社标准化规模养殖场建设，深入推进以股份制改造和合作社规范化建设工作，确保全村生态畜牧业建设行动再上新的台阶。

合作社合出好“钱”途

——泽库县和日镇吉龙村生态畜牧业合作社发展纪实

名不见经传的吉龙村，如今声名鹊起。由该村生态畜牧业合作社生产的羊毛被、牦牛肉干、酸奶、曲拉、黄蘑菇等雪域高原特色有机农畜产品，带着专属的产品标识和极具特色的包装，从草原深处走出来，不仅销到了省内市场，而且走上了在北京举办的全国性展销会大舞台，合作社的总产值也在2019年达到132.7万元，助力乡村脱贫和乡村振兴，开拓了黄南州泽库有机畜产品上行通道，合作社合出吉龙村发展好“钱”途。

走进泽库县和日镇吉龙村生态畜牧业合作社在贵德县县城开设的直销店，可以看到琳琅满目、印有合作社名字的“吉日隆”牌特色商品码满一层层货架，冷藏柜里摆放着桶装酸奶、精品酥油。这个直销店2017年开张至今，营业员尕藏加说:“卖得很好。”

曾经头顶“泽库县深度贫困村之一”的吉龙村，距和日镇15千米，距县城75千米，平均海拔3 500米。全村有5个村民小组，共有265户1 136人。全村草山面积为152 940亩，其中，可利用草场面积为58 375亩，沙化地块面积为2 500亩，山区面积为3 998亩，耕地面积378.48亩。长期以来，牛羊养殖一直是全村的支柱产业，是村民最主要的收入来源。

但是，随着人口不断增长和牲畜数量增加，吉龙村的草畜矛盾越来越突出，草地生态出现恶化，草场生产力水平明显下降，草地畜牧业发展举步维艰。为了解决“人、草、畜”矛盾，2011年，抓住全省推进草地生态畜牧业建设这一历史机遇，以保护生态和经济增收为主要目标，在县委、县政府的正确领导下，在县农牧科技局和镇党委、政府的大力支持下，和日镇吉龙村通过召开村民大会，成立了吉龙村生态畜牧业合作社。

当时，合作社分成了20个牧业产业小组，入社户数44户，入社人数

162 人，入股牲畜 1 279 头只，草场整合面积 28 070 亩，占全村总草场面积的 18%。通过统一管理、风险共担、利益共享，合作社逐步发展，2015—2016 年，入社户数 201 户，入社人数 839 人，入股牲畜 6 628 头只，草场整合面积 11 135 亩，占全村草场面积的 72%。2017—2018 年，入社户数 207 户，占全村总户数的 79%，入社人数为 892 人，占全村人口的 80%。草场整合面积为 118 076 亩，占全村草场面积的 77%，入股牲畜为 6 860 头只，占全村牲畜数的 78%，入股现金 111 万元。

从变化的数字可以看出，吉龙村生态畜牧业合作社的对村民的吸引力和资源实力在不断增强。截至 2019 年底，合作社入社户为 252 户，占全村总户数的 95%。入社人数为 1 109 人，占全村总人数的 98%。合作社分为 12 个牧业组。草场整合面积达 147 939.7 亩，占全村草场面积的 97%；入股牲畜 3 514 头只，占全村牲畜数的 83%，现金入股 160.55 万元，耕地入股 362.43 亩，合作社总股数为 52 351.36，折合总金额为 2 617.57 万元。为了保证入股的有效性，合作社还与成员签订股权协议，写明详细的入股草场、牲畜、耕地情况，并进行公证。

为推进全国草地生态畜牧业试验区建设，做好生态畜牧业专业合作社资源整合和股份改造工作，促进生态平衡，有效利用资源，合作社对天然草场及舍饲养殖载畜量情况进行了整合及核定。根据草原生产力和放牧畜群的需要，将草地分为禁牧草场和春秋草场、夏季草场 3 个大区。三大区定为泽库滩、吉迪、巴卡等地区。根据合作社入股草场禁牧面积和草畜平衡面积，按照天然草场划区轮牧与舍饲圈养相结合的方式，吉龙村合作社实现了草原禁牧区与草畜平衡合理区分，按草地利用率实现了 237 天在天然草场划区轮牧和 128 天冬季越冬实行舍饲圈养补饲保障牲畜膘情。使吉龙村生态畜牧业专业合作社入股草场实现了以草定畜、科学利用草原禁牧区，达到草畜平衡，恢复草地生产力，保护草原生态目的。

同时，按照“建立藏系羊繁育基地”“高原黑牦牛养殖基地”的结构调整思路，合作社充分利用本村丰富的藏羊及牦牛资源，加快建立高原良种牦牛、藏羊核心群和饲养示范点，通过加强本品种选育工作，牲畜良种化程度大大提高，实现了少养畜、养好畜的目标，通过高效养殖技术，提高了科学饲养水平，为合作社做大做强牦牛、藏羊产业奠定了基础。

为了规范运行，保障社员利益和合作社长远发展，合作社明确“实行用工按劳取酬，利润按股分红的分配”模式，规定合作社盈余分配按照约定分红与股份分红相结合，从当年盈余中，每年提取20%的公积金，用于扩大生产经营、弥补亏损或者转为社员出资。转为社员出资的公积金按照出资比例量化到每个社员。从当年盈余中，每年提取5%的公益金，用于社员的技术培训、合作社知识教育及文化、福利事业和生活上的互助互济。可分配盈余，经社员（代表）大会决议，按社员所占股比进行分配。

特别值得一提的是，合作社成立后，在创建养殖基地，主抓牲畜改良、牛羊育肥，推进生态畜牧业发展同时，还创立了集体棉被加工厂、商铺、直销店，推进一二三产业融合发展，组织剩余劳动力开展第三产业。

目前，在县委、县人民政府的高度重视及县农牧局等部门的关心指导下，合作社和西北骄公司签订了牦牛收购和牛羊肉加工合同，保障了农牧民生态畜牧业专业合作社的销路。为了提高入社牧民的收入，合作社想尽一切办法，探索多种渠道，寻找市场，让合作社畜产品对外开放销售。2017年3月通过成员代表大会，建立和日镇吉龙村棉被加工厂，厂内棉被采用纯羊毛加工制作而成，对内外销售，收入进一步提高。2017年10月在海南州贵德县开办和日镇吉龙村畜产品直销店，在泽库本地出产的畜产品，通过加工、包装对外销售，大大提高了入社成员的收入。

通过多年接力奋斗，吉龙村生态畜牧业合作社经济效益日渐显现。

入社前牧民收入来源单一，除草原奖补等政策性收入，只有少量的零散销售乳制品、黄蘑菇、蕨麻等收入。入社后，牧民增加了劳务工资和股份分红收入。2016年11月合作社出栏一般牦牛及畜产品销售收入进行按股分红，分红金额为33万元。2017年12月合作社在海南州贵德县开办的直销店的营业收入为59 429.74元，出栏一般牦牛和藏羊收入为55万元，分红金额达60万元。

到了2018年，合作社除畜牧业收入800 308.6元、农业种植收入310 000元外，还实现商业收入170 000元，棉被加工厂收入80 500元，总计收入1 360 808.6元。2019年，合作社畜牧业产业收入达812 800元，农业收入达205 200元，商业收入达175 000元，房屋出租收入44 000元，棉被厂收入达90 000元，总计收入达1 327 000元。年底为社员分红67万元，惠及吉龙村1 109人。

2018年新上任的吉龙村生态畜牧业合作社理事长多杰吉布介绍，合作社现在生产的产品有10多种，开的两个直销店生意都不错。合作社的厂子和直销店拓宽了村民就业，增加了村民收入。从牧民转身产业工人，在羊毛被加工厂工作的旦则吉说，他和村里几个村民在这里工作，厂子一年能生产八九万条羊毛被，工人每个月能有2 300元的工资，大家加入合作社后生活变好了。

如今吉龙村已经摘掉了贫困村的帽子，吉龙村生态畜牧业合作社，合出了村民增收好“钱”途，也合出了生态改善好前景。

通过合作社对草场和牲畜的统一管理，实行以草定畜、科学分群划区轮牧，建立饲草料种植基地362亩，采取半舍饲的饲养方式，避免因过度放牧破坏草场，在发展生产的同时，也让草场植被有个恢复期，实现草畜平衡。合作社发展以来，合作社入股草场产草量逐年提高，草地生态恢复状态良好，草地畜牧业发展良好。

浏览吉龙村生态畜牧业合作社2020年发展计划，我们看到：修建450米^{2}畜棚15栋，200米^{2}青贮窖一栋，放牧员宿舍10间，公共厕所1间；扩大棉被加工厂规模，引进新的设备机器，修建员工宿舍8间；扩充藏羊存栏数量，引进生产母羊2 000只；承包2 000亩耕地种植饲草料，提高合作社经济效益……

一项项承上启下的计划，透着和日镇吉龙村生态有机畜牧业专业合作社的干劲，透着合作社始终坚持为社员谋福利的初心。青草泛绿，鸟儿欢歌，吉龙村在继续演绎新时代牧歌。

“划区轮牧”减负更致富

——泽库县宁秀乡秀恰村生态畜牧业合作社发展纪实

“当时，我家11口人主要生活依靠就是24头牦牛、40只绵羊。雪灾中死掉了8头牛、20只羊，那些天家中储存的草料不够，更担心再下雪，牛羊还会死亡。”黄南藏族自治州泽库县宁秀乡秀恰村牧民拉旦，至今难忘2012年初那场雪灾带来的巨大损失。

而现在，秀恰村生态畜牧业合作社建起来的畜用暖棚让牛羊能在温暖的地方过冬，生产方式的转变及生产效率的提高，极大促进了牧民群众增收，拉旦少了曾经每逢冬天就忧虑的生活状态，他说，加入了合作社，合作社有养殖暖棚，统一负责养殖管理，牛羊过冬的风险大大降低了。现在到了冬天他再也不用担心牛羊过冬问题，而且加入合作社还有分红，比村民们分散养殖好多了。

泽库县地处三江源生态保护核心区，平均海拔3 700米，其中可利用草场面积61.89万公顷，人均草场8.07公顷。在过去较长一段历史时期，由于无序放牧，从而导致草场退化，生态环境严重恶化，泽库因此成为青南牧区典型的贫困县之一。

畜牧业是泽库县宁秀乡秀恰村村民世世代代赖以生存的倚仗，但长期以来一家一户分散经营，导致科学化养殖技术推广困难，人草畜矛盾日益突出，生态环境得不到有效的保护，牧民增收困难。宁秀乡秀恰村全村183户，建档立卡贫困户61户，占全村户数的33%，是泽库县和宁秀乡脱贫攻坚的重中之重。

穷则思变，砥志研思。为了切实解决人、草、畜日益突出的矛盾，进一步保护生态环境，维持草畜平衡，快速提升牧民收入，带领牧民脱贫致富，2016年，在政府部门的引导和扶持下，宁秀乡秀恰村以草场和牲畜折价入股的方式组建了生态畜牧业合作社，开始走上集约化发展之路。

2017年，即合作社成立的第二年，就举行了畜牧专业合作社分红仪式大会，当时党员群众、草管员共140余人参加了会议。分红仪式大会上，根据原定的协议，全村112户，464人分到共计18万元的分红款，虽然此次分红金额不是很大，但却让大家看到合作社的初步发展和带领群众致富的心愿，手捧分红大家个个喜笑颜开，纷纷表示“要团结一心，学会感恩，积极主动，好好把握机会”。

然而发展总是在曲折中前进。虽然经过了1年多的运行，迈出了合作生产经营的脚步，但合作社在发展初期仍困难重重，入股方式、运行管理办法等迟迟得不到统一。村干部一方面走访村民听取意见和建议，一方面向同在一个乡的拉格日村学习，借鉴他们成功举办合作社的宝贵经验。几经讨论，秀恰村村民的思想、合作社社员的思想不断统一，定下了合作社入股方式和运营管理办法，进行全面的股份制改造，整合各类资源，努力学习“拉格日经验”，打造“生态与经济双赢”的生态畜牧业发展体系。

股份制改造方案成型后，党员干部迅速开展宣传工作，最终宁秀乡秀恰村全村183户，638人，入社户数为149户，占全村户数的81%，入社人数599人、占全村人数的率94%，建档立卡贫困户数61户、贫困户入社率100%。全村可利用草场面积59 964亩，入社可利用面积57 565.6亩、占全村草场面积的96%。2018年3月16日，秀乡秀恰村股份经济合作社正式运行。

为规范秀恰村生态畜牧业专业合作社运营模式，合作社明确把科技发展畜牧业贯穿到生态畜牧业建设的各个方面，以科技强化生态畜牧业支撑能力。合作社科学规划，划区轮牧，针对天然草场夏秋季草场牲畜承载力强，冬春季草场牲畜承载力弱的实际，合理优化自然资源配置，防止过载放牧造成生态环境破坏。合作社在专家指导下制订了划区轮牧方案，实行统一轮牧、统一配种、统一养殖、统一加工、统一销售、分群养殖经营的管理模式。形成了以草地和牲畜入股组建合作社，牲畜分群饲养，草地划区轮牧的科学养殖。

与此同时，在多方支持下，合作社积极完善配套设施。全村草场面积31万亩，可利用草场面积59 964亩，合作社成立以来，积极争取农牧口各类扶持资金，相继实施了生态畜牧业合作社能力提升建设、大学生村官领办、有机畜产品生产基地、牧区畜用暖棚等项目，修建了牦牛高效养殖标准化基地 1 处，养殖区配备了排污设施、青贮窖、储草棚、饲草料库、有机堆粪场、病畜隔离区，办公区配备了办公室、兽医室、饲料加工机械、奶罐车等养殖配套设施，极大地改善了合作社生产条件。

除此以外，合作社还积极加大与相关方面的对接沟通，注重与科研部门的互动。泽库县草原、兽医、农机等管理部门，结合自身实际，给予合作社大力扶持，省农业农村厅、青海大学专家也多次前往合作社指导工作，这一切都更好地保证了合作社沿着更加准确的跑道向前奔跑，为合作社发展注入了动力。

“划区轮牧”减负更致富。通过近年来的不断努力，宁秀乡秀恰村全村草地生态环境明显好转，牧民的思想观念得到转变，畜牧业生产经营能力明显提升牧民的收入。2018 年合作社实现分红 250 888.03 元，其中贫困户分红资金数为 81 254.73 元。2019 年，合作社分红“更上一层楼”达到 570 150 元，比上年翻了一番，其中贫困户分红额为 197 467.8 元。

从过去一家一户分散经营的传统生产方式向以合作社为主体的适度规模经营转变，理顺了畜牧业生产关系，实现了“减畜不减效、减畜不减收”。而且加入了合作社，牛羊入股统一放牧，解放了劳动力，不仅扩大了村民收入，而且改变改善了他们的居住生活。宁秀乡秀恰村牧民卓玛杰部结束了以前的游牧生活，搬到了县城沿街的游牧民定居房，开起了超市和旅馆。

如今，秀恰村生态畜牧业专业合作社正向着规模化、专业化的方向稳步前行，牧民们也逐渐认识到合作社的意义，通过专业合作社，他们学习到了先进的养殖技术和经营管理知识，大量的贫困户通过合作社实现了脱贫致富。

下一步，秀恰村生态畜牧业专业合作社将继续努力，争取打造泽库县标准规模化牦牛养殖基地。继续开展加大投入，争取更多优惠政策，进一步完善、巩固现阶段的工作，充分利用环境及地域优势，提高牦牛肉及奶制品的质量，增加产品附加值，共同努力把合作社建成具有一定规模的生态有机畜牧业养殖生产基地。

今日宁秀草原，四季各有风景，蓝天与白云相行，雪山与草地相挽，牛羊与大地相携，秀恰村处处散发着生态畜牧业蒸蒸日上的发展气息。

有机畜牧带动产业转型

——泽库县宁秀乡赛日龙村生态畜牧业合作社发展纪实

2019 年伊始，黄南藏族自治州又传来推进生态畜牧业发展的好消息：按照省扶贫开发局、省农业农村厅《关于申报青海省重点扶贫生态畜牧业专业合作社的通知》要求，黄南州立足 133 家生态畜牧业专业合作社自身组织、管理、资金、技术等优势和勇于承担脱贫攻坚社会责任和引领贫困户脱贫致富示范带动作用，围绕“合作社类型、合作社效益和信用情况、带动辐射能力及主要指标”4 个方面，拟认定泽库县宁秀乡赛日龙村生态畜牧业专业合作社等 27 家生态畜牧业专业合作社为全省重点扶贫生态畜牧业合作社。

近年来，泽库县宁秀乡多模式发展村集体经济，大力推行生态畜牧业专业合作社建设，重点发展有机畜牧业、特色种植产业等特色产业，打造了有机生态畜牧业合作社发展样板“拉格日”模式，极大地调动了牧民群众的生产积极性，奏响了全县村集体经济“破零复壮”主旋律，也为青南地区草地生态有机畜牧业的发展提供了可借鉴的经验。

宁秀乡赛日龙村生态畜牧业专业合作社榜上有名。“这将有利于进一步赛日龙村投入创建全省生态有机畜牧业示范区建设，紧密将合作社与群众利益联结，让合作社的发展跃上一个新的台阶，让更多牧民群众受益。”合作社理事长万玛多杰说。

赛日龙村位于泽库县西部，距宁秀乡 21 千米，距县城 120 千米，距省会西宁 250 千米。靠近宁果公路，地势平坦宽阔，平均海拔 3 500 米，最高海拔 3 700 米。截至 2019 年底，全村 9 个社，589 户 3 085 人，草场面积 26.84 万亩，牲畜 1.29 万头（只），耕地面积 3 227 亩。

宁秀乡赛日龙村原本是一个草原生态十分脆弱、草场面积小、人口多、产业结构单一、经营方式落后、经济发展相对滞后的贫困村。为彻底改变赛日龙村贫困面貌，增加牧民收入，2011年1月成立了宁秀乡赛日龙村有机生态畜牧业专业合作社，当年共有社员27户，占全村总户数的5.4%，参加人数120人占全村总人数的4.8%，入股资金19.799万元。

合作社成立初期，集体经济薄弱，资源整合力度小，集体资产不能充分盘活，合作社发展被制约。为破解合作社发展难题，借鉴泽库县“拉格日”发展经验，2016年，合作社进行了股份制改造，以牲畜、草场、现金等实物折价入股的方式，进行了资源的高度整合。

股份制改造后，合作社发展就有了新起色。2017年，赛日龙村生态畜牧业合作社稳步经营，发展硕果累累，固定资产达到500多万元。合作社专门举行分红大会，宁秀乡副乡长久美多杰、副乡长索南当周、合作社理事长万玛多杰及全村牧户代表共计百余人参加，理事长万玛多杰公布了2017年合作社总体经营与收支情况。合作社将共计饲草5 130捆、草颗粒34 200千克，分予了合作社入会342户牧民。

“搞活村级生态畜牧业是发展的基础和根本动力，要坚持‘绿了山坡富了牧民’的发展理念，在全力推进生态畜牧业发展的同时维护草原生态平衡。”会上，副乡长久美多杰还从政策的高度向牧民讲解了走生态畜牧之路的重大意义，强调搞好村集体产业，村“两委”班子要充分发挥教育引导作用，带动更多贫困牧户，为当地经济发展做出更大的贡献。

为规范各项事宜、人员和财务管理，保证合作社工作有序开展，合作社制定了章程，明确了合作社发展原则、发展主体，盈余分红办法、理事长等的选举和任期年限、入（退）社程序等内容，整合资源由合作社统一管理，重大事项通过召开社员大会决定。并规定了人员和财务管理制度、牲畜管理制度，以及合作社内部管理制度，明确了理事长工作职责。

有了制度保障，合作社积极争取帮扶资金，赛日龙村有机生态畜牧业合作社持续投入各类产业扶持资金，整合草原补助奖励等资金，积极探索，通过新建和扩建，现已有400米^{2}羊棚9栋，385米^{2}牛棚17栋，并配备了饲喂通道、排污通道、牲畜活动场所、办公室、兽医室、青贮窖、病畜隔离区、消毒室及消毒池等配套设施，确保养殖基地牲畜健康。

以标准化养殖饲草基地为主，以天然放牧为辅，赛日龙村生态有机畜牧业合作社结合县畜牧局政策指导，县有机办可追溯体系、县草专队、畜牧兽医站、经济管理站及农技站技术指导，通过省、州、县藏羊基地建设引领标准化养殖模式，努力提高牛羊产肉量和质量，增加牧民经济收入。

截至2019年底，全村入社374户，占全村总户数的63%，入社人数2 253人，占全村总人数的73%。整合草场面积为20.94万亩，占全村草场总面积的78%，牲畜入股为11 187头（只），其中牦牛入股8 232头，藏羊2 955只，占全村存栏牛羊总数的87%，整合股数达到88 480.48股，折合总金额为4 433万元。

在加大科学高效养殖的推广，提高养殖业增收、增效的进程中，合作社以牧户参与率、资金入股率及资源整合利用率等“三高”为亮点，以科学创造价值为服务核心，以共同繁荣发展为目标，赛日龙生态有机畜牧业合作社被分为天然草场放牧组、藏羊标准化繁育组和商业经营组3个小组进行管理。

天然草场放牧组又被分为41个牧业小组，对20.94万亩草场进行了划分，主要分冬季草场、夏季草场和禁牧草场三大区域，确定了冬季草场和夏季草场的放牧时间、放牧周期和轮牧顺序，进行轮回利用，这种划区轮牧的方式保证了草场自然恢复，使全社草场达到了草畜平衡。

藏羊标准化繁育组主要负责全社藏羊饲养工作，实行夏季划区轮牧，冬季舍饲的方式，按照合作社规定制度，舍饲期间进行严格的饲养管理，进行科学饲喂、集中免疫、加强防疫，使合作社的标准化水平不断提高，藏羊肉产量不断提高。

商业经营组主要负责牵头引领剩余闲余劳动力外出打工，从事出租车、打工、创业、推销畜产品等。

赛日龙村生态有机畜牧业合作社劳动力726名劳动力中，组长41人，放牛人员82人，放羊人员82人，挤奶人员82人，合计为287人，外出打工人员439人，合作社初步形成了多元就业、多元创收的格局。

近年来，在县委、县政府的正确领导下，在县畜牧局、县兽医站的精心指导下，宁秀乡赛日龙村生态畜牧业专业合作社围绕“生态保护、牧民增收”等目标，以“拉格日”为学习典范，通过有机生态畜牧业合作社，主要经营牲畜改良、牛羊育肥、藏羊繁育，坚持畜牧业可持续发展的原则，组织牧户以股份制合作形式发展村集体产业，不断加大牧业基础设施建设力度，实施生态养畜，保护生态资源，通过整合资源、合理调整产业结构，转变经营方式等措施，积极发展生态畜牧业，提高牧民的劳动技能和组织化程度，使全村的经济社会发展取得了较好的成绩。

2019年合作社出售牛羊、畜产品收入达到48万元，分红资金达到30万元。“合作社组织搞养殖和我们自己家庭搞养殖，带来的效果大不一样，保证了我们牛羊能卖上好价钱，我们入社了还有分红，真是太好了。”尝到甜头的社员们纷纷感慨。

有机畜牧，带动辐射。下一步，赛日龙村生态畜牧业合作社将继续坚持保生态、保发展的原则，将进一步探索和创新，一是通过开办畜产品直销店，将合作社所有畜产品统一进行销售，以便切实提高畜产品价格；二是扩大高效养殖场地，努力达到规模化、标准化养殖基地，大力发展本地羊半舍饲养殖；三是组建合作社劳务输出部，将赛日龙村剩余劳动力进行整合后统一安排岗位。

紧紧抓住泽库县打造全国有机畜牧业示范县的机遇，赛日龙村生态畜牧业合作社将进一步加大草场资源整合力度，科学合理规划利用资源，改变传统产业模式。以开发高效养殖和有机畜产品加工为切入点，拓展产业链，逐步向规模化、产业化、集约化的方向发展，为泽库县牧业增效、牧民增收的目标打下了坚实的基础。

省领导指导调研泽库县拉格日生态畜牧业合作社

省领导指导调研河南县生态畜牧业建设

天峻县玉舟联合社分红现场

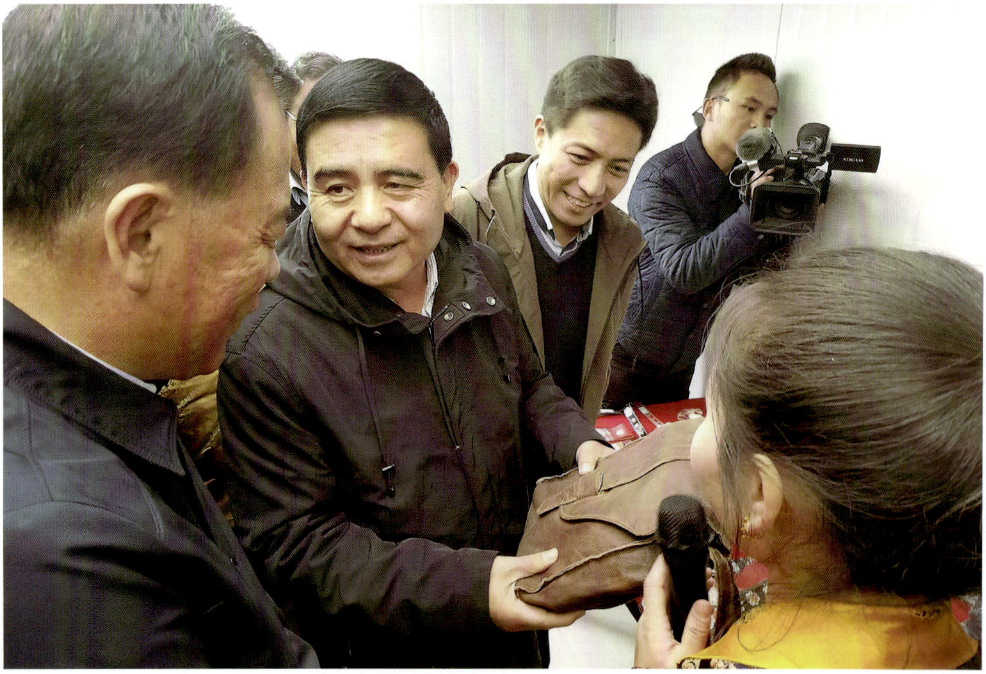

在天峻县佐陇合作社观摩皮革鞣制

中国社会科学院专家调研青海生态畜牧业建设

合作社理事长培训班现场

黄南州泽库县泽曲镇东科日生态畜牧业合作社股份公证现场

各地干部、群众赴拉格日生态畜牧业合作社学习取经

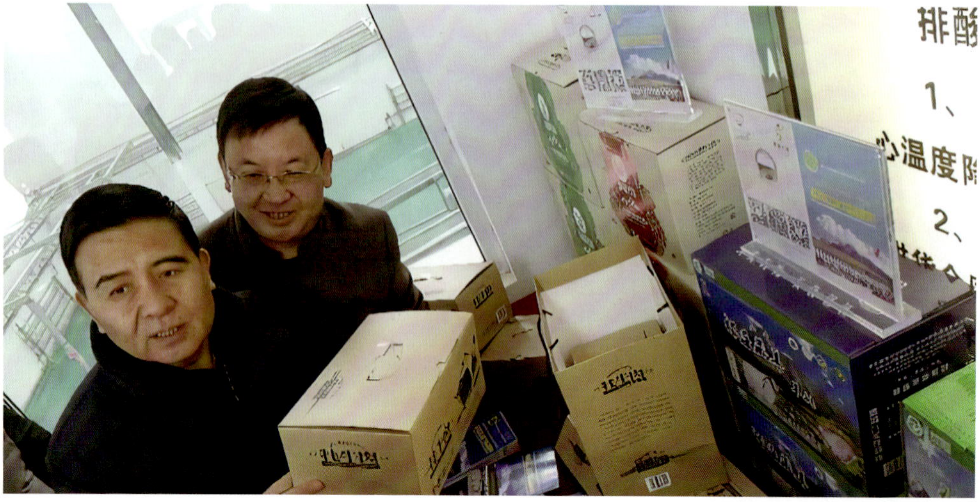

生态畜牧业产品加工一线

各地群众干部热议股份合作制模式

合作社用飞机喷药进行生产

合作社统一发放燕麦种子、统一种植、统一收购

在合作社，牧民也可以进行机械化饲草收割

贵南县森多镇嘉仓生态畜牧业合作社大力发展青贮饲料

实用方便的活动羊圈成了合作社的“标配”

合作社牦牛住上了宽敞舒适的现代化牛舍

兴海县藏羊分群现场

祁连县达玉生态畜牧业合作社种公羊群

全国草地生态畜牧业试验区休闲畜牧业示范庄园（门源县）现代化养殖基地生产育肥肉牛

全国草地生态畜牧业试验区休闲畜牧业示范庄园（门源县）饲养的白牦牛

祁连县达玉合作社良种畜评比现场

祁连县默勒镇多隆生态畜牧业合作社首届“剪羊毛”比赛

刚察县宁夏村合作社藏羊养殖基地

天峻县玉舟联合社草膘
牛羊肉加工生产线

合作社统一生产的产品上了青洽会

天峻县草希联合社生格大酒店

天峻县玉舟联合社香格里拉酒店

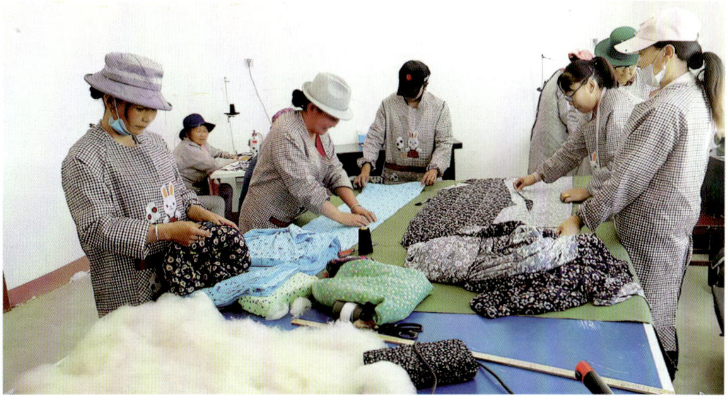

都兰县布洛格合作社
民族服装加工

玛沁县清水合作社饲草储备

门源县老牧人合作社分红现场

一产理顺的合作社开始发展旅游等三产

合作社老人搬进新房安享晚年

合作社牧民孩子们都在县城上学了！